历史好比一艘船，装载着现代人的记忆驶往未来。

——[英] 史蒂芬·斯宾得

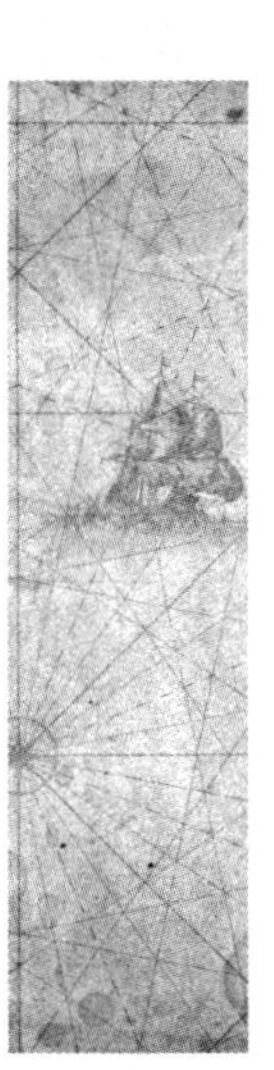

法的历史实践：

从康熙到路易十四

刘星◎著

中国法制出版社
CHINA LEGAL PUBLISHING HOUSE

修订序言

本书于10年前出版。现在最没有争议的事情可能就是时间飞速逝去，于是，一切关于本书的写作和思考，仿佛很容易回到眼前。今天看，当然是我自己觉得，本书的写作目标、理论预设、叙事策略和讨论的基本内容依然有意义。原因在于，中国的语境中，关于法律法学历史比较研究的话语传统几乎没有明显的更迭。

没有更迭，也许是“令人欣慰”的表现，因为法律法学的话语稳定有利于法律制度框架的稳定，还有利于这种制度的统一性和普遍性。但中国依然处于转型时期，还可能是较长时间的，而社会思想上“越来越不服谁”的现象似乎还是与日俱增。如此看来，所谓稳定和现实转型之间便存在一种紧张关系，法学家的“稳定”预期还是会落空的。简单再说一次，法律必须稳定但又不能一成不变（庞德语），也几乎毫无新意亦于事无补。怎么稳定，怎样避免一成不变？知易行难，这一直是两边不得罪、号称“稳健”的语句判断的软肋。就此而言，法学有必要允许在紧张关系中寻找切入点，进一步，允许不那么“稳定”的思考，尤其是具体、微观一点的，从这一个推入另一个的，尽量不要大词化的中庸。针对法律制度，法学的历史比较研究不免有间接、迂回的意思，其试图通过某些人文社会科学的学术建制潜入法律制度的思索建制。而如果具体化，寻求思想、事物、人物、场景的微观联系，能在法学的历史比较研究中推演并有序展开，且由此不知不觉地对法律制度的当下思考产生点摇动，就是值得努力的一项工作。正是在这个意义上，本书当年定下的一个小目标，依然有价值。

这次修订做了一些事情。首先，修改了书名，原版是《一种历史实践——近现代中西法概念理论比较研究》。之所以修改，是编辑及出版社其他朋友们的建议。他们认为现在的书名会比较活跃，也更有情景感。我赞同这个想法，因为，即使是认真的学术作品，注意语词的更好展现依然是重要的，尤其是在这个越来越重视叙事策略的年代。其次，凡引用涉及他人观点的，尽量换用最新版本。再次，翻译文献，尽量换用晚近的。最后，一些文字或信息讹误，尽力清扫订正。

要特别感谢中国法制出版社靳晓婷编辑。她一直给予鼓励和支持。对这本书，又是一如既往。而且她对修订版编辑孜孜不倦，颇为令人感动。当然还要感谢中国法制出版社，总是以不断出书的方式给予鞭策，使我觉得只有继续写作，用心写作，方能不愧这份诚挚的惠泽。

刘 星

2018 年 7 月于北京慈云寺

前言（致谢）

多年以来，我一直在思考一个问题：法学学者撰写的关于法学、法律的历史比较，是否不同于，或者在多大程度上不同于，历史学者撰写的关于法学、法律的历史比较？

众所周知，一个事实是，前者学科话语中的历史比较，时常就是后者学科话语中的历史比较的一部分。换言之，前者撰写的目标，也是后者撰写的目标；或者这样来说，历史学者在从事内容更为广阔的历史比较的时候也在不断从事法学、法律的历史比较。从这一事实来看，法学、法律学者手中的法学、法律的历史比较研究，似乎是没有“学科”意义上的独立性的，似乎实际上是一般意义的“历史学术”的内在分支。进而言之，在这方面，法学、法律学者似乎从未展示自己的“身份标记”。

如果的确可以这样认为，那么，人们的一个疑问也就是自然而然的：从事历史比较的法学、法律学者的学术，为什么不能、不应归入一般历史学者的学术？甚至更为严重的疑问是：为什么在“历史比较”活动中的法学、法律学者不能、不应归入一般的“历史学者”的行列，比如，划入大学的历史系或者科研机构的历史研究所，而非要自我意识极强地坚守“法律、法学”的学者身份？此外，与此相关的另外一个困惑是：“历史学家”在研究历史比较问题的时候，是更为“历史科学”的，是更为实证的，他们似乎会自然地并且有理由地认为，法律、法学学者在这方面的作为，不是那么“历史科学”的、实证的（因为，我们时常可以看到“历史学”对“法学史学、法律史学”的另眼相待）。这里的一个思考路向是这样的：法学、法律学者撰写的历史比较，似乎不能因为“是与法学、法律有关的”，所以就可以称为“不同于历史学者”。

我们当然可以这样回答：法学、法律学者撰写的历史比较，在法学、法律方面是较为细致的，或说较为“专业”，相对而言，一般的历史学者的历史比较，是较为“大概”的，或说较为“外行”；因为，一般的历史学者总是不太清楚法的渊源、法的要素、司法机构的性质等“专业知识”。这样回答，似乎是可以的。但是，仔细思索，可以发现这样的回答应该说是没有解决问题。因为，一般的历史学家，时常正是以其细腻考据的方式触摸到了这些“专业”方面，尽管，可能是不自觉的。一般的历史学家，总是关心“过去”的方方面面，包括宏观的，特别是包括微观的，因为，不断辨别、细划、梳理、分析具体思想、活动、规则、秩序、事件、过程、因果等各种因素，是一般历史学家的基本兴趣所在。甚至我们时常可以发觉，一般的历史学者，在法的渊源、法的要素、司法机构的性质等方面的考察，由于历史研究的细致实证，是更为具体微观、条目清晰的。所以，法学、法律的“专业”，不能成为“界限”。

另一方面，我们当然可以转换思路，比如，就像遭遇交叉学科研究的趋势一样，去这样回应：法学、法律学者的历史比较研究，是“法律与历史”的交叉运作。但是，面对法学、法律这方面的真实研究状况，这种回应是苍白、脆弱的，甚至是过于勉强的。因为，在目前这种所谓“交叉研究”中，人们除了发现法学、法律的内容一般性地被置入历史研究叙事，或者简单地“相互结合”以外，似乎无法看到任何“新”的东西，更不用说可以像在“法律与经济”“法律与文学”“法律与政治”的交叉研究中那样，看到新的理论预设、思考框架、知识增长。因此，这种回应也没有解决问题。

或者，我们可以干脆反向思路地这样回答：在某些情况下，法学、法律学者的历史比较，甚至他们的“学术身份”，的确是归入“历史学科”的。然而，事实上，这样的研究以及人员的“学术身份”，时常还是“法律学科”的，比如，被归入了大学的法学院，或者科研机构的法学研究所；它们或者他们，时常还是希望得到“法律”的身份认同。作为一个典型例子，我们总能发现，在面对社会中的公共法律实际问题的时候，它们或者他们，时常试图以“法学的专业名义”，或者“法学家、法律家”的名义，发表意见。因此，这种回答依然没有解决问题。

就此而言，我一直觉得，“是否不同于”，“在多大程度上不同于”，对于法学、法律的历史比较研究来说，是一个真问题；我应该利用一个机会，在这方面作出一些尝试，至少，应该在某些层面上论证，历史比较性质的法学史、法律史，其实具有“学科”的合法性与正当性，具有自己实质性的理论、模式、知识。

2002 年，我申请到了国家社会科学基金项目——“近现代中西法概念理论比较研究”。我感到，我可能得到了这样的机会，因此，我开始了这样的努力。这个项目有关“近现代”，因此是“历史”的，同时有关“中西”，因此是“比较”的，当然最重要的是它又是有关“法概念理论”的，因而是“法学、法律”的。这的确可以使我展开努力。

这个研究是不顺利的。因为，一方面，我要阅读大量的历史资料，思考大量的理论问题；另一方面，写作起来，在严格遵守“历史研究”“比较研究”“法学（法律）研究”规矩的同时，还要尽可能地将也许存在的具有新质的理论、模式、知识之间的关系梳理清楚。一旦落笔，并非易事。我需要在细节的历史资料中穿行，在连贯的理论分析中推进，并且需要将两者“零距离”地结合起来。这是一个挑战。当然，现在研究算是告一段落。结果究竟如何，不得而知，有待读者的评判。

我要感谢一些师长、学兄、朋友。在本书的某些内容分析和理论提炼上，苏力教授给我提出了很好的智识与建议，其对经验——包括历史方面——资料的敏锐洞悉、对理论概括的娴熟驾驭，使我获得了极大的收益。同样，冯象博士以其宽阔的学术视野、锐利的问题意识，肯定了我在书中的某些主题的选择，给我很大鼓励。同样非常重要的是，我要特别感谢张文显教授、张保生教授、邓正来教授。他们曾经邀请我在吉林大学理论法学研究中心、中国政法大学研究生院讲学，讲述法学、法律历史研究中的知识社会学的问题，以及近现代中西法学关系的理论问题，使我得以获得他们以及吉林大学、中国政法大学学友们的批评，进而反思本书中的某些研究方法和思路。另外需要感谢陈金钊教授、黄文艺教授、舒国滢教授、王健教授、谢海定博士、谢晖教授、姚建宗教授、於兴中教授、张少瑜编审等，他们或者在某些场合允许我通过讲学方式，或者以私下交谈方式，或者以提供外文文献资料的方式，使我得以获得各种促进研究的可贵信息。另外，要感谢《比较法研究》《法学》《法制与社会发展》《政法论坛》等杂志的编辑朋友，他们允许我的一些相关研究论文先期发表，并且提出了一些宝贵意见。

我还要感谢中山大学法学院的一些博士研究生和硕士研究生，比如，边宁、陈颀、陈文琼、丁晓东、黄静、梁文生、林晓燕、刘燕、马丽、王芳、颜晓辉、钟莉……他们要么慷慨地帮助我查找资料，要么毫不客气而又友好地在课堂上讨论本书某些内容的时候提出意见，要么十分大度地提出一些建议，给我许多帮助。北京大学法学院的博士研究生李斯特也是特别需要提到的。他帮助我查找了某些重要资料，而且阅读了书中的某些内容并提出意见。谢谢你们！

当然，还要感谢允许我在法律出版社出版本书的徐雨衡编辑。她转达了苏力教授将此书纳入《法律与社会文丛》的建议，提出了期待并且给予了鼓励。谢谢！

我想，从事研究工作的学者们都会遇到一个问题：怎样使新的研究超越自己原有的研究，让其有个“又上一层”的意思？用简单的话说，就是“怎样使其进步”。如果别人不仅会提到你的以前研究，而且会提到你的现在研究，这也许就是一种侧面肯定的他者答复。学术研究，尽管有实质性的自我提升的问题，但是，更为重要的是也有面对学术市场的问题。在很多情况下，甚至在很大程度上，学术市场决定了学术生命力。而市场的概念，正是考验、检测的概念，它在一个重要方面回答着“怎样进步”的问题。我憧憬着，并且有些惶恐不安地等待考验和检测。

刘　星

2006年10月于广州康乐园

目　录

导 论

每一项实践都保持着自己的特性及其特殊的形态、保持着自身的种种形式和存在条件，从而使这种实践得以维持下来。[1]

[1] [英] 斯图亚特·霍尔：《编码、解码》，王广州译，罗钢校，载罗钢、刘象愚主编：《文化研究读本》，北京：中国社会科学出版社，2000 年，第 345 页。

在本书中，我将展开“近现代中西法概念理论比较研究”。这类研究，也许是人们熟悉的。但是，我希望本书研究具有独特性。所谓独特，是就相关的问题、思路、内容、方法而言的；我的问题、思路、内容、方法，期待能有别于一般常见的法律、法学上的历史比较研究；更为重要的是，它们希望提供一个新的法学历史的理解方案，当然包括新的知识提炼。在导论中，我主要在这些方面作出说明。

一、“史学”研究

“近现代”一词，标志着历史含义。因此，我首先需要从“史学意识”进入。

在近现代，西方民族国家的法学家，以及法律家，提出了各种各样的法律概念理论；与此类似，当然同样是在近现代，处于现代性焦虑的中国的法学家以及法律家，也提出了各种各样的法律概念理论。怎样研究、认识、理解它们？

对于学者而言，甚至对于一般读者而言，最为熟悉的可能就是曾经阅读过的西方法学史，以及中国法学史这类学科作业中的话语梳理。在这些“史学”中，我们了解了西方，了解了中国，我们大致知道了西方各种理论之间的历史关系，彼此的横向联络；知道了中国各种理论之间的类似关系和联络。于是，西方以及中国的“理论”，被我们研究、认识、理解了。经由这里，西方和中国的那些理论，被当作知识也被我们记忆了，也许，一种“经验”或“教训”也被我们“经历”了。

这样把握近现代西方或者中国的法律概念理论，是正常的；在一定意义上，也是具有合法性的。因为，“史学化”的撰述，以及它所引发的知识记忆，为人们带来了较为清晰的这一时期的法律概念理论的大致框架，以及内容，可能另外包括了对“法律含义”本身的深入洞悉。知识，特别是历史过程中的知识，是可以这样表达的。此外，就学术性的社会分工而言，这样把握提示了必要的学科边界，人们对此是容易认同的。

（一）

但是，其中两个问题是需要追究的。

第一，被描述的思想变迁是否就是“单纯观念”的？

无论西方还是中国的法学史，其中法律概念思想的呈现，基本上是“单纯观念化”的，是从“理论”到“理论”的。我们发现，或者读到，法律概念的思想或者是这样被表达的，或者是那样被表达的，当然，有时我们可以看到被展现的“话语演进”“话语冲突”，还有“话语领导权的争夺”。但是，这种“史学化”的操作，使思想变迁成为“平面”“孤立”的对象，切割了思想与外界的联系；即使知道了从逻辑推论的角度而言思想何以会是如此，理由是什么，人们也依然会产生这样的疑问：思想仅仅是观念推动的？或者，仅仅是自我生产的？

其实，人们早已知道，也如马克思（Karl Marx）曾经说过的，思想不可能仅仅是观念推动的，自我生产的；在很多情况下，经济需求、政治利益、军事压力以及其他社会因素，可以制约或者牵引思想的走向；思想不是那么单纯学术的。

于是，仅仅在观念的层面上描述思想变迁，显然，容易钳制我们原本应该具有穿透力的思考视线，无法看到宏观意义上的“立体”以及经由这种“立体”而来的“相互联系”的更为具有诱惑力的微观社会内容，进而，无法反观思想，在充满循环流动的社会语境结构中揭露思想的深层欲望，揭发思想的实践企图。这对作为学术对象的法律而言，是更为重要的。因为，如同我在本书将要通过历史深入讨论的，在法律语境中，法律实践和法学是特别相互纠缠的；而法律实践，在近现代，本身就是明显与具体的经济需求、政治利益、军事压力等紧密联系的。这个问题，是上述法学史的范式无法回避的困难。

第二，思想的主体经历在“思想”中具有怎样的意义？

思想生产的主体是思想者。思想者的经历，众所周知，是不能忽略的。但是，法学史的运作时常对此视而不见，或者轻描淡写。这意味着，一方面，我们有时无法看到思想主体的经历在法学史中的表达；另一方面，即使有时看到了思想者的“履历”，这一“履历”，对于读者来说，也不过是思想叙述的简单铺垫，比如，作为“生平简介”。人们知道这样一个事实：不同的主体经历并不妨碍类似思想的生产，同时，相反，相同的主体经历并不意味着类似思想的提出；此外，主体经历有时扮演了激励思想生产的关键角色。于是，主体经历和思想的关系，肯定是复杂而有意义的。不将主体经历和思想勾连起来进行考察，我们极为可能忽略了思想产生的一个直接动因；同时，也因此，我们可能无法具体清晰地在上述“思想背景”（经济的、政治的、军事的，等等）和思想之间建立逻辑连接，如果我们已经意识到了两者的关联。主体经历，是我们理解思想和社会相互联系的关键通道。过去法学史的范式，在这方面的作为颇为有限，因而，依然是需要追究的。

（二）

其实，需要追究的，不止这样两个问题。还有其他问题也是不应放过的。

比如，其他学科的思想，经济学的、伦理学的、宗教学的、政治学的思想等，是怎样和法律概念理论发生刺激与反馈关系的？虽然通过法学史，我们知道了，在近现代，其他学科的思想时常影响了法律概念理论，但是，我们不太清楚后者是怎样反馈的，以及反馈之后对于法律概念理论本身又有怎样的进一步的意义。作为个案，边沁（Jeremy Bentham），以及他的学生奥斯丁（John Austin），都是典型例子。对于两者来说，不仅其他学科思想影响了他们的法律概念思考，而且，他们自己的哲学、政治学、伦理学的思想，也影响了他们的法律概念思考。更为需要注意的是，两者法律概念的思考通过反馈的方式，又在影响他们的其他学科的观念，同时回转过来，进一步地调整、加深或者巩固了他们的法律概念设想[1]。于是，在他们的其他学科思想和他们的法律概念理论之间，另外一种需要考察的循环结构，呈现出来。这种结构，在法学史中，是最为不易被人觉察的，但是，它肯定是有价值的。

再如，其他法律观念，民法的、刑法的、宪法的观念等，是怎样和法律概念理论纠缠的？可以发觉，对于民法、刑法、宪法的不同认识，是会影响法律概念思考的。如果认为民法是首要的，法律概念理论容易走向“契约论”的道路，尽管，这当然不是必然的。如果认为刑法是根本的，法律概念理论容易走向“强制论”的道路，尽管，这同样不是必然的。人们认识法律概念的性质，自然主要是从作为实践样本的“这种法律”“那种法律”出发的，是在“法律例子”中概括、提升的；因此，法律概念理论时常是种人们未必觉察的、对某种具体法律的特征进行聚焦描述的抽象理论。反之，又是自然而然的，对于被提出的一种法律概念理论，人们也会在另外的“法律例子”中加以验证，以期使其具有更为广泛的解释能力；或者，反之，在另外的“法律例子”中加以否证，以期发现这种法律概念理论是缺乏解释力的，从而展开质疑、修补、重塑、更新、推翻的工作。在近现代，当法律成为最为耀眼的社会治理方式，法理学成为一门“科学”的时候，这是尤为显著的。可以指出，在此，关键是具体法律特征的理解和法律概念性质的理解是怎样展开互动的。“史学化”的上述研究范式，对此没有作出必要的尝试努力。

（三）

然而，更为需要抓住不放的问题是：这种“史学化”的学术是怎样建构了一个“中心 / 边缘”模型的思想历史？或者，这样来说：为什么

[1] 参见本书第四章。另关于奥斯丁，一个较为微观细致的考察，参见 Eira Ruben，“John Austin’ Political Pamphlets，1824-1859”，in *Perspectives in Jurisprudence*，ed.，Elspeth Attwooll，Glasgow：University of Glasgow Press，1977，pp. 20-41.

一些思想可以表达为“历史记忆”，另外一些可以表现为“历史遗忘”？为什么一些思想是重要的，另外一些是不重要的？记忆/遗忘、重要/不重要的标准，又是什么？在近现代，通过中西法学史，我们知道西方的萨维尼（Friedrich Carl von Savigny）、奥斯丁、霍姆斯（Oliver Wendell Holmes）、施塔姆勒（Rudolf Stammler）等，中国的沈家本、伍廷芳、王宠惠、吴经熊等，是历史记忆的对象，是重要的，其他则可能是历史遗忘的对象，或者是不重要的，或者，仅仅是次要的。但是，为什么可以这样建构？

人们当然可以强调，在曾经出现的法学文本的阅读中，这些角色——被视为重要的角色——是经常出现的，是为学者普遍提到的；而学术的“中心”，或者“重要”，正是以这种方式作为表达的。但是，随着法学文本数量的扩展，随着人们阅读对象的铺开，特别是随着“法学生产的地理位置”的不断转换，中心/边缘、重要/不重要，是可以发生变化的。例如，当深入阅读近现代以来德国的法学文本，特别是从近现代美国的法学文本转向近现代德国的法学文本，进而展开不断深入阅读的时候，霍姆斯，慢慢变得并不那么重要，甚至是不重要的，他似乎是被遗忘了，尽管，他在美国学术中好像总是旗帜人物，至今都是“中心”的、“重要”的。又如，相应来说，当深入阅读近现代以来中国的法学文本，特别是从近现代西方的法学文本转向近现代中国的法学文本，进而展开这种阅读的时候，沈家本，慢慢变得似乎特别“耀眼”，甚至是“中心”的、“重要”的，应当是特殊的记忆对象，尽管，他在西方学术中是不重要的，甚至提到“被遗忘”都是不太恰当的。这里，说明着一点，中心/边缘、重要/不重要，本身就是“法学地方性”的。问题可能在于，从不同民族国家的法学角度来看，中心/边缘、重要/不重要，总是不免重新被人定义的。另一方面，从时间向度来看，中心/边缘、重要/不重要的位置关系，也是不免重新被人定义的。曾经“中心”的、“重要”的，时过境迁，变得“边缘”了、“不重要”了；反之亦然。

那么，这里隐藏的深层问题是什么？

众所周知，法律是解决实践问题的，特别是地方化、时间化的实践问题，随之而来的法律实践，则是“地方性”和“时间性”的，也因此，法律概念理论的提出，必须面对“地理历史”中的法律实践谱系，对其作出必要而又有效的回应与解释。学术中的法律概念理论，一直以来都存在着“普遍化”的欲望情结，比如，追求具有普遍解释力的法律定义。当然，这也是一般理论的某种内在要求。但是，如前所述，这种概念理论的提出，是在具体法律样本的追踪中酝酿的。提出者，当然可以像孟德斯鸠（Charles de Secondat，Baron de Montesquieu）那样尽力对世界各国的法律样本进行分类、归纳、总结，然后，期待一个普遍性的“理论胜利”[1]。然而，直接有效地说明本土地方性的法律现象，又是首要的、必需的，甚至是不可避免的。因为，一方面，跨越本土的具体法律进而直接放眼世界的各种法律，从法律认识论的角度来说，是不大容易的，甚至是有些不大可能的，毕竟，其数量也许是浩如烟海的；另一方面，更为关键的是，如此将会首先失去本土的法学学术市场，以及法律市场，从而使法律概念理论的生命力在这些“市场”中无从谈起。因此，我们也就可以看到，霍姆斯的“法律是种预测”的概念定义，在美国普通法的“地方”中，非常容易挑起法学家与法律家的想象[2]；萨维尼的“法律体现民族精神”的特征描述，在德国当时各邦习惯法依然非常盛行，而且各邦法律权力依然难以统一的“地方”中，非常容易激起法学家与法律家的情绪[3]。从时间上说，作为例子，因此，我们也就可以看到，萨维尼的主要观念——民族精神中的法律——在德国民法典的草拟进入实质阶段之前，是权威性的理论，但是之后，其权威性让位给了潘德克顿学派（Pandektistik）这样的法律实证主义。[4]

---

[1] 众所周知，孟德斯鸠在《论法的精神》中展现了这样一种欲望。见［法］孟德斯鸠：《论法的精神》（上、下），张雁深译，北京：商务印书馆，1961 年。

[2] 参见本书第五章。

[3] 参见本书第八章。

[4] 参见本书第八章。

这一深层问题，一旦凸显出来，也就更为无情地暴露了某些“中心/边缘”模型的法学史的先验霸权意识；此外，反向逐一回到前面几个问题的追究，也就更为清晰地提示了，忽视法律概念理论与带有“地方性”“时间性”的诸如民法的、刑法的、宪法的观念的关系，忽视法律概念理论与同样带有“地方性”“时间性”的诸如经济学的、伦理学的、宗教学的、政治学的观念的关系，忽视法律概念理论和主体经历的紧密连接，忽视法律概念理论和具体社会背景的有机互动，是非常不恰当的。

这一深层问题，一旦凸显出来，甚至更为彻底地说明了，不断地重新书写法律概念理论的“他者”历史，是可以的，也是可能的，甚至是必要的。

于是，关于法律概念理论的“史学”研究，需要新的理解。

二、“比较”研究

在近现代，一个为人十分熟知的事实是：民族国家法律的早期交往。法律的早期交往，意味着一个民族国家不可避免地要对其他民族国家展开法律、法学上的认知、研究，有时还包括了猜测、想象；而猜测、想象，有时不可避免地又是认知、研究的前提。在这一过程中，法律以及法学意义的“异邦”，逐渐地被建构起来，其中，对照比较，则是必经的手段。当然，前面提到的“法学地方性”，已经暗示着“比较”问题，因为，“地方性”意味着“不同地方”这一事实；而将“不同地方”的法律概念理论联系起来的时候，对照比较，又是自然而然的。在此，“史学”研究走向“比较”研究，几乎是必需的。作为学术的法学努力，也是这样操作的。那么，怎样看待这里学术意义上的比较，或者“比较法学”？

以往的法学比较研究，包括法律概念理论上的比较研究，为人们提供了“异同”的知识，提供了异同产生的因果理解，另外，提供了历史中不同法律概念叙事的历史渊源的认识，以及不同法律概念理论的已经展现或者可能展现的推论演绎空间的差异，进而，将法律以及法学理论，从横向、纵向两个方面，以并排互映的方式，搭建起来。之中，除了由此及彼、由彼及此的理解把握，人们可能进一步地得到了“优劣”对照的提示，同时，也如前面开始提到的，人们可能在另一层面上“经历”了“经验”与“教训”，进而，得到了如何改善本国法律、法学的他者启发。

但是，三个问题在这类比较研究中被忽略了。

(一)

第一，“世界流通”的问题。

法律概念理论的比较，既可以是宏观的，也可以是微观的。比如，德国与英国法律概念理论的比较，可能是宏观的；德国萨维尼与英国梅因（Henry Maine）法律概念学说的比较，可能是微观的。然而，无论宏观的还是微观的，比较的叙述手段，在一个方面，容易限制人们的思考视野。这里的意思是说，这种比较，易使人们总是注意“两者之间”的问题。当然，比较也可以在“三者”或者“N者”之间展开。然而，问题是同样的：人们依然得到的是“彼此之间”的内容。这里需要追问的要害，在于“二元分立”或者“多元分立”。

可以指出，如果回到近现代时期，人们可以看到一个“移动”现象：随着民族国家法律的早期交往，一种法律，一个法律概念，可以经过一个民族国家进入另外一个，从另外一个再进入第三个，依此持续。当然，还有反之而行的，也即经过后一个民族国家逆向进入前一个，从前一个逆向进入更早的一个，不断回溯。比如，西方早年传教士信奉的法律观念，通过其自身的世界游历，可以传输给他所进入的一个民族国家，或者，依此传输给多个民族国家；留学生在一个留学地或者多个留学地所学习的法律观念，经过环游，以及回国的方式，可以被带到留学生新留学的民族国家，以及留学生自己的民族国家。反之，这样的传教士，又可以将被传教的民族国家的法律观念，逆向带回传教本国；这样的留学生，又可以将留学派出国的法律观念，还有某个环游逗留地的法律观念，逆向推往留学的目的地。在法律概念中，就传教这一途径而言，宗教性的法律定义学说的全球“移动”，可能是个典型例子；就留学这一途径而言，萨维尼的法律定义学说的全球“移动”，可能是个典型例子。此外，在人物“环游”的旁边，还有文本的“环游”，比如，直接的外文阅读、翻译本的阅读等。[1]

在此，一个“世界流通”的概念，凸显出来。

在“世界流通”概念中隐藏的信息是这样的：其一，现在认为的某些所谓“普遍性的法律”，或者“法律观念”，是经过不断“流通”而形成的，准确来说，是不断经过特定的某些民族国家在社会学术实践中的“传输”而形成的，然后，成了今天认为的“世界法律产品”；其二，与此相连，这些所谓的“普遍性”的“法律”，或者“法律观念”，尤其是作为典型例子的“现代法律概念”的普遍意义，是在充满微观话语权力斗争的流通中逐步建构的，或说，是在具体微观的殖民 / 反殖民、接受 / 反接受、推广 / 反推广、模仿 / 反模仿的对垒中，逐步获得思想领导权的，它们，并非本身就是“普遍”的。就其二来说，正如本书部分章节深入讨论的，在近现代传教士、留学生的传输各种法律概念理论的过程中，我们可以清晰地发现这种斗争，或者对垒。

经过这一信息的揭示，我们可以发觉，“二元分立”或者“多元分立”的比较研究，不可避免地面对这样一个追问：针对近现代而言，被比较的两个民族国家的法律概念理论，比如，前面提到的德国与英国的法律概念理论，以及被比较的两个人物的法律概念理论，比如，前面提到的德国萨维尼与英国梅因的法律概念理论，它们，究竟在什么意义上是作为原本自我的“存在”而被比较的？近代时期，英国有人去过德国，对德国的某种法律理论至为欣赏，从而效仿，例如，奥斯丁即是如此，因而在他的著述中便有德国法律观念的踪迹[2]。而萨维尼的著作，不论翻译

[1] 与这些例子相关的讨论，参见本书第一章、第八章。

[2] 参见本书第四章。

过来的，还是原文的，在梅因所在的“学术地方”广为流传，梅因自己也了解了这些内容，因而在梅因的思想中，难以认为没有萨维尼的“副本”。[1] 在这个意义上，“英国理论”难道是一个不包含“德国理论”的英国理论？“梅因理论”难道是一个不包含“萨维尼理论”的梅因理论？由此，人们似乎难以认为“比较”可以在原本自我的“存在”的比较意义上加以展开，难以认为，“比较”所强调的“彼此之间”，是一个真正的“彼此之间”。这意味着，近现代的特殊“流通”历程，已经在某些重要方面冲击了原本自我“存在”之间比较的特定模型，瓦解了“彼此之间”的概念。进而言之，越是从近代移向现代，人们越是可以发现，原有的“比较”预设模式，包括“彼此之间”的位置理解，似乎无法像其最初设想的那样在两个或者多个“独立”对象之间加以展开，它本身必须面对冲击，从而调整自己；必须说明，原有的“被比较的对象的设定”，是否掩盖了，至少是部分地掩盖了，一个经由“相互流通”而来的彼此裹挟、融合的“同类”问题。当我们将“近现代”和之前的没有“民族国家法律的早期交往”的时代，比如古代，对照起来，这一点，可能是更为明显的。

如果深入思考，我们另外可以发觉，由于“世界流通”的存在，甚至作为典型例子的影响奥斯丁的德国学说，或者，萨维尼的学说，其本身也有一个接受他者思想的问题。比如，影响奥斯丁的德国学说，就与法国 19 世纪初期的与拿破仑法典制定运动紧密联系的立法学派的理论，有着渊源联系。[2] 萨维尼的学说，也与法国某些法学的理论，有着某种

---

[1] 关于这个问题的讨论，参见 Michael Hoeflich，“Savigny and his Anglo-American Disciples”，*American Journal of Comparative Law*，37（1989），pp. 25-26.

[2] 参见 Karl Mollnau，“The Contributions of Savigny to the Theory of Legislation”，*American Journal Comparative Law*，37（1989），pp. 84-86；另见 Hendrik Hommes，*Major Trends in the History of Legal Philosophy*，Oxford：North-Holland Publishing Company，1979，p. 208.

关联。[1] 在此，一个有意思的关于“理论踪迹”的系谱现象，逐渐清晰浮现：在“世界流通”的背景中，一个法律概念学说，极为可能总是经由另外一种法律概念学说，演化而来；而且，这可以是不断延宕的。这意味着，在近现代，即使承认法律理论可能有着一个“来源”，但是，追溯这个“来源”，也许是意义不大的；相反，重要的是，应当在理论链条系谱和影响这一系谱“生长”的社会微观对垒斗争之间建立思考空间，将理论演化和具体实践活动的相互关系，揭示出来，追问为什么一种法律概念理论可以这样而不是那样游走，其对法律实践究竟意味着什么，以及法律实践又是怎样“推动”“要求”“限制”法律概念理论的。就此而言，原有的“比较”模式，必须面对知识谱系学和知识社会学的严厉挑战。

此外，与“世界流通”概念中隐藏的信息相互联系，一个新的问题也会逐渐清晰起来：微观话语权力的斗争，在殖民 / 反殖民、接受 / 反接受、推广 / 反推广、模仿 / 反模仿中的微观对垒，它们，本身对法律概念的生产，具有怎样的特别意义？显然，原有的“比较”模式，在此是存在盲点的。

（二）

第二，中西对立的问题。

对于中国学者而言，最为熟悉的比较研究，可能就是“中西比较研究”。当然，一些西方学者，在现当代，也非常热衷于这类“中西”的比较研究。在法律以及法律观念，包括法律概念理论的中西比较研究中，一种典型的“二元对立”模式，颇为明显地呈现出来。这一模式，要么建立了一种现代性的“中西对比”，从而说明中国走向西方的必要性，甚至必然性；要么建立了一种反抗现代性的“中西对比”，进而说明中国保存自我的必要性，直至不可妥协性。当然，也有折中的观点：建立“取

[1] 参见本书第四章、第八章。

长补短”的“中西对比”。

针对近现代，人们当然不能否认“二元对立”问题的存在。的确，经由中国传统法律、法学而来的“近现代中国法律、法学”，有时存在着“如何面对西方”的问题。例如，延续中国古代法律许多内容的《大清律例》，有时，存在着“怎样面对西方刑法、民法，当然还有其他法律而自我调整”的问题；延续中国古代“政治思想和法律思想合而为一”的法学知识，有时，存在着“怎样面对西方职业化”的法学知识的问题。

但是，如果我在前面提到的“世界流通”的概念可以成立，尤其是经由“世界流通”概念而来的“相互裹挟、融合”的概念可以成立，那么，“二元对立”的问题，也就可以转化为“中国是如何卷入、参加世界化的”这样一个问题；而且，随着近代移向现代，也就可以转化为“已经部分世界化的中国如何进一步地卷入、参加世界化”的问题。在“世界化”的概念中，“中国”的身份，不断发生变异，“中国”不断在“失去自我”“融入他者”的过程中，改变着自己的内涵。于是，在近现代，人们可能更多的是面对着这样一个问题：在“中国”内部隐藏的“部分西方”，怎样面对西方？这意味着，作为例子，当我们注意清末民初中国的各种法律，以及法律思想，并且将其与西方法律和法律思想进行对比的时候，我们实际上至少是在某些层面上将清末民初中国法律和法律思想中的“部分西方”，与西方进行对比。在这种对比中，是否存在着学术上的合法性？或者，可以这样来问，将研究的重心从“单纯对比”转向“复杂巡视”，是否在学术上是更为恰当的？

当然，对于“中西对立模式”而言，这还是一个表面上的问题。

一个更为深入的问题是，当不断发掘近现代中国法学家、法律家的法学文本的时候，人们可以发现，至少其中相当一部分的文本，并没有预设“中西对立”这样一个后来为人固守的理论模式。从那一时期的中国法学家、法律家的法学文本，特别是今天意义的“法律专业”的法学文本来看，它们，有时似乎是在淡化中西对立的意义上，讨论一般性的法律问题。比如，正像本书第五章、第八章所涉及的，包括我在一篇论文[1]中详尽描述的，民国时期的法律学者，知道中国传统的各类法律制度、法律学说，知道西方以往的各类法律制度、法律学说，然而，他们时常将其作为“没有民族国家身份”的制度资源、理论资源，来讨论普遍性的问题。在他们看来，一个规则秩序，一个法律原理，一个制度学说，是在全球各个“地方”可以普遍加以分析阐述的对象。在本书分析讨论的吴经熊、张志让、李晋、费青、黄右昌等民国法学家、法律家的例子，当然还有本书的其他例子中，我们可以清晰地发现这一点。于是，需要深入探讨的是：当被分析的对象，比如民国时期职业化的法律学者，他们的学说本身就忽略“中西对立”的时候，是否在任何情况下，后来的研究，都可以继续运用“中西对立”的模式来认识这一时期的法律概念理论？或者，有限定地来讲，即使承认“中西对立”的情形在近现代是部分存在的，我们也需分析，就法律问题这一具体语境而言，“中西对立”的情形，究竟是主要的，还是次要的？

我们可以发觉，在某种意义上，“中西对立”的理解模式来自对近现代中西政治、经济、文化的宏观对峙的认识。在近现代，中西早期的面对面的军事斗争、政治争夺、经济博弈和文化撞击，也许要比中西早期的法律交往，来得更为刺眼，更为“触动了中国人的自尊”，因而，更为引人注目；在时间上也许更是“早期”的。在那样的斗争、争夺、博弈、撞击中，“中西对立”，也就更易为人所记忆。正是在这种记忆中，甚至更是由于在这些斗争、争夺、博弈、撞击中的“中国惨痛教训”，一种“二元对立”的理解模型，逐渐具有了延伸到其他理解领域的理由和根据。在“船坚炮利”（林则徐语）、“救国图强”（康有为语）、“师夷制夷”（魏源语）、“中体西术”（冯桂芬语）等语词号召中，对法律、法学的理解，几乎完全成了军事、政治、经济和文化的附属理解。因此，

[1] 刘星：《民国时期法学的“全球意义”——以三种法理知识生产为中心》，载《法学》2006年第2期，第35—52页。

即使是在考察法律、法学问题，诸如林则徐、张之洞、康有为、魏源、梁启超、孙中山等首先在军事、政治、经济、文化上颇为重要的人物的法律思考，远比职业化的法学家、法律家，如沈家本、伍廷芳、吴经熊等人的法律思考，尤其是同时以及稍后的更为职业化的其他法学家、法律家的法律思考，来得更为具有“意义”。这里，其他方方面面的“更为刺眼”“更为早期”，特别遮蔽了具有一定独立性的法律、法学的问题，进而，在中国的比较法学中，压抑了本应独立注意的法律、法学的比较可能。可以指出，在此，如果看到了“二元对立”理解模型得以延伸的理由和根据，那么，我们是否也应看到对其限定甚至修正的理由和根据？进而言之，我们是否需要理解“中西对立”模式背后隐藏的问题？

（三）

第三，中国视角的问题。

“中西对立”的比较学术，自然不是完全不适当的。因为，其中隐含着一个“从中国角度看”的立场。无论学习西方的“现代性”观念，还是固守传统的“反现代性”观念，还是折中取舍的“缓和中西”的观念，都意味着一个“期待中国应当怎样发展”的欲望存在。但是，在学术操作的意义上，西方的比较法学，在“法律科学”层面上的影响是重大的。当“中西比较”在学者手中越来越从实用、实践的目的（我们都知道，在中西遭遇的初期，中西比较，无论在实践家还是在理论家的视野中，总是，而且必然是比较实用化、实践化的，因为需要解决的问题是具体实践的、具体实用的）转向抽象、理论的目的，当其本身越来越成为一门纯粹学科的时候，“中国视角”，也在逐渐失去了自己的存在。在这个过程中，自诩“科学”、客观中立的而且外在于各个民族国家法律、法学立场的比较法学，作为现代学科，逐步宣扬了一种“世界视角”，[1]

[1] 这在当代中国学者熟知的诸如法国学者达维德（René David）的比较法学中，可以看得一清二楚。达维德的观点，参见［法］勒内·达维德：《当代主要法律体系》，漆竹生译，上海：上海译文出版社，1984年，第12—21页。

在中国的法学中，随之逐步替换或者压抑了“中国视角”。

然而，可以发觉，同时也如一些敏锐的学者所提醒的[1]，所谓的“世界视角”，其实是种变相的“西方视角”，是西方中心主义的。一方面，“世界视角”的提出本身，就是缘自西方的；另一方面，比较的内容，总是以西方作为轴心的。此外，比较的标准、方法、目的等，也是依据西方的“科学”意识形态来建构的。所有这些，几乎都在“走向西方”。因此，“科学”的、客观中立的比较法学，无形中成了西方主义的同时又是另外一种改头换面的“现代性表达”的法学话语。

其实，这点，也未必就是更为关键的问题所在。更为关键的是，在这种转换过程中，真正的中国问题，时常被忽略、漠视、放逐了。法律是务实的，是要解决具体实践问题的，因此，法学尽管可以成为学术化的，然而，也必须重视务实的品性。如果这一观点是有益的，而且是需要坚持的，那么，重新凸显“中国问题”的意识，则是无法回避的。在此，“中国问题”是这样的：其一，中国后来的法律、法学的发展，和近现代的中国法律、法学的变迁，有着紧密联系；其二，其中一部分，作为民族国家发展的直接手段之一，不断地发挥着作用；其三，其中一部分，作为适度偏离“民族国家的大军事、大政治、大经济、大文化”的社会制度、社会思想，不断地自我独立化地发挥着作用；其四，在后面一部分的那些制度、思想中，有些内容，恰恰是因为中国独特的现实而存在的。作为例子，我们能够感到，近现代以来，中国一直面对着因人口逐渐增多而累积出现的范围广泛的贫困、落后、挣扎，于是，一种“从中国出发”的左翼制度、思想观念，无论作为民族国家发展的直接手段之一，还是作为自我独立化的制度思想，从未消失，甚至相反，倒是逐渐兴盛，最终，其成了长期以来的中国最为重要的现实之一。应该指出，这一作为例子的“中国问题”，是不能也无法视而不见的。在此，将其

[1] 例子，参见［美］杜赞奇：《从民族国家拯救历史：民族主义话语与中国现代史研究》，王宪明译，北京：社会科学文献出版社，2003 年，第 3—38 页。

纳入比较法学的视野，显然，是非常有价值的。这一纳入，在重新构筑比较法学的某些内容的同时，在重新调整“中西比较”的某些方法、标准、目的的同时，也在质询着所谓“科学”、客观中立的比较立场，进而在深层方面质询着西方中心主义，以及以另外一种形式出现的“现代性观念”，最终，也将提供一种重新思考中国法律、法学建设的他者方案的可能：概括来说，我们无法回避“中国问题”的立场，反而应当坚持这一立场。

显然，正统的比较法学，尤其在中国后来发展起来的正统比较法学，在此，几乎是没有什么可观作为的。在这个意义上，提出“中国问题”的意识，实际上是以否定之否定的方式，辩证地将近现代初期曾经出现的、实际实用的“中国问题”意识的比较尝试，予以“增添新鲜内容”的还原，进而，调整新的比较策略，拓展比较法学的认识空间。

（四）

另外可以补充的是，在此，提出需要反思“科学”的、客观中立的“世界视角”的问题，与前面提到的需要重视“世界流通”的思想，并不是潜在矛盾的。因为，其一，“世界流通”的概念，本身就是淡化“前进目标”意义上的西方中心主义的，甚至是否定这种西方中心主义的，其中强调的是，各个民族国家法律、法学的“流动参与”，并不假定何者是天然的更重要的，或者比较次要的，尽管，从法律、法学的生产来说可能存在着“从何处流转过来”的问题（但这也未必就是一个真问题，见前文）；其二，“世界流通”的概念，本身也不是号称“科学”的、客观中立的，在“流动参与”观念的提示中，是可以承认甚至鼓励“本国立场”的，“流动参与”的行动，本身就是本国实践这一目的推动的，也需在实践目的的变换中不断调整，更为准确地说，在“世界流通”概念的背后，人们可以发现一个“如何从本国出发解决本国实际问题”的期待。因此，在法律语境中，带有西方色彩的“科学”的、客观中立的学术意念，并未在逻辑上紧紧尾随我所提出的“世界流通”的思想。于是，“中国问题”的意识，可以成为“世界流通”概念的一个延伸。反之，“世界流通”概念，可能恰是“中国问题”意识的前提基础之一。

三、思路和观点

正是因为上述关于法律概念理论的“历史”研究、“比较”研究存在着某些缺陷，笔者将尝试在如下几个方面作出学术努力。

（一）

第一，我将探讨这样一个问题：在近现代，就法律语境而言，法学家的身份和法律家的身份的彼此融合，具有怎样的特殊意义？

与当代相比，正如本书后面一些篇章所不断提到的，近现代中的法律概念理论的生产者，时常更为明显地将法学家和法律家的双重身份，紧密地结合起来。具体来说，他们时常更为表现为不仅担当“法学教授”的社会角色，而且担当“法官”“律师”甚至“立法者”的社会角色；并且，时常在具体的法律实践中，亲力亲为地、相互融合地发挥两类角色的职场专业作用。

人们当然可以认为，近现代是法律职业内部社会细化分工的开始阶段，因此，角色的“不分彼此”，特别是在具体的法律实践中“相互融合”，是自然而然的；也因此，在这个基础上形成的法律概念理论，以及其他法律理论，是比较笼统、粗糙的，而笼统、粗糙的表象，也是不足为怪的。这样，相互融合的身份，并不具有怎样的特殊意义。

但是，这里的一个研究目标是，更为彼此融合的角色身份，以及在具体法律实践中将其不断贯彻，可能更为凸显着理论中的法律理论和实践中的法律理论的紧密纠缠，以及法律实践对于法学分析的至关重要。法律是要解决实际问题的（我不断地重复了这点，因为这是我的研究的核心预设之一），因此，身为法学家的同时，又从事着法律职业的实践家的工作，也就更为容易使法律理论的思考者，去反省理论中的法律理论在实践中的具体意义，以及实践中的法律理论对一般理论本身的反射刺激。另一方面，近现代呈现的各种军事、政治、经济、文化上的斗争，当然包括法律上的斗争，以及由此而来的价值分歧，经过宏观转为微观，并且顺此而产生的影响，也较易使处于双重身份的思考者，站在自己的立场，去提出不同的法律主张，进而表达不同的作为一般法律观念的法律概念理论。于是，法律概念理论，极为可能表达着包含具体斗争内容的理论 / 实践的双重欲望。在此，一个颇有研究价值的深层问题可以牵引出来：在法律语境中，一般性的法律概念理论如何可能，或者，“科学”的普遍化法律概念描述，是否实际上可以还原为具体法律实践中的带有立场性的思想表达？此外，我们可以进一步地追问：一个看似可以普遍化的法律概念思想，是否实际上是种个体化的、带有具体价值倾向的实践法律概念主张的话语传播，包括国内的和民族国家之间的话语传播？

比如，19 世纪初期至中期的萨维尼，既是著名的法学教授，又是重要的立法大臣，而且，时常接受法院的邀请撰写司法判决的意见，将自己的法律思想带入法律实践[1]。同样，19 世纪初期至中期的奥斯丁，既担任了法学教授的职位，又从事过律师职业，而且之后长期担任政府法律委员会的顾问，去提出针对实践问题的法律意见，同样将自己的法律思想和法律实践相互勾连起来[2]。与此类似，民国时期的吴经熊，也在担任法学教授的同时，出任法官，展开律师业务，参加立法委员会提出立法意见，甚至草拟立法，在自己的法律理论和法律实践之间建立具体的互动联系[3]。在这样的社会角色的混同纠缠中，以及通过法律实践，萨维尼的“民族精神”式的法律观念，奥斯丁的“法律命令”式的法律观念，

[1] 我在本书第四章开始，不断提到了这个例子。

[2] 参见本书第四章。

[3] 参见本书第八章。

以及吴经熊的“社会文化”式的法律观念[1]，是否可以简单地理解为普遍化的“科学”学术的努力？即使他们自己认为，自己的学术努力正是较为纯粹的、普遍化的“科学”努力，我们也许依然需要这样一个观点：在19世纪德意志的具体法典制定的斗争中，人们才能更好地理解萨维尼的思考理念；在19世纪英格兰的具体立法改革——特别是由边沁开始倡导——的斗争中，人们才能更为恰当地理解奥斯丁的学术工作；在20世纪初期民国的立法内容纷然杂陈而为人们广泛争论、法律判决不断引起各界的思想矛盾的背景中，人们才能更为丰富地理解吴经熊的意识追求。因为，同时作为法律实践的一分子，他们，似乎从来没有从充满价值企图的法律斗争中抽身出来，去“闭门造车”地冥想法律观念。进一步说，我们也许需要这样地看待问题：经由角色身份的融合这一微观途径，人们在某个方面才能更为具有穿透力地洞察萨维尼、奥斯丁、吴经熊等人的设想在理论/实践双重场域中的真实位置，以及它们在法律概念理论变迁中的真实意义。毕竟，我们需要意识到，他们的设想，是在以身份纠缠作为标志的、社会化的个人实践中孕育的，是在法律化的学术/实践的双重斗争市场中生产的，而这样的市场，既在制约他们的孕育、生产，也在接受他们设想的同时调整自我需求。

所有这些，在“近现代”这一特殊时期，也许可以找回其历史的“具体起源和答案”。

（二）

第二，我将研究一个“法律行动者”视角的问题。在此，作为界定，“法律行动者”的视角，含义是指一个总是内在于法律、法律概念理论活动的参与者视角。

---

[1] 关于吴经熊的这个思想，见吴经熊：《法律的基本概念》（《改造》第4卷第6期，1922年），载吴经熊：《法律哲学研究》，北京：清华大学出版社，2005年，第3—13页。

如前所述，近现代中西法律、法学的历史比较研究，时常自觉或者不自觉地将“大军事、大政治、大经济、大文化”的观念，去压抑了具有一定独立性的法律、法学问题的观念。在此，所谓“具有一定独立性”，是指两个方面的含义。其一，法律、法学有时是在民族国家之间的宏观冲突的军事、政治、经济、文化的边旁自我存在、变迁的。其二，法律、法学与宏观冲突的军事、政治、经济、文化的彼此关系，并不一定是以后者影响、牵引、制约前者来实现的，它们之间是互动的，而互动的结果之一，也许是前者有时决定了后者。

就第一个含义来说，如果深入近现代各个民族国家的内部，我们时常可以看到，许多法律、法学问题，比如，日常的婚姻、协议、收养、登记、侵权等制度，以及相关的法学思考，比如，典型的法律概念理论，并不因为民族国家之间的宏观冲突的“大军事、大政治、大经济、大文化”的在场，而改变自己的日常性质。作为例子，正如人们时常意识到的，在近现代，民族国家之间宏观的军事、政治、经济、文化的对抗，即使在某些方面显示了一个民族国家对另外一个民族国家的“占领”“控制”，也不意味着后者在地理意义上全面地被“占领”“控制”。于是，在本国领土的许多层面上，相当一些日常性的法律、法学活动，依然是按照自己的内在模式继续运作、变迁着（当然不是完全不受宏观方面的影响）；其中行动的人物主体，时常依然是以“解决具体法律实践问题”的方式进入、参与法律活动的，并不怎么关心民族国家的“大方面”。在这个意义上，看到一个与日常法律、法学活动相关的观察视角，是必要的。而这一视角，如果视为日常的“法律行动者”的视角，那么，就意味着，用来观察近现代一个民族国家和另外一个民族国家之间相互关系的军事、政治、经济、文化行动者的视角，不能压抑，更不能排斥掉，这一“法律行动者”的视角。与此相关，“法律行动者”视角在今天的理论意义在于：当代广袤的一些日常中国法律秩序和法学思考，和近现代的中国日常法律、法学活动，有着千丝万缕的延续联系，是不能完全依赖宏观的社会政治文化解释框架，特别是“中西之间如何”的这种宏观的二元冲突框架，作出说明的。

就第二个含义来说，当法律、法学和宏观军事、政治、经济、文化有着互动关系，甚至有时决定了后者的时候，人们也就需要看到法律、法学自身的有时存在的“领先”作用。这里并非是说，法律、法学自己有时有着多么了不起的旗帜影响，法律、法学由此应该成为社会的基本甚至唯一的治理形态与话语，而是在说，在一定意义上，法律、法学有时可以成为重要的征服对方的一种策略手段，而在成为这种策略手段之际，可以拥有自己的演化路线。从实践看，在近现代，人们时常可以发觉中国与其他民族国家之间的法律、法学意义上的争执，比如，最为明显的例子，也许就是关于治外法权的争执。在这种争执的背后，当然存在至关重要的军事、政治、经济包括文化的觊觎、对垒、较量，而且，这些宏观因素，大致来说是基础性的、决定性的。但是，不能否认，争执的各方也都努力在法律、法学上夺取“说理”的控制权，试图通过“法律说理”战胜对方，从而凸显了法律、法学——包括法律概念理论——作为有效手段的独立价值。正是在这个意义上，我们才能进一步地理解，作为例子，为什么林则徐在军事、政治、经济、文化斗争准备的过程中，翻译研习国际法、他国律例，试图和“外夷”在法律、法学上一决高下；[1]而在民国初期，为什么东吴大学法律学院非常重视“租界”的法律冲突的研究，试图使中国政府在面对“西人”时可以更为主动、有力[2]……当然，恰恰是在这里，如果透过表层深入地挖掘，那么，在另一方面更为深入的知识社会学的问题是：法律、法学，包括法律概念理论，如何在成为一门“手段学问”的时候，恰恰巧妙地顺此培育了近现代法律专业的兴起，进而带来了法律技艺的发展，使法律职业最终逐步有效地成

[1] 见林庆元：《林则徐评传》，南京：南京大学出版社，2000年，第246—249页。

[2] 参见［美］康雅信：《培养中国的近代法律家：东吴大学法学院》，王健译，贺卫方校，载贺卫方编：《中国法律教育之路》，北京：中国政法大学出版社，1997年，第261页。

为能和军事职业、政治职业、经济职业、文化职业相互“抗衡”，并且分享社会资源的“合法一方”，甚至，从社会角色身份的意义上，奠定了“现代法治话语”的“人员基础”。

此外，“法律行动者”的视角，另有这样一个学术功能：避免将近现代历史研究中的后殖民主义话语范式在中西法律、法学的比较研究中简单地加以延续。前面，我提到了警惕西方中心主义，以及现代性的问题。在历史比较研究中，将西方中心主义、现代性问题提示出来，并且给予揭露，是后殖民主义话语的有益警觉。[1]但是，在法律语境中，只有将“法律行动者”的分析模型带入“中西关系”中，才能深入、完整地——相对法律、法学而言——澄清西方中心主义、现代性等观念所存在的“自身困境”的问题，才能将后殖民主义话语的有益警觉，转换为法律分析、法学分析这些领域的有益警觉。具体来说，当看到了前面提到的“具有一定独立性”的两个含义，我们也就可以意识到，恰恰因为法律、法学可以在一定意义上自在自为地存在、演化，而且，法律、法学——包括法律概念理论——在特定情况下具有策略手段上的决定意义，所以，中西关系的理解，有时，则必须要从摆脱了“西方影响中国/中国回应西方”模式束缚的微观法律活动这一角度，去展开。在此，独特而又深层的问题是：在中西关系中，法律、法学——包括法律概念理论——的具体交织交往活动，究竟扮演了怎样的历史角色，以及，怎样以微观方式、由点及面地构筑了今天复杂的法律局面，而这样一种法律局面和“中西关系”究竟具有怎样的联系？

从更为普遍的“学术功能”来说，“法律行动者”的视角，也许能使一般的法律、法学的历史比较研究避免成为其他学科意义的一般历史比较研究的学术模仿，进而，避免缺乏“法律、法学”的独特意义，从而避免对法律学科没有实质性的学术推进。

---

[1] 参见杜赞奇：《从民族国家拯救历史：民族主义话语与中国现代史研究》，第3—38页。

（三）

第三，我将围绕法律概念话语问题，研究宏观背景和微观背景究竟在什么意义上可以相互联系起来。前面，我强调了一个“法律行动者”的视角，强调了法律、法学问题和“宏观问题”的适度分离。但是，像所有人都认为的那样，我也认为在近现代法律问题有时和“宏观问题”明显地联系在一起。因此，宏观背景和微观背景的联系，对于法律概念理论问题，又是需要讨论的。

针对近现代法律概念话语的研究，正如前面提到的，以往学术操作已经注意了宏观背景和微观背景的问题，而且，有时，也隐约地暗示了两者的相互关联。但是，这种注意、暗示，是比较简化的、含糊的，也即较为简单地或者模糊地“看到了”“提到了”宏观背景的影响作用，以及微观背景的影响作用，包括两者的相互关联。在一定意义上，这种注意和提示，没有觉察两种背景相互关联的内在机制。而对于法律概念话语来说，这种内在机制，可能是比较重要的。在我看来，某些层面的具体法律实践，也许是理解这种内在机制的一个途径，也许能使人们对宏观背景和微观背景的相互联系的认识，更为具体地清晰起来。因为，在近现代，对法律概念话语提出者而言，某些层面的具体法律实践，由于前面提到的“法学家”和“法律家”的角色混同，时常具有了“法学色彩”和“法律色彩”的双重搭配；而在这些层面的具体法律实践中，实践的参与者不会，而且不能，回避宏观背景和微观背景的双重压力。在这种双重压力中，法律概念话语也就带有了可以分析辨识的宏观背景因素和微观背景因素。另一方面，犹如前文已经暗示的，法律概念话语提出者，是不能无视法律职业市场和法学职业市场需求的。法律职业市场和法学职业市场的需求，有时不仅体现着宏观背景的实质影响，而且，相对法律概念话语提出者而言，还孕育着微观背景的隐蔽滋生，比如，个人所遭遇的法律工作的环境，个人所面对的法律职业收入的回报，以及个人从事教育的法学院的学科模式等。而法律概念话语提出者的法律实践本身，恰恰又是在回应这里所说的市场需求的过程中展开的。其实，作为例子，在本书所提到的许多近现代法律概念理论提出者的经历中，我们都能发现，某些层面的具体法律实践，是如何通过“法学色彩”和“法律色彩”的双重搭配，折射着宏观背景和微观背景的影响，以及，是如何通过法律、法学职业市场的需求，带出宏观因素和微观因素的图像的。

具体的法律实践这一概念，在近现代，揭示了法律概念话语提出者是怎样行动的，是怎样将法学话语推入法律事件、怎样将法律事件融入法学话语的。因此，这一概念，在“某些层面”的限定下，可以卓有成效地将理论生产过程的宏观背景和微观背景勾连起来，使人们深切地感受知识社会学的策略在法律、法学历史比较研究中的灵动、智慧。然而，最为重要的是，这一概念，如同“法律行动者”的视角这一概念一样，并且与其相互并列，可以使人们明确地发现法律语境中的历史比较研究，如何可以实质性地不同于其他领域的历史比较研究，如何可以避免法律、法学的历史比较研究成为其他领域的历史比较研究的简单延展，从而如何可以独立自身。它对近现代法律、法学的立体化的深度研究，进而启发当代法律、法学的立体化的深度研究，既是提纲挈领的概念，又是“核心激励”的概念。

（四）

第四，从微观实践的角度，我将研究“中国因素”和“西方因素”在近现代究竟是在什么意义上对撞的，以及对撞的结果是在怎样的意义上可以对之作出判断的。

首先需要说明的是，在我看来，在法律、法学领域里，当然也在法律概念理论领域里，近现代的“中国因素”和“西方因素”，是通过具体的阵地战来展现自己实力的。这里包含着两层含义。其一，虽然我们可以认为，总体上看，近现代的中国法律、法学呈现了“中国因素”不断退却、“西方因素”不断推进的局面；但是，这仅仅是在“似乎如此”

的意义上的一种认为。因为，一旦深入微观领域，我们可以感到，说明究竟是“中国因素残留着”还是“西方因素渗透着”，是个并非容易判断的问题。例如，在制度上，就司法方式而言，因为“审判”和“调解”在中国各个“地方”中的近现代意义上的长期共存，我们很难断定这是中国的胜利，或者西方的胜利。因此，这里的“阵地战”是激烈的、胶着的。其二，即使需要或者允许作出一个总体上的“中西胜负”的判断，不论其是否“似乎如此”，我们也必须通过具体的阵地战去归纳、概括和总结。而归纳、概括和总结所面对的问题是：法律、法学的领域——包括法律概念理论的领域——是非常广泛的，我们难以在各个层面上逐一考察进而宣称究竟中国是主要的，还是西方是主要的。于是，认为“中国因素和西方因素通过具体的阵地战来展现自己实力”，是现实的。

然而，这些又不是特别重要的。特别重要的是，有些被认为是中国本身的法律、法学的内容，在西方，我们也能发现彼此相像的对应物；反之亦然。例如，前面提到的“调解”，众所周知，就不是中国独有的，在西方比如美国我们也能看到这样的纠纷解决方式。再如，中国古代法家提到的工具式的“法律概念理论”，正像民国学者早已提到的[1]，在近代英国边沁、奥斯丁的法律实证主义理论中，也能找到对应的观念表达。反过来看，即使是为后来中国学者津津乐道的英国普通法制度，其在早期，和中国封建帝王派出特定人物（比如钦差大臣）或特定机构解决纠纷，也是颇为类似的；早期的普通法法院，实质上正是皇家派出的代表国王意志的“巡回治理”机构[2]。

这提示着，一方面，我们需要谨慎小心地对待被建构出来的“中国”

---

[1] 参见本书第六章。

[2] 早期普通法法院的“治理”性质，及其与国王集权的关系，见［英］S.F.C. 密尔松：《普通法的历史基础》，李显冬、高翔、刘智慧、马呈祥译，北京：中国大百科全书出版社，1999 年，第 17—18 页。

和“西方”，[1]仔细看看究竟哪些可以归属“中国”，或者归属“西方”；另一方面，在仔细识认之后，从微观实践的角度去具体分析“中西”关系，是更为具有逻辑根据的。

微观实践角度的“中西分辨”，在理论上，还有一个重要的意义：促使我们在具体的法律实践中洞察“中西”背后的实质问题。具体来说，在“中西”背后，有时可能隐藏的不是“西学东渐”“西方影响中国/中国回应西方”的问题，而是中国内部各方怎样利用“中西”话语，去展开具体法律实践斗争的问题。[2]例如，在近现代，当大量讨论西方历史主义法律概念理论，特别是萨维尼式的“民族精神”“民族习惯”等话语包装起来的一般法律观念的时候，而且，当将其和西方实证主义法律概念理论联系起来并且“对立起来”讨论的时候，这些讨论背后，可能恰恰潜藏着“如何对待中国具体立法作用”“如何对待中国民间习惯”“如何对待城乡各自规则的关系”等中国内部的斗争意识，以及“中国法学家、法律家面对中国其他阶层”的职业利益的争夺焦虑。我们可以发现，在近现代中国，这些斗争意识和争夺焦虑，从来都是非常现实的。民间习惯，或者相对城市规则的乡村规则，从来都希望保留自己的运作天地；早期的中国法学家、法律家，从来都希望在社会分工中获得名正言顺的职业担当和利益分配。而历史主义和实证主义，极为可能成为反对或者支持“可否保留”“保留多少”“可否获得”“获得多少”的话语根据。在此，可以觉察，不是“中西彼此如何”影响着“中国自身如何”，而是“中国自身如何”挑起着、推动着“中西彼此如何”。因此，“中西分析”，有时，需要而且必须转换成为“中国分析”的问题。而具体的法律实践，可以为这样一个问题的深入分析，提供独特而又切实的思考路标。

---

[1] 关于被建构出来的一个“西方”，并且与此相关的问题，参见［美］爱德华·W. 萨义德：《东方学》，王宇根译，北京：三联书店，1999年，第6—7页。

[2] 关于这个问题的一般性讨论，可以参见刘星：《重新理解法律移植——从“历史”到“当下”》，载《中国社会科学》2004年第5期，第24—36页。

（五）

当然，需要补充的是，以上提到的第一、二、三、四等方面研究的学术努力，依然是在历史、比较的方法中展开的。同时，我的研究，尽管主要是围绕法律概念理论而展开的，但是，其具有一定的普遍性的努力意图，我希望这种研究，不仅可以提出近现代中西法律概念理论比较研究的新思路，而且可以拓展近现代中西与法律、法学有关的其他方面的比较研究的新途径。

四、内容、方法和材料

（一）

基于上述研究目标，就内容安排来说，在第一、二、三章，我将通过中西人物的具体接触，以及这些人物对中文、西文“法律”概念的具体使用、翻译，去探讨近代初期中西法律概念理论在某些方向上是怎样变迁的，以及这一变迁和微观个人经历、微观政治斗争、微观法律实践、宏观话语背景是怎样联系在一起的。当然，探讨之中，包含着中西微观互动纠缠的仔细分析。这三章的研究，是为后来进一步的中西比较研究开辟一个独特的引导路径，同时，强调了“中国视角”的开启。

具体来说，在这三章中，首先，我将从早期的西方传教士艾儒略和汉儒杨廷筠是如何使用汉文“法律”一词这一问题切入，分析其中涉及的中西法律观念，以及这些法律观念和两人的具体社会经历、政治欲望、法律认识的相互关系，并且分析汉文“法律”字词究竟是怎样在中西微观纠缠中实践的，然后，揭示这种实践在中西历史比较上的意义。

其次，我将分析接下来的历史中，中国的“康熙世界”和西方的“孟德斯鸠世界”，是怎样推进汉文“法律”观念和西文“法律”观念演化的，以及在各自推进的过程中，又是怎样彼此发生微观人物联系的，怎样和微观法律活动相互连接的。而且，我将分析，这种微观人物联系，以及和微观法律活动的相互连接，在何种“互通”意义上，影响了后来的汉文“法律”概念的走向，以及西文“法律”概念的走向；因为，它们在近代历史中本身就是非常重要的。之后，我将详尽阐述，这种历史比较考察可以得出的针对法律概念分析的理论价值，特别是与“世界流通”概念相关的“地理学科话语”的理论意义。

再次，我将分析鸦片战争前夕，诸如斯当东（George Thomas Staunton）、马礼逊（Robert Morrison）、麦都思（Walter H. Medhurst）、郭实腊（Karl F.A. Gützlaff）等深谙汉文的西方传教士，是怎样在具体语词使用、翻译的双语活动中，结合背景意义上的中西法律观念和法律活动，展开话语实践的；其背后，又是如何隐藏着重要的具体政治目的，这些政治目的，又是怎样辩证地和法律概念相互裹挟的；因为，所有这些，对于“近代转向现代”这一时期的汉文“法律”概念的变迁本身具有不可忽视的作用，这从“中国角度”来讲，尤需提到。

最后，我也将在联系前面两章理论分析的基础上，进一步提示所有考察就“中西法律概念理论相互关系”而言的意义。

（二）

在第四章，我逐步拓展了对比中的中西法概念理论的语境视野。在延续“微观分析”路线的时候，我将在更为丰富的“周边环境”上，使比较研究在更为广袤的平台上得以推进。我将表明，对于法律概念理论，将其临近相关的各种“影响因素”加以辨识，并且加以对照，可以加深中西法律概念理论的对比认识。

具体来说，我以西方的法律学者奥斯丁和中国的法律学者丘汉平作为典型个案，分析、比较他们各自法律概念理论的“语境条件”。这些“语境条件”包括：第一，其他学科重要人物思想的影响；第二，其他学科学术实践的影响；第三，具体部门法学实践的影响；第四，个人职业经历的影响；第五，微观法律实践的影响；当然，还有其他等。以此作为基础，我将揭示具有一定普遍意义的关于法律概念理论的“社会建构”

的问题。同时，我将分析论证，作为法律概念理论的具体生产者，法律学者，本身不仅仅是被动的、被影响的，其在近现代对“周边环境”又有辩证的反向推动；由此，作为话语实践，法律概念理论是十分生动而且具有活力的。

（三）

从第五章开始至第七章，我将在语境拓展考察的尝试之后，首先，收回视野，转向深入比较中西法律概念理论自身的内在逻辑。我将表明，以中国视角作为限定，在西方某种法律概念理论中，我们可以发现其和中国大致同期的某种法律概念理论能够“彼此贯通”。这种“彼此贯通”，是重要的。因为，它可能标志着不同的法律概念理论时常面对着相似的社会实践问题；此外，它可能标志着，不同的法律概念理论，也许可以在逻辑上彼此扶助，推进对方的理论演绎。于是，我将提示，对待中西比较框架也许需要一个新的在内在逻辑上深度描述的模式理解。

具体来讲，我将从特定的“中国意识”出发，比较中国的早期左翼革命法学的法律概念理论，和美国的早期实用主义法学的法律概念理论。我将说明，剖析两种理论思考的内在推论，以及将其论证方向揭示出来，我们可以发觉，前者的深入进路之一，正是后者的话语期待；反之，后者的潜在逻辑之一，正是前者的理论欲望。当然，作为重点，我特别强调了从当时以及后来的“中国国情”出发，实用主义法学的法律概念理论究竟具有怎样的协助左翼革命法学更为富有实践性、更为富有解决中国实际问题的能力的意义。我进而论证了一个观点：针对中国的历史现实，“左翼”与“实用”的法律观念的相互结合，无论正统的“现代法律主义”在中国怎样不可阻挡地前进发展，依然是无法回避而且需要认真对待的思想努力；其在场，几乎是必然的。

其次，另一方面，在理论深度描述之后，我将这两种颇具挑战性的法律概念理论，像处理其他法律概念理论一样，放在了较为普遍的法学学术语境、社会政治语境和较为具体的个人政治实践、法律实践的背景中，加以考察。但是，在此，必须强调的是，这种考察不是重复前面篇章的语境式考察，而是具有这样一个思考意图：就理论话语的“激进”特点而言，其和学术性的强烈反叛、社会政治的特别动荡、个人实践的显著坎坷、法律活动的异常复杂，究竟是在什么意义上相互联系的？这里较为深化的理论路径是这样的：第一，法律是保守的，因而需要一个相对来说较为统一一致的法学学术共同体的集体认同，一个相对来说较为平静的社会政治条件，在理论提出上，应该需要一个生存较为稳定的职业群体。但是，第二，为什么情况有时恰恰是相反的，比如，法律本身并不总是保守，而且，即使保守也未必就和法学学术的集体认同是对应的，即使保守也未必就和平静的社会政治条件、稳定的职业群体有着联系。其中，是否可以简单地用“法律是稳定的然而不能一成不变”的公式加以概括？或者，是否可以考虑，实际上因为各种复杂因素促成的立场态度，引发了法律内部的资源争夺，从而引发了法律保守性的复杂呈现，并且这是不可避免的？第三，如果立场态度十分重要，作为立场态度表达的“激进”的法律人，其是怎样策略地在面对法律保守之时，将学术斗争、社会动荡、个人逆境的因素融入（自觉或者不自觉地）法律实践之中？所有这些，是第六章、第七章的若干隐蔽主题。

当然，这几章的努力，也是将前面几章的“个人比较分析”转向“学派比较分析”的一个实验。

（四）

在第八章，我分析了与所有法律理论，当然主要是法律概念理论，相关的一个问题——法学权威。在我看来，法律概念理论的“凸显话语”，是和人们总是推崇的法学权威紧密联系在一起的。在近现代，这样一种紧密联系，可以导致许多问题的追究，比如，当法学权威的理论成为“经典”的法律理论的时候，是否其中一定就是“普遍性”的学术尺度在发挥着作用？在这个独特的历史时期，“经典”是否也像库彻（John M. Coetzee）所说的，是历史建构的，而非本身就是“经典”

的？[1]与此相连，法学权威是在什么因素影响下成为“权威”的？这些因素是否需要仔细分辨，剥离因果？法学权威和法学学科的发展欲望、斗争欲望存在着怎样的联系？是否这种发展欲望、斗争欲望推动着法学权威的不断生产，然后，后者的不断生产又在挑起着这些欲望？是否在法学学术和其他学科学术的职场利益争夺中理解“法学权威”的存在，更为恰当？最后，回到法律概念理论本身，在近现代，法学权威在法律概念理论变迁中究竟扮演了怎样的角色？

当然，在近现代的中西对照中，法学权威的问题可以导致另外一些与本书主题直接相关的问题：第一，是否只有西方才有法学权威？这一问题的背后是这样的，是否在近现代，中国法学学者总是“面向”西方的，因而这一时期的中国学者生产的法律概念理论是“追随西方”的？第二，如果答案是否定的，那么，是否又需要重新看待这一时期的“中西法学关系”？第三，换个角度，当认为法律是解决实践问题的，法学是与法律实践相呼应的时候，而且，当认为法律具有地方性的时候，这本身是否就意味着如果域外权威的理论不能解决问题，则替代性的“本土权威”理论走上本土历史舞台不可避免，从而中西法学权威在中国法学中的“变幻”，比如，中国的法学权威替代西方的，是自然而然的？实际的历史考察，似乎可以印证这点。第四，将视线拉回到近现代，通过当时语言的世界性（比如许多学者精通多种外语）和留学的互通性（比如域外学习访问是比较普遍的），并且如果我们可以看到这是真实的，那么，为什么不能认为，这一时期的中国法学研究更多地带有了淡化中西二元对立的“世界法学研究”的特点，从而，并不是西方法学权威总在引领中国法学走向西方？在这最后一章，针对这些问题，我将尝试概括性地作出一些探讨和分析，进而，将中西近现代法概念理论的比较研究，在一个方向上加以推进，并且，暗示这种比较研究可以在多个方向

[1] 参见 John M. Coetzee，*Stranger Shores*：*Literary Essays*，*1986-1999*，New York：Viking，2001，pp. 1-16.

上加以展开，从而说明这种比较研究在学术上的开放性。

（五）

就研究方法来说，在本书中，首先，我将特别以“个案研究”作为学术手段，将具体的、特定的法律概念理论对象放在历史过程里的某个特定期待、事件、经历、环境、关系中，展开分析；或者这样来说，从微观入手，将理论与实践、人物与背景、思考与欲望等具体关联的细节机制揭示出来。我放弃了通常的将中西总体理论进行总体比较研究的较为宏大的模式。

在我看来，“个案研究”方法，在历史比较研究中，有其优点。其一，清晰明确，可以使人在对比中从具体经验层面上直接拿捏具体知识的流变。其二，深入透彻，可以使人避免平面地理解理论对象，以立体方式从理论到实践，再从实践到理论，从人物到背景，再从背景到人物，从思考到欲望，然后再从欲望到思考，不断并且反复地推进，从而把握一种“对象的层次结构”。其优点预示着深度揭示福科（Michel Foucault）意义上的“知识/权力”关系。宏大模式，由于过去的运用是普遍的，缺乏新质，同时，其本身没有摆脱“平面简单”的意识，从理论到理论，不能解释理论的“社会动力”；另外，则是不能说明或者证明为什么“总体”就是一个较为真实的“总体”，或者，代表了一个实际的“总体”。于是，宏大模式需要一定的方法论上的悬置。

当然，“个案研究”正如人们总是提到的，是个体化的，具有无法顾及更多对象的“孤立说明”的特点，因而，也有自己的问题。但是，在我的“个案研究”方法中，一方面，我将在深度描述具体“一个”的时候，时常和其他“N个”展开相互印证，借用历史宏观平台的其他资料进行相互对照；另一方面，更为重要的是，我将特别注意“一个”之中的某个对象因素是怎样和同类的他者对象的因素发生现实关系的，并且将其勾连起来。这里的意思是说，我不仅尽力注意“一个”在“普遍说明意义”上的问题，而且，在另外一个层次上，着重注意“一个”是怎样和“N个”

相互往来的，进而，从另外角度去挖掘人们期待的普遍意义，不使“个案研究”成为封闭的。

就第二个层次的意思来说，从近现代的历史状况本身而言，由于各个方面的“世界流通”，“一个”和“N个”实际上的确是有来有往的。例如，作为典型例子，中国的吴经熊不仅去过美国，认识了美国的霍姆斯，而且去过德国，认识了德国的施塔姆勒，并且成了好朋友（当然，吴经熊另外认识了其他中国学者和西方学者），因而，他们的理论、期待、事件、经历、环境、关系，就具有事实上的某种“交换”[1]。我们可以发觉，将这种“交换”进行历史层面上的某种还原，我们也就可以从另外一层意义上深入洞悉三个个案——吴经熊理论/霍姆斯理论/施塔姆勒理论——在中西历史比较研究上的另外意义的潜在“普遍性”。这在方法上是更为具有挑战性的。

（六）

其次，与前面相互联系，我将特别注意法律概念理论的“社会建构”的分析。这是知识社会学的方法运用。毫无疑问，知识社会学的方法在法律理论分析上的运用是人们比较熟悉的。但是，对于具有提纲挈领的“法律概念理论”，尤其是比较意义上的“法律概念理论”，这种方法并不常见。

另外，这种方法在法学分析中也是需要推进的。就需要推进来说，以往的知识社会学方法在法学中的运用，更多地注意了“单向的社会建构”，比如，更多地注意了各种社会因素怎样单向地影响了法学思想的生产；没有特别注意“理论与社会”的复杂互动，比如，社会因素和法学思想是怎样相互纠缠的，以及互为刺激的；而复杂互动，也许是更为重要的，这对法律、法学而言，尤其如此。

复杂互动的意义在这里之所以是可以提出的，是因为，法学理论与

---

[1] 参见本书第八章。

法律实践有着微妙关系。一方面，法学理论可以从法律实践提炼出来，正如人们习惯理解的那样。另一方面，在法律实践中，法学理论时常扮演着十分重要的“干预”角色，甚至有时就是法律实践的一个组成部分。因为，如同德沃金（Ronald Dworkin）早期法律理论所分析的，当在法律实践中需要论证自己的法律主张的时候，人们不可避免地需要运用“抽象”“一般”的法律理论，包括法律概念理论，作为自己的论证资源；于是，法律概念理论有时不知不觉地成了“法律”的一种正式渊源，其和所谓的法律规则、法律原则，交织在一起，成了法律决定——比如判决——的重要根据。[1] 当法学理论成为法律实践的一个组成部分，特别是成为影响社会实际的法律决定的一个重要根据的时候，我们可以发觉，问题也就不是单纯的“法律理论来源于法律实践”，然后，单纯的“法律理论再影响法律实践”，相反，问题而是可以转换为：纠缠成为一体的法律理论和法律实践，是怎样面对法律理论的？

在此，社会建构的分析，显然不能是单向的，从社会到理论，甚至不能是从社会到理论、从理论到社会的简单来回的走向运动，而是应该成为“理论 / 社会的内在环流”的分辨运作。在这个意义上，知识社会学的方法，在保持原本自身意义的同时，也就需要在法律、法学领域中得到新质的推进发展。

在本书中，我将尝试这样的方法运用和改进。

（七）

就研究材料来说，在本书中，为了和上述研究方法相互呼应，在涉及理论的“社会建构”分析的时候，我将不仅注意通常所说的“官方正史”资料，而且注意“游记”“日记”“书信”“回忆”等辅助资料。同时，我并不排斥学界已经大致研究过并且普遍承认的第二手历史资料，这种

[1] 参见 Ronald Dworkin，*Law's Empire*，Cambridge：Harvard University Press，1986，pp. 3-44.

排斥，对于历史分析似乎是没有什么理由的。此外，我将注意当下的“一般经验常识资料”的利用，作为协助。当然，一切资料的运用，是以“基本可信”作为前提的。就此来说，我可能更为注意的是“历史理解”，而非历史资料本身的辨析。

另一方面，就“中西法律概念理论”这一主题而言，尽管相关理论生产者的“文本”资料的运用应当尽量是原文，而且我也尽力地使用原文，但是，对于现有的较为成功并被人们认可的汉译作品，或者英译作品，我也采取径直使用的态度。此外，对于“转述”的文本资料，我也同样采取不排斥的态度，只要这种“转述”大体可以认为是可靠的。

概括来说，一切材料的运用，是以“尊重可信”作为基础的，目的大体在于构筑理论分析的经验平台。

（八）

现在，我们可以进入历史比较研究了。

第一章

“法律”概念是怎样被使用的

——在中西近代日常话语实践的交流中比较考察

一个词的意义就是它在语言中的使用。[1]

语言的述说乃是一种活动，或是一种生活形式的一个部分。[2]

[1] ［奥］维特根斯坦：《哲学研究》，李步楼译、陈维杭校，北京：商务印书馆，1996年，第31页。

[2] 维特根斯坦：《哲学研究》，第17页。

一、问题与限定

“法律”概念，正如许多重要字词一样，是一个颇有争议的用语。人们大体承认，如果仔细研究，包括不断追问，“法律”概念或曰定义，是个没有结论，而且无法得到结论的思考目标。所以，早在1960年代，英国学者哈特（H.L.A. Hart）就曾指出，“没有什么关于人类社会的问题像‘法律是什么’这个问题一样，被人们持续地加以追问，由严肃的思想者，以如此复杂多样、奇异甚至相互矛盾的方式，加以回答”[1]。

但是，这恰恰意味着，人们可以从另一角度对这一概念的使用加以考察；也意味着，从另一角度对其使用加以考察，完全可能得出新的思路以及新的认识。不难理解，“法律”概念的使用，如同其他语词概念的使用一样，背后时常包含值得分析的历史线索，以及话语实践。可以认为，在法律语境中，因为法律本身和社会主体的关系是实质性的，决定了或者至少影响着社会主体的利益配置与利益存亡，所以，“法律”概念的使用，有时也就不是“轻易”的、“随意”的，而是“小心”的、“郑重”的。这种使用，有时包含了目的策略，甚至包含了斗争意图，当然还有实践性的历史欲望。在这个意义上，透过某些“法律”概念的使用过程展开分析，具有独特的价值。

（一）

在法学界，将“法律”概念作为研究对象的学术历史，主要是“学说化”的，也即主要分析被贴上“重要法学学者或者学派”标签的人

[1] H.L.A. Hart，*The Concept of Law*，Oxford：Clarendon Press，1961，p. 1.

物或者群体的理论。这种“学说化”，或讲“分析”，当然是有意义的，可以使人明晰法学学者是怎样仔细追究法律内涵的，可以使人获得学术历史演化的某些重要信息。此外，对这种追究的洞悉，以及获得相关的重要信息，又是理解其学术话语理论如何影响日常话语实践的一个基本前提。

然而，人们可以觉察，与“法律”相关的学术理论，从来就和与“法律”相关的社会话语是互动的，换言之，两者之间总是存在着相互“借贷”、相互“偿还”的关系；或者，可以这样来说，在学术话语实践有时是日常话语实践的背景的同时，日常话语实践，有时也是学术话语实践的背景；在学术话语实践影响日常话语实践的同时，日常话语实践，也在影响学术话语实践。因此，考察、分析、理解“法律”概念的日常话语实践，又是理解这一学术话语实践的一个基本前提。更需要指出的是，如此考察、分析、理解，还是深入理解学术话语历史本身的一个基本前提。也是在这个意义上，人们就有可能从另外一个角度去理解，为什么“法律”概念，是一个颇有争议的用语。凯尔森（Hans Kelsen）曾经敏感地提到，“法律”语词的日常使用，是理解法律概念的出发点[1]。凯尔森没有深入分辨，或者展开，其中的要义，这是遗憾的，当然在其体系中也是自然而然的。但是，推进凯尔森的感觉，将其在日常话语实践的分析中加以展开，是大有可为的。

日常话语实践的种类十分复杂，包括了“文化交流”“经济往来”“政治对垒”等，也包含了“法律活动”“公共讨论”“词典用字”等中的与“法律”概念相关的言说流动；并且，从中国的角度来看，有时可能是在中外交流中展开的。这种实践，表达了一般民众、商业人士、政治显要、法律成员、普通学者以及词典编者在“法律”概念使用上的话语情景，自然，也是在这种话语情景中展开的。

---

[1] ［奥］凯尔森：《法与国家的一般理论》，沈宗灵译，北京：中国大百科全书出版社，1996 年，第 4 页。

（二）

当然，我的研究，目前主要将视点集中在中西近代日常话语交流实践的比较考察上。所以如此，首先，从时间说，是因为考虑到当下的与“法律”概念相关的日常话语实践，无论中国的，还是西方的，与近代历史中的相关日常话语实践，有着千丝万缕的联系；在某种意义上，又是从后者中逐渐繁衍生发的。同时，近代历史中的相关日常话语交流实践，还是当下“法律”概念学术学说的一个渊源；就此而言，前者中的某些观念信息，于是，自然而然地就会潜入后者之中。这样，为了更好地理解当下的相关日常话语实践，以及学术话语实践，从近代切入是不可避免的。

其次，从空间看，这是因为近代中西之间发生过重要的“最初历史交流实践”，也即出现过值得仔细考察的初期“西法东渐”“东法西渐”（比如《大清律例》被翻译成西文），以及“中西法律斗争”（比如治外法权问题），还有间接的相互联系；当然，尤其需要提到的是“各种语言的交互往来”，以及其中所包含的“互译”。于是，当下的中国“法律”概念思考，就和近代的中西互动，存在着某些瓜葛。在这种互动中理解当下的命题，也就可以凸显实际的历史渊源的“真实”；我们进而可以进一步地反向理解当下。从中国出发的研究视角看，这是更为重要的。

此外，在中西近代日常话语交流实践中比较考察，还有一个独特的意义。这里是说，日常话语交流实践中的中西双方，因为是日常话语交流实践之中的，所以，在文化意义上，存在着主体的“你中有我、我中有你”的问题。比如，一个具体的西方人物主体，可能因为时常是在中国游历、生活、“工作”的，故而，其意识中，在具有某种西方文化内容的同时具有了某种中国文化内容；反之，一个具体的中国人物主体，可能因为有时是在西方游历、生活、“工作”的，故而，其意识中，在具有某种中国文化内容的同时具有了某种西方文化内容。于是，当考察中西近代彼此之间的相互日常纠缠的时候，在人们通常所说的“中西对立”理论结构和人们有时容易忽略的“世界流通”理论结构[1]之间，我们也就可以作出一个具有一定学术意义的分析、辨别；换言之，我们也就可以更为深入地理解两种理论结构对于近代乃至现代历史事件历程的解释功能[2]，进而，重新思考这一时期中西在法律意义上的相互关系。

应该指出，在日常话语交流实践中比较考察的学术操作，是极为少见的。就不同民族国家学术中的法律概念话语的比较研究而言，西方学者，以往以及晚近，作出过一些努力。就以往看，早在 19 世纪下半叶，阿莫斯（Sheldon Amos）已经比较了诸如德国学者和美国学者的一些早期法律概念理论。[3]就晚近看，1980 年代以来，凯格尔（Gerhard Kegel）曾经比较了德国萨维尼的历史主义法律概念和美国斯托里（Josef Story）的普通法法律概念；[4]雷曼（Mathias Reimann），曾经比较了德国萨维尼和美国卡特（James C. Carter）、德国蒂保（Anton F.J. Thibaut）和美国菲尔德（David D. Field）、英国边沁的法律概念理论[5]。在 20 世纪初期，以及后来的一些时期，中国学者也曾展开过类似的学术操作。[6]但是，显

[1] “世界流通”理论结构，其学术思考意味着，将近代以来不同民族国家在交往中形成的文化内容视为“不断流动的”，“从而互融的”，而不仅仅注视不同民族国家之间的“不同文化对应”。

[2] 在我看来，“世界流通”理论结构是更有解释能力的。

[3] Sheldon Amos，*A Systematic View of Science of Jurisprudence*，London：Longmans，Green，1872，p. 505.

[4] Gerhard Kegel，“Story and Savigny”，*American Journal of Comparative Law*，37 (1989)，pp. 39-66.

[5] Mathias Reimann，“The Historical School Against Codification：Savigny，Carter，and the Defeat of the New York Civil Code”，*American Journal of Comparative Law*，37 (1989)，pp. 95-119.

[6] 比如，民国时期，有的学者就曾比较过中国传统法律概念理论与西方近现代法律概念理论。参见杨鸿烈：《中国法律思想史》，范忠信、何鹏勘校，北京：中国政法大学出版社，2004 年，第 302—303 页。这一时期有的学者，也曾比较过民国学者自己的法律概念理论和西方当时的法律概念理论。参见端木恺：《中国新分析派法学简述》(《法学季刊》第 4 卷第 4 期，1930 年)，载吴经熊、华懋生编：《法学文选》，北京：中国政法大学出版社，2003 年，第 231—245 页。

而易见，这些比较研究，如同本章开始提到的，主要针对的是学术话语，而非日常话语，甚至对后者表现了“遗忘”的学术习惯。因此，在近现代中西日常话语实践的比较中展开分析，可以推进这一方向的学术努力，将“遗忘”变为“回忆”。

（三）

在我的研究中，我的基本观点是：第一，在特定的近代中西交往时期里，参与交往的主体的“法律”概念的使用，不可避免地是“策略”性、“目的”性的，而非“一般语言化”的（也即不经意的），其背后具体微观政治实践，具有特别的操纵意义；第二，在这一特定时期里，交往中的“法律”概念的含义表达，是具体语境化的，而非“中西对立”化的，这里的意思是指，我们也许难以发现“中国如何看待法律概念 / 西方如何看待法律概念”这样一种二元模式；第三，我们也许应该注意这一时期的“法律”概念使用背后的“世界流通”的意义，换言之，无论“中国”的，还是“西方”的，其中“法律”概念的“理解”，也许都是“世界理解的一个组成部分”。

由此延伸的我的另外一个基本观点是：在区分“法律”概念的“感性使用”和“探讨使用”[1]的条件下，这一时期的“法律”概念使用，从某种角度暗示着从近代演化而来的现代及当代法律话语实践本身的相对自主的发展道路，在和近现代政治经济相互纠缠的过程中，甚至在融入近现代政治经济的过程中，中国近现代法律实践，反而在一些基本方面依然可以是“独立”的；于是，发现一个认识历史的“法律行动者”的视角是必要的[2]。

---

[1] 关于两种使用的区别，参见刘星：《法学“科学主义”的困境——法学知识如何成为法律实践的组成部分》，载《法学研究》2004年第3期，第32—33页。

[2] 关于这一观点的详细论述，参见刘星：《民国时期法学的“全球意义”——以三种法理知识生产为中心》，第51—52页。

（四）

我的研究涉及历史“事件”选择的问题。应当指出，本研究所选历史“事件”，不是随意的；在本研究的历史分析叙述中，这些资料具有重要的横向历史相关性，并且具有并非偶然的纵向历史相关性。通过这些资料，应当在获得一般意义的“法律”概念话语活动的真实内容之际，可以获得语词使用历史演变的具体流动信息。就此而言，也需特别说明的是，在我的研究中，作为分析对象的“法律”概念是在两个意义上被分析的：第一，其被视为表达一些实质含义的语词而被分析；第二，其被视为一个在近代才逐渐凸现，并且逐渐与“法”字之使用并驾齐驱，同时逐渐超越“律”字之使用的现代汉语术语而被分析。

一般来说，人们时常认为，在中国古代并无现代汉语意义的“法律”一词使用，现代汉语意义的这一术语的使用，大致源于日本术语的传入。[1]本章在分析今天汉语意义的“法律”一词的基本含义在中国与西方之间交流的“对照”的同时，也将逐步追溯其在近代汉语中的历史线索；并且，尝试在微观社会实践中，建立这一术语使用的一些语境，将可能存在的历史的另外具体而又重要的层次剥离出来。之所以集中于“法律”一词而展开，主要是因为，今天的“法律”一词和“法”字的使用，已经远远超过了近代以及近代之前的“律令”和“律”等字；另外，同样重要的是，因为近代中西的初期交流极为可能是“法律”一词在白话文意义上的广泛使用的动力之一。这意味着，通过“法律”一词，还有其与“法”“律令”及“律”等字的关系，可以发现法律概念背后

[1] 关于这个问题，见［日］实腾惠秀：《中国人留学日本史》，谭汝谦、林启彦译，北京：三联书店，1983年，第326页以下，特别见第329页。实腾惠秀，结合1950年代一些中国学者的著述，比如高铭凯、刘正埮《现代汉语外来词研究》（北京：文字改革出版社，1958年）、王立达《现代汉语中从日本借来的词汇》（《中国语文》1958年2月号）、郑奠《关于现代中国语中的“日本词汇”》（《中国语文》1958年2月号），指出“法律”一词，即是中国人自己大体承认的“外来日本词汇”。

一般法律话语的某些历史变迁，特别是可以发现这种话语的“近代”与“现当代”的历史关联，从而，推进我们对现当代法律实践的深度理解。自然，更需要指出的是，在我的研究中，字词的变迁和概念话语活动的分析，需要同时也必须在和其他重要相关字词的辨明中加以展开。因此，“法律”一词，就汉语而言，不免会和“法”“律令”“律”等字词交织互训。

我的分析方法，基于上述历史资料的大致选择定位，以及在“字词”和历史微观实践语境之间的关系把握的叙述目的，从而是话语谱系学的。

针对在今日含义上的“法律”概念问题而言，中西近代日常话语交流实践大致包含了三个阶段：开始、发展、趋同。本章仅仅讨论“开始”。“发展”和“趋同”将在第二章和第三章中撰述。分析、讨论这三个阶段，以及其中的历史内涵，是为后面几章更为深入地比较分析后来的近现代中西法律概念理论作铺垫。

二、“法律”一词以及“法律”概念是怎样实践的

关于近代日语对汉文的影响，学者时常认为，许多指示今天中文意思的字词，包括关于政法一类的字词，来源于日语的“中国进入”。“法律”两字连体一词也是如此。但是，这一见解看来是颇有问题的。[1]

---

[1] 马西尼（Federico Masini）曾指出：“法律，law，双音节词，联合结构，本族词，名词。此词在汉语中早已使用了……其实它不是来自日语的借词，因为它在汉语中古已有之。”（[意] 马西尼：《现代汉语词汇的形成》，黄河清译，北京：汉语大词典出版社，1997 年，第 206 页）。马西尼还提到，该词也见于艾儒略 1623 年的《职方外纪》。见马西尼：《现代汉语词汇的形成》，第 206 页。此外，王健也曾针对“该词外来于日本”的看法，略提质疑。见王健：《输出与回归：法学名词在中日之间》，载《法学》2002 年第 4 期，第 15 页脚注 1；王健：《沟通两个世界的法律意义——晚清西方法的输入与法律新词初探》，北京：中国政法大学出版社，2001 年，第 28 页。关于这个问题的进一步详细质疑论述，参见余延：《“法律”词源商斟》，载《汉字文化》2003 年第 2 期，第 58—60 页。

（一）

姑且不说汉文古语中已有某些使用，比如《管子 · 七臣七主》的“法律政令者，吏民规矩绳墨也”[1]，《吕氏春秋 · 离谓》的“是非乃定，法律乃行”[2]，我们可以争论其到底是否指示了今天“法律”两字连体一词的含义，[3]就是此前15世纪至17世纪，我们也能发现不少今天意义的两字连体使用。

明代早期，学人桑瑜在撰写《常熟县志》时提到：

徐勤，字公立，任顺德县丞，明于法律，优于治政……容庆，字德善，任鱼基县丞，精于法律，尤善吟咏。[4]

16世纪，同为明代学人的汪佃在《建宁府志》中写过：

宋张叔椿旧志，自五代乱，离江北士大夫、豪商巨贾多避乱在此云云，验今俗，果然家有诗书，户藏法律，其民之秀者，狎于文……

[1] 《管子》，房玄龄注、刘续增注，上海：上海古籍出版社，1989年，第161页。

[2] 〔战国〕吕不韦：《吕氏春秋》，高诱注，上海：上海古籍出版社，1989年，第158页。

[3] 关于《管子》这句话中“法律”一词的问题，可以参见郭沫若、闻一多、许维遹：《管子集注》，北京：科学出版社，1956年，第836—837页。根据郭沫若等人的研究，在注解这句时，以往各家基本没有将其分开解释，大体将其视为与今天汉语“法律”一词基本相同的词语。关于《吕氏春秋》此句中“法律”一词，可以参见吕不韦：《吕氏春秋新校释》（上下），陈奇猷校释，上海：上海古籍出版社，2002年，第1188页。陈奇猷虽然没有直接注解该词，但是，其根据以往各家注解，说明了在这段文字出现的语境中如何理解前后语义。其中，大体也将该词视同与今天汉语“法律”一词基本相同的词语。

[4] 〔明〕桑瑜：《（弘治）常熟县治》，载刘俊文编、北京爱如生文化交流有限公司制作：《中国基本古籍库》全文版，合肥：黄山书社，2002年，第285页。

兴学校，修孔子庙，公暇则召属吏训以诗书法律，岁旱垦祈……[1]

在此，可以看到与今日“法律”一词含义有些接近或者大致同义的“法律”两字连体式的语词使用。17世纪初期，亦为明代学人兼官吏的吕坤，也曾使用“法律”二字连体的语词。他说：

常训之以道义，常恐之以法律，常感之以古今故事……[2]

这里“法律”二字的连体含义，可能更为接近今天的使用。特别值得注意的是，稍晚于桑瑜、但稍早于汪佃的明代官吏兼学人薛瑄，即撰有《从政录》，其中还有这样的表述：“凡国家礼文制度法律条例之类，皆能熟视而深考之，则有以酬应世务而合乎时宜。”[3]该书另外一处提到，“世之廉者有三：有见理明而不妄取者，有尚名节而不苟取者，有畏法律保禄位而不敢取者”[4]。所以提到特别值得注意，是因为后来学者熟知的西方耶稣会士意大利人艾儒略（Giulio Aleni）在1623年撰写的《职方外纪》中，曾用汉文记下这样一些字句：

欧逻巴诸国赋税不过十分之一。民皆自输，无征比催科之法。词讼极简。小事里中有德者自与和解；大事乃闻官府。官府听断不以己意裁

[1]〔明〕汪佃：《(嘉靖)建宁府志》，载刘俊文编、北京爱如生文化交流有限公司制作：《中国基本古籍库》全文版，合肥：黄山书社，2002年，第54、91页。

[2]〔明〕吕坤：《实政录》，载刘俊文编、北京爱如生文化交流有限公司制作：《中国基本古籍库》全文版，合肥：黄山书社，2002年，第100页。

[3]〔明〕薛瑄：《薛文清公从政录》，载刘俊文编、北京爱如生文化交流有限公司制作：《中国基本古籍库》全文版，合肥：黄山书社，2002年，第1页。

[4]〔明〕薛瑄：《薛文清公从政录》，第3页。

决，所凭法律条例，皆从前格物穷理之王所立，至详至当。[1]

其中“法律条例”文字，几乎和薛瑄书中所说的“法律条例”文字如出一辙。大概没有人会否认，在薛瑄及艾儒略的例子中的“法律”两字使用，和今天“法律”一词使用，就其能指作用来说，也是一致的。[2]

当然，如果查阅明代之前或者15世纪以前的语词使用，也能发现类似的情形。比如，南朝时期沈约曾说：“汉东京使明法律者为之，天下谳疑事，则以法律当其是非。”[3]唐朝长孙无忌在《唐律疏议》中曾提到：

化外人谓番夷之国别立君长者，各有其风俗制法不同。其同类相犯者须问其本国之制，依其俗法断之。异类相犯者若高丽之与百济相犯之

[1] ［意］艾儒略：《职方外纪（校释）》，谢方校释，北京：中华书局，1996年，第73页。

[2] 如果将其和明朝早期的一些官方语词使用比较，可以更为清晰地看出这里“法律”两字连用的独立意义。1369—1379年，明朝宋濂等撰写了《元史》。在《元史》中，至少有这样两段关于“法律”两字连体使用的叙述。其一：“帝谕省臣曰：‘卿等裒集中统、至元以来条章，择晓法律老臣，斟酌重轻，折衷归一，颁行天下，俾有司遵行，则抵罪者庶无冤抑。’”（〔明〕宋濂：《元史》，载刘俊文编、北京爱如生文化交流有限公司制作：《中国基本古籍库》全文版，合肥：黄山书社，2002年，第274页）；其二：“中书省臣言……‘律令者治国之急务，当以时损益。世祖尝有旨，金《泰和律》勿用，令老臣通法律者，参酌古今，从新定制，至今尚未行。臣等谓律令重事，未可轻议，请自世祖即位以来所行条格，校雠归一，遵而行之。’”（宋濂：《元史》，第249页。）在这样两段叙述中，联系语词语境，“条章”和“律令”，应指今天的文字法律。与之相对，其中“法律”两字中的“法”字，应指意思更为广泛的“法式”“礼法”一类的对象，其是作为具体“条章”和“律令”背后基础的一类原则指引，而被使用；换而言之，在此，“法律”两字有如古代许多相同字词使用一样，是可以分而论之的。

[3] 〔南〕沈约：《宋书》，载刘俊文编、北京爱如生文化交流有限公司制作：《中国基本古籍库》全文版，合肥：黄山书社，2002年，第555页。

类，皆以国家法律论定刑名。[1]

只是，这类情形可能较为少见。从此来看，以为“法律”一词的今日含义使用，是近代经由日本语言流传过来的，更可以说是没有仔细考察汉文语词使用的历史辞源的结果。

（二）

从“法律”一词和“法”“律令”“律”等字词的关系来看，作为中国近代发端时期的明朝，当然包括以前，人们使用“法律”一词的数量情形，远远不能和后者诸字词的使用的数量情形，同日而语。这是不奇怪的，也是没有较大争论余地的。但是，这仅仅是就语词单纯使用的大致情形而作出的一种估量判断，其意义，就本章的叙述目标来说，是颇为有限的，深究下去，在学术价值上也是很有疑问的。毕竟，无法考尽全部的古文语词使用，几乎也是肯定的。本章更为关心的问题是：作为西方人的艾儒略是在什么意义上使用汉文“法律”一词的？

人们可能认为，这个问题并不重要。因为，人们首先立刻就会想到，《职方外纪》出现之前的语言环境，已经为这一文本中的“法律”语词使用提供了大致前提。换而言之，此前一些文人已经自觉或者不自觉地使用了“法律”一词；这些使用，包含着这一语词的一般意义，而且，相对艾儒略来说是个重要的语言文化背景，会使逐渐通晓汉文的艾儒略“浸入”其中，成为汉文“法律”语词的“日常使用”的被规驯者。因此，艾儒略和上述其他明代人的“法律”概念使用，基本

[1] 〔唐〕长孙无忌：《唐律疏议》，载刘俊文编、北京爱如生文化交流有限公司制作：《中国基本古籍库》全文版，合肥：黄山书社，2002 年，第 63 页。

上是类似的。[1]

这种解释是可以的，也是能够说明问题的。但是，正是这一解释，却有可能遮蔽艾儒略的“法律”语词使用背后的中西交流话语实践，或者其中的具体“社会历程”，使人们容易忽略可能更为有意思、更为有挖掘意义的中西交流之中的“语词与现实”的相互关系。

（三）

我们再来考察汉文语词本身的使用。众所周知，大致来说，中国古代“法”“律令”“律”等词，通常是指今人所说的刑法一类的法律。其中，逐步繁衍出来的“法律”两字连体一词，似乎也是如此。应该承认，上述桑瑜等人例子中的“法律”语词使用，至少时常是指这类刑法。比如，从上下文来看，吕坤所写的“常恐之以法律”，就是在说今天的刑法，也是在指示这类刑法所具有的作用。毕竟，刑法的威吓功效，在古人看来，是自然而然的。再看薛瑄的语词使用。“畏法律保禄位”的意思，在“刑法”上，几乎是吕坤的意思的明显翻版。只是，在吕坤的使用中，其意是指“有人运用法律来恐吓”；而在薛瑄的使用中，其意是指“有人面对法律而恐惧”。此外，就薛瑄的语词使用来看，正是在“国家礼文制度法律条例”“畏法律保禄位”等字句的附近文本语境中，我们可以读到，“法者辅治之具，当以教化为先”，“民不习教化，但知有刑政，风俗难乎其淳矣”，尽管，其同时也提到了“不欺君，不卖法，不害民，此作官持己之三要也”，“法立贵乎必行。立而不行，徒为虚

[1] 利玛窦针对当时中国的语言状况说过：“在语言的所有变体中，有著一种叫做官话的语言，它是一种可以用于听证会和法庭上的法律语言；各省都容易学习，使用简单，甚至小孩和妇女都能很熟练地与外省人交际。”转引马西尼：《现代汉语词汇的形成》，第6页。马西尼说，那个时期以及后来，耶稣会士，都曾在北京和南京等江浙一带居住，和中国官员交流时，他们都逐渐学会了有别于“文言”的“官话”。“官话”比较正式，但是属于口语。见马西尼：《现代汉语词汇的形成》，第2—6页。可以认为，“法律”一词在一定意义上属于“官话”时常使用的词汇。

文”。[1]于是，其中“法”字和“法律”一词意指“刑法”的寓意，也是颇为明显的。

但是，在艾儒略那里，情形有所不同。首先，上引艾儒略的文句中，虽然所说是指“官府听断大事所凭法律条例”，然而，在西方中，“大事”并不仅指刑事问题，这应该是比较清楚的。其次，如果联系1620年代初期艾儒略撰写的《西学凡》，那么，可以发现，这是更为明显的。在《西学凡》中，艾儒略介绍了西方的“诸学科”，提到了欧洲各国“经传书籍，小异大同，要之尽于六科。一为文科；一为理科；一为医科；一为法科；一为教科；一为道科”[2]。法科是指学习君王治理国家，并且解决人间纠纷的法典；而法典，是“天命之声”“国家之筋骨”“道德之甲”。[3]艾儒略曾提到，西方自古以来就设立了法科学校，讲授明断人事的根本。经过6年学习以后，通过严格考试，特别优秀的学习者，可以委以世俗重任，授予一定的职务。不难看出，在艾儒略想象的自西方古罗马以来的制度这一背景中，“法律”不仅是指刑法，而且包括民法在内的其他法律。在此，可以见到，作为西方人的艾儒略的“法律”字词使用，和其时大致同代的中国人的“法律”字词使用，尽管字面相同，然而是有一些内在分别的。

另外，从“法律”制定这一角度来说，以“刑法理解”为基础的中国古代“法”“律令”“律”等字的使用，总是暗指“国家君王制定”这一内涵。逐渐繁衍出来的诸如上述明代中国人文本中的“法律”一词的使用，大致来说，也在意指这一内涵。从艾儒略的语言中，我们也能看出类似的意思。因为，艾儒略提到了，“所凭法律条例，皆从前格物穷理之王所立”。这是指明了“法律条例”和国家君王立法权力的依附关系。但是，在中国人的文本中，“法律”和“国家君王是

---

[1] 薛瑄：《薛文清公从政录》，第1—4页。

[2] ［意］艾儒略：《西学凡》，载李之藻编：《天学初函》，台北：台湾学生书局影印，1965年，第31页。

[3] 艾儒略：《西学凡》，第45页。

否圣明”之间没有紧密的联系。这意味着，“法律”，通常来说，并不因为“国家君王并非圣明”从而失去“法律”的资格。换言之，一般来说，当时的中国作者不会因为国家君王并非圣明，从而认为其所制定的“法律”不是法律。中国古代对“法律”制定的理解，从整体上来看，颇有19世纪西方法律实证主义的几分意思，也即“法律就是国家有权者制定的”[1]。相反，在西方人艾儒略的语词使用中，“法律”和“国家君王是否圣明”之间，似乎是有紧密联系的。因为，艾儒略提到了“格物穷理”的语词修饰。

特别重要的是，艾儒略还提到了“从前”两字的时间限定语词修饰。这似乎暗示了两点。其一，西方“官府”所适用的“法律条例”，都是圣明君王制定的，如果不是圣明君王制定的，官府也就不会加以适用，于是，并非圣明的君王所制定的规则能否成为“法律”，就是一个疑问。如果肯定地来说，并且联系艾儒略在《西学凡》中表现出来的神学自然法观念（见下文），那么，其极为可能就不是“法律”。其二，制定“法律”的圣明君王，有着“历史渊源”，“从前”两字特别暗喻了汉文“先王”的历史意思。这样，“当下”的国家君王，在“法律”制定问题上，也就被赋予了“次要”的地位，尤其是在“规则由君王予以制定是否可以成为法律”这个定性问题上。如果联系前面提到的艾儒略在《西学凡》中所说的世俗法典是“天命之声”，那么，这里的圣明君王，更被赋予了挑起人们丰富想象的历史久远的时间概念，与广袤天际的空间概念。在此，我们同样遇到了一些内在的分别。

（四）

当然，西方是否有如艾儒略所说，在听断“大事”的时候，都是依

[1] 在诸如儒家、法家等，包括其他学派的学说中，我们大致来说都能发现这点。关于西方19世纪法律实证主义的典型观点，参见 John Austin，*Lectures on Jurisprudence or the Philosophy of Positive Law*，5th ed.，rev. and ed. Robert Campbell，London：John Murray，1885，pp. 86-98.

据从前圣明君王制定的法律，这是无须给予讨论的。因为，这显然不是一个真正的问题。没有人会相信，艾儒略的“事实判断”，必定是个真实判断。同样，其在上述引文中所提到的西方“无征比催科之法”、赋税“民皆自输”，也是一个值得怀疑的美丽传说，[1]今天，人们可能也会一笑置之。但是，这些恰恰成了上述内在分别的一个重要脚注。众所周知，在近代中西开始初步交流的时刻，无论作为艾儒略那样的西方人，还是作为阅读艾儒略著述的中国人，他们主动想象构建的“西方世界”，或者，被动想象构建的“西方世界”，都是重要的。没有这样的想象构建，即使是失真的想象构建，中西交流本身就是不可能的。

此外，这里涉及语词如何使用的问题。这里的意思是说，“法律”字词的使用，从使用者的主观状态来说可以分为两类：一是感性使用；二是探讨使用。感性使用，意味着使用者没有特别在意使用语词的特别实践目的，使用者仅仅使用语言而已。比如，前面提到的明代桑瑜等人，可能就是如此。探讨使用，则意味着使用者也许特别在意使用语词的特别实践目的，希望通过使用语言，来诱导阅读者的思考方向。艾儒略的使用，可能就是如此。如果艾儒略的使用不是如此，那么，我们也就不太容易理解为什么艾儒略在知道中国其时“法律”两字大致意指“刑法”之际，还是使用该词去指包括“民法”在内的广义法律。

三、语词实践的背后

那么，为什么会有这些内在的分别？此外，为什么艾儒略要对西方

[1] 在前面艾儒略《职方外纪》的引言中，“法”字，也有可能是指“做法”，或者，不指特定的一部法律，但将其主要视为一般而言的“法”，则是比较适宜的。换言之，即便将其在语词上理解为“征比催科的做法”，人们也可以将其视为表达了“法”的意思，毕竟，“征比催科的做法”，在现实中，还是需要通过法律方式来实现的；即便不指特定的关于征比催科的一部法律，但视其为关于征比催科的各种法律，从另一方面来看，依然可能是比较符合实际的（见后文分析）。

的法律实践作出这样的描述？再者，为什么艾儒略会出现可能是“探讨使用”的语言表达？

（一）

我们应当注意一个背景。这个背景是重要的。当时，艾儒略在撰写《职方外纪》的时候，和其时中国明朝名儒也是重要官吏的杨廷筠，相互合作，完成此书。谢方指出，原书署名“西海艾儒略增译，东海杨廷筠汇记”[1]。明代李之藻，在《刻职方外纪序》中提到，“余友杨仲坚氏与西士艾子增辑焉”[2]。艾儒略自己在《自序》里说，在《职方外纪》上，“杨公……订其芜拙，梓以行焉”[3]。而且，艾儒略主要是跟杨廷筠学习汉语的。[4]在某种意义上，也许正是这一“微小”背景提示着我们，从中，可以获得上述那些内在分别的相关信息，从中，可以获得为什么艾儒略要对西方法律实践作出如此描述的相关信息，以及为什么艾儒略会“探讨使用”语词的相关信息。

我们首先观察杨廷筠。

从学术经历看，杨廷筠曾经参与过明末十分活跃的无锡东林书院的活动。[5]无锡东林书院的活动，大致分为两类。其一，一些儒士大赞程朱，批判陆王，他们“阐提性善之旨，以辟阳明子天道证道之失”[6]，同时，颇为提倡“格物穷理”之说。其二，东林书院经常讨论时政问题。黄宗羲指出，“……会中亦多裁量人物，訾议国政。亦冀执政者闻

[1] 谢方：《前言》，艾儒略：《职方外纪（校释）》，第3页。

[2] 〔明〕李之藻：《刻职方外纪序》，艾儒略：《职方外纪（校释）》，第6页。

[3] 艾儒略：《职方外纪自序》，艾儒略：《职方外纪（校释）》，第2页。

[4] 见晏可佳：《中国天主教简史》，北京：宗教文化出版社，2001年，第64页。

[5] 见钟明旦：《杨廷筠——明末天主教儒者》，圣神研究中心译，北京：社会科学文献出版社，2002年，第39—41页。

[6] 〔清〕黄宗羲：《明儒学案·顾宪成》，转引李天纲：《早期天主教与明清多元社会文化》，载《史林》1999年第4期，第43页。

而药之也。天下君子以清议归于东林，庙堂亦有畏忌”[1]。参加东林议政的儒士身份，是复杂的，既属知识分子，也属乡绅官吏，他们在中央和地方有着重要势力。然而，他们的舆论活动，主要是民间政治性质的，与“国家政治意见”颇有摩擦。从政治背景看，杨廷筠对当时的法律政制存有疑问。从万历年间张居正推行考成法开始，延至崇祯年间，政府要求科道官必须从地方州县官中行取，同时，又规定征科未完者不得考选科道，“考选将及，先核税粮，不问抚字，专于催科，此法制一变矣”[2]。对此催科，人们争议是不小的，[3] 而杨廷筠亦是很有微词的。《浙江通志》记载：

> 时矿税之使四出，廷筠数以疏谏，尽发陈奉、马堂、陈增等奸状，出按江西。以三吴民重困榷税，上《减榷疏》，迁按察副使，请告归。[4]

---

[1] 黄宗羲：《明儒学案 · 顾宪成》，转引李天纲《早期天主教与明清多元社会文化》，第 43 页。

[2] 〔清〕谷应泰：《明史纪事本末》，上海：上海古籍出版社，1994 年，转引刘文瑞：《论明代的州县吏治》，载《西北大学学报》2001 年第 2 期，第 103 页。

[3] 例如，考成法包含了“带征”的内容，意思是指除完成当年钱粮外，还要带征隆庆以来拖欠赋额七成中的三成，不能完成者则处以降罚。对这种唯以催科为务的做法，一些官员颇有意见。万历时，户科给事中萧彦就曾奏请道：“察吏之道，不宜视催科为殿最。昨隆庆五年诏征赋不及八分者，停有司俸。至万历四年则又以九分为及格，仍令带征宿负二分，是民岁输十分以上也。有司惮考成，必重以敲扑。民力不胜，则流亡随之。臣以为九分与带征二议，不宜并行。所谓宽一分，民受一分赐也。”见〔清〕张廷玉：《明史》，北京：中华书局，1974 年，转引刘文瑞：《论明代的州县吏治》，第 103 页。另外一个例子，则是袁宏道在给同为知县的朋友杨廷筠的信中提到：“吴令甚苦我，苦瘦，苦忙，苦膝欲穿，腰欲断，项欲落。嗟乎，中郎一行作令，文雅都尽。”（袁宏道：《袁中郎全集》，香港：广智书局，1994 年，转引刘文瑞：《论明代的州县吏治》，第 102 页）。

[4] 〔清〕嵇曾筠等监修、沈翼机等编纂：《浙江通志》，载《景印文渊阁四库全书》，台北：台湾商务印书馆，1984 年，第 523 册，第 267 页。关于杨廷筠反对重税，另见钟明旦：《杨廷筠——明末天主教儒者》，第 12 页。

在这些背景中，可以觉察，杨廷筠不大赞同国家的某些法律立场。

现在转向艾儒略。

在撰写《职方外纪》之前，艾儒略曾到北京“奉召听用”。艾儒略来到北京主要是担任修历的工作。但是，也许因为修历工作并不顺利，其很快就来到了杭州。大致来说，修历工作失败的原因，在于艾儒略自认为来华的主要任务不是修历，而是传教。[1]这点是值得注意的。此外，最为重要的是，1616年南京教案发生，在中国的耶稣会士都不同程度地遭受了“政治排斥”，艾儒略同样是未能幸免的。[2]另一方面，艾儒略不仅精通基督教义，而且精通西方近代自然科学，对地理知识也是颇感兴趣。1623年，其着重撰写了《万国全图》《西学凡》，再有就是《职方外纪》，还有一本《张弥额尔遗迹》。前三本著述，主要介绍西方地理和耶稣会士的教育制度，当然，另有其他西方社会文化、风俗、制度，包括法律制度的交代。但是，如前所提示的，艾儒略的主要目的的确在于传教。在行动中，其曾为不少中国人实施洗礼，借此表现西方基督教教义的重要仪式。在观念上，艾儒略心存一个中心思想：透过完美宇宙和现实西方世界的观察，可以证明一位造物主的存在。所以，在《职方外纪》自序中，他提到了：

既幸宅是庭、飧是燕、观是乐，因而溯流穷源，循末求本，言念创设万有一大主宰，而喟然昭事之是惕。[3]

对艾儒略而言，传授西方科学知识、地理知识、人文风俗和政治制度，是广布基督教教义工作的一部分。

---

[1] 参见潘凤娟：《西来孔子艾儒略：更新变化的宗教会遇》，台北：台湾基督橄榄文化，2002年，第27页以下。

[2] 见钟明旦：《杨廷筠——明末天主教儒者》，第109—111页。

[3] 艾儒略：《职方外纪自序》，艾儒略：《职方外纪（校释）》，第2页。

从艾儒略的思想渊源看，16世纪之前，西方最为重要的神学学说，便是阿奎那（Thomas Aquinas）的理论。众所周知，阿奎那将法分为四类，也即永恒法、自然法、神法和人定法。其中，人定法便指今天的国家法律。[1]在阿奎那的理论体系中，永恒法，无疑是等级最高的“法律”（今天汉语用法）。但是，阿奎那并不因此不去细说人定法。他指出，人定法“应该由市民社会的统治者来加以颁布”，“它是支配人类行动的法则”。[2]这一界定之中，既包含了“法是规则”的含义，也包含了“统治者和被统治者的关系”的含义。而且，他还说过，人定法不得违反自然法和永恒法。[3]对于汉文语境而言，在《西学凡》中，艾儒略首次介绍了阿奎那的神学理论，并且，竭力推崇其在基督教哲学中的典范意义，指出：

多玛斯甚博著书，又取前圣之言，括为徒禄曰亚。略所言最明，最简，最确，而此后，学天学者悉皆禀仰不能赞一辞令。[4]

不言而喻，艾儒略当然知道阿奎那的四种法律分类，以及等级学说，知道阿奎那对与人定法的特殊“要求”，而且，知道世俗法或说人定法在神学视野中的大致内涵。即使是在《西学凡》中介绍“法科”的时候，艾儒略也不曾忘记说道，包括“法科”在内的六科之中，“惟道科为最贵且要；盖诸科人学，而道学天学也”[5]。显然，道科学问是指当时的西方神学。在艾儒略的思想中，法科所学习的毕竟是世俗法，其内容、宗旨均在道科所涉神学之下。

---

[1] 《阿奎那政治著作选》，马清槐译，北京：商务印书馆，1963年，第106—108页。

[2] 《阿奎那政治著作选》，第117—118页。

[3] 《阿奎那政治著作选》，第120—121页。

[4] 艾儒略：《西学凡》，第27页。

[5] 艾儒略：《西学凡》，第27页。

可以想见，这样一个经历、遭遇，以及传教“任务”，还有思想渊源，会使艾儒略对中国的某些政治法律制度产生异样的想法。

（二）

我们现在需要将杨廷筠和艾儒略的活动联系起来。

其时，诸如艾儒略这样的耶稣会士和东林书院儒士的关系，是十分密切的。双方不仅在一般论理知识上有些相互交流、相互赞赏，并且，在宗教上也是互为协助。作为耶稣会士的艾儒略，希望中国的儒士传播西方教义，同时，与东林书院关系密切的像杨廷筠这样的知识分子，对西方教义也是很有兴趣。杨廷筠甚至以如下语句表达的方式展示赞同“上帝至上”的西方教义：

> 方域大矣，其间位置冯生，日新富有，在一方即有一方物用，满足周匝，不相假贷。有齐谐不能志，隶首不能纪者，是孰使之然哉？有大主宰在也。[1]

另外，有西人记载称，作为耶稣会士的神父们，对东林儒士表现出了巨大热情，竭力称赞东林书院所奉行的道德标准，同时，“书院的几乎所有成员都对基督教表现出极大的友好感情”[2]。这就不难理解，为什么东林人常说的“格物穷理”一词，可以出现在艾儒略《职方外纪》的“格物穷理之王”的语言表述中。

就杨廷筠个人来说，其不仅在知识信仰层面上，而且在个人活动和组织上，与耶稣会士都有直接的相互合作。1611 年，杨廷筠在参观了李

---

[1] 〔明〕杨廷筠：《职方外纪序》，艾儒略：《职方外纪（校释）》，第 4 页。

[2] ［意］巴尔托利：《耶稣会历史》，第一卷，《亚洲第三部分：中国》，转引［法］安田朴、谢和耐等编：《明清间入华耶稣会士和中西文化交流》，耿升译，成都：巴蜀书社，1993 年，第 108 页。

之藻父亲的西式葬礼后，决定改信天主教。[1]当南京教案发生时，杨廷筠和徐光启、李之藻等人在家乡藏匿耶稣会士，使一些耶稣会士逃过此劫，而艾儒略恰是其中之一。[2]正是在杭州杨廷筠家中避免之际，两人开始了深入的“学理”交流。同时，在《西学凡》撰写完成之际，杨廷筠曾为《西学凡》作序。此外，杨廷筠曾出资举办“兴仁会”，专门帮助参加天主教的教徒的学习和生活。[3]据西文文献载，艾儒略对“兴仁会”，当然还有其他和天主教有关的组织，表达了支持态度。[4]

（三）

显然，这里重要的是，杨廷筠、艾儒略的私人实践，以及他们之间的交流往来的社会活动，提示了两人之间并不存在话语实践上以及政治上的基本障碍；相反，倒是存在话语实践上以及政治上的相互协作的极大可能。正是在两人的私人实践，以及相互交往中，我们可以获得《职方外纪》中两人合作使用汉文“法律”两字的重要信息，获得“为什么‘法律’两字的含义在杨、艾两人的手中有别于前述明代引文的其他作者”这一问题的分析路径，进而理解，为什么《职方外纪》要对西方法律实践作出那样的解说描述；此外，为什么艾儒略极为可能是在“探讨使用”“法律”一词。

四、进一步的分析

深入来说，在此，一个核心问题就是：一个想象中的西方法律世界是如何建构起来的。

---

[1] 见钟明旦：《杨廷筠——明末天主教儒者》，第 68、106—107 页。

[2] 见钟明旦：《杨廷筠——明末天主教儒者》，第 109—111 页。

[3] 见钟明旦：《杨廷筠——明末天主教儒者》，第 74—80、108 页。

[4] 参见［比］柏应理：《一位中国奉教太太》，台北：台湾光启出版社，1965 年，第 32、33 页。

杨廷筠对当时的通过“法”表现出来的中国政治举措，比如，催科政制，怀有意见；艾儒略在自己的中国经历中，同样，具有自己的意见看法。他们的一些重要“实践”，在中国的法律语境中，并不顺利。因此，对杨廷筠言，在接受西方基督教教义并且成为信徒的同时，相信西方的世俗法律，相信西方经由世俗法律而维护的政治社会具有令人向往的理想状态，此外，相信对比中国而言存在着一个令人羡慕的“他者”，这是自然而然的事情。与此相对，对艾儒略而言，在传授西方基督教教义的同时，自我感觉西方是优越的，相信在“一大主宰”之下所建世俗法律制度亦能成为东方世界的楷模，也是顺理成章的事情。在当时的政治以及学术背景中，无论对杨廷筠来说，还是对艾儒略来说，建构西方并且建立一个“中西对比”，也就自然可以成为《职方外纪》的重要叙事目的。

（一）

众所周知，在1620年代以前的不到100年间，西方诸如政治家、商人、传教士等，即已开始进入中国。中西之间的早期遭遇，其中，不仅包含了语言何以能够沟通的问题，而且如同前面提到的，包含了如何能够在相互交流之中建立各自想象中的“中国”和“西方”的问题。正是在各自想象的交流过程中，人们可以发现其中所暗含的策略表达，特别是西方人的策略表达。

例如，1614年，在自己的《游记》（*Peregrinação*）中，葡萄牙人平托（Fernão Pinto）提到了其时中国人如何就像猜谜一样地期待得到西方的“图景”，而西方人，如何基于利益动机，从而借助“写意”，去建构西方的“美妙世界”。平托有意思地举例予以说明：一个中国人，“向我们详详细细地询问了很多事情，我们的回答主要是投其所好，而不是根据事物的实际情况”[1]。之所以如此回答，平托解释，是为了避免“破坏

[1] 平托的话，转引艾思娅：《评介：作家与作品》，载［葡］费尔南·门德斯·平托：《葡萄牙人在华见闻录》，王锁英译，澳门：澳门文化司署、东方普通牙学会，海口：海南出版社、三环出版社，1998年，第12页。

我们的祖国在他心目中的声誉”[1]。于是，在这个例子中，“西方世界”被继续地夸张建构：

他首先对我们说，中国人和琉球人告诉他们，不论是国土还是财富，葡萄牙都大大超过中华帝国，我们承认这是事实……他又谈起第三件事，即别人向他肯定说，我们的国王拥有大量的金银，甚至将两千多间屋子直堆到顶。对此我们回答说，两千屋子这个数字我们不能肯定，因为我们的疆土和王国本身就是如此辽阔……所以无法得出确切的数字。[2]

平托所表现的策略表达，并非就是个别的。在中西之间的早期遭遇中，不仅存在经济、政治、文化的实力的相互展示，而且存在意识形态交流的话语对阵，话语对阵的目的，又在于推进现实中具体的经济、政治与文化的“自我”去战胜“他者”。

从杨廷筠看，他期待着通过艾儒略获得西方宗教、科学、知识以及制度的真实图景，从而定位自己身处的中国的真实情景。从艾儒略看，他尤其期待着通过杨廷筠更为顺利地表达西方的以基督教教义为中心的西方全景，进而，建立耶稣会士的“光辉形象”。但是，在两者间，相互想象，特别是杨廷筠对艾儒略背后的西方的想象，当然还有相互表达，特别是艾儒略对西方世界的介绍表达，如前所述，其中都夹杂了微观政治设想作为背景的话语策略。

当然，具有“共谋”意味的是，在杨廷筠的期待和艾儒略的叙述之间，因为前面提到的特定具体的历史背景，两人，在“法律”概念及其周边上下文的语言使用中，似乎可以顺畅地宣泄自己的共同想象和表达，从而树立以西方优势为表征的“中西对立”。正是在此，就西方耶稣会

[1] 平托的话，转引艾思娅：《评介：作家与作品》，第12页。

[2] 平托的话，转引艾思娅：《评介：作家与作品》，第13页。

士“建构西方优势”而言，我们也就可以毫无障碍地理解为什么1770年代纪晓岚等在撰写《四库全书总目提要》时，针对《职方外纪》提到，西学不是“所述多奇异不可究诘，似不免多所夸饰”[1]。

（二）

自然，想象西方并不意味着仅仅树立西方的优势。“优势”的话语策略，是在具体的语境中谋定展开的，因此，有时可能是相反的。作为对比，以及进而论证说明，我们可以注意稍早时期另外一位耶稣会士——利玛窦（Mattew Ricci）——对中国的恰与西方优势对冲的想象叙述。

就总体情况说，利玛窦在中国是相当顺利的，生活三十余年，终于定居京城北京，进入宫廷，博得皇帝垂青，取得合法传教地位，并且享有特殊待遇。[2]于是，在自己的札记中，他赞扬性地描述过中国的法律制度和政治制度。他说，就法定皇位继承人以外的其他皇子或皇上的男性亲属而言，如果在“他们之中有一个人和不是皇上亲属的另一个人之间出现了问题，他们就和普通公民一样受到审讯和判决”[3]。利玛窦同时提到，在中国“当法官主持法庭时，他的子女和家属都不得离家，免得法官通过他们受贿”[4]。此外，他还宣称：

> 标志着与西方一大差别而值得注意的另一重大事实是，他们全国都是由知识阶层，即一般叫做哲学家的人治理的。井然有序地管理整个国

---

[1] 〔清〕永瑢等：《职方外纪》条，载《四库全书总目》（上册），北京：中华书局，1965年，第632—633页。

[2] 参见何高济、王遵仲、李申：《中译者序言》，［意］利玛窦、［比］金尼阁：《利玛窦中国札记》，何高济、王遵仲、李申译，桂林：广西师范大学出版社，2001年，第7页。

[3] 利玛窦、金尼阁：《利玛窦中国札记》，第44—45页。

[4] 利玛窦、金尼阁：《利玛窦中国札记》，第44页。

家的责任完全交付给他们来掌握。军队的官兵都对他们十分尊敬并极为恭顺和服从。[1]

利玛窦认为，在当时的中国，重臣可以对皇帝提出书面批评，“根据法律，这种书面提出批评的特权也同样给予所有大臣，甚至还给予公民个人”[2]。利玛窦还提到了当时中国赋税问题：

它们不归入皇帝的金库，皇帝也不能随意处置这笔收入……维护皇座的皇家威仪和尊严的这笔年金为数很大，但每项开支均由法律规定和管理。民用及军事开支和政府各部门的用度也都由这一国库提取，而国家预算之大是远远超过欧洲人所能想像的。公共建筑、帝王及其亲属的宫殿以及维修城市监狱和碉堡、更新各种战备都必须由国库支付，而在幅员这样辽阔的国家，建筑和维修的项目是接连不断的。人们很难相信，有时候即使这样庞大的收入也不够应付开支的。当出现这种情况时，就增收新税以保持预算平衡。[3]

为了表明自己观察的权威性，利玛窦并在札记第一卷中特别说明：

我们在中国已经生活了差不多三十年，并且游历过它的最重要的一些省份，而且我们和这个国家的贵族、高官以及最杰出的学者们友好交往。我们会说这个国家本土的语言，亲身从事研究过他们的风俗和法律，并且最后而又最为重要的是，我们还专心日以继夜地攻读过他们的文献。这些优点当然是那些从未进入这个陌生世界的人们所缺乏的。因

[1] 利玛窦、金尼阁：《利玛窦中国札记》，第 42 页。利玛窦这里所说的哲学家，主要指当时中国的士大夫。

[2] 利玛窦、金尼阁：《利玛窦中国札记》，第 38 页。

[3] 利玛窦、金尼阁：《利玛窦中国札记》，第 35 页。

而这些人写中国，并不是作为目击者，而是只凭道听途说并有赖于别人的可信性。[1]

在此，我们可以清晰地看到利玛窦是如何基于不同的政治经历而对中国作出不同于杨廷筠、艾儒略的想象描述的，他们的价值判断也是非常不同的；并且，我们可以清晰地看到，利玛窦是如何将中国优势预先替换了西方优势的。杨、艾所说的“征比催科”，在利玛窦的话语中，预先被表述为了“保持预算平衡”。杨、艾所说的“西方格物穷理之王”，在利玛窦的话语中，预先被表述为了“中国的哲学家官吏”。在宏观上，利玛窦先行树立了优势地位的中国想象，并且，通过中国优势的想象来暗喻西方的弱势想象。

（三）

然而，不论利玛窦的中国想象，还是杨、艾的西方想象，都是依赖具体社会实践的背景而铺陈的，和这一实践是交织在一起的。在这个意义上，我们完全可以认为，“中国的想象”或者“西方的想象”，不可能纯粹是“观念”的；相反，这些想象恰恰是“微观实践”的。

五、结论

那么，针对艾儒略经由杨廷筠协助完成的《职方外纪》，其究竟是在什么意义上使用“法律”概念的这一问题，以及，针对为什么他们会在西方想象化的法律实践的文本语境中如此使用“法律”概念，而这种使用，又是前面提到解释过的“探讨使用”这样两个问题，我们可以得出怎样的结论？

---

[1] 利玛窦、金尼阁：《利玛窦中国札记》，第 4 页。

（一）

第一，在中西交往过程中，想象不仅是针对异邦的，而且是在异邦想象和本邦想象的相互结合中展开的。在信息相对有限的条件下，尤其是在受众对异邦的信息极为缺乏的条件下，针对异邦而出现的想象，以及异邦想象和本邦想象的相互结合，也就特别容易为那些说者在受众面前进行“想象陈述”，敞开自由运作的空间。

艾儒略在面对杨廷筠，还有其他中国受众，去建构“欧逻巴”法律实践的时候，其不仅需要想象西方的法律实践（因为艾儒略获得的西方信息也是有限的），而且需要在想象西方和想象中国（比如中国的“催科征比”和审判实践）之间相互糅合。于是，艾儒略陈述西方的“法律条例和格物穷理之王”的相互联系，讲述西方赋税制度，也就具有了相当的自由度。

当然，自由度本身并不是重要的问题。重要的问题在于，自由度本身可以使有关法律制度实践的价值判断，顺利地渗入“陈述”。而且，这种价值判断，显然时常和前面所陈述的具体微观实践的“有利一面”或者“不利一面”有着密切联系。所以，在艾儒略的想象中，中国“催科征比”，是不好的；“欧逻巴”的“法律条例”，是“格物穷理之王制定的，而且至详至当”，从而是好的。这样一种价值判断进入“陈述”，在中西交往特别是早期交往中，恐怕不是少见的，也许具有相当的普遍性，从而也就为我们理解近代初期中西交往中的“法律”语词使用的背后实践，以及这种实践和这一语词使用的相互关系，尤其是那种“探讨使用”，提供了有趣的思索路标。

（二）

第二，信息有限，以及想象的自由，当然还有价值判断的轻易渗入，也为想象者在面对受众时可以运用一种想象结果去“压抑”另外一种想象结果，提供了背景可能。比如，运用中国法律制度实践的想象结果，去“压抑”西方法律制度实践的想象结果；或者，反之，运用后者去“压抑”前者。所以，我们也就看到了，利玛窦运用中国法律制度实践的想象（特别是他提到：与西方具有很大差别的是，中国是哲学家官吏的一种统治），去压抑西方法律制度实践的想象；同时，更为重要的是，我们也就看到了，艾儒略通过杨廷筠（因为汉文学习）运用西方法律制度实践的想象，去压抑中国法律制度实践的想象。这样一种“压抑”，可以巧妙地通过“法律”语词的表面上的知识中性而且“实在化”（即非想象化的）的使用，运送各自期待的话语策略，使这种话语策略，在这类表面上的知识中性和实在化的语词使用中，得以合法化，实现征服作为受众的对方的目的。

这意味着，在利玛窦，特别是艾儒略包括杨廷筠的话语陈述中，通过表面上的知识中性的法律话语去征服受众对方的斗争，在近代初期中西交往中，可能是尤为暗藏激烈的。也是经由这里，我们可以理解，中西法律文化的交往，有时不是那么宏观的文化化的进入，或者宏观的文化化的抵抗，而是有时在局部展开实践化的阵地战，并且，通过这种局部的实践化的阵地战，来决定胜负，由点及面地逐步实现胜利一方（无论西方针对中国还是中国针对西方）的法律文化的推广。我们可以看到，利玛窦的局部战斗的胜利，的确在一段时期对西方认识中国法律文化产生了重要的影响。[1] 反之，艾儒略的局部战斗的胜利，也如我将在本书第三章中提到的，在一段时期，对中国认识西方法律文化产生了一定的影响。

因此，艾儒略的汉文“法律”一词使用，背后寓意着具体文化征服的欲望与策略，其是一种特别的“探讨使用”。作为中西近代初期法律

---

[1] 1953 年 5 月 13 日，《利玛窦中国札记》英译者就曾提到，“我们敢说，自从三个世纪以前金尼阁的书（指《利玛窦中国札记》——本文作者注）首次问世以来，没有任何国家的哪一个汉学家不曾提到过利玛窦”，“它对欧洲的文学和科学、哲学和宗教等方面的影响，可能超过任何其他 17 世纪的历史著述”。见［美］加莱格尔（耶稣会士）：《英译者序言》，利玛窦、金尼阁：《利玛窦中国札记》，第 20、21 页。

文化交往中的一个具有标志意义的展示，艾儒略的字词使用，是特别值得注意的。

（三）

第三，正是在此，中西相互“压抑”并不意味着人们常说的中西法律文化意义上的整体“中西二元对立”。因为，具有“中国主体身份”的杨廷筠，和具有“西方主体身份”的艾儒略，可以具有类似的赞扬西方的“法律文化意识”。与之相对，具有“西方主体身份”的利玛窦，和“具有中国主体身份”的其他中国“当时哲学官吏”（利玛窦语），可以具有相同的赞扬中国的“法律文化意识”。更为关键的是，各自的“法律文化意识”，完全可以不是界限分明的“西方”的或者“中国”的。可以发现，在杨廷筠和艾儒略的原有思想中，类似的并且可以相互理解甚至相互支持的话语意识是存在的，比如，“格物穷理”和“贬抑重税”的观念；而在利玛窦和中国其时“哲学官吏”的原有思想中，类似的并且可以相互理解甚至相互支持的话语意识也是存在的，比如，“大国自然需要增加赋税”和“法律规定开支”的观念。

这里进一步的结论是说，此时的要么西方法律文化、要么中国法律文化，实际上是“某个时刻某个地方”的，而且，是可以相互转换的，从而是“流动”的，恰恰不是界面分明的整体“西方”的与整体“中国”的。同时，这些“某个时刻、某个地方”的“法律文化”，正是因为存在着具体微观的政治斗争，以及随之出现的“中西对立”的话语构建，所以，是经由具体日常话语实践加以呈现和演化的。或者，可以这样来说，西方个人的“西方主体身份”，其本身应当张扬的所谓宏观“西方文化身份”，在具体微观斗争实践中，是有可能走向自己的相反道路的，展示了“中国文化身份”；反之亦然。微观结构，是可以扭曲宏观结构的。这意味着，以艾儒略包括利玛窦为标志的具体“西方主体身份”，和“西方文化身份”与“中国文化身份”，这三者在人们通常想象的“中西二元对立”或者“民族宏观对立”的关系中，可以走向微观的自我重塑和转换。

自然，在此分析这一问题，其意在于从侧面角度去提示，相对“法律”概念理论来说，有如前文所分析的，“格物穷理”等观念，或者“哲学官吏”等观念，也是相关的辅助话语资源，它们也是需要我们给予类似的特别注意的。

（四）

第四，进一步看，正是因为各自想象中的结果存在着相互“压抑”，所以，看似中性的法律话语，特别是“法律”概念的使用，的确相应地逐渐获得了社会分工意义的价值无涉的外在表象，和中国此前的诸如明代学人的“法律”一词的日常使用，“不知不觉”地殊途同归，从而获得了顺利进入近代中西交流话语流通的资格，繁衍扩张。

如前所述，利玛窦提到，在中国即使是一些皇亲和一般公民发生纠纷，也要依照一般法律来处理；而且，与西方不同，大量深谙哲学的官吏行使着国家权力。另外，针对中国明朝一位皇帝，利玛窦提到，这位皇帝，“不仅以他的武功而且还以他巧妙的外交天才著称。他用以稳定国家的许多法律和法令就是充分的证明”[1]。但是，艾儒略却认为，西方的“法律条例”处理“大事”，是由“格物穷理之王所立”，而且“至详至当”。可见，双方都在提到一个世界（或者中国，或者西方）是更好的，或者较好的。于是，作为语言流通工具的“法律”概念，以及“法律”概念所暗指的法律职业，特别是处理纠纷的第三方的职业，在这种相互“压抑”中，被赋予了可以价值无涉的中立意义。因为，在对立或者至少是相互不同的想象中，人们更为关心的问题是“究竟那个世界是更好的”，而非“法律”概念本身以及作为社会分工一类的法律职业本身“是否有个好坏”的问题。

在近代初期中西具体交往中，也许，正是通过这种令人不易觉察的途径，汉文“法律”概念，以及其所暗指的中立化的法律职业，逐渐潜

[1] 利玛窦、金尼阁：《利玛窦中国札记》，第 33 页。

入了后来中西交往中的人物语词实践之中，成为一种他们未必深察的一种叙述话语工具，并且，巧妙地在表面上和中国此前的“法律”概念使用不谋而合，轻松地融入了人们后来在理解西方甚至包括理解中国本身的时候所使用的“法律”观念之中。于是，法律概念的“探讨使用”，又在一定程度上，在此，开始转向“感性使用”。两种使用的关系又是辩证的。

（五）

第五，作为一种对比，与上述四点提到的不同，因为不是在中西具体交往中展开的，所以，前面所说的诸如桑瑜、汪佃、吕坤、薛瑄的关于“法律”的描述，以及“法律”语词的使用，便没有中西遭遇中的“想象西方”，以及与之相关的“想象中国”的问题，也没有通过被想象的一个世界去“压抑”被想象的另外一个世界的话语欲望。因此，非常具有吊诡意味的是，这些“法律”语词的使用，相对来说，较少与某种价值判断形成共谋的关系，而且更加不太可能涉及所谓的中立意味的法律职业的问题。毕竟，当时的“中国封闭语境”，也即并不包括中西交往的“中国内部语境”，没有提供一个可供想象的这种职业。这些“法律”语词的使用，仅仅是在传统中国语言中，当然还有汉语的逐渐繁衍中，继续重复着中国以往法律观念的思想内容。

在这个意义上，这些“法律”概念使用，恰恰没有，而且也不可能，提供一个关于近代“法律”概念使用的诱人的分析路径，从中，我们难以发现一个后来近现代的中西共用的“法律”概念的历史渊源。换句话说，随着后来中西交往的拓展，正是以艾儒略等为标志的中西具体交流中的语词生产，当然还有其他类似的“艾儒略们”的语词实践[1]，比起原来中国自身的语词自发演变，对后来近现代中国语境内的广泛的具有世界流通特征的“法律”概念的使用，可能有着更为重要的意义。

---

[1] 我在第三章中，专门讨论了类似艾儒略的其他西方人物的法律语词实践。

（六）

作为结论，在此，核心问题是这样的：汉文“法律”概念正是通过这一近代历史时期在复杂的价值判断、话语欲望还有西方中立法律职业的观念等方面，逐渐滋生了自己的另类内涵，也即不仅滋生了“法律在指刑法的同时也指民法之类的其他法律”这一意思，而且，滋生了“法律更应是由‘格物穷理’作为基础”的意思。

这在侧面说明着一个观点：“语言含义的生成过程总是与具体社群的评价视域的生成过程联系在一起的。”[1]毫无疑问，通过艾儒略当然可能包括杨廷筠在内的“法律”概念使用的历史分析，我们至少可以发现一个近代汉文“法律”概念突变的关键焦点。已经发生的历史的确提示了，与现代和当代密切相关的“法律”概念使用，以及诸如中立法律职业的观念，在中国语境中，正是通过诸如艾儒略、杨廷筠以及利玛窦等人（当然可能还有其他类似的人物）的语词实践，及其背后的“自己世界”“他者世界”的想象构建，还有前面所分析的相互“压抑”，以及“探讨使用”，才得以在汉文话语实践中成就自我，并且成为近代中西交往中的“法律”概念理论的一个重要路标。

[1] ［俄］沃洛希洛夫：《马克思主义与语言哲学》，曾宪冠、顾海燕、胡龙彪译，曾宪冠校，载许宝强、袁伟选编：《语言与翻译的政治》，北京：中央编译出版社，2001年，第106页。

第二章

“法律”字词是怎样实践的

——在“康熙世界”与“孟德斯鸠世界”之间

不出者，所以出之也；不为者，所以为之也。[1]

[1] 〔战国〕吕不韦：《吕氏春秋》，第 142 页。

一、问题和思路

在本章中，我将分析清朝康熙、雍正时期的汉文“法律”字词——特别是汉文“法律”两字连体一词——使用的实践，更为明确地来说，是这一时期集中于“圣谕十六条”以及由其而来的《圣谕广训》的“法律”字词使用的实践。同时，作为比较，我将研究大致相应时期的孟德斯鸠在其著述中的西文“法律”字词使用的实践。

这一研究，在法律史学包括比较法学领域内可能有些突兀、怪异。但是，通过全章，我将论证，这一研究是十分有意义的。

(一)

首先说明展开这一研究的几个初步理由。

第一，伴随着君王谕旨的权威和谕旨语言的“通俗易懂”，作为话语表达，“圣谕十六条”和《圣谕广训》中的“法律”两字连体一词，对于其时中国具有广泛的影响；与此相对，在启蒙运动这一重要背景下，孟德斯鸠的包含重要“法律”字词使用的著述，在西方同样是影响广泛的。

第二，在康熙和孟德斯鸠的“法律”字词实践中，我们可以发现值得注意的具有某种实质意义的“往来焦点”，尽管，其时“官方的康熙”和“民间的孟德斯鸠”之间的关系，是以间接方式作为表现的。这里的意思是指：康熙和当时西方传教士有着密切联系，同样，孟德斯鸠和一位“中国人”也有着密切的联系，其中，我们可以考察另外意义上的中西近代[1]日常交流中的“法律”字词活动，以及背后的微观社会政治话语实践，尽管，康熙和孟德斯鸠通过传教士和一位“中国人”才间接呈现了彼此联系。

当然，同样重要的是，第三，从汉文语言演化角度来看，就西方字词和汉文字词相互作用而言，这一比较研究，可以为后来考察中西“法律”字词互译，特别是1800年代以后的西方传教士在汉文背景中、在多种语言之间的“法律”字词互用、互译，尤其是集中于汉文“法律”两字连体一词的互用、互译，以及其中颇为重要的具体社会政治话语实践，提供一个有意义的历史参照。这样一个历史线索，以及后来的历史演进，又是理解当下现代汉语中“法律”字词使用的历史依据之一，[2]我们可以考察之中的一种历史逻辑和现实逻辑。

此外，这一历史的澄清和分析，如果加以利用，可以为我们重新理解中国的所谓“律学与法学的关系”“中西法律文化之间的关系”，开辟新的理解途径，可以使我们反思这样一个问题：我们是否建构了一个想象中的（近代之前）“中国律、律学”和“西方法、法学”的二元对立模式？并且，我们可以反思，我们是否想象了一个“西方法、法学在近现代影响甚至改变了中国律、律学”这样一个模式？因为，容易理解的是，“法律”一词以及概念，是具有提纲挈领作用的，如果历史中汉文不仅大量使用了“律”字，而且大量使用了具有复杂含义的“法”字，特别是“法律”两字连体一词等字词，尤其是在近代初期，那么，在某

[1] 因为历史中的社会政治背景的差异，从时间上来说，“近代”一词的界定，在中国和西方是不同的。通常人们认为，中国近代是从1840年开始的，而在西方，“近代”则是从更早时期开始的。由于本文主要的叙述目的在于比较，在不同地域的“近代”概念，不可避免地就会发生“错位”。为了比较的目的，不太追究这一差异甚至“错位”，应该是允许的，重要的是比较本身所具有的真实意义。所以，我是在大致意义上使用“近代”一词的。

[2] 遗憾的是，学界对本文深入研究的这段“法律”字词使用的历史，几乎没有怎样的关注和考察。

些情况下，人们使用“法”和“法律”指称对象的时候，就会展现含义复杂的使用者的主观意图（尽管，总是以隐蔽的方式），同时，“法”“法律”等字所包含的意义，就不是“律”字所能垄断的；于是，在近现代时期，“中国律、律学”和“西方法、法学”的关系显然是微观式的复杂的，不是“二元模式”和“影响 / 回应模式”可以简单概括的。

这里深入思考的方向之一是：通过微观历史的考察，也许可以发现“二元模式”和“影响 / 回应模式”所隐含的法律现代性观念的困境。[1]

（二）

本章研究，是前面一章研究的一个深入推进。前面一章提到，针对在今日含义上的“法律”概念问题而言，中西近代日常话语交流实践大致包含了三个阶段：开始、发展、趋同。前面一章仅仅讨论了“开始”。这一章讨论“发展”。下一章讨论“趋同”。

为了便于读者理解本章的研究，我简要地回顾一下前面一章。

在前面一章中，我运用话语谱系学和知识社会学的方法，集中考察、分析了明代西人艾儒略和汉人杨廷筠在“法律”概念上的字词实践。在我看来，艾儒略和杨廷筠之间的“法律”一词使用的事件，是在具体的中西相互表达和相互想象的人物活动中呈现的，而且，是在特别的“艾儒略 / 杨廷筠”合而为一的“中文”实践中呈现的。其中，表现了“法律”概念使用的一种特殊的日常话语运作，同时，表现了在一种特定语言中，中西是如何从各自语词理解出发进而实现某种“共同理解”的微观历史故事的。我的基本观点是：首先，在特定的近代中西交往时期里，参与交往的主体的“法律”概念的使用，不可避免地是“策略”性、“目

---

[1] 所谓法律现代性观念，是指认为法律总是朝向一个既定的方向直线前进发展的观念，从近现代历史的角度看，其中包含了西方法律中心主义的欲望，也即期待、主张其他地域民族国家应该以西方法律作为楷模。关于这点，以及其中困境，参见刘星：《现代性观念与现代法治》，载《法制与社会发展》2002 年第 3 期，第 3—15 页。本书不准备深入讨论这个问题。

的”性的，而非“一般语言化”的（也即不经意的），其背后具体微观政治结构具有特别的控制意义；其次，在这一特定时期里，交往中的“法律”概念的含义表达，是具体语境化的，而非“中西对立”化的，这里是指，我们也许难以发现“中国如何看待法律概念 / 西方如何看待法律概念”这样一种二元模式；再次，我们也许应该由此注意近代时期的“法律”概念使用背后的“世界流通”的意义，换言之，无论“中国”的，还是“西方”的，其中“法律”概念的“理解”，也许都是“世界理解的一个活动性的组成部分”。当然，我的基本观点所依赖的一个前提是：就个人主体身份的“中西融合”来看，也即在具体的艾儒略和杨廷筠身上，我们可以发现由于来到中国熟悉中文（指艾儒略），以及熟悉西文（既指艾儒略又指杨廷筠），在具体个人意识中，“中西”的边界被淡化了，甚至被消解了。[1]

在前面一章中，我所使用的与“艾儒略 / 杨廷筠”字词实践相关的历史事件，以及大致分析，是这样的：

第一，1623 年，艾儒略撰写了《职方外纪》，在写作过程中，杨廷筠给予了汉文协助（既帮助艾儒略学习汉文，又帮助后者润色此书[2]）。在《职方外纪》中，我们可以读到历史学者较为熟知的这样一段关于“法律”字词的表述：

欧逻巴诸国赋税不过十分之一。民皆自输，无征比催科之法。词讼极简。小事里中有德者自与和解；大事乃闻官府。官府听断不以己意裁

[1] 见第一章。在另外一些个人主体身份的“中西融合”的例子中，我将深入普遍地讨论这个问题，见第八章。在我看来，这个问题，对于理解中西法学关系是关键路径之一。

[2] 有关历史资料，见晏可佳：《中国天主教简史》，第 64 页；谢方：《前言》，艾儒略：《职方外纪（校释）》，第 3 页；李之藻：《刻职方外纪序》，艾儒略《职方外纪（校释）》，第 6 页；艾儒略：《职方外纪自序》，艾儒略《职方外纪（校释）》，第 2 页。

决，所凭法律条例，皆从前格物穷理之王所立，至详至当。[1]

其中，“法律”一词的使用，正如一些学者指出的[2]，和今天汉语使用大体上是类似的。

第二，几乎是在同时，我们可以发现其他明代人在“法律”连体一词使用上的情形。比如，桑瑜在撰写《常熟县志》时提到：

徐勤，字公立，任顺德县丞，明于法律，优于治政……容庆，字德善，任鱼基县丞，精于法律，尤善吟咏。[3]

又如，吕坤在《实政录》中写道：

常训之以道义，常恐之以法律，常感之以古今故事……[4]

再如，薛瑄在《从政录》中也曾写道：

凡国家礼文制度法律条例之类，皆能熟视而深考之，则有以酬应世务而合乎时宜。[5]

世之廉者有三：有见理明而不妄取者，有尚名节而不苟取者，有畏法律保禄位而不敢取者。[6]

---

[1] 艾儒略：《职方外纪（校释）》，第 73 页。

[2] 见马西尼：《现代汉语词汇的形成》，第 206 页；王健：《输出与回归：法学名词在中日之间》，第 15 页，脚注 1；王健：《沟通两个世界的法律意义——晚清西方法的输入与法律新词初探》，第 28 页。

[3] 桑瑜：《（弘治）常熟县治》，第 285 页。

[4] 吕坤：《实政录》，第 100 页。

[5] 薛瑄：《薛文清公从政录》，第 1 页。

[6] 薛瑄：《薛文清公从政录》，第 3 页。

这些使用，是艾儒略/杨廷筠字词使用的一个语言背景，同时，其和今天汉语使用也是类似的，但是，这些使用属于“感性使用”[1]。

第三，杨廷筠对其时赋税制度有所不满；艾儒略具有传教目的，然而，在1610年代教案中，其遭遇了“政治排斥”；此外，其和杨廷筠等在思想、政治上是相互理解的。因此，两人在“法律”字词使用上是有话语策略的；他们的使用，可以认为是区别于“感性使用”的“探讨使用”[2]。

第四，早期传教士和中国交往时，是颇具策略性的。这一策略性，使其语言语词的“探讨使用”成为不可避免的。[3]

（三）

在本章中，我尝试从与法学法律紧密纠缠的历史线索和理论线索这样两个层面，拓展可能存在的新的理解空间。

首先，我将描述分析，在康熙、雍正时期，汉文“法律”两字连体一词和“法律”概念是怎样继续实践的，以及其与“艾儒略/杨廷筠”的字词实践的某些历史关联；其次，我将描述分析，西文语境下的孟德斯鸠的“法律”字词是怎样实践的；再次，我将描述分析康熙字词实践以及孟德斯鸠字词实践背后的微观历史语境，以及其和字词实践本身

---

[1] 所谓“感性使用”，是指语词的不经意的一般日常化的使用，也即在使用中，使用者通常并不具有特定的表达某种语词含义的意图，仅仅使用语词而已。在一般情况下，我们大体上是“感性使用”语词的。

[2] 所谓“探讨使用”，是指语词的使用具有特定的表达某种语词含义的意图，使用者也许特别在意使用语词的特别实践目的，希望通过使用语言，来诱导他者的思考方向。一个明显的例子，就是有些学者分析过的中国近代有的时候人们使用汉文“外夷”一词，其中，便存在着对“外国人”的特定鄙夷意思，而且具有诱导他者的意图。针对法律语言的更为详尽的“探讨使用”分析，见刘星：《法学“科学主义”的困境——法学知识如何成为法律实践的组成部分》，第32—33页。

[3] 更为详尽的细致分析论证，以及其他引文、资料来源包括出处，参见前面一章。

的相互关联；最后，我会提出，在这一历史阶段，一个值得进一步注意的问题是："法律法学专业"和"法律法学外行"的分野，在这一特殊的近代"法律"概念实践中，对于今日"法律"一词的"国家制定"的含义，没有发挥人们可能想象的决定性的作用，至少，作用是微乎其微的。

另外，我将提出，在这一历史阶段，一个与法律法学密切联系的，然而极为可能被人忽略的"地理学科话语"的路线，是特别需要关注的；这一路线，是深入理解"法律"概念问题的"世界流通"意义的又一重要途径。

我的方法，依然是话语谱系学和知识社会学的。此外，我将在一般语言上时而提示汉文"法""律"和"法律"字词的相互关系，以及几种西文"法律"字词的相互关系。在本章的最后部分，我将具体深入说明本章为什么选择特定的如下所述的一些历史资料进行分析，论证在这些历史资料中展开阐述的细节理由，以及深层意义。

二、"康熙世界"的汉文"法律"一词使用及其语境

《职方外纪》刊行后的第47年，也即1670年，康熙颁布了重要的"圣谕十六条"。在此谕中，我们可以发现令人同样感兴趣的、今天意义上的"法律"两字连体一词使用。

（一）

"圣谕十六条"提到："讲法律以儆愚顽"[1]。如果将其放入"圣谕十六条"的全文语境中，我们可以发觉，"法律"一词肯定不是"法"字和"律"字的简单连接使用：

---

[1] 〔清〕圣祖颁谕、世宗绎释：《圣谕十六条》，载《景印文渊阁四库全书》，台北：台湾商务印书馆，1985年，第715册，第590页。

敦孝弟以重人伦；笃宗族以昭雍睦；和乡党以息争讼；重农桑以足衣食；尚节俭以惜财用；隆学校以端士习；黜异端以崇正学；讲法律以儆愚顽；明礼让以厚民俗；务本业以定民志；训子弟以禁非为；息诬告以全善良；诫匿逃以免株连；完钱粮以省催科；联保甲以弭盗贼；解仇忿以重身命。[1]

在此，可以清晰地看出，“法律”一词和“孝弟”“宗族”“乡党”“农桑”“节俭”“学校”“异端”“礼让”“本业”“子弟”“诬告”“匿逃”“钱粮”“保甲”“仇忿”等词，是相互对应使用的，“法律”两字连体一词，具有自己的独立含义，而且，其和今天意义的使用颇为类似。

1724 年，为了推行“圣谕十六条”，雍正发布《圣谕广训》，其中提到：

法律者，帝王不得已而用之也，法有深意，律本人情……平居将颁行法律，条分缕析，讲明意义，见法知惧……盖法律千条万绪，不过准情度理。[2]

之中，同样写出了和“圣谕十六条”语词用法十分接近的“法律”连体一词。显然，在“圣谕十六条”和《圣谕广训》中出现的“法律”连体一词，大致来说，是不分彼此的。

那么，“圣谕十六条”和《圣谕广训》里的“法律”一词使用，和本章开始部分提到的明代桑瑜、吕坤、薛瑄等人对“法律”一词的使用，是否完全同一？

[1] 圣祖颁谕、世宗绎释：《圣谕十六条》，载《景印文渊阁四库全书》，第 715 册，第 590 页。

[2] 圣祖颁谕、世宗绎释：《圣谕广训》，载《景印文渊阁四库全书》，第 717 册，第 601 页。

（二）

表面上看，“圣谕十六条”提到的“讲法律以儆愚顽”，和吕坤所说的“常恐之以法律”，是有些类似的。《圣谕广训》提到“见法知惧”，似乎也使其中“法律”一词有些类似吕坤所说的“法律”。因为，它们似乎都在意指“惩罚功能”的刑法。但是，问题可能并非那么简单。

为了深入分析问题，首先考察一下《康熙字典》是必要的。在“圣谕十六条”发布之后，并且在《圣谕广训》发布之前，也即 1710 年至 1716 年，《康熙字典》开始编纂并告完成。在这部继《尔雅》之后人们通常认为最为重要的字典中，并没有“法律”两字合而为一的连体字词的表达，特别是在字词解释过程中的表达。如同之前的字典一样，《康熙字典》，是解释单字的。但是，解释单字不意味着不能使用其他两字合而为一的连体字词的表达。事实上，在解释单字的时候，《康熙字典》使用过两字合而为一的连体字词作为表述，比如，下文提到的“制度”。没有使用“法律”连体一词作为解释，也许不是偶然的，只是，这是一件不得而知的事情，或者待考。[1] 在词典理论常说的描述方法和规范方法之中，《康熙字典》运用了前者。其描述方法，着重例举了典籍中的语词使用，比如《礼记》《说文解字》《管子》等中的语词使用。

在解释“法”字的时候，《康熙字典》首先将古文之一“灋”字列

---

[1] 情况可能是这样的：这一时期，在非常书面化的正式官方语言表达中，“法律”连体一词尚未成为用词成员。换言之，在官方看来，日常用语和官方的书面正式用语，包括辞典这样更为严谨的书面正式用语，是有区别的，而“法律”连体一词，可能依然属于日常用语的范畴。语言学界一般认为，《康熙字典》“注意到了引用古书解释字的古义，但忽略了今义，解释又过于简单”。见朱顺龙、何立民编著：《中国古文字学基础》，上海：上海社会科学出版社，2004 年，第 63 页。

当然，这仅仅是个语言学上的解释。这里重要的问题是，“圣谕”也是官方的，为什么在“圣谕”中出现了本章所说的“法律”一词的日常使用，本章后面，将作细致深入的分析。

出（还有另外两个古文体字）。在今天法学界，“灋”字则是人所共知的“法”字的古体。当然，颇有意思的是，《康熙字典》在解释“法”字的时候，并没有提到许慎的《说文解字》；而后者，首先就说“‘灋’，刑也。平之如水，从水”[1]，其中，包含着“公平”的意思。在正文中，《康熙字典》提到：

《尔雅·释诂》：法常也。《释名》：法偪也；偪而使有所限也。《礼·月令》：乃命太史守典奉法。注：法八法也。又制度也。《礼·曲礼》：谨修其法而审行之。又礼法也。《孝经·卿大夫章》：非先王之法服不敢服。又刑法也。《书·吕刑》：惟作五虐之刑曰法。[2]

可以看出，《康熙字典》的这段解释将“刑法”单列了出来。

我们再看其对“律”字的解释。同样颇有意思的是，在“律”字解释过程中，《康熙字典》很快就提到了《说文解字》。《康熙字典》这样写道：“《说文》：均布也；十二律均布节气，故有六律，六均”[3]。当然，与“法律”直接有关的则是这样的文字：

《尔雅·释诂》：法也。又常也。注：谓常法。《正韵》：律吕万法所出，故法令谓之律。《管子·七臣七主》：律者，所以定分止争也。《释名》：律，累也；累人心，使不得放肆也。《左传·桓二年》：百官于是乎戒惧，而不敢易纪律……又刑书曰律。《前汉·刑法志》：萧何捃摭秦法，取其宜于时者，作《律》九章。《晋书·刑法志》：秦汉旧律起自李悝，悝著《网》、

[1] 〔汉〕许慎：《说文解字》，北京：中华书局，1963年，第202页。

[2] 〔清〕张玉书等编纂：《康熙字典》，王引之等校订，上海：上海古籍出版社，1996年，第602页。

[3] 张玉书等编纂：《康熙字典》，第331页。

《捕》二篇，杂律一篇，又以其律具其加减，是故所著六篇而已。[1]

应该指出，其中似乎也将“刑法”单列出来，似乎也无“平之如水”一类的“公平”意思的表达。然而，其却提到了“定分止争”，同时是在这样一种情况下提到的：当解释“法”字的时候，并未写出与“定分止争”同一典籍来源的《管子 · 七臣七主》里的“夫法者，所以兴功惧暴也”。[2] 这从侧面说明，尽管“定分止争”的表达中包含了刑法威慑的问题，比如“禁止非法争夺”，但是，其中也必定包含着梁启超曾经提到的今天民法所说的“权利界定”[3] 的问题。

我们需要认为，在清代十分注意日常文字的文化管制的情况下，《康熙字典》毫无疑问带有官方特殊表达的语言意识形态。1710 年，在钦定张玉书、陈廷敬、王景曾等修撰《康熙字典》时，康熙上谕提到，“至于字学，并关切要，允宜酌订一书”，以免“字汇失之简略，正字通涉于泛滥”[4]。因此，如果将“圣谕十六条”、《圣谕广训》和《康熙字典》联系起来，那么，似乎可以认为，清朝这样两个谕令中所使用的“法”字、“律”字和“法律”两字连体使用，以及这部字典的相关字词使用，其所包含的意思大致来说是接近的，而且在使用上是可以相互替换的。进而言之，作为“圣谕十六条”和《圣谕广训》中出现的“法律”一词的表达，和该字典中“法”字、“律”字的表达，不仅可以相互替换，

---

[1] 张玉书等编纂：《康熙字典》，第 331 页。

[2] 见该字典对“律”字的全文解释，张玉书等编纂：《康熙字典》，第 331 页。“定分止争”以及“夫法者，所以兴功惧暴也”，见《管子》，房玄龄注、刘续增注，第 161 页。

[3] 梁启超说，管子所提的“定分止争”中的“分”就是“权利”。他指出：“创设权利，必借法律，故曰定分止争也。人民之所以乐有国而赖有法者，皆在于此。”他还认为，管子主张“以法治国”，就是为了“正定人民之权利义务，使国家之秩序，得以成立”。见梁启超：《管子传》(1909 年)，《饮冰室合集 · 专集之二十八》，北京：中华书局，1989 年版，第 14 页。

[4] 康熙：《上谕》，载张玉书等编纂：《康熙字典》，第 6 页。

而且可以具有相互支持的话语关系。在这个意义上，对比之下，清代两个重要谕令的“法律”一词使用，由于在字词实践的背景意义上涉及《康熙字典》中“定分止争”的“权利界定”（今天理解）的含义，和上述明代桑瑜、吕坤、薛瑄等人“法律”一词的使用，从而，并不是完全同一的。

另一方面，我们可以看到，即使从“圣谕十六条”和《圣谕广训》本身来看，“圣谕十六条”、《圣谕广训》中的这些字词，也在暗指“权利界定”的问题，也即暗指包含民法在内的其他法律。因为，尽管“圣谕十六条”和《圣谕广训》提到了“以儆愚顽”“见法知惧”，但是，首先，“圣谕十六条”中包含了“和乡党以息争讼”的话语表达，这里暗示了作为争讼部分内容的“民事纠纷”，以及与之相伴的民事法律制度的存在；其次，《圣谕广训》相应地另外提到，颁布法律也是为了“革其健讼之习”[1]，而“健讼”问题，自然包括了今天所说的民事官司。[2] 如果再联系《康熙字典》中的“偪而使有所限也”“累人心，使不得放肆也”等解释，而且，“有所限”和“不得放肆”，自然也有“在民事问题方面限制和要求克制”的含义，那么，更加可以看出，康熙、雍正谕令中的“法律”一词使用和桑瑜等人特别是吕坤的使用，是有所区别的。

（三）

在这个意义上，我们可以并且应该转向认为，清朝两个重要谕令的

---

[1] 圣祖颁谕、世宗绎释：《圣谕广训》，载《景印渊阁四库全书》，第 717 册，第 601 页。

[2] 关于这里的民事法律制度和民事纠纷，我们可以注意黄宗智就曾指出，关于《大清律例》，“我们不要以为清代法律只是一个刑法，没有民事内容。它与民事有关的规定，总共有八十多条律，三百多条例。其中关于继承的规定，就有一千一百多字，相当详细”。见［美］黄宗智：《〈清代的法律、社会与文化：民法的表达与实践〉重版代序》，黄宗智：《清代的法律、社会与文化：民法的表达与实践》，上海：上海书店出版社，2001 年，第 7 页。

“法律”文字使用和本章开始部分提到的艾儒略/杨廷筠的“法律”文字使用，恰恰是部分接近的。

艾儒略说（经杨廷筠文字润色）：在“欧逻巴”，也即西方国家，“官府听断不以己意裁决，所凭法律条例，皆从前格物穷理之王所立，至详至当”。我们可以理解，艾儒略所说的西方“法律条例”，不会也不大可能，没有指示民事法律制度，或者权利。因为，在西方的语境中，“大事”并非单指刑事问题是比较清楚的。此外，如果联系1620年代初期艾儒略撰写的《西学凡》，那么，可以发现，这是更为明显的。在《西学凡》中，艾儒略介绍了西方的“法科”[1]。法科是指学习君王治理国家并且解决人间纠纷的法典；法典是“天命之声”“国家之筋骨”“道德之甲”[2]。艾儒略曾提到，西方自古以来就设立了法科学校，讲授明断人事的根本；经过6年学习以后，通过严格考试，特别优秀的学习者可以委以世俗重任，授予一定的职务。不难看出，在艾儒略想象的自西方古罗马以来的制度这一背景中，“法律”不仅是指刑法，而且包括民法在内的其他法律。

当然，和艾儒略/杨廷筠的“法律”一词使用对比，清朝两个重要谕令的“法律”字词使用，似乎在字面上没有明显的“格物穷理之王制定”的意思（但是，问题可能是复杂的，见下文的分析）。

（四）

综上，我们可以作出这样一个判断：在清代的重要官方语词表达中，“法律”两字连体一词作为一个概念，其含义的演变道路至少是在桑瑜等人和艾儒略等人的使用中间展开的。另外可以提炼的是，由于我在本章最后将要着重分析的“官方因素”（见本章最后部分），这一时期的“法律”字词概念所具有的融合“权利”内容的含义，已经拥有权威性地胜

---

[1] 艾儒略：《西学凡》，第31页。

[2] 艾儒略：《西学凡》，第45页。

过了其他诸如桑瑜等人的“法律”字词概念所具有的“义务”主导内容的含义。

那么，这里的判断和暂时的结论意味着什么？

我想指出，在“法律”两字连体一词上，尽管清代的重要官方语词的表达包容了“权利”的含义，然而，包容本身，并不意味着强调“权利”是重要的，并不意味着同时认为“权力”是次要的。其实，有如学界在中国法律史的研究中所时常暗示的，我们自然可以发觉，“权力”特别是“国家权力”的意义，在“法律”等字词中，就清代官方语词使用而言，依然是首要的。因为，至少从“圣谕十六条”——包括《圣谕广训》——的“君临天下”的话语威权意识中，我们能够得到相关的明确印证信息。这是本章所关心的重要内容之一。因此，在此以及后来的历史阶段中，我们也就需要从“国家权力允诺权利同时限定权利而非不顾权利”的角度，去理解“法律”概念话语的一条演化路线。“义务”含义，当然还是存在的，然而，已和“权利”含义并行不悖；此外，我们不易而且不宜，继续从“民众义务主要/民众权利次要”的角度，去理解“国家权力之下的义务权利的相互关系”[1]。重要的不是“义务”“权利”的有与无、主要与次要，而是它们都在“国家权力”的笼罩之下。就此而言，中国的“法律”连体一词，以及相关的诸如“法”“律”等字，也就具有了新的含义坐标。

如果在此概括，针对上面提到的清代三个字词特别是“法律”连体一词，我们可以这样总结四个意思：第一，它们并不指示“平之如水”，或者“公平”；第二，它们意指“约束”（如前面提到的，“偪而使有所限也”，“定分止争”，“累人心，使不得放肆也”）；第三，它们泛指“常规”；第四，它们又指国家法律。

[1] 一个十分简单的道理是这样的：提出义务，总是意味着保护某种权利，尽管这并不是必然的。

三、“孟德斯鸠世界”的“法律”字词使用及其语境

作为对照，我们现在转向大致同时的“孟德斯鸠世界”。

（一）

1748年，孟德斯鸠出版了著作《论法的精神》[1]；1750年，其匿名发表了一篇文章——《为〈论法的精神〉辩护与解释》（*Défense de l'Esprit des Lois éclaircissements*）[2]。关于“法律”一词，孟德斯鸠在《论法的精神》和文章中基本上使用的是“loi”。众所周知，在法文中，“loi”和“droit”，都含有中文“法”的意思。然而，一般认为，就中文言，前者通常意指今天汉语的“法律”，后者则意指今天汉语的“法”。两者的含义都是比较广泛的。“loi”另有今天汉语的“规则”“法则”“规律”的意思；而“droit”，还有今天汉语的“权利”“公平”“正义”等意。在孟德斯鸠发表《为〈论法的精神〉辩护与解释》一文的同年，英国学人纽金特（Thomas Nugent）直接将法文版《论法的精神》译成英文，书名为*The Spirit of Laws*[3]，译文中所有涉及“loi”的词，大致来说，也都使用英文“law”。三年之后，也即1753年，德国学人亦直接将法文版《论法的精神》译成德文，书名为*Des Herrn von Montesquieu Werk vom Geist der Gesetze*[4]，译文中所有涉及“loi”的词，同样大致来说使用了德文

---

[1] Charles de Secondat Montesquieu, *De l'Esprit des Loix*, A Genève：Chez Barillot, & fils, 1748.

[2] 参见张雁深：《孟德斯鸠论著举要》，孟德斯鸠《论法的精神》（上），第35页。另见 Anne Cohler, Basia Miller, and Harold Stone, “Principal events in Montesquieu's life”, in *The Spirit of the Law*, trans. Anne Cohler, Basia Miller and Harold Stone, Cambridge：Cambridge University Press, 1989, p. xxx.

[3] Charles de Secondat, Baron de Montesquieu, *The Spirit of Laws*, translated from *De l'esprit des loix*, trans. Thomas Nugent, London：Printed for J. Nourse and P. Vaillant, 1750.

[4] Frankfurt und Leipzig ：[s.n.], 1753.

“Gesetz”。众所周知，今天，英文“law”、德文“Gesetz”和法文“loi”，是意思十分相近的单字。一般来说，像“loi”一样，“law”及“Gesetz”两字在指“法律”的同时也指“规则”“法则”“规律”等含义。其实，在当时的语境中，“law”“Gesetz”及“loi”，是同样如此的。

（二）

就“law”而言，1798年，英国法律学者马利欧特（William Marriot）在自己撰写的《新法律字典》[1]中作出了这样的解释：

> LAW，也指Lex……就其最为一般的含义而言，意指活动规则，而且，无一例外地适用于所有种类的活动，无论有生命的或者无生命的，有理性的或者无理性的。因此，我们说到运动规律、引力定律、光学定律、机械定律，还有自然规律以及国家法律。此外，正是这一活动规则，其由某个地位较高者作出规定，要求地位较低者必须服从。[2]

在稍后的1829年，英国格兰律师会馆（Gray's Inn）教员威肖（James Whishaw），在自己编撰的《新法律字典》[3]中，对“law”作出了同样颇具“自然法则”含义的解释；并且同时说明，英文“law”，“在拉丁文中是Lex……尤指约束”[4]。在另外一个地方，威肖解释了被提到的“Lex”，指出其指“管理人类社会的法律”[5]。

我们再看人们熟知的《论法的精神》的第一段（中文译文）：

---

[1] William Marriot，*A New Law Dictionary*，London：Printed for W. and J. Stratford，1797-1798.

[2] Marriot，*A New Law Dictionary*，vol. Ⅲ，p. 24.

[3] James Whishaw，*A New Law Dictionary*，London：J. & W.T. Clarke，1829.

[4] Whishaw，*A New Law Dictionary*，p. 375.

[5] Whishaw，*A New Law Dictionary*，p. 384. 字典作者在字典中还解释了大量法语、拉丁语的法律用词。

从最广泛的意义来说，法是由事物的性质产生出来的必然关系。在这个意义上，一切存在物都有它们的法。上帝有他的法；物质世界有它的法；高于人类的“智灵们”有他们的法；兽类有它们的法；人类有他们的法。[1]

这一段的法文原文是这样的：

Les lois, dans la signification la plus étendue, sont les rapports nécessaires qui dérivent de la nature des choses: et dans ce sens tous les êtres ont leurs lois: la Divinité a ses lois; le monde matériel a ses lois; les intelligences supérieures à l'homme ont leurs lois; les bêtes ont leurs lois; l'homme a ses lois.[2]

可以看出，尽管西文比如拉丁文、法文、德文等，存在着既包含“法律”含义也包含“正义”“公平”“权利”等含义的“jus”“droit”“Recht”等字，然而，就像诸如与之相对的今日拉丁文“lex”、法文“loi”、德文“Gesetz”等具有“法律”“法则”“规律”等含义一样，在以《论法的精神》和英文一些字典的解释为例子的语言使用中，包括前述德文译本，“法”或“法律”的字词使用，和大致同时的中国17—18世纪的“法”“律”或“法律”的字词使用，在部分方面是类似的，同样部分地包含了中西相近的四层意思：第一，它们不指“公平”；第二，它们表达“约束”；第三，它们指示“常规”；第四，它们又指国家法律。就第四层意思来说，我们可以注意《论法的精神》中的另外一段描述：

社会是应该加以维持的；作为社会的生活者，人类在治者与被治者

[1] 摘自孟德斯鸠：《论法的精神》（上），第1页。

[2] Montesquieu, *De l'Esprit des Lois*, Paris: Garnier, 1949, p. 1.

的关系上是有法律的，这就是政治法。[1]

这段描述，显然是指今天通常意义的国家法律的问题，而且使用的法文，同样主要是“loi”[2]。1934 年，精通多国文字，并且对“法律”用词颇有研究的民国学者赵之远也曾指出，在中文中，“法”“律”“法律”等字，和法文“loi”的含义几乎是等同的。[3]

自然，针对西文而言，我们无须指出与汉语所说“定分止争”相关的“权利法定”这一问题。因为，在西文语境中，“法”或“法律”（主要是指国家法律），从来就不存在“没有规定法律权利”的意思。即使拉丁文“jus”、法文“droit”、德文“Recht”等直接指示或者包含了“一般权利（比如天赋权利）”的含义，诸如“lex”“loi”“Gesetz”等字——当然包括“law”——显然也并不指示着“国家法律没有包含规定法律权利”的含义。这里，正如人们通常理解的，一个不过仅仅是较为普适甚至较为超验的自然权利的问题，一个不过仅仅是较为“地方”并且较为“世俗”的国家规定的法律权利的问题。

（三）

因此，在我看来，这里特别值得注意的一个比较问题可能是这样的：在以西文语词作为背景的孟德斯鸠的字词使用之中，“法律”概念，有

---

[1] ［法］孟德斯鸠：《论法的精神》（上），第 5 页。

[2] 见 Montesquieu，*De l'Esprit des Lois*，Paris：Garnier，1949，p. 6. 当然，在使用“政治法”这一特殊用词时，孟德斯鸠使用的是“droit”。英译者科勒（Anne Cohler）在 1989 年的《论法的精神》英文版中曾经指出，为了保持孟德斯鸠原来用词的区别，也即“loi”和“droit”的区别，最好是将前者译为“law”，将后者译为“right”。故该英译本用“POLITICAL RIGHT”表达“政治法”。参见 Montesquieu，*The Spirit of the Laws*，trans. Anne Cohler，Basia Miller，and Harold Stone，Cambridge：Cambridge University Press，1989，p. 7，n. *n*.

[3] 见赵之远：《法律观念之演进及其诠释》（《社会科学丛刊》第 1 卷第 1 期，1934 年），载吴经熊、华懋生编：《法学文选》，第 273—274 页。

时尤为渗入了“国家法律 / 普遍法则”的双重含义。换言之，就作为“权利义务”都被置入其中的国家法律而言，其与对照相应的“普遍法则”的关系，是更为重要的。“普遍法则”，当然关涉“权利”的问题，特别是人们时常特别喜欢强调的自然权利的问题，但是，毫无疑问也在关涉“义务”的问题。

以此为基础，当“权利义务”的关系问题逐渐褪色，或者逐渐不成问题的时候，通过比较，我们可以发现，在《康熙字典》、“圣谕十六条”和《圣谕广训》中，“法”字、“律”字和“法律”连体两字，是在将“国家法律”和“普遍法则”（比如自然法则）两者对象相互抛离的意义上使用的；而且，“国家法律”和“普遍法则”，没有并且也不可能，具有内在的某种关联。这意味着，无论从渊源上，还是从结构上，“国家法律”是国家法律，“普遍法则”是万物法则，两者具有各自的“秩序”路向。相反，在《论法的精神》和上述英文词典中，“法”字或“法律”一词，是在将“国家法律”和“普遍法则”两者对象彼此结合的意义上使用的，并且，“国家法律”和“普遍法则”，具有内在的某种关联。这意味着，在渊源和结构两个层面上，“国家法律”，并不仅仅是“国家法律”，其和“普遍法则”或说万物法则有着依赖关系，两者似乎具有同一的“秩序”路向。这是一个新的关键。

那么，为什么会有这样的差别？

四、“康熙世界”的话语实践及其背景

在此，我们当然可以像法学历史通常所说的那样，将中国的这种情形，视为“没有自然法传统”的一个表征；将西方的情形，看作“拥有自然法传统”的一个结果。但是，如果我们进入具体微观的历史话语实践，我们也许可以获得另外的、颇具启发意义的思考路径。这一另外的思考路径，也许可以成为分析两者差异的特别重要的理解纠正。换言之，在具体历史话语实践中，实际的微观环境背景的考察，也许远比这种观

点——“没有或者拥有自然法传统”的观点——更为富有分析的意义，也许可使我们发现事物并不那么“中西二元对立”。深入来说，上述两种“法律”概念的不同使用，以及差别，也许是在“中西边界模糊”的多重繁复的具体政治对立中展开的。

我们先行考察“康熙世界”。

（一）

第一，从个人经历看，在位期间，康熙的一项重要政治活动是和西方传教士的往来，特别是与“步艾儒略后尘”的耶稣会士的往来。虽然，康熙曾经禁止过西方的宗教活动[1]，但是，从主要方面来看，康熙和耶稣会士保持了良好的关系。1668 年，也即“圣谕十六条”颁布的两年前，年仅 15 岁的康熙，处理了棘手的耶稣会士汤若望（Adam Schall von Bell）、南怀仁（Ferdinand Verbiest）和钦天监正杨光先等清朝官吏之间的一次重要争执。在争执中，汤若望和南怀仁，依据西方的几何数学原理，计算天象，校正了明代历法中的一些偏差；但是，杨光先及吴明煊等，却认为这种校正属于图谋不轨，于是将汤若望送入了牢狱。[2]1668 年，北京发生地震，震前南怀仁成功地预测了这次地震，相反，杨光先等却没有成功预测。之后，南怀仁抓住机会向康熙投诉杨、吴二人，指称对方陷害。[3]康熙认为，“历法精微，难以遽定，应差大臣同伊等测验”[4]，要求教士和杨、吴各自运用自己的测算方法，测量正午时间日晷表上所

[1] 见李天纲：《“中国礼仪之争”：历史、文献和意义》，上海：上海古籍出版社，1998 年，第 70—76 页。

[2] 较为详细的说明分析，见谢景芳：《杨光先与清初“历案”的再评价》，载《史学月刊》2002 年第 6 期，第 42—45 页。

[3] 参见［法］白晋：《康熙帝传——外国人笔下的清宫秘闻》，马绪祥译，珠海：珠海出版社，1995 年，第 26—27 页。

[4] 〔清〕官修：《清实录（第 4 册）· 圣祖实录（1）》（卷 27），北京：中华书局，1985 年，第 383 页。

显示的日影长度。结果，“南怀仁所言，逐款皆符，而吴明烜所言，逐款皆错”[1]。最终，康熙宣布汤若望一案为冤案，并且深信西方科学，“授西洋人南怀仁为钦天监监副”[2]，“对南怀仁神父十分敬重”[3]。

第二，需要注意的是，对于此时的康熙来说，与观念上的“西学优越”相伴随的，恰巧是身体政治上的“西学优越”。稍后一段时间，康熙曾经有一次染上疟疾，御医束手无策，在外传教的耶稣会士洪若翰（Jean de Fontaney）和刘应（Claude de Visdelou），献上金鸡纳霜（奎宁），治好了康熙疾病。[4]此事，加深了康熙对西学的正面理解。而在疾病问题上，当年也即1661年，正是时任钦天监正的汤若望建议，由于康熙已经患过天花，不会因天花疾病而影响身体从而影响国家治理，孝庄及顺治，才决定由康熙继承皇位。[5]对此，康熙应当是“知道”的，并且是“铭记”的。[6]

第三，更为重要的是，耶稣会士在早期传播西方知识的时候，颇注意顺应当时中国君王的“世界中心”的意识形态。一个重要例子，即是早在将世界地图引入中国明朝的时候，利玛窦便将中国位置“小

---

[1] 官修：《清实录（第4册）·圣祖实录（1）》（卷28），第387页。

[2] 见〔清〕蒋良骐：《东华录》，林树惠、傅贵九点校，北京：中华书局，1980年，第149页。

[3] 白晋：《康熙帝传——外国人笔下的清宫秘闻》，第36页。

[4] 《燕京开教略》载：“康熙偶患疟疾，洪若翰、刘应进金鸡纳，皇上以未达药性，派四大臣亲验，先令患疟疾者服之，皆愈。四大臣自服少许，亦觉无害，遂请皇上进用，不日疟瘳。”见樊国梁：《燕京开教略》（中篇），北京：救世堂铅印本，1904年，第37页，转引郝先中：《晚清中国对西洋医学的社会认同》，载《学术月刊》2005年第5期，第73页。另白晋在《康熙帝传》中，也提到了此事。见白晋：《康熙帝传——外国人笔下的清宫秘闻》，第36页。

[5] 见［德］魏特：《汤若望传》，杨丙辰译，北京：商务印书馆，1949年，第325—326页。

[6] 白晋曾经提到，1688年左右，康熙带皇太子观赏北京天文台的时候，不断追述南怀仁、汤若望等耶稣会士对其和“先皇”的帮助。见白晋：《康熙帝传——外国人笔下的清宫秘闻》，第47页。

心翼翼地”摆在世界地图的中央。此举，不仅得到明代皇帝的赞赏，而且使地图顺利地在明代朝廷官员中广为传播。[1]到了康熙时代，另外一个例子，则是受聘耶稣会士绘制了《皇舆全图》，于1718年完成，这时的耶稣会士同样“谨慎地”将通过北京的子午线定为零度经线，以示中心。而《皇舆全图》，当时是世界上最为精确、范围最广的世界地图。[2]在此，显而易见，通过西方传教士的策略操作，西方知识被巧妙地和中国权威意识形态相互结合，从而促使耶稣会士所推出的西方知识，易于被康熙这样的君王接受。[3]于是，我们也就可以发觉，中西知识之间在这方面呈现了并非偶然的对接，以及当时相关一类西方学术政治和当时一类中国思想政治之间，也在这一方面，形成了某种心领神会的“合谋”关系。

第四，可以注意，正是这一时期（在此主要是1670年之前），康熙阅读过包括艾儒略《职方外纪》（主要将其作为地理书籍阅读）在内的一些耶稣会士的书籍，并且，每日或者隔日（1697年以后），接受耶稣会士法兰西人白晋（Joachim Bouvet）、张诚（Jean-François Gerbillon）和葡萄牙人徐日昇（Thomas Pereira）等用满语讲解几何数学、代数学和三角数学。在康熙的观念中，西方天文历法之类的科学，包括政治法律制度的某些知识，并非是不可参考的，反之，它们需要翻译，而且需要清朝大臣对之了解，当然，所有西学，是不能传入民间的，即使像《皇舆全图》这样的渗入西学知识的世界地图，有时甚至也是不能在官吏中

[1] 参见顾长声：《传教士与近代中国》，上海：上海人民出版社，1991年，第2页。另见利玛窦、金尼阁：《利玛窦中国札记》，第5页。

[2] 关于这个问题极其复杂，参见葛剑雄：《序》，郝晓光等编著：《苹果里的五角星——〈系列世界地图〉诞生纪实》，北京：光明日报出版社，2003年，第1—2页。

[3] 白晋提到，康熙“对有名的耶稣会士利玛窦”的作品十分重视。见白晋：《康熙帝传——外国人笔下的清宫秘闻》，第37页。

传播的。[1] 就政治法律制度的某些知识看，后来，从1679年开始，张廷玉等着手撰写《明史》，其中专门提到了《职方外纪》，并且将其列入《明史·艺文志》[2]。1780年代，由纪晓岚等编辑的《四库全书》，也将《职方外纪》编入其中（当然主要将其视为地理书籍）。在文字使用异常敏感的这段清朝时期，编进包含西方政治法律制度部分介绍内容的《职方外纪》[3]，我们可以推断，实际上是继康熙之后将“西学”尽力予以表达的一个初步尝试。毕竟，在康熙的视野中，“尔西洋人，自利玛窦到中国，二百余年，并无贪淫邪乱，无非修道，平安无事，未犯中国法度”[4]。

（二）

在这样一个具体微观的环境之中，包含自己特定含义的“法律”两字连体一词，尤其是在《职方外纪》中所用的“法律”两字连体一词，其和中国已有的“法”字，以及“律”字，作为意思相近的语词指称，同为康熙等君王所使用，相互替代，便是一件不难理解的语言实践。

更为需要提到的是，《职方外纪》中所提到的法律，是“皆从前格物穷理之王所立”的，其意是指法律和“圣明君主制定”的依存关系。这样一种意思表达，经过康熙等长期以来的众所周知的“圣明君王”的自我认同，也就容易发生某些内涵传达上的另外转换。这里的意思是说，在明代的明显是指“西方法律制定依赖格物穷理之王”的西方意识，在清代官方的三个相互联系并且可以相互替代的法律字词使用中，得到了要比明代较为“西化”的演变，也即三个字词和“格物穷理之王”，在

---

[1] 关于这些内容，参见白晋：《康熙帝传——外国人笔下的清宫秘闻》，第26—35页。

[2] 见张廷玉等：《明史》（卷97，志第73，《艺文志2》），第2419页。

[3] 有关内容，详见艾儒略：《职方外纪（校释）》，第71—73页。

[4] 陈垣：《从教外典籍见明末清初之天主教》（8卷2期），北京：国立北平图书馆刊，1934年，第23页，转引谢景芳：《杨光先与清初“历案”的再评价》，第47页。

中国可以具有进一步的相互勾连。在此，我的分析并非是说，此前的中国官方字词使用，是完全缺乏这种勾连的。在明代，官方当然也会认为自己的法律是理所当然的“格物穷理之王”所制定的。但是，在康熙等和西方耶稣会士的具体交往实践这一背景中，康熙等自己的君王“圣明”的自我认同，会和西方的“格物穷理之王制定”的话语意识彼此对接，形成一种微观的“世界意义”“世界视域”（在康熙等眼中），从而，会使康熙等要比以往君王更为相信法律经由自己这样的“圣明”君王制定才可称为真正的法律。自然，《职方外纪》中的“从前”（即“久远历史之前”）一词的意思，也许并未因此进入同样的另外转换。

此外，相关的是，康熙等对税赋的看法十分不同于明末时期的明朝政府。在康熙等清代君王的观念中，税赋和治国形象有着辩证关系。国库富足，固然依赖税赋增加，需要时时“征比催科”，然而，与长治久安的政治需求相关联的民无怨言，同样是需要考虑的。基于这种意识，康熙政府采用了“薄赋轻税”的策略。例如，从 1662 年开始，至 1707 年，在保证基本赋税的前提下，康熙政府已经累计免去全国各地钱粮几乎一亿余两；1712 年，就纳税额的标准，康熙更是提出，“康熙五十年以后，滋生人口，永不加赋”[1]，也即以上年丁额作为当年纳税标准，“皇粮国税”永不增加。而且，根据历史记载，自 1712 年开始，三年之内，康熙政府“总蠲免天下地亩人丁新征、旧欠，共银三千二百六万四千六百九十七两有奇”[2]。虽然，康熙年间的薄赋轻税有着其他种种原因，但是，其和明末“征比催科”毕竟形成了明显的对照。在这一背景中，联系康熙与西人的“具体合作”实践，可以想见，当康熙阅读耶稣会士写作的《职方外纪》，发现其中用文字写下的西方“无征比催科之法”（见本章开始部分注文），相反，明末征比催科四处皆是，

[1] 〔清〕曹仁虎、蔡廷衡等纂修：《清朝文献通考》（卷 19，《户口 1》），杭州：浙江古籍出版社（影印本），1988 年，考 5023。

[2] 〔清〕官修：《清实录（第 6 册）· 圣祖实录（3）》（卷 251），北京：中华书局，1985 年，第 488 页。

而后又读西方“所凭法律条例，皆从前格物穷理之王所立”的言语叙述，在这种情况下，康熙在其自己的语词话语中产生明清赋税对比，明确提出“完钱粮以省催科”（见前“圣谕十六条”），贬明褒清，进而唤起“圣谕十六条”的“法律”一词使用的意识形态，应该不是一件无法顺理成章的事情。

（三）

当然，这一时期“法律”字词本身的其他日常使用，尤其是经过明代甚至更早时期的相关字词的日常使用，也会在康熙的语词使用的意识形态中发挥作用。

五、“孟德斯鸠世界”的话语实践及其背景

现在，我们可以转向大致同时代的法国路易十四（Louis XⅣ）时期，也即孟德斯鸠进行过自己法律思考并且使用“法律就是事物必然关系”的话语修辞的时期。

（一）

1693 年，耶稣会士白晋，带着康熙赠给路易十四的大量中国书籍，回到了法兰西。康熙赠送中国书籍的目的之一，在于增进中国和法兰西的某些交流。其实，白晋等法兰西教士来到中国，本身就是路易十四于 1685 年的直接派遣的结果。[1] 这一交往，已在侧面说明，同为君王的康熙与路易十四，当然是“政治相互理解”的。曾经参加《皇舆全图》绘制并且协助洪若翰、刘应两人向康熙献上金鸡纳霜、治愈康熙疟疾的白晋，回到法兰西之后，于 1697 年，出版了法文版的《康熙帝传》[2]。其中，

[1] 见马绪祥：《说明》，白晋：《康熙帝传——外国人笔下的清宫秘闻》，第 1 页。

[2] Joachim Bouvet，*Portrait histoique de l'empereur de la Chine*，Paris，1697.

对康熙颇多赞誉之词，而且，强调康熙和路易十四具有很多相似之处。比如，他说，尊敬的“殿下”（指路易十四），康熙皇帝“荣幸地有许多地方与您相似，具有几乎凌驾于一切不信教的君王之上的优点，就像您凌驾于一切基督教君王之上一样”[1]。

即使不从白晋的视角去看，我们依然可以认为，康熙和路易十四的确存在着某些相似。康熙在位 61 年，路易十四在位 72 年，基本来说，两者都是属于长期统治君王。同时，1647 年至 1656 年，路易十四曾经免除当时法兰西一般民众的全部欠税，“特别免除了三百万人头税。每年免除的苛捐杂税价值达五十万埃居”[2]。这与康熙的“薄赋轻税”，几乎是“异曲同工”。就法律方面看，路易十四曾经开展过一系列的法律改革，时常亲自参加相关会议。1667 年，法兰西“首先颁布了民法，其次是水利森林法。然后几乎逐年颁布了各项制造工业的章程、刑事法、商法和海运法”[3]。1685 年，路易十四甚至颁布了一部《黑人法典》（Code noir），明文禁止贩卖奴隶，禁止拆散夫妻和禁止强行使父母同幼年的子女分离。[4] 其时，重要文人伏尔泰（Voltaire，François Marie Arouet de）还有这样的描述：

……路易十四熟读主要的法律条文。他深明法意，知道什么时候应该坚决执行，什么时候应该适当减缓。他经常审理臣民的诉讼事件。不仅国务秘书厅受理的案件，而且所谓国务顾问法庭受理的案件，他也过问。他曾经两次作出众所周知的决定，判决自己理屈败诉。[5]

---

[1] 白晋：《康熙帝传——外国人笔下的清宫秘闻》，第 3 页。在这部传记中，对康熙的赞誉之词随处可见。

[2] ［法］伏尔泰：《路易十四时代》，吴模信、沈怀洁、梁守锵译，吴模信校，商务印书馆，1982 年，第 420 页。

[3] 伏尔泰：《路易十四时代》，第 428 页。

[4] 伏尔泰：《路易十四时代》，第 428 页，中文译者注。

[5] 伏尔泰：《路易十四时代》，第 428 页。

与此对应，康熙同样是对法律颇为重视，特别强调各级官员应熟读律令，并亲自过问重大案件的审判。

（二）

但是，对于孟德斯鸠来说，无论是耶稣会士描述的康熙与路易十四的相似，还是伏尔泰所说的路易十四的“公正司法”，或者实际存在的路易十四以及康熙对法律制度的注重，事实上，并不具有值得需要竭力推崇的时代意义。相反，东方的中国，与西方的法兰西，都是专制的具体象征。它们的法律制度，都存在着极大问题。针对中国，孟德斯鸠说：

> 中国是一个专制的国家，它的原则是恐怖。在最初的那些朝代，疆域没有这么辽阔，政府的专制的精神也许稍为差些；但是今天的情况却正相反。[1]
>
> 中国的法律规定，任何人对皇帝不敬就要处以死刑。因为法律没有明确规定什么叫不敬，所以任何事情都可拿来作借口去剥夺任何人的生命，去灭绝任何家族。[2]
>
> 父亲获罪要连坐儿女妻子，这是出自专制狂暴的一项法条。[3]

针对法兰西，孟德斯鸠曾经这样说：废除贵族的君主政制是种专制，“几个世纪以来，欧洲某一个大国的法院，不断地在攻击贵族关于财产的管辖权，并攻击教会”[4]；而且，“在专制的国家，君主可以亲自审理案

[1] 孟德斯鸠：《论法的精神》（上），第 129 页。

[2] 孟德斯鸠：《论法的精神》（上），第 194 页。

[3] 孟德斯鸠：《论法的精神》（上），第 211 页。

[4] 孟德斯鸠：《论法的精神》（上），第 16 页。

件……信任、荣誉、友爱、安全和君主政体，全都不复存在了”[1]。然后，他还概括地针对中国提到：

我相信，想要对中国皇帝有所认识的人，必须首先摆脱偏见，摆脱通常对中国政制的仰慕，这种仰慕使我们产生了错误观念，以为中国是世界上最伟大的帝国。[2]

那么，什么因素在影响着孟德斯鸠将路易十四法国和康熙中国联系起来的大致负面的制度判断、法律思考？

（三）

孟德斯鸠出身贵族。1708 年至 1713 年，其“被送到波尔多大学研究法律，三年之后，取得法律职业资格，再后就是来到巴黎，在巴黎法院继续研究法律”[3]。又过几年，孟氏还曾担任法国波尔多地方法院的“庭长”[4]（在撰写《论法的精神》之前）。同时，他曾经是位富有的庄园主，继承伯父大笔遗产，做过国际红酒生意。[5]在撰写《论法的精神》之前的 20 多年里，孟德斯鸠参加过一些学术沙龙，对学术表现出了极大的兴趣，因而后期基本上对财富和生意没有再去付出

---

[1] 孟德斯鸠：《论法的精神》（上），第 79 页。这里，孟德斯鸠没有明确提到路易十四，但是，在后面，他提到了路易十三就曾亲自审判案件，强迫最高法院法官接受自己的意见，以此至少暗指路易十四。见孟德斯鸠：《论法的精神》（上），第 79—80 页。

[2] 孟德斯鸠的这句引言，参见许明龙：《黄嘉略与孟德斯鸠——中法文化交流史上的一段佳话》，载《法国研究》2002 年第 2 期，第 79 页。

[3] Cohler，“Introduction”，in Montesquieu，*The Spirit of the Laws*，p. xiv.

[4] 一些文献认为是“院长”。关于为什么称为“庭长”，而非“院长”，许明龙有较好的说明。见许明龙：《孟德斯鸠与中国》，北京：国际文化出版公司，1989 年，第 6—7 页。

[5] Cohler，“Introduction”，p. xv.

精力，甚至没过多久，便卖掉了在法院的官爵。[1]

然而，必须注意的是，第一，在法律业务上，在路易十四“朕即国家”“所有最终权力集于国王一身”这一耀眼专制意识形态，以及伏尔泰讲述的“路易十四亲自审理案件”这一状况下，孟德斯鸠所在的波尔多法院，有如科勒（Anne Cohler）所指出的，“是默默无语的，基本工作就是日常司法活动和法院管理活动……没有权利判断新定法律的合法性，而且，与大革命前夕的法兰西法院不同，其不能以任何方式代表国家提出主张”[2]。这一经历，对孟德斯鸠言，留下的是针对路易十四时代——包括路易十五（Louis XV）时代——的负面印象。

第二，孟氏参加的一些言论颇为自由的学术沙龙，遭到过政府的镇压。[3] 这也使其对当时的法兰西政府产生了深度的怀疑。

第三，另外一个众所周知的个人实践就是，孟德斯鸠曾经游历欧洲许多国家。其中，在英吉利的游历，是颇为重要的。这一游历，使其深感法兰西路易十四时代以及延续下来的路易十五时代的政府权力的专制，毫无疑问地存在许多弊端，使其感到——当然具有想象的成分（像许多学者知道的那样）——英吉利那里出现的某些政府权力配置，明显优于其所观察的法兰西。恰恰是“在英格兰，他发现了在法兰西究竟什么是不可想象的”[4]。他说，在英格兰的基本政制中，“立法机关由两部分组成，它们通过相互的反对权彼此钳制，二者全都受行政权的约束，行政权又受立法权的约束”，英国人的“自由已由他们的法律确立起来”[5]。

第四，与上述三点相互联系的是，路易十四时代的法兰西的一个重要文化背景，就是“中国学热”。时为国王的路易十四，还曾穿着中国

---

[1] Cohler，“Introduction”，pp. xvi-xviii.

[2] Cohler，“Introduction”，p. xiv.

[3] Cohler，“Introduction”，p. xvii.

[4] Cohler，“Introduction”，p. xix.

[5] 孟德斯鸠：《论法的精神》（上），第 163—165 页。

服饰，并且乘坐中国抬骄，对中国文化习俗推崇备至。[1]1670年，也即康熙颁布“圣谕十六条”的这一年，路易十四，曾经下令模仿中国南京大保安寺的一座瓷塔，在凡尔赛修建特里亚农宫[2]。可是，路易十四的“中国想象”，以及对康熙中国的敬仰向往，主要来自与路易十四本人政治关系十分密切的耶稣会士的“信息输入”。这里的耶稣会士，如前所述，和康熙政府是颇为友好的，其间已经存在相互支持的微观政治结构[3]，以及宏观政治结构。就宏观政治结构来说，伏尔泰就提过，1640年代—1650年代，也即康熙尚未继位之际，当西方教士争论中国礼仪是是非非的时候，耶稣会士，就已明显地站在了维护中国礼仪的立场。[4]但是，在中国状况的“信息输入”中，不仅存在耶稣会士的鼓吹赞扬，比如，前面提到的“登峰造极”的《康熙帝传》，而且存在其他西方教会教士的中性描述，以及贬抑传说，比如，杜赫德（Jean-Baptiste du Halde）1735年撰写的《中华帝国志》[5]，以及李明（Louis-Daniel Le Comte）1696年撰写的《中国近况新志》[6]。于是，加上诸如伏尔泰这样的重要文人的推波助澜[7]，两种倾向明显地并肩展示，出现了所谓较为强势的“颂

[1] 参见马胜利：《“欧洲的中国”，“亚洲的法国”？》，载《世界知识》2004年第5期，第63页。

[2] 许明龙：《孟德斯鸠与中国》，第43页。

[3] 就微观政治结构而言，我们可以注意白晋曾经说过，康熙对耶稣会士是“盛情接待”的，同时，对路易十四来讲，了解康熙又“和您（指路易十四）的利益是完全一致的”。见白晋：《康熙帝传——外国人笔下的清宫秘闻》，第4页。

[4] 见伏尔泰：《路易十四时代》，第596—599页。

[5] Jean-Baptiste du Halde, *Description géographique*, *historique*, *chronologique*, *politique et physique de l'Empire de la China et la Tartarie Chinoise*, Paris: P.G. Lemercier, 1735.

[6] Louis-Daniel Le Comte, *Nouveaux mémoire sur l'état présent de la China*, Paris: Chez Jean Anisson, 1696.

[7] 伏尔泰说，就中国言，“由于它是世界上最古老的民族，它在伦理道德和治国理政方面，堪称首屈一指”。见伏尔泰：《路易十四时代》，第594页。

华舆论”（sinophilies），和较为弱势的“贬华舆论”（sinophobies）。[1]孟德斯鸠，似乎对颂华的言论不以为然。[2]毕竟，就连耶稣会士傅圣泽（Jean-François Foucquet），都曾对孟氏指出：“自己耶稣会士同事”对中国的描述，并不那么真实[3]。在对中国情形将信将疑的时候，经由弗莱雷（Nicolas Fréret）教士，孟德斯鸠认识了其时已经来到巴黎的、看来十分重要的中国人——黄嘉略。孟德斯鸠相信，在对立的两种评价中国的言论中，只有经过与中国人直接交流这样一种方式，才能把握较为准确的“中国信息”。于是，1713年10月至12月，他和黄嘉略在后者的巴黎寓所中进行了多次面谈，广泛地谈论了中国的宗教、刑法、服饰、墓葬，以及家产观念、文学、科举、妇女地位和国家性质。而黄嘉略传达给孟德斯鸠的中国信息，总体上是负面的。[4]

（四）

为了深入理解前述“第四”，我们需要了解这位黄嘉略。

首先，在黄方面，值得注意的是，其从少年起便受到前来中国的法国外方传教会（Mission étrangère de Paris）教士卜于善（Philibert

[1] 白晋就曾说过，就《康熙帝传》而言，“尽管吹毛求疵者可能指摘本回忆录有可疑之处，但是，它所包含的不容争辩的事实完全能使我们在本国和中国抵制住这些流言蜚语”。见白晋：《序》，《康熙帝传——外国人笔下的清官秘闻》，第2页。这可以从侧面表明当时的关于中国的争论。关于这一时期法国“争论中国”的情况，可以参见许明龙：《欧洲18世纪中国热》，太原：山西教育出版社，1999年，第203—267页。

[2] 他曾说过，在传教士的著作里，“我们可以看到教士们如何利用康熙的权力去塞住官吏们的嘴巴”。见孟德斯鸠：《论法的精神》（上），第128页，脚注1。孟德斯鸠另外提到，“我们的传教士告诉我们，那个幅员辽阔的中华帝国的政体是可称赞的”，可是，如果真是这样，那么“我所建立的三种政体的原则的区别便毫无意义了”。见孟德斯鸠：《论法的精神》（上），第127页。

[3] 参见许明龙：《黄嘉略与孟德斯鸠——中法文化交流史上的一段佳话》，第78页。

[4] 关于孟德斯鸠和黄嘉略的交往情况，参见许明龙：《黄嘉略与孟德斯鸠——中法文化交流史上的一段佳话》，第69—75页。

Leblanc），以及梁宏仁（Artus de Lionne）的教育。在引人注目的康熙年间（大致 1693 年开始）中国境内的“礼仪之争”中，外方传教会教士与耶稣会士，恰巧又是对立的两派教士。[1] 外方传教会教士，是康熙的主要驱逐对象。就黄嘉略来到法国来说，其原因也是外方传教会教士梁宏仁前往罗马汇报“礼仪之争”的后续结果。[2] 显然，黄嘉略深受外方传教会教士的影响。并且，我们可以认为，其站在这一教会的立场表达看法，是自然而然的。

其次，尽管受聘路易十四的随身汉文翻译，但是，黄嘉略似乎没有在路易十四那里得到较高的生活待遇。黄嘉略得到的年金津贴，是十分有限的。关于这点，弗莱雷就曾说道，黄嘉略“身处异国他乡，生活拮据且无生财之道，只有一笔不定的津贴维持生计”[3]。这意味着，黄嘉略的生活并不如意。

从这两点可以看出，孟德斯鸠在黄嘉略处得到基本上负面的中国信息，是意料之中的事情。

（五）

可以觉察，正是在这些相互联系的背景中，或者可以这样来说，当孟德斯鸠知道路易十四通过耶稣会士和中国政府有着较为密切的联系，知道路易十四政府颇为欣赏康熙政府，并且知道——肯定知道——耶稣会士和外方传教会的相互斗争，在这种条件下，孟德斯鸠通过对路易十四政府的专制判断，转而相信黄嘉略的“第一手”的“中国描述”，

---

[1] 关于这次礼仪之争，见李天纲：《“中国礼仪之争”：历史、文献和意义》，第 15—88 页。

[2] 许明龙：《孟德斯鸠与中国》，第 56—57 页。

[3] 见 Jonathan Spence，*Chinese Roundabout：Essays in History and Culture*，New York：W.W. Norton & Company，1992，pp. 17-18，转引岳峰、林本椿：《黄加略——曾获法国皇家文库中文翻译家称号的近代中国译坛先驱》，载《中国翻译》2004 年第 1 期，第 45 页。

也就是自然而然的。

概括来说，在形成对路易十四政府以及康熙政府在法律制度方面的“专制”印象的过程中，对孟德斯鸠而言，并非没有微观——包括宏观——的社会实践背景。实际上，孟德斯鸠似乎希望得到“客观真实”的中国信息，然而，他的法律实践经历，也即所在法院无甚权力，其所处的微观学术环境，也即知识沙龙的学术自由的被迫受制，以及其不可能不知道耶稣会士和外方传教会的矛盾，另外，直视路易十四的专制，所有这些，最终使其对当时法兰西和中国的制度判断无法实现所谓的“客观真实”，而他自己，未必就不知道，是在他者政治立场和自己政治立场的交叉对撞中作出判断的。

六、深入比较和三点推论

在此，将康熙时代的中国“法律”概念使用，和大致相同时期的法兰西路易十四包括路易十五时代的孟德斯鸠的同一概念使用，加以比较，特别是经由各自的具体历史环境中的话语实践活动去加以剥离，我们可以完全理解，前者的概念使用，之所以和后者存在着重要的“秩序意向”的分别——也即前者意味着将“国家法律”和“普遍法则”分离开来，后者意味着将“国家法律”和“普遍法则”整合起来，正是因为，在上述相互牵连的复杂历史背景中，孟德斯鸠希望，在使用“法律”概念中，将一般秩序的观念予以泛化，弱化“国家法律”，运用普泛的“自然法”甚至“上帝法”，以及“它们是在国家法律之上”的话语策略，去对抗诸如其时法兰西政府以及康熙政府的“法律”专制话语；与此相反，康熙政府则是希望，在使用“法律”概念中，将一般秩序的观念予以集中吸食，强化“国家法律”，运用世俗的“唯有国家法律有效”的话语去统一法律观念。或者这样来说，孟德斯鸠希望，凭借民间学术性质的话语包装，去鼓吹一种理想的、在制度上具有很强包容性的法律概念意识形态；反之，康熙政府希望，凭借国家政府性质的凸显，去传播一种现实的、在制度上具有排他性的法律概念意识形态。

在这一比较考察的基础上，我们可以适度地推论另外三点。

（一）

第一，颇为有趣的是，在此，正如我们在艾儒略、杨廷筠、利玛窦等人的法律意思描述实践中看到的[1]，我们的确难以发现中西整体观念上的对立相向；我们恰恰看到的是，中西混杂中的、在一定意义上具有全球普泛提示意义的“具体政治环境的制约形态”。

康熙政府，虽然是“中国”的，但是，和“西方”的法兰西路易十四政府，却能呈现极为相似的政治结构，同为专制，同为“明君”，在法律制度上还能表现共同的“朕即国家”式的“朕即法律”观念；而且，基于此点，两者可以“写出”中西友好往来的历史政治故事。同时，在这个基础上，它们可以拥有极为类似的“法律”概念意识形态。与此相对，孟德斯鸠虽然是“西方”的，但是，却和“中国”的黄嘉略能够“推心置腹”，共同“想象”并且“建构”中国的东方存在，共同贬抑当时的中国以及法兰西的政治法律文化，共同对“西方”的耶稣会士不以为然。在这个基础上，孟德斯鸠，可以拥有黄嘉略也会赞同的“自然法”观念。正是在此，“中西整体如何二元对立”，显然让位给了“国家权力期待和民间权力期待之间的彼此对立”；并且，让位给了细节化的“一般知识权力如何对立斗争”。换句话说，对于我们，就“法律”概念话语而言，在这一应予注意的中西间接交往中，中国现当代法学话语通常所言说的，近现代的“西方如何进入中国 / 中国如何进入西方”，是无法看见的，同样，“中国如何回应西方 / 西方如何回应中国”，也是无法看见的，哪怕是简单的“中西各自不同”，也是无法看见的；然而，这一应予注意的中西间接交往，无论在范围上还是时间上，本身又是特别重要的。

于是，这一时期的“法律”概念话语实践，尽管和西学 / 中学的交

[1] 详见前面一章。

流有着勾连关系，然而，更和微观的权力矩阵有着因果关系；而且，其中的相互想象，同样是在微观权力话语斗争中建构的。正是基于这点，在近代初期中西法律概念理论上，我们似乎可以推进在艾儒略和杨廷筠的具体话语实践中所发现的、另类理解中西“法律”概念微观演化的认识洞悉——中西融合视野中的或者世界流动交往中的具体思想演化。

（二）

第二，更为需要注意的是，在此，我们难以发现“法律专业”与“法律外行”的对立差异。相反，我们恰恰看到的是，“法律专业”中的主体，如何可以像今天某些其他专业的文化人士——比如宗教学者——那样，“外行”地使用“法律”概念，以及，“法律外行”，如何可以像今天法律职业阶层那样，“专业”地使用“法律”概念。

孟德斯鸠是大学法律专业毕业的，长期研究法律，并且曾在法兰西的地方法院工作，兼任法院庭长，颇为熟悉法律业务。但是，在近代的微观特殊社会政治实践中，其却可以将较为法律专业的“loi”，用于阿奎那宗教式的“上帝法”，用于达尔文生物式的“自然法则”[1]，并且，可以认为它们和“国家法律”有着紧密的内在联系。与此类似，稍后的《新英语法律词典》的编撰者，同样，可以在法律专业背景中，大致相同地使用“law”。相反，康熙政府的成员，不论作为发布谕旨的君王，还是作为字典撰写的大臣，没有接受也不可能接受过正式的法律训练（当然是西方近现代意义的法律训练），然而，其却可以在较为专业——今天所说的法律专业——的意义上，使用“法”字，以及“法律”一词，其却可以用其指示法律的“约束性质”，将“法律”概念集中指向法律专业熟知的“国家法律”，不论其他，比如“上帝法”，或者“自然法则”；而且，这种“国家法律”包含了同样是今天意义上的法律专业熟知的“权

[1] 我们都知道，孟德斯鸠通过“不受约束的权力必然滥用”的原理，来暗示人类的社会达尔文主义的“本性”。

利义务共存”的内容。

正是在此，针对近代中西法律概念理论，我们可以发觉，对于“法律”概念的使用具有决定意义的不是法律职业、法律训练的专业背景，相反，是其外的另类微观社会意识形态，或者微观社会政治实践。换言之，在这一特殊的时期，决定“法律”概念使用的，并非是相关专业职业的知识背景，而是特定的微观话语实践。如果联系上面一节“第一”谈到的意思，那么，我们需要看到，在此，同样不见“中西对立”“东方 / 西方对立”的踪影，而是具体社会政治环境的微观话语复杂作用。

当然，另外一点是值得注意的，这一时期的西方法律实践，特别是法兰西和英吉利的法律实践，其本身就显露了一定的法律职业与君王权力的紧张关系。尽管，临近 1789 年法兰西大革命爆发的法兰西法院，是十分专制的，但是，这不意味着此前的法兰西法院，具有可以抗衡国王权力的实力，或者和国王权力是彼此制约的。相反，此前的法兰西法院，正如上面提到的孟德斯鸠所在的波尔多法院，是“默默无闻”的，不能质疑表达国王权力的“国家法律”；法院，显然是在国王权力的严厉控制之下。于是，正如其时英吉利法院——包括法学人物——时常运用“自然法”“正义法”的观念去抵御王权“国家法律”一样[1]，法兰西法律职业阶层，在将“国家法律”和“自然法”“上帝法”融贯起来的意义上，去使用“法律”概念，是一种正常的政治实践反应。

从这一角度来说，这一时期的中西“法律”概念使用的具体实践透露了一个有趣的信息：话语中的狭义“法律”概念意识——也即“国家法律”概念意识——恰恰是和自上而下的国家专制行动密切联系的，其和本应具有联系的法律职业及法律专业的活动恰巧失去了联络，至少是部分地失去。

[1] 关于这个问题，可以参见［美］卡尔文 · 伍达德：《威廉 · 布莱克斯通爵士与英美法理学》，载［美］肯尼斯 · W. 汤普森编：《宪法的政治理论》，张志铭译，北京：三联书店，1997 年，第 90—94 页。

因此，现代乃至当代的狭义或说标准的“法律”概念活动，与人们通常可能设想的正好相反，其更多的是在近代初期西方民族国家以及中华帝国的政治统一意识形态中生发的，至少，在某些关键方面，不是在法律职业近代化的运动中孕育的。[1]这一概念活动得以持续活跃，恰恰是民族国家强而有力的政治欲望扩张的一个结果，不是，至少主要不是，贯穿近代法律职业崛起而呈现的专业意识的一个主动表达。

如果联系我在前面一章所分析的有关艾儒略、杨廷筠、利玛窦等人的“相互‘压抑’的想象如何恰恰促使‘法律’概念使用中立化、恰恰促使法律概念隐含的法律职业中立化”的问题[2]，那么，可以发觉，对立而且错位的国家政府的“法律”概念使用，和法律职业的“法律”概念使用，更为从侧面促使狭义或说标准的今天意义的“法律”概念本身，得以进一步地中立化，更为突出了这样一点：政治实践中显露的各类权力的表现形式，要比法律概念隐含的法律职业本身来得较为重要。在这一错综复杂的时期，针对具体微观法律话语实践，话语实践的参与者更为关心的问题，是通过狭义或说标准的“法律”概念活动而展现的国家专制权力和法律职业权力之间的相互较量，而非这一狭义标准概念的本身内涵。毕竟，大家都在认可这一概念本身的“日常含义”。狭义、标准、今天意义的“法律”概念，更为可能作为一个中性语词工具而被看待，于是，进一步地顺利在近代乃至现代的日常语言使用中繁衍扩展。

（三）

第三，还需提到的是，英国法律学者奥斯丁曾经针对《论法的精神》

---

[1] 这一结论，并不排斥某些法律职业近代化中的法律职业人士，具有类似的“法律”概念活动。这些法律职业人士，可以经过政治上的合作，与民族国家的中心政治分享类似的“法律”概念话语。但是，在较为宏观的意义上，和孟德斯鸠的“自然法”式的法律概念相互对立的，可以为人所明显觉察的并且无法忽视的，则是这里描述的民族国家的政治代表主体。再见下文。

[2] 详见前面一章结论性的分析。

第一段文字指出：

在此，各种不同的众多对象，尽管具有共同的称谓——“法律”，但是，它们却被混淆起来，未加区别……孟德斯鸠告诉我们，法律是来自事物性质的必然关系。然而，我迫切地希望知道，“关系”是指什么？我也迫切地希望知道，“事物的性质”是指什么？而且，“来自事物性质的必然关系”，是怎样不同于“来自其他渊源的关系”？这一定义所使用的若干术语，要比定义本身佯装说明的术语，更为模糊不清。[1]

如果我们稍加注意，也能发现前面提到的当时《新英语法律词典》，是颇受英国法律学者布莱克斯通（Sir William Blackstone）的理论影响的。1746 年，也即《论法的精神》出版的前两年，23 岁的布莱克斯通，在大学学习民法之后，开始律师职业，并且，在牛津的一个法院从事与法官业务相关的工作。此后，直到 1766 年，他都从事大学法律教育。沃尔克（David Walker）提到，布莱克斯通在大学的“法律讲座，使其声名远扬，而且使其律师业务突飞猛进”[2]。从《论法的精神》首次译成英文的 1750 年开始，布莱克斯通，同样撰写了影响广泛的法律著述，包括《英国法讲义》[3]，1765 年至 1769 年发表了四卷本的《英国法释义》[4]。然而，像孟德斯鸠一样，布莱克斯通认为“国家法律”和“自然法”“上帝法”等是紧密联系的，而且，国家法律如果违反后面两者，那么，其

[1] Austin，*Lectures on Jurisprudence or the Philosophy of Positive Law*，vol. I，p. 211.

[2] David Walker，*The Oxford Companion to Law*，Oxford：Clarendon Press，1980，p. 136.

[3] William Blackstone，*Lectures on the laws of England*，ca. 1753-1766.

[4] William Blackstone，*Commentaries on the Laws of England*，Oxford：Printed at the Clarendon Press，1765-1769.

合法性是非常值得怀疑的。[1] 这时，布莱克斯通，以及孟德斯鸠，在英语世界的影响是“里应外合”的。奥斯丁对此是非常警觉的。在批评孟德斯鸠之后，其紧跟着对布莱克斯通提出了同样的批评：

> 如果你读到布莱克斯通的讨论法的一般性质的专题论文……那么，你就可以发现，它们同样将命令意义上的以及准确意义上的法律，和仅仅属于浮光掠影的因“法律”一词滥用而出现的法律，相互混淆。[2]

但是，就在那个近代的西文世界，警觉的奥斯丁所忽略的问题，恰恰是“法律”概念是在怎样的具体背景中使用的，恰恰是另类社会意识形态，或者社会政治实践，是怎样对“法律”概念使用产生影响的。问题的微妙之处，并不在于，至少主要方面并不在于，“法律”概念本身究竟具有怎样的准确含义，像奥斯丁所幻想的，像法律理论中语词本质主义长期所追求的；相反，微妙之处在于，至少重要方面在于，其被使用时的微观政治实践环境。依照奥斯丁的理解，康熙政府的语词实践，才是标准的，然而，在近代这个重要的时期，为什么职业专业的“法律出身”并没有决定“法律”语词的标准使用？依照奥斯丁的思路，这是难以解答的。

七、法律意义的地理学科话语

除了上述三点之外，我们需要注意另外一个更为富有启发性的问题：法律意义的地理学科话语。

---

[1] 参见 William Blackstone，*Commentaries on the Laws of England*，Chicago：The University of Chicago Press，1979，p. 41.

[2] Austin，*Lectures on Jurisprudence or the Philosophy of Positive Law*，vol. Ⅰ，p. 212.

（一）

1920年代，德国学者阿尔夫雷德·赫特纳（Alfred Hettner）指出，有两部著作对19世纪的地理学产生了重大影响，其一就是《论法的精神》，另一个是德国学者赫德尔（Johann G. Herder）的《人类历史哲学观念》。[1]而本章前面不断提到的《职方外纪》，同样首先是地理学性质的一部著述。前面提到的《明史·艺文志》地理类书目中，列入欧洲人专著的仅见两种，一是艾儒略《职方外纪》五卷，二是庞迪我（Didace de Pantoja）《海外舆图说》二卷。《职方外纪》，大致介绍了西方的地形气候、风土人情、风俗习惯、政治制度、法律运作。此外，《职方外纪》的作者，还向西方讲述过中国的类似故事，尽管，其中的某些内容，可能仅仅属于今日标准地理学研究的辅助对象。《论法的精神》，则分析了西方的这些内容，当然也分析了中国还有世界其他地方的同类内容，进行比较解释。此外，《论法的精神》特别强调了地理因素和法律的相互依赖关系，将人口、气候、纬度、经度、地貌、物产等具体环境因素和法律制度勾连起来[2]，而且1749年，在一个修订版本中，孟德斯鸠将一幅主要表现——但不限于——欧洲的地图附在书的开始部分[3]，这意味着，地理学科话语是《论法的精神》中的一个重要学术路径。同样，如前所述，康熙本人也是非常关心地理问题的，关心地图的绘制问题。其后的雍正、乾隆，大体上也是如此。

（二）

这里包含着这样一个暗示：以地理学科的知识坐标来看，世界的各

---

[1] 见［德］阿尔夫雷德·赫特纳：《地理学——它的历史、性质与方法》，王兰生译、张翼翼校，北京：商务印书馆，1983年，第85页。赫德尔著作原文信息：Johann G. Herder，*Ideen zur Philosophie der Geschichte der Menschheit*，Riga und Leipzig：Bey，1784-1791.

[2] 见孟德斯鸠：《论法的精神》（上），第7页。

[3] 见 Montesquieu，*De l'Esprit des Loix*. Leyde：Les Libraires associés，1749. 后来的各种版本，基本上都有这个地图。

个地方，仅仅是作为“地方”而存在的；换言之，世界的各个地方，是作为“地球一个分子”而存在的，从而是多元的，与“中西”或者“东方西方”这种大致二元分立并无多大的联系。或者，这样表达这个暗示：地理学总是循环性的，是从一个民族地方转向另外一个民族地方的，从而需要不断地深入新的具体区域以构建全球化的“细微世界想象”，而且，需要在多元的意识中，构建“世界图画”，尽管，这种图画的“中心”，可能随着图画绘制者意识形态的变化而变化。

于是，法律以及与之相伴随的“法律”概念的使用，作为与地理状况相互联系的一个制度因素，总会因为“全球地图”的构建追求，以及“各地地理”的故事传说，从而附带地相互传入转出，进而存在一个“世界流通”的问题，也即或者通过不同语言的交流中的意会，或者通过不同语言的更为现实的翻译，而为世界的各个“地方”所理解、所运用。在这个意义上，针对近代初期以及后续时期，开辟“不断变幻的世界的这一部分与另一部分的关系”这一思路，要比固守“不断变迁的中西关系”和“不断变迁的东方与西方的关系”，来得更为真实。

而以康熙为代表的清代官方的法律概念话语实践，和以孟德斯鸠还有其他类似的思想家为代表的法律概念话语实践，不言而喻，是进入“不断变幻的世界的这一部分与另一部分的关系”这一思路的特别入口。

八、历史资料的运用的解释以及结论

再有一个问题也是需要补充讨论的。

有人可能会问：在此，为什么本章着重追溯比较中国的“康熙世界”和西方的“孟德斯鸠世界”的“法律”概念使用？这一时期，“法律”概念使用的情形，在中西方，事实上是复杂多样的。无论是“康熙世界”，还是“孟德斯鸠世界”，都是这些复杂多样中的一种。于是，现代乃至当代的狭义或说标准的“法律”概念活动，未必就一定更多的是从中西民族国家的政治统一意识形态中生发的；这一概念活动得以持续活跃，未必就一定更多的是民族国家强而有力的政治意识的一个结果。

我承认这是可能的。但是，本章之所以如此追溯比较，而且作出这样的判断，是因为作为汉语的“康熙世界”的“法律”概念使用和作为西文的“孟德斯鸠世界”的“法律”概念使用，它们都曾呈现过广泛传播的话语现象。我在本章开始部分，已经简略地说明了这点。现在，我再作进一步的分析说明。

（一）

《康熙字典》，是当时官方正式撰写的唯一“标准”的语言指示，在其刊行之后，作为一类工具用书为人熟读，是自然而然的，因而，广泛传播从而影响人们的语词理解使用，也是必然的。更为重要的是，“圣谕十六条”和《圣谕广训》中的语词使用，伴随至高无上的皇权的强力推行，要求民间熟读理解，更加会使一种语词使用潜移默化地深入社会的集体记忆。

另一方面，从话语表达的策略看，“圣谕十六条”和《圣谕广训》的语词使用，为使民间易于接受并且迅速实现观念记忆，采用了当时民间口语“文学化”的遣词造句，这在前者之中是尤为明显的，比如，对仗排比的使用。于是，权力的强力推行和文学的感染引导，这两者之间的合作互促，当然可以形成有效的针对社会群体的合谋规训。对于具有特殊“法律传达”形式（当时条件下）的“圣谕”来说，从“法律与文学”的理论框架来看[1]，这同样是特别引人注目的。毕竟，正是在此，语词的使用通过“法律与文学”的特殊治理方式，可以获得广泛的顺畅的话语传播。

自然，我们不能无视当时近乎民间的其他“法律”概念使用，包括

[1] 关于这个问题，可以参见冯象：《木腿正义》（增订版），北京：北京大学出版社，2007 年，第 31—32 页。更为详细而又深入的分析，参见苏力：《法律与文学：以中国古典文学为材料》，北京：三联书店，2006 年，第 27—29、231—271 页。

“法律”两字连体一词的语言使用。比如，康熙年间，周在浚在《南唐书注》中就曾提到，“数言朝廷因杨氏霸国之旧，尚法律、任俗吏，人主亲决细事”，“以文人浮薄，多用经义法律取士，锴耻之”[1]。但是，在其时中国媒体传播工具十分简陋，信息传播方式十分有限，而且，清朝政府对文字使用极为“政治敏感”的情形下，官方语词的正式表达，以及强令推行，[2]加之文学的感染引导，势必具有独一无二的优越功效，使民间乃至更为广泛的社会整体的话语记忆，更为容易随之产生一种特定的“追随”倾向。这意味着，之所以研究清代政府官方的语词使用，并且作出相应结论，正是因为这里所说的“圣谕十六条”，以及《圣谕广训》，伴随强而有力的国家推行和“文学普及”，已是广为天下所知，而且朗朗上口，容易印入作为社会群体的他者的思想。[3]于是，这里的“法律”用语在后世传播开来，也就不是可以轻视的了。

总而言之，在近代的初期，以“圣谕十六条”、《圣谕广训》为表征的政府强制话语推行，和以《康熙字典》为表征的文化引导话语推行，还有前面两者尤为明显的“文学垫撑”，其间恰恰形成了相辅相成的关系，使人们在随后的近现代中，对“法”“律”“律令”和“法律”四个字词产生了可以通用的深刻印象，并且，使其时甚至稍后时代的中国人，不知不觉地接受了这些字词表达的“法律”概念的含义；“法律”一词，在后来的近现代中国，也同样获得了进一步的“普遍为人使用”的空间可能。

---

[1] 〔清〕周在浚：《南唐书注》，载刘俊文编、北京爱如生文化交流有限公司制作：《中国基本古籍库》全文版，第160页。

[2] 马西尼曾指出，15世纪至19世纪，一种不同于“文言”的“官话”逐渐成熟。“官话”为口头表达语言，主要为官员交流所适用。1728年，清朝政府开始要求推广“官话”。后来，地方政府在士人和官员之间坚持推广“官话”。见马西尼：《现代汉语词汇的形成》，第2—4页。

[3] 关于当时传播情况的资料，可以参见邓云乡：《圣谕广训》，载《中国文化》1997年第Z1期，第244—252页；常建华：《〈圣谕广训〉与清代孝治》，载《南开史学》1988年第1期，第147—158页。

（二）

就孟德斯鸠的情况来看，虽然，其“法律”概念的使用并没有凭借政治的强势力量，但是，在当时法兰西的媒体传播控制并非有如中国那样严厉的情形下，而且，在1748年初版之后，《论法的精神》，因为其时法兰西的人文学术颇为时尚，故而几乎每年不断重印再版[1]，并且在很短的时间内被译成其他西文，于是，其“法律”概念使用，依然形成了广泛传播的趋势[2]。

更为需要注意的是，孟德斯鸠的“法律”概念使用，和当时已经出现的无论是德意志的（比如康德，Immanuel Kant）、英吉利的（比如前述布莱克斯通），还是法兰西的（比如卢梭，Jean-Jacques Rousseau）自然法的话语意识形态，存在着重要的相互关联，在某种意义上，还是这种话语意识形态的标志之一，对后来的社会思想产生了直接影响，并且同样具有深入社会话语记忆的独特功效。

---

[1] 例如，1749年至少就有法文Nouvelle（Leyde：Les Libraires associés）、Nouvelle（A Genève：Chez Barillot，& fils）和Derniere（Amsterdam：Aux depens de La Compagnie）三个版本印刷。1750年，至少就有法文Nouvelle（Edinbourg：G. Hamilton & J. Balfour）和Nouvelle（A Genève：Chez Barrillot，& fils）两个版本印刷。除了本文前面提到的1750年的英文版之外，1751年，至少有一个英文版（Dublin：Printed for G. and A. Ewing and G. Faulkner），1752年至少有一个英文版（London：J. Nourse and P. Vaillant），1756年，至少有一个英文版（Aberdeen：Printed by and for F. Douglass and W. Murray），1758年，至少有一个英文版（London：J. Nourse and P. Vaillant）。许明龙说，“《论法的精神》震动了整个欧洲。人们争相购买，以先睹为快。英国议会认为此书是权威性的著作；撒丁国王令其儿子认真研读，务求甚解”。见许明龙：《孟德斯鸠与中国》，第18页。

[2] 关于这些内容，参见Cohler，“Introduction”，pp. xxi-xxviii；Anne Cohler，Basia Miller and Harold Stone，“Translators’ Preface”，in Montesquieu，*The Spirit of the Laws*，p. xxxv.

（三）

综上所述，我们可以作出这样一个归纳：通过走国家路线的“康熙世界”的“法律”概念使用，与走民间路线的“孟德斯鸠世界”的“法律”概念使用，我们可以更好地理解将要进入近现代的中国的“法”“律令”“律”和“法律”等概念的运用特征，可以更好地洞察近现代西方的一类重要的“法律”概念的使用实质。它们合而为一，极为可能形成了一个继《职方外纪》之后[1]，可以进一步拓展化地追溯近现代“法律”概念使用机制的历史通道。

[1] 关于《职方外纪》的结论性讨论，详见前面一章。

第三章

“法律”一词使用、翻译的话语实践

——集中于19世纪初期在中国的西方传教士

“词典”是个富有魅力的词。作者和出版商发现，将一本参考书冠以“词典”的名称要比其他名称好卖得多。原因是“词典”一词意味权威、学问和准确。[1]

我们必须关注叙事的政治，不论是我们在理解中所运用的修辞手段的政治，还是向我们呈现他们的世界观的历史演员的所运用的修辞手段的政治。[2]

---

[1] [美] 兰多：《词典编纂的艺术与技巧》，章宜华、夏立新译，北京：商务印书馆，2005 年，第 5 页。

[2] 杜赞奇：《从民族国家拯救历史：民族主义话语与中国现代史研究》，第 13 页。

一、问题

在本章中，我将讨论、分析“法律”概念的使用、翻译等问题，而且，将在语言使用翻译和社会观念背景的相互映射的关系中、语言使用翻译和微观个人履历的相互勾连的理解中，展开这种讨论、分析。所以，问题的目标，是“话语实践”。我将时间大体集中在从中国角度来说颇为重要的1800年代至1830年代。就本章涉及的具体人物而言，我将特别集中在人们熟悉的几位西方传教士，比如斯当东、马礼逊、麦都思和郭实腊等人，展开我的叙述。

（一）

从语词看，对于几位传教士在“法律”一词上的使用和翻译，学界以往展开过一些研究；而且，这些研究也是十分细致的。[1]但是，这些研究，主要集中于语词本身的表达、表现，以及语词历史的一个过程。在我看来，从表达、表现上分析这一概念的使用和翻译，以及语词历史的一个过程，是有意义的，可以促进我们对其在语词上的含义理解，可以知道这一概念的纵向变迁。然而，就法律的独特语境来说，“法律”概念的使用和翻译，不可避免地又是非常复杂的，特别是正如许多人所意识到的，在近现代，随着各个民族国家交往的深入展开，这样一种使用和翻译的背后，隐藏着许多“重要故事”。因为，我们可以认为，法律的存在本身就意味着纠纷的存在；纠纷，不仅可能是个人的，而且可能

[1] 例如，王健：《沟通两个世界的法律意义——晚清西方法的输入与法律新词初探》，第31—42、50—68页；熊月之：《晚清几个政治词汇的翻译与使用》，载《史林》1999年第1期，第57—62页。

是广义社会的，或说民族国家的；此外，社会或者民族国家的纠纷，在特定时期可能是更为重要的。在纠纷中，随着人们的利益、观念、立场或者态度的变化——这种变化同样又是不可避免的——“法律”概念的一般含义，因而也会裹挟在利益、观念、立场或者态度中表达自己的“差异”。因此，应当揭示使用、翻译背后的话语实践。

从时间看，1800年代至1830年代，对于近现代的中国而言，是个重要历史时期。众所周知，其后紧随而来的正是以鸦片战争为显著标志的中西冲突。处在这个时期，中国和西方，都开始明显地在政治、法律上相互观察，展示了特殊而又具体的“刺探”欲望。而且，政治、法律上的直接对垒，当然还有所谓的“中西法律纠纷”，比如治外法权，已是不可回避的进入议事日程的基本现实。挑战与回应、征服与抵抗，特别是通过军事斗争而表现出来的“挑衅与反挑衅”，已是迫在眉睫。正是这一基本现实，正是这一“迫在眉睫”，从中国视角来看，加速了中国参与全球意义的法律观念“世界流通”的进程，并且，也为我们提供了进一步把握对于中国而言，具有重要意义的关于法律概念理论的历史背景。

从人物看，在本章中，我之所以特别关注上面提到的几位传教士，主要因为，对于汉文“法律”一词的使用，尤其是经由“中国视角”来看的近现代汉文“法律”概念的含义理解，上述西人主体的双语翻译，是一个重要的语词实践的参照。从法律概念的汉文白话文的发展来说，近现代的中西之间的双语翻译，特别是上述西人的双语翻译，尤其是通过双语词典的双语翻译，是一个辅助性的，然而又是需要注意的历史推动力。[1]我们可以发现，他们自觉，或者不自觉地，将西文中的某些法律概念含义和汉文中的某些法律概念含义的对应关系，予以复杂地呈现

[1] 关于近现代双语翻译，特别是通过双语词典的双语翻译，对于汉文白话文的影响，已有学者进行过分析。例子，可以参见胡开宝：《论英汉词典历史文本对汉语现代化进程的影响》，载《外语与外语教学》2005年第3期，第57—60页。

了。于是，作为典型，他们的实践也许提醒我们需要注意这样一个问题：历史的一个侧面的重要，就“法律”概念来说，是否可能恰恰在于“西方和中国是否形成了某种相互纠缠的辩证关系”，而不在于“西方怎样影响了中国”？当然，最为重要的是，在这些传教士的相关话语实践中，我们可以非常具体地，从典型角度，去推进对汉文“法律”概念和具体社会话语实践的关系的历史理解。另一方面，对于他们的研究，可以增进我们对今天汉文“法律”一词使用的历史依据的理解。

（二）

本章研究，是前面两章的延续和深化，研究的是“趋同”问题。

在第一章中，我分析了这样一些问题：第一，当仅仅使用汉文“法律”一词的时候，作为西方人物主体和中国人物主体，其背后的话语实践，是怎样在具体的历史语境中展开的？第二，针对这种话语实践的展开，我们可以搜寻怎样的关于汉文“法律”一词使用和含义理解的历史线索？第三，从这种话语实践中，我们可以得出怎样的“关于中西近现代法律观念比较”的新结论？

在第一章中，我集中讨论了作为西人的艾儒略和作为汉人的杨廷筠，他们的语词化的社会经历和政治策略，以及这一经历、策略和其时中国较为普遍的“法律”概念语词实践的相互关系。我特别集中于艾儒略主要撰述、杨廷筠协助润色的一个文本——《职方外纪》。因为，其中包含了一段值得注意、分析的汉文表达：

> 欧逻巴诸国赋税不过十分之一。民皆自输，无征比催科之法。词讼极简。小事里中有德者自与和解；大事乃闻官府。官府听断不以己意裁决，所凭法律条例，皆从前格物穷理之王所立，至详至当。[1]

---

[1] 艾儒略：《职方外纪（校释）》，第 73 页。

在这段文字中，“法律”一词是十分醒目的。

在第二章中，我分析了，在艾儒略、杨廷筠相互合作的历史实践之后，汉文“法律”一词，以及其中的含义，是怎样继续演化的，是怎样继续和广泛社会政治实践以及微观个人话语实践相互联系，从而继续表达自我的（尽管，这是汉文“法律”一词演化、表达自我的路线之一）；而且，我的分析，是在对照同期西文“法律”概念——比如英文、法文、德文——的基础上展开的。我也尝试得出“关于中西近现代法律观念比较”的进一步的新结论。我集中于康熙的“圣谕十六条”、雍正的《圣谕广训》，以及孟德斯鸠的《论法的精神》等字词文本。在这些文本中，我认为，包含着我们可能感兴趣的汉文“法律”一词的重要使用，以及大体同时代的西文“法律”概念的重要表达。

就第一章而言，其中，已经隐含着“使用、翻译”问题。因为，艾儒略背后的“西方”，杨廷筠背后的“中国”，如果两人希望在同一文本——也即第一章所讨论的《职方外纪》——中去表达“法律”一词的一个意思，那么，两人就必须通过潜在的“理解、对照、猜测、设想、把握、表达”的语言活动，自觉或者不自觉地，将背后的“西方”和“中国”凸显出来。这一凸显的具体话语结果，首先就是不同语言中的语义的交换。[1]

就第二章而言，其中，同样隐含了“使用、翻译”问题。只是，这种“使用、翻译”问题，是不太明显的。比如，我讨论了康熙和西方传教士的交往，分析了孟德斯鸠和黄嘉略——其时一位长期居住在巴黎的中国人——的对话。在这些交往、对话中，作为“中国”的一方，和作为“西方”的一方，同样都需要通过潜在的“理解”等语言活动，将自己背后的“中国”和“西方”的语言意义——当然包括政治观念——表达出来，实现交换。这当然是种间接的“使用、翻译”实践。在孟德斯

[1] 见第一章。

鸠和黄嘉略的对话中，相对而言，可以较为清晰地看到这一实践。[1]

(三)

本章尝试在历史理解和理论理解两个方面，推进这一层次的研究。

在本章中，我将从这样几个方面来展开我的讨论：第一，分析斯当东等传教士是怎样通过翻译，来使用汉文“法律”概念的，并且将其和中国以及西方的语言背景联系起来；第二，尝试分析他们为什么会这样使用，以及背后的社会观念语境是怎样的；第三，揭示这些语词使用和历史以往相关字词使用的彼此关联；第四，提示所有这些对后来的近现代中国法律概念理论的演化，可能具有的意义。在本章的结束部分，我还将更为具体、更为深入地阐明对斯当东等传教士特别关注的理由；这对本章的立论而言，是至关重要的。

二、传教士的汉文“法律”概念的使用与翻译

1800 年至 1810 年，英吉利人斯当东，将《大清律例》译为英文。其译本书名使用的是两个英文基本法律词汇：“laws”和“statutes”。[2]1815 年至 1822 年，英吉利传教士马礼逊编撰了三卷本的从汉文到英文、从英文到汉文的《华英辞典》[3]。针对汉文“法律”连体两字，马礼逊是用“the laws”和“a law”来表示的。[4]针对英文“law”，马礼逊是用汉文

---

[1] 见第二章。

[2] 见 George Thomas Staunton，translated，*Ta Tsing Leu Lee；Being the Fundamental Laws and a Selection from the Supplementary Statutes of the Penal Code of China*，London：Cadell and Davies，1810.

[3] Robert Morrison，*Dictionary of the Chinese Language：in three parts*，Macao：Printed at the Honorable East India Company's Press，by P.P. Thomas，1815-1822.

[4] 参见王健：《沟通两个世界的法律意义——晚清西方法的输入与法律新词初探》，第 52 页。

“法”“法律”“法度”“律文”“条例”等字词，来表示的。[1] 同时，在翻译“lawgiver”的时候，马礼逊使用了汉文“设律者”和“立法的”作为表达。[2]1833 年至 1838 年，在编辑撰写《东西洋考每月统记传》的时候，普鲁士传教士，郭实腊，曾经这样使用汉文作为描述：

今驻异城已八载矣。既视不义之财如浮云，只得更加勉励，格物穷理，良久询此国政之缘由。英民说道，我国基为自主之理。愚问其义，云自主之理者，按例任意而行也，所设之律例千条万绪，皆以彰副宪体。独其律例为国主秉钧，自帝君至于庶人，各品必凛遵国之律例。所设之例，必为益众者，诸凡必定知其益处……情不背理，律协乎情。[3]

1847 年至 1848 年，英国传教士麦都思编撰《英汉字典》[4]。其中，汉文“律例”“律法”“法度”“制法”“制令”“准则”“法律”“制度”“章程”“禁令”“条例”“国法”等词，被用来翻译英文“law”。[5]

（一）

作为汉语背景，同时，作为汉文表达的显著例子，我们可以大致

[1] Robert Morrison, *Dictionary of the Chinese Language*: *in three parts*, part Ⅲ, p. 249. 转见王健：《沟通两个世界的法律意义——晚清西方法的输入与法律新词初探》，第 2 页。

[2] Robert Morrison, *Dictionary of the Chinese Language*: *in three parts*, part Ⅲ, p. 249. 转见王健：《沟通两个世界的法律意义——晚清西方法的输入与法律新词初探》，第 2 页。

[3] ［德］爱汉者：《自主之理》，载《东西洋考每月统记传》（道光戊戌年三月号，第 42 页），黄时鉴整理，中华书局，1997 年，第 339 页上。

[4] Walter H. Medhurst, *English and Chinese Dictionary*, Shanghae: Printed at the Mission Press, 1847-1848.

[5] Medhurst, *English and Chinese Dictionary*, p. 776. 转见王健：《沟通两个世界的法律意义——晚清西方法的输入与法律新词初探》，第 4 页。

注意一下几乎同时代的清人沈钦韩的“法律”一词使用。他曾写道：

于定国为廷尉，集诸法律，凡九百六十卷，大辟四百九十条……[1]

中人，通知文书法律者为之，司马迁被刑后，为中书令，史文省谒者也。[2]

另外，我们可以注意同时代的清人施国祁的语词使用。他曾写道：

世宗曰：“受财不至枉法，以习知法律故也。”[3]

如果考虑“法”“律”“律令”等字词在汉文语境中依然是被广泛使用的，以及汉文中如同康熙时代以来，中国人是继续使用“法律”两字连体的，那么，自然可以理解，上述西人在翻译过程中以及运用汉文过程中，如此使用相关概念，是预料中的事情。[4]

(二)

作为英语背景，我们可以注意，1839 年，英国法律学者霍尔特豪斯

---

[1] 〔清〕沈钦韩：《汉书疏证》，载刘俊文编、北京爱如生文化交流有限公司制作：《中国基本古籍库》全文版，第 541 页。

[2] 沈钦韩：《汉书疏证》，第 161 页。

[3] 〔清〕施国祁：《金史详校》，载刘俊文编、北京爱如生文化交流有限公司制作：《中国基本古籍库》全文版，第 147 页。

[4] 《大清律例》前言中就有这样的语句：“律例未定，有司无所秉承……尔内外有司官吏，敬此成宪，勿得任意低昂，务使百官万民畏名义而重犯法。”见《御制序文》，载《大清律例》，田涛、郑秦点校，北京：法律出版社，1999 年，第 1 页。其前言又提到 1679 年康熙的上谕，该上谕称：“国家设立法制，原以禁暴止奸……”见《圣祖仁皇帝上谕》，载《大清律例》，第 2 页。另外，前言还提到 1725 年雍正的上谕，该上谕称：“是知先王立法定制，将以明示朝野……汉郑昌言：律令一定，愚民知所避，奸吏无所施”。见《世宗宪皇帝御制大清律集解序》，载《大清律例》，第 2—3 页。

（Henry J. Holthouse），在自己编撰的《新法律字典》第一版[1]中，这样解释“法律”一词：

“law”一字，在一般意义上，布莱克斯通将其定义为优势者规定的行为规则；在最为严格的意义上，布莱克斯通将其定义为“人类行为的规则”。[2]

1846年，在该字典第二版中，霍尔特豪斯是这样解释的：

LAW即Lex，该字有各种含义。没有任何条件限定时，该字简单来说是指行为规则。这是人们可以使用该字时的最为广泛的意思，不仅可以适用于不同政府为治理本国社会而制定的规则和规则制度，而且可以适用于那些与自然运行一致的永久不变的规则和规则体系。一方面，如果我们希望在某种意义上指示含义，或者，在某种意义上使用该字，那么，我们是在与其他事物相互联系的意义上来使用这个字的。因此，当我们将其适用于那些我们理性可使我们发现、我们良心责成我们去服从的道德规则或原则的时候，我们将其称为自然法……另一方面，“law”一字，依然以其严格意义来说，意指一个国家政府制定的规则制度和规则体系，其目的是治理国家，确定被管理者的权利义务。所以，该字通常被视为国家法或市民法，用流行的术语来说，是“本国法”。[3]

1871年，以“法律顾问”为职业的美国人博律尔（Alexander M.

---

[1] Henry J. Holthouse，*A New Law Dictionary*，London：William Crofts，1839.

[2] Holthouse，*A New Law Dictionary*，p. 232.

[3] Henry J. Holthouse，*New Law Dictionary*，2nd ed.，London：William Crofts，1846，p. 245.

Burrill），类似地在自己编撰的《字典—术语》[1] 中提到：

LAW，拉丁语 lex、jus，萨克逊语 Lag，lagh，lah，西班牙语 ley，法语 loi，就其最广泛的意思来说，是指优势者制定的行为规则（见布莱克斯通：《英国法释义》，第 37、38 页），人类行为或行动规则（同前）。其又指这些规则体系。

从较为严格的意义来讲，在一个国家内，法律是由最高权力机构规定的法律行为规则［见斯蒂芬（Serjeant Stephen）：《英国法新释义》（*New Commentaries*），第 25 页；布莱克斯通《英国法释义》］。这是国家法或市民法的定义。布莱克斯通的定义，其完整叙述是："在一个国家内，最高权力机构制定了法律行为规则，以命令形式表达什么是正确的，什么是错误的。"这段叙述的后一句话，也即"表达什么是正确"和"表达什么是错误"的表述，一直遭遇了相当多的批评。斯蒂芬在其《英国法新释义》中，将其删去。斯蒂芬的释义，几乎是取自 jubens honesta，prohibens contraria 的意思，而且，的确是这一表达的严格翻译（见……布莱克斯通《英国法释义》，第 122 页）。原则或规则的体系，或者科学，定义了人的权利义务，规定了侵犯权利、违反义务的惩罚救济。

从最为严格的意义来讲，法律是制定法，由国家立法权力机构加以制定。斯托里法官（Mr. Justice Story）指出，"人们更为经常地将一个国家的法律理解为立法权威颁布的规则和法令，或者具有法律效力的长期确立的地方习惯"……由此作为出发点，他认为，"根据语言的通常用法，人们很难主张法院的判决构成了法律"……在这里，他和黑尔（Sir Matthew Hale）的观点是一致的。黑尔指出，"在这个国家，法院判决的确由于法律的缘故就像一个法律一样对当事人具有约束力……然而，法院判决并未创设一个准确意义的法律，因为，法律仅仅是国王和议会可以创设的"

[1] Alexander Burrill, *A Dictionary and Glossary*, New York: Baker, Voorhis & Co., 1871.

[见《英国普通法历史》(*Hist. Com. Law*),第 90 页,拉宁顿编辑,1820 年(Runnington's ed. 1820)]。[1]

(三)

这些汉语背景和英语背景,以及相关的显著例子,是重要的。通过这些背景以及例子,我们大致可以理解为什么斯当东、马礼逊,包括郭实腊、麦都思等人,作为西方人,是那样使用了汉文"法律"这一概念的。显然,这一时期,"法律"概念的使用,越来越接近了今天严格意义的"国家法律"概念的使用。

三、语词使用、翻译的西方语境

(一)

从"汉语的熟悉程度"来看,上述传教士身份的西方人颇为"自信",而且,的确具有令人刮目相看的较高水平。比如,1793 年,英国马戛尔尼(George Macartney)使团来华时,当时还是少年的斯当东,是唯一可以讲述汉文的英吉利人,并以一口流利的汉文"使中国人惊叹不已"[2]。后来,这位斯当东,不仅将《大清律例》译成英文,而且 1805 年将英吉利人皮尔逊(Alexander Person)撰写的关于种痘的英文著作,译成中文;这部汉译著作,即是汉文医学界时常提到的《英吉利国新出种痘奇书》[3]。1813 年 3 月 26 日,在写给马礼逊的一封信中,为了表达某些人的汉文水平远远不及马礼逊的意思,斯当东说:

---

[1] Burrill, *A Dictionary and Glossary*, pp. 378-379.

[2] [英] 马戛尔尼:《马戛尔尼中国见闻》,方晓辉译,载周宁著 / 编注:《鸦片帝国》,北京:学苑出版社,2004 年,第 282 页。

[3] 参见张大庆:《〈英咭利国新出种痘奇书〉考》,载《中国科技史料》2002 年第 3 期,第 209—213 页。文章标题"英"和"利"字都带口字边。—— 本书作者注

事实上，你是唯一具有各种条件，完全有资格做这项艰巨的翻译工作（指《圣经》翻译——本书作者注）的人。我很难想像，有哪个外国人能够像你那样掌握中文真正的精义和成语且有把握地运用。[1]

1821年，针对马礼逊的中文水平，一位英国人指出，马礼逊“对中国的语言和行文都非常熟练”[2]。即使是马礼逊本人，其也认为，自己是英国“中国学人”的第一人，他的《华英字典》中的“英汉字译”，是英国汉学的开始，而且，自己的“汉英字译”的汉文依据，本身又是汉文经典的《康熙字典》。[3]自然，还在英国之初，马礼逊即向中国青年杨三德（Yong Samtak 音译）学习汉文儒家经典；[4]后来，马礼逊本人曾专门教授其他英国人汉语，包括荷兰人[5]。与马礼逊关系十分密切的另外一位英国传教士，米怜（William Milne），1817年，曾将康熙的“圣谕十六条”，以及雍正的《圣谕广训》，译成英文，[6]两人随后于1815年在马六甲共同出版由外国人创办、以中国人为对象的第一个汉文近代报刊——《察世俗每月统记传》，共同撰稿；麦都思，也是仅有的三位撰稿人之一。[7]此外，仅就麦都思看，其还专门研究过福建方言，撰写了《福

[1] 见［英］马礼逊夫人：《马礼逊回忆录》，顾长声译，桂林：广西师范大学出版社，2004年，第74页。

[2] 见马礼逊夫人：《马礼逊回忆录》，第188页。

[3] 见马礼逊夫人：《马礼逊回忆录》，第43页。

[4] 见马礼逊夫人：《马礼逊回忆录》，第20、22页。

[5] 见马礼逊夫人：《马礼逊回忆录》，第60、65页。

[6] 见 Kang-hsi，Emperor of China，*The Sacred Edict*：*containing sixteen maxims of the Emperor Kang-hsi*，*amplified by his son*，*the Emperor Yoong-ching*；*together with a paraphrase on the whole*，by a mandarin，London：Black，Kingsbury，Parbury，and Allen，1817.

[7] 见顾长声：《从马礼逊到司徒雷登》，上海：上海书店出版社，2005年，第8页。

建方言字典》。[1]

从这个角度说，在翻译英文“law”一字时，马礼逊等使用了相当一部分的汉文字词，以及其他西方人使用了不少当时流行的关于“法律”概念的汉文字词，是一件十分容易理解的事情。

另一方面，从这一时期的西文“法律”一词，特别是上述例子表现的英文“law”一字的文义解释来看，孟德斯鸠，包括布莱克斯通，他们那种自然法的“法律”概念[2]，已经逐渐失去了“学术市场”，以及“法律职业市场”（当然不是彻底失去）。同时，在诸如英语国家判例法盛行的地方，人们也在开始怀疑“法官判决”这样的法律表达形式的“法律”概念性质。[3] 可以发觉，在西文中，人们开始逐渐拒绝自然法和判例法两个方向上的关于“法律”概念的思考观念，大体趋向崇尚国家的立法权威，将“法律”概念更多地用于这一权威。宏观上说，到了 19 世纪中叶，法国的法律实证主义，也即法典学派，逐渐占据上风[4]；德国的法律实证主义，也即潘德克顿学派，日渐兴盛[5]；英国的法律实证主义，也即边沁的立法至上思想，同样是备受青睐[6]。正如后来所呈现的，法国的法律实证主义，恰恰就是以《拿破仑民法典》为代表的法国法典编纂意识的重要表达；德国法律实证主义，导致了人们几乎是从未停止过讨论《德国民法典》的制定；而英国的法律实证主义，虽然没有“立法的实际业绩”，但是其所宣扬的立法改革，却留下了印记深刻的历史意义。

---

[1] Walter H. Medhurst, *A Dictionary of the Hok-Keen Dialect of the Chinese Language, According to the Reading and Colloquial Idioms*, Macao：Honorable East India Company's Press，1832.

[2] 关于两人的自然法观念和描述，见第二章。

[3] 参见 Michael Lobban，*The Common Law and English Jurisprudence*，Oxford：Clarendon Press，1991，pp. 80-115.

[4] 参见 Hommes，*Major Trends in the History of Legal Philosophy*，pp. 208-209.

[5] 参见 Mathias Reimann，“Nineteenth Century German Legal Science”，*Boston College Law Review*. 31（1990），pp. 864-867.

[6] 参见 Lobban，*The Common Law and English Jurisprudence*，pp. 185-189.

在这样一个背景中，传教士的身份，即使是夹杂着阿奎那之类的神学法律观念所造成的自然法意识形态，即使是夹杂着法官判决追随实践理性并且尊重其他人类理性的自然法意识形态，也要较多地尊重立法权威的世俗意义的“法律”概念使用。

但是，所有这些，仅仅涉及了语词使用的表面问题。其背后的话语实践，可能远比这里看到的更为复杂。

（二）

众所周知，18 世纪，西方相当一部分人曾对中国具有良好的印象。这一印象，不仅缘于利玛窦以及其他某些耶稣会士的介绍，而且缘于类似伏尔泰这样重要的西方启蒙学者的“想象说明”，当然，包括莱布尼兹（Gottfried Wilhelm Leibniz）这样的其他重要学者的“推测赞誉”。伏尔泰本人说过，中国“已有 4000 多年光辉灿烂的历史，其法律、风尚、语言乃至服饰都一直没有明显的变化”[1]。莱布尼兹曾经提到：

> 中国人为了使自己内部尽量少产生摩擦，把公共的祥和、人类共同生活的秩序考虑得何等周到，较之其他民族的法律不知要优越多少。[2]

然而，1793 年的马戛尔尼使团中国之行的“跪拜事件”，似乎重新刺激了西方人对中国负面印象的理解情结，似乎促使西方人更为相信：当年孟德斯鸠的贬低中国式的“考察”，是正确的[3]。

当然，这也许同样是个“表面”问题。

---

[1] ［法］伏尔泰：《风俗论》（上），梁守锵译，北京：商务印书馆，1995 年，第 207 页。

[2] ［德］莱布尼兹：《中国近事》，安文涛译，载周宁著 / 编注：《孔教乌托邦》，北京：学苑出版社，2004 年，第 274 页。

[3] 关于孟德斯鸠对中国的考察，参见第二章。

（三）

因为，在此更为重要的是，随着1776年亚当·斯密《国民财富的性质和原因的研究》（即《国富论》）的发表，个人利益对于经济竞争和社会发展具有重要意义的实用主义观念，正在西方，特别是在英国，开始盛行起来。

历史学家知道，在《国民财富的性质和原因的研究》发表之后，就连当时的英国首相——威廉·皮特（William Pitt）——都自称是斯密的“学生”；其他一些官员，积极采纳斯密建议的本国财政预算，并且“曾就1778年的对美国政策与1779年关于爱尔兰享有自由贸易这两个问题求救于斯密”[1]。特别需要注意的是，亚当·斯密还曾提到，“美洲的发现及绕好望角到东印度道路的发现，是人类历史上最大而又最重要的两件事”[2]。显然，亚当·斯密的这一表述，也在激励西方人，特别是英国人的“东方梦想”。同时，也是1778年，亚当·斯密担任了苏格兰的海关官员，并且不断依据实践经验修正《国民财富的性质和原因的研究》，[3]提出了中国“已经停滞不前”的论断[4]。

另一方面，我们可以注意，亚当·斯密曾经熟读孟德斯鸠的《论法的精神》，也像孟德斯鸠一样主张权力分立。他说：

> 司法如不脱离行政权而独立，要想公道不为世俗所谓政治势力所牺牲，那就千难万难了……各个人的自由，各个人对于自己所抱的安全感，

---

[1] ［英］D.D.拉波西尔：《亚当·斯密》，李燕晴、汪希宁译，北京：中国社会科学出版社，1990年，第36—37页。

[2] 见［英］亚当·斯密：《国民财富的性质和原因的研究》（下），郭大力、王亚南译，北京：商务印书馆，1974年版，第194页。

[3] 见拉波西尔：《亚当·斯密》，第35、37页。

[4] 见亚当·斯密：《国民财富的性质和原因的研究》（上），郭大力、王亚南译，北京：商务印书馆，1972年版，第66、87页。

全赖有公平的司法行政。[1]

在自己的演讲和著述中，亚当·斯密不断参考引用孟德斯鸠《论法的精神》中的论述，并且，将其尽力发挥，阐明其在社会实践中的意义。[2]

可以看出，在《国民财富的性质和原因的研究》的叙事目标中，孟德斯鸠的“地理巡回思考”的认识性策略[3]，已经转变为了“地理巡回发现”的实践性策略。在经济利益的推动下，此时的亚当·斯密已在提示，对世界的评价认识应当转变为对世界的实际行动。

经由这里，我们也就可以从另外的角度去理解，为什么仅仅过了四五年的时间，也即1793年，就出现了马戛尔尼使团的中国之行。我们需要注意，正如许多学者已经提到的，这一使团在具有拜访中国乾隆皇帝的意图的同时，更为重要的是，还有促使包括鸦片贸易在内的一些重要贸易合法化的企图。因为，至今存于中国第一历史档案馆的当时马戛尔尼使团使用英文和法文写成的一份表文，其中，至少明确地表达了这样两个意思：第一，在广州和舟山设置货站；第二，在舟山、宁波、天津设点，进行贸易。[4]而且，“在1787年，皮特和他的朋友，东印度公司监督委员会（主席）敦达斯已经决定向中国派遣特使”[5]。所以，在

[1] 亚当·斯密：《国民财富的性质和原因的研究》（下），第284页。

[2] 参见［英］坎南：《亚当·斯密关于法律、警察、岁入及军备的演讲》，陈福生、陈振骅译，北京：商务印书馆，1982年，第44、48、59、76、90、99、102—104、108页。

[3] 在《论法的精神》一书中，孟德斯鸠强调了地理环境因素的首要意义，并且，由此展开了世界性的针对制度而言的“地理因素”的考察。因此，在我看来，其中包含了重要的与法律理解相关的“地理学科话语”策略。关于这点分析，见第二章。

[4] 可以参见［法］阿兰·佩雷菲特：《停滞的帝国——两个世界的撞击》，王国卿等译，北京：三联书店，1993年，第11页。

[5] 佩雷菲特：《停滞的帝国——两个世界的撞击》，第7页。关于亚当·斯密著述和这段历史事件的关系，参见佩雷菲特：《停滞的帝国——两个世界的撞击》，第15页。

“跪拜事件”的表层之下，还隐藏着中西当然首先是中英贸易利益的潜在冲突[1]，另外，这是更有意思的，还隐藏着英国针对中国的“实用主义政治经济学”的觊觎涌动。

那么，这与前面提到的诸如斯当东等西方人士以及传教士的“法律”概念使用，存在着什么关系？

四、斯当东语词实践的微观背景

（一）

斯当东在《大清律例》英译本序言中曾经这样说道：马戛尔尼勋爵和他的使团，在中国有过短暂的逗留，这一逗留足以促使他们发现，中国人所炫耀的并且得到许多欧洲历史学家承认的中国针对其他民族所拥有的优势，完全是自欺欺人的。[2]当然，几乎是在这部英译本出版的同时，斯当东也认为，马戛尔尼出使中国后的相关西方人——特别是英国人——对中国的描述，有些过分扭曲。他说，迄今为止，中国人没有得到西方人的准确公平的描述。[3]斯当东的判断，和马戛尔尼是接近的。马戛尔尼讲过，在“早期的旅游者和后来的传教士的意见基础上形成的对中国及中国人的看法，既不充分也不公正”[4]。斯当东对中国法律制度的判断，是心态复杂的。针对《大清律例》，他说，“与我们的法典相比，这部法典的最伟大之处，就在于其高度的条理性、清晰和逻辑一致”，此外，其：

---

[1] 关于这点，参见［英］约·罗伯茨：《十九世纪西方人眼中的中国》，蒋重跃、刘林海译，北京：时事出版社，1999年版，第15页。

[2] 参见佩雷菲特：《停滞的帝国——两个世界的撞击》，第566页。

[3] 参见罗伯茨：《十九世纪西方人眼中的中国》，第21页。

[4] 马戛尔尼：《马戛尔尼中国见闻》，第218页。

在政治自由和个人独立性方面，确实非常的糟糕；但对于弹压叛乱，对芸芸众生轻徭薄赋，我们认为，总的来讲，还是相当宽大相当有效的……中国的社会发展水平似乎很低，也很糟糕；但我们不知道要维持和平与安全是否还有比这更好的明智之措施。[1]

另一方面，就在发现并且开始翻译《大清律例》的前两年，也即1798年，17岁的斯当东来到了广州，后去澳门，首先成为东印度公司的一般职员，不久晋升专员，最后成为公司的代理人。在翻译《大清律例》的10年间，他几乎均在这一公司任职，甚至延续至1816年。这一公司，在中英鸦片争端上所具有的作用，是众人皆知的。

（二）

其实，从斯当东随从马戛尔尼以及父亲乔治·斯当东（George L. Staunton）来华之时，到充任东印度公司的一名重要成员，尽管其对中国法律制度的判断是双面的，但是，其主要角色，依然是“政治”的。在此，“政治”的含义包括了两个方面：第一，其行动实践的目的，是英国如何对付中国；第二，其语言实践——当然包括翻译实践——的目的，是协助西方特别是英国有效地“进入”中国文化。

关于这两方面，我们需要注意，1810年，在说明《大清律例》的时候，斯当东讲，这部律例：

有的只是一系列平直、简洁、概念明确的法律条文，颇为实用而又不乏欧洲优秀法律的味道，即便不是总能合乎我们在这个国家利益扩展

[1] 转引罗伯茨：《十九世纪西方人眼中的中国》，第41页。我们可以注意，马戛尔尼曾经谨慎地读过孟德斯鸠关于“中国是个专制的国家”的论述。这对斯当东可能是有间接影响的。马戛尔尼的论述，参见佩雷菲特：《停滞的帝国——两个世界的撞击》，第33页。

的要求，整个来说，也比大多数其他国家的法律更能令我们满意。[1]

可以作为辅证的是，同在1810年，一位英国教士对斯当东说，“您经验丰富，又经过无数的斗争，所以肯定了解中国官员的种种权术；您对他们来说是个可怕的对手”[2]。通过这里，我们也就能够理解，为什么30年后的一个日子里，也即1840年4月7日，在英国议会激烈辩论对华战争时，斯当东宣称：

我们进行鸦片贸易，是否违反了国际法呢？没有。当两广总督用他自己的船运送毒品时，没有人会对外国人也做同样的事感到惊讶。[3]

尽管令人遗憾，但我还是认为这场战争是正义的，而且也是必要的。[4]

另外，斯当东的确阅读过亚当·斯密的《国民财富的性质和原因的

---

[1] 转引罗伯茨：《十九世纪西方人眼中的中国》，第41页。

[2] 佩雷菲特：《停滞的帝国——两个世界的撞击》，第566页。

[3] 佩雷菲特：《小引》，佩雷菲特：《停滞的帝国——两个世界的撞击》，第17页。

[4] 佩雷菲特：《小引》，第18页。斯当东另外说：“北京朝廷有权强化司法措施以制止鸦片贸易。但迄今为止对外国人最重的处罚是禁止经商或驱逐出境，现在它能粗暴地判处他们死刑吗？这种追溯既往的做法是对人权的不可容忍的侵犯。中国人要像对待他们的叛乱分子一样用剑刃来对待英国人，我们要小心！如果我们在中国不受人尊敬，那么在印度我们也会很快不受人尊敬，并且渐渐地在全世界都会如此！正在准备中的战争是一场世界性的战争。它的结局会产生不可估量的影响。根据胜负，这些影响又将是截然相反的。如果我们要输掉这场战争，我们就无权进行；但如果我们必须打赢它，我们就无权加以放弃。”参见佩雷菲特：《停滞的帝国——两个世界的撞击》，第17—18页。斯当东相关的话，另见佩雷菲特：《停滞的帝国——两个世界的撞击》，第603页。

研究》，并且，据其评论中国。[1]可以看出，正是在这个意义上，斯当东的《大清律例》的“法律”概念使用实践，从总体背景来说，是以中英贸易潜在冲突以及斯当东的个人履历作为现实基础的；其根源之一，从而可以追溯至以亚当·斯密的“实用主义政治经济学”为表征的近代英国开拓世界贸易的“殖民雄心”。

（三）

从法律制度本身的角度来看，我们也能得到支持上面分析的相关信息。

第一，在斯当东的对中国的想象中，中国的现行社会治理，并非像某些西方人想象得那样属于“人”的任意专制；相反，这一东方国家，是以有条不紊的法律规定作为治理依据的。[2]这些法律规定，可能是由最高统治者制定的，就像西方一些国王式的法律一样；但是，它们并不因此全然成为君王手中的把玩之物。在此，《大清律例》，的确可以成为理解真实的现行中国治理的一把钥匙，可以成为深入理解中国官员实际行动的一个参照路径。进而言之，为了现实而有效地思考中国，以及对付中国，思考以及对付中国中央、地方官员的行动实践，为了真正用好那把钥匙，为了在理解中国官员的路径上畅通无阻，将中国的《大清律例》视同英国一般社会实践意义上的世俗“laws”，以及英国国会制定的“statutes”，是再适宜不过的了。从1800年代开始，英国的“laws”，正如前面提到的英文法律字典所显示的，也的确逐渐开始摆脱了自然法话语和判例法话语的束缚。在某种意义上，这个语词，也的确表现了英国国会在法律问题上的决定权力日渐增长这一趋势。

---

[1] 见［英］德庇时（中文标准译名为“德庇士”——本书作者注）：《政府与法制》，孙睿超译，载周宁著/编注：《历史的沉船》，北京：学苑出版社，2004年，第326页。

[2] 关于斯当东的这个看法，参见德庇时：《政府与法制》，第332—337页。

第二，“laws”一字，特别是“statutes”一字，其所表达的“本本中”的英国法律，并不一定可以被英国的实践法律职业阶层所完全遵守。官员在执行法律时，法官在司掌法律时，都有可能在一定程度上使条文中的“法律”和行动中的“法律”的关系变得复杂多样。[1]在斯当东的潜在意识中，以《大清律例》为代表的中国法律的功能，恐怕极为类似英国以“statutes”作为显著标志的“laws”。中国官员——包括负责司法的官吏——的法律行动，可能也是颇为类似英国的同类官吏。换言之，中国的条文中的“法律”与行动中的“法律”的关系，同样是复杂多样的。[2]

因此，为使来到中国的英国各类人士可以较为顺利地理解中国法律制度的实际，进而顺利地“通过中国法律”实现自己的贸易目的，首先让英语读者知道“律例”和“laws”特别是“statutes”的对应关系，当是题中之义。当然，可以直接说明这一点的证据是，其时，正是在广东黄埔发生的一个中英纠纷案件，使英国人发现，中国的制度虽然“糟糕”，但是好像也是“不失公正”的，遂使英国人发现理解中国的官方法律规定十分重要。之后，东印度公司找到了汉文《大清律例》，将其交给斯当东翻译。[3]

五、马礼逊语词实践的微观背景

我们现在可以再看马礼逊。

---

[1] 参见 John Dawson, *The Oracles of the Law*, Ann Arbor: The University of Michigan Law School, 1968, pp. 80-99. 这部著述的这一部分，主要是从判例法1800年代以来的变迁，来说明这里的问题。

[2] 当时，比如1822年，马礼逊就曾提到，“事实上，中国的法律是由坐在公堂上审讯的县官高兴而任意解释和判决的”。见马礼逊夫人：《马礼逊回忆录》，第186页。

[3] 参见苏亦工：《另一重视角——近代以来英美对中国法律文化传统的研究》，载《环球法律评论》2003年春季号，第77页。

（一）

1808年，马礼逊来到澳门。在东印度公司，其结识了当时已是高级职员的斯当东。在斯当东的帮助下，马礼逊迅速和东印度公司的其他重要职员形成了密切关系。第二年，其与作为东印度公司重要成员的一对夫妇的女儿结婚，并且得到翻译职位，年俸五百英镑。[1]然而，无论经济上，还是政治上，马礼逊的东印度公司的背景意义，似乎远远超过了介绍其加入东印度公司的斯当东。

首先，马礼逊虽然没有像斯当东那样，直接翻译中国法律，但是，似乎在另外意义上更多地了解了中国法律，而且，具有更为强烈的政治实用目的，并为颇具英国殖民象征意义的东印度公司以及后来的英国政府，提供了重要的“参考意见”。就政治实用目的来说，可以注意，1820年代，马礼逊提到：“具备中国的政治、法律、制度、历史和地理等知识，这将大大有助于同中国政府进行谈判，特别是像东印度公司的管理委员会……”[2]就法律方面来说，众所周知，正是经过马礼逊的提醒，在中英早期的法律纠纷冲突中，英国政府已经知道领事裁判权的重要价值。同样是1820年代，他说：

经验已经表明，中国政府的法律就是要使受审者绝对地服从，从而判处其死刑，即使外国人完全无罪，或者只是“非预谋的杀人罪”，也难免一死。[3]

中国政府采取这种故意手段，不只是对待个别的嫌疑犯，而是反对该外国人所属的国家在广州的外侨。这种手段乃是没有多少公正可言。[4]

要找出一个解决办法是不容易的，可是，不论东印度公司或英国政

[1] 见马礼逊夫人：《马礼逊回忆录》，第42—44、52、55、58、60页。

[2] 见马礼逊夫人：《马礼逊回忆录》，第188页。

[3] 见马礼逊夫人：《马礼逊回忆录》，第186页。

[4] 见马礼逊夫人：《马礼逊回忆录》，第187页。

府，都非常明显地忽视了这个严重问题。仅仅有领事权，而无裁判权，是没有用的。[1]

其次，马礼逊还曾积极展开行动上的“法律实践”。例如，1821 年，在“土巴资”号中英纠纷中，英国方面执意要求，即使是在中国伶仃岛上发生了英国军舰开炮致使中国村民死亡事件（两名死亡），英国依然需要按照英国法律处理英国水手。当时，中国当地政府提出必须依照中国法律惩处英国凶手。针对这一事件纠纷，后来东印度公司的一位大班提到，东印度公司遇到了与中国人最严重、最麻烦的一次谈判，马礼逊博士所“表现的热忱和努力是始终如一的”[2]。

再次，除了上述几个方面以外，从文字方面来说，在马礼逊和米怜等人共同创办的《察世俗每月统记传》《中国丛报》和英文版《广州纪事报》中，他们不仅刊载传教的内容，而且刊载 1810 年代至 1850 年代的中国状况、鸦片贸易实况，并且，在刊物中提出各种如何与清朝政府相周旋的主张。[3]

最后，所有这些，和马礼逊提出的与孟德斯鸠对中国负面的“想象”颇有几分类似的一段话，是相互印证的。这段话是：

中国虽然拥有自己的文明，但中国人却仍充满着嫉妒、欺诈和撒谎。他们心中充满了自私、吝啬、精明和冷酷……

中国人对落水即将溺毙的人无意去援救。他们虐待家奴和妻妾。中国政府的公堂里，对尚未认罪的男女严刑拷打。中国人还虐杀女婴……因为中国人的原则就有缺陷，这就产生了有缺陷、凶残的行为。[4]

---

[1] 见马礼逊夫人:《马礼逊回忆录》，第 187 页。

[2] 见马礼逊夫人:《马礼逊回忆录》，第 188 页。

[3] 参见顾长声:《从马礼逊到司徒雷登》，第 8—9、13 页。

[4] 见马礼逊夫人:《马礼逊回忆录》，第 234 页。孟德斯鸠类似的话，见孟德斯鸠:《论法的精神》(上)，第 129、194、211 页。

（二）

现在，回到马礼逊编纂的《华英字典》。

1809年，马礼逊提到，自从加入了东印度公司，“我已准备为公司的利益服务”，“当翻译官方公文时……我希望这部字典编成之后，可以为后来的传教士们提供必不可少的帮助”。[1] 其实，正是在东印度公司的一万二千英镑的资助下，并且后来由该公司在澳门的印刷所印刷，《华英字典》，才得以问世。[2] 同时，为了协助英国解决领事裁判权的问题，马礼逊特别提到了字典以及研习中文的必要性。他反复强调，“必须学会中文”[3]，“我们的东印度公司也应当……派遣英国学生前来中国学习中文和文学”[4]。显然，这里从细节上表明了《华英字典》和东印度公司的协作意图关系——如何“进入”中国。

在此，与斯当东颇为类似的是，马礼逊字典中“法律”概念的对应英文的翻译操作，实际上是希望建立理解中国法律的一条同样准确的参照路径。当西方人，特别是英国人，凭借这一字典，试图联系西方特别是英国法律经验去“进入”中国的法律世界的时候，字典，具有了“校准目标”的作用。进而言之，字典可以从语词话语角度，去减少基于中英法律冲突而凸显的“英国不便”。这点，对于近代逐渐彰显自身指示意义的汉文“法律”两字连体一词而言，更是如此。因为，汉文“法律”两字连体一词，特别集中地指向了国家制定的标准法律[5]；而在中英冲突中，正是主要记述刑事规则的中国标准法律，时常成了本身常是刑事问题的中英冲突的且被中国官员竭力使用的“中国托词”。应该这样来说，其时，英国一方的确并不清楚中国法律的确切渊源。换句话讲，斯当东

[1] 见马礼逊夫人：《马礼逊回忆录》，第59页。
[2] 见马礼逊夫人：《马礼逊回忆录》，第98、99、120页。
[3] 见马礼逊夫人：《马礼逊回忆录》，第187页。
[4] 见马礼逊夫人：《马礼逊回忆录》，第188页。
[5] 关于这一点的分析，参见第二章。

虽然翻译了《大清律例》，但是，一方面，斯当东的译本本身是非常有限的，也即仅仅翻译了《大清律例》的一小部分；[1] 另一方面，英国人依然不太清楚中国法律的基本结构。如果知道了汉文“法律”有如英国国会或者其他权威机构制定的“laws”，以及“a law”，特别是马礼逊自然应该知道的“statutes”，那么，英国人的“法律视野”，将会广泛而又准确地瞄向清政府的各类官方文字制度，并在这些文字制度的理解中，更为有效地调整对付中国的策略方法，而不仅仅局限于斯当东的英译《大清律例》。

（三）

与此联系，字典中和英文“law”对应的中文译事，对于英国人的策略，具有迂回辅助的功能。

当中国人读到或者听到“law”，使中国人知道该字意指了汉文“法”“律”“律文”“法律”等时，而且，当中国人读到或者听到“lawgiver”，使中国人知道该字意指汉文“设律的”“立法的”等时，并且使其联想到中国自己的《大清律例》，那么，中国人与英国人的法律理解，将会出现大致没有障碍的意识对接。中国人，特别是中国文人，可以在汉西语文的交流过程中，通过《字典》这种不经意的方式，通过《字典》时常以一般文化交流表象遮蔽了潜在政治斗争的方式，在日常语言实践中，向英国人传达“英国人对中国的法律理解是否恰如其分”的词语信息，从而使英国人，可以更为准确地“进入”中国法律世界，进而从另一辅助角度去使英国人调整自己的政治策略。

具体言之，显然，在编辑汉文刊物时，甚至就在学习汉文的过程中，

[1] 参见王健：《沟通两个世界的法律意义——晚清西方法的输入与法律新词初探》，第34—35页。

马礼逊等，自然会和中国文人有所交流，[1]他们时常会以不自觉的方式，建构一类具有隐蔽作用——隐蔽潜在政治交锋——的词与物的关系。在这一词与物的关系中，中国的清朝立法机构和英国立法机构也就可以呈现类似化的对应，中国的法律文字和英国的法律文字，也就可以呈现可互换的对应。因此，通过汉文相应字词来表达“law”“lawgiver”等词，其背后的作用，至少依然在于更为顺畅地“进入”中国法律世界。

（四）

在这个意义上，马礼逊的“法律”概念的字词翻译实践，在其与东印度公司紧密关系这一无法回避的背景中，就根源之一而言，实际上是前述斯当东式的亚当·斯密实用主义政治经济学的一个侧面推进。对此，更为直接的一个证据是，1825 年，马礼逊说：

> 英国正在逐渐占领接近中华帝国的领土……为此，英国政府需要有懂得中文的人才。法国政府虽还未与中国有直接交往，却已经在巴黎设置了皇家中文讲座。[2]

在这，我们也就更为容易理解，针对近代普遍的翻译问题，为什么当代学者尼南贾纳（Tejaswini Niranjana）讲道：“翻译就是……为不同话语——哲学、历史编纂学、教育、传教士的著述以及游记——所遣，以为延续和保持殖民统治之用。”[3]

---

[1] 例如，马礼逊早年向中国人杨三德，以及其他中国人学习汉文。参见前文，另见马礼逊夫人：《马礼逊回忆录》，第 42—44、50、57、63 页。后来，在编纂《华英字典》的时候，马礼逊提到，“我的中文老师高先生仍在帮助我编纂《华英字典》或做我交给他的其他任务”。见马礼逊夫人：《马礼逊回忆录》，第 122 页。

[2] 见马礼逊夫人：《马礼逊回忆录》，第 241 页。

[3] ［印度］特贾斯维莉·尼南贾纳：《为翻译定位》，袁伟译，许宝强、袁伟选编：《语言与翻译的政治》，北京：中央编译出版社，2001 年，第 118 页。

六、麦都思和郭实腊的语词实践的微观背景

就麦都思来说，我们也能看到极为类似的政治背景，以及话语意图。

（一）

首先，麦都思不仅是《察世俗每月统记传》这一刊物的主要撰稿人，1823 年至 1826 年，在巴达维亚编辑中文刊物《特选撮要每月纪传》，1838 年，在广州编辑中文刊物《各国消息》[1]，仔细研究各类时事政治，而且，在 1830 年代中期，测绘中国沿海地形，更在鸦片战争中担任了英军翻译，曾随英军进入定海[2]。其次，麦都思编纂《英汉字典》的时间，正是第一次鸦片战争和第二次鸦片战争的中间过渡时期。

从这两点，我们可以发觉，为使中国人更为了解英文“law”的含义，麦都思使用了更为广泛的汉语语词加以表达，如“律例”，“律法”，“制法”，“法度”，“制令”，“准则”，“法律”，“制度”，“章程”，“禁令”，“条例”。我们可以认为，这一表达，可能几乎是其时汉文关于“法律”概念使用的字词排列的至为详尽的一个呈现。显然，这就有如我们在马礼逊那里所看到的，更为详尽的汉文字词的罗列，作为译事的一种方式，其实同样具有对英国策略迂回辅助的功能。更为需要注意的是，在此，麦都思具有的迂回辅助作用，随着相关汉文字词使用的扩展，再次拓宽了“中国清朝立法机构和英国立法机构的类似化的对应”——以及“中国法律文字和英国法律文字的可互换的对应”——所依赖的法律文化理解上的意义平台。作为一个辅证，我们可以看到，1819 年，麦都思在《地理便童略传》中曾经以介绍美国国会的方式，明确阐述了美国国会像英

[1] 见万启盈：《近现代的中国印刷》，载上海新四军历史研究会印刷印钞分会编：《装订源流和补遗》（《中国印刷史料选辑》之四），北京：中国书籍出版社，1993 年，第 421 页。

[2] 见顾长声：《传教士与近代中国》，第 52 页。

国国会一样，“治理法律、粮税等事”[1]，而且，“但凡要设新律，或改旧律，有事急或加减赋税，则两大会必先商量之”[2]。这就清楚点出了国会与法律制定之间的权力依附关系。

因此，麦都思的字词实践，在其本身针对中国觊觎的政治目的的背景中，从侧面更加表达了英国“进入”中国法律世界，进而获得更多中国信息从而调整英国本身“殖民”策略的欲望。

（二）

与斯当东、马礼逊、麦都思类似，郭实腊也是这样的，但是，郭实腊可能是有过之无不及的。

虽然身为普鲁士的传教士，然而，1830年代中期，就在麦都思测绘中国沿海地形的时候，郭实腊便和这位测绘者共同从事了圣经的翻译，出版了《新遗诏书》。令人感兴趣的是，这本身已在表明，作为普鲁士人的郭实腊，和英文世界的字词活动，有着某种联系。的确，郭实腊和作为近代西方觊觎中国的先锋的英国，关系是复杂的。1829年，其即与伦敦传教会取得联系。次年，其与一位英国小姐相遇，邂逅，随后结婚。一年过后，当新婚夫人去世之际，郭实腊萌发了游历测绘中国沿海的设想，这比麦都思测绘中国沿海地形大约早了5年时间。对于为何游历测绘中国沿海地区，郭实腊在1832年说：

应该记住，这不过是今后必须继续要做的事情的一个小小的开始，我们盼望和祈求仁慈的上帝能很快地打开更为宽阔的入口，只要上帝赐给我们健康、力量和机会，我们将为此努力下去。为了打开一个与中国

[1] 转引熊月之：《西学东渐与晚清社会》，上海：上海人民出版社，1994年，第116页。

[2] 转引王健：《沟通两个世界的法律意义——晚清西方法的输入与法律新词初探》，第69页。

自由交往的局面，我真诚地希望能采取一些更为有效的措施。如果我能够贡献一点微薄的力量，来加速这件事的进程，我将感到极为荣幸。[1]

这段表述，可能既隐藏着西方自我感觉教义优于中国的“征服世界”的神学设想，[2] 也隐藏着神学背后的世俗利益的渴望。

然而，正是这一目的动机“并不十分明确”的中国沿海游历测绘，奠定了作为普鲁士人的郭实腊，和英国东印度公司日后“密切合作”的基础。1831 年，郭实腊来到澳门，告知了马礼逊自己在中国的勘察收获。随后，东印度公司以及其他鸦片商人，基于了解中国贸易路径的迫切需要，力邀郭实腊搭乘该公司的“阿美士德”号，展开中国沿海的第二次测绘勘察。1832 年，鸦片商人查顿（William Jardine），重金聘请郭实腊搭乘“气仙”号，再次来到中国沿海地区进行测绘和走私。在稍后参与编辑包括《东西洋考每月统记传》在内的《特选撮要》，以及《天下新闻》等中文报刊中，正是这位郭实腊，首先不断报道了“市价”，不断辟有“贸易”专栏，[3] 介绍中国及各国政治、法律、经济等状况，并向鸦片商人筹集资金。鸦片战争爆发，郭实腊像麦都思一样，充任英军翻译，并作向导。[4] 再有就是众所周知，郭实腊的许多勘察测绘资料，事实上是英国发动鸦片战争的重要依据。

---

[1] *Chinese Repository*, Jun., 1832, pp. 61-64. 转引顾长声：《从马礼逊到司徒雷登》，第 46 页。

[2] 第二年，郭实腊讲道，“当文明几乎在全球各处战胜愚昧和邪恶，并取得广泛进展之时……只有中国人还同过去千百年来一样停滞不前”。见 *Chinese Repository*, Aug, 1833, pp. 181-187. 转引顾长声：《从马礼逊到司徒雷登》，第 51 页。当然，可能还隐藏着一般文化意义上的西方优势设想。他也讲过，“让中国人了解我们的技艺、科学和准则之后，可以消除他们高傲的排外思想”。见 *Chinese Repository*, Aug., 1833, pp. 181-187，转引顾长声：《从马礼逊到司徒雷登》，第 51 页。

[3] 参见胡太春：《汉学家郭实腊与近代中国最早的新闻传媒》，载《中国传媒报告》（香港）2003 年第 2 期，第 91—92 页。

[4] 见顾长声：《从马礼逊到司徒雷登》，第 49—50 页。

在郭实腊的政治行动实践中，我们可以更为清晰地觉察到其语词实践的现实目的。这一目的，是更为具体的，如同其活动是更为具体的一样。前面引述的郭实腊在《东西洋考每月统记传》中关于英国“自主之理”的话语叙说，其中所使用的汉文“律”字，以及“律例”一词，在这个意义上，也就不是偶然的。此时，郭实腊已经融为了以东印度公司为象征的英国群体的一部分。从这点看，介绍英国的法律制度，需要具体清晰；而且，针对其时更多是将“法律”概念含义投向《大清律例》的中国人而言，将作为能指的“法”字与“法律”两字替换为“律”字和“律例”两字，也就更能实现“具体廓清语词对象”的目的，实现使中国人更为具体地领会英国具体法律——当然可能包括其他西方法律——意指何物的目的。正是这点，也能使人们回忆起，为什么郭实腊曾对 19 世纪初期最为流行的两本语法书籍——马礼逊的《通用汉文之法》[1] 和马士曼（Joshua Marshman）的《中国言法》[2]——提出了一个汉文见解：

欧洲学者的一个重大缺陷在于，他们总是给中文披上西方的外衣……讨论什么单数、复数，现在、过去和将来时态，好像天朝的人研究过亚里斯多德和昆体良。[3]

当然，在郭实腊前述那段英国“自主之理”的叙述中，当年艾儒略

[1] Robert Morrison, *A Grammar of the Chinese Language*, Serampore, Printed at the Mission-Press, 1815.

[2] Joshua Marshman, *Elements of Chinese Grammar*, Serampore, Printed at the Mission-Press, 1814.

[3] 转引胡太春：《汉学家郭实腊与近代中国最早的新闻传媒》，第 93 页。

用于描述西方法律制定者的“格物穷理”这一修饰词汇[1]，现在，被用于郭实腊自己对英国的“学习心态”的描述。针对英国，郭实腊自己认为，“只得更加勉励，格物穷理，良久询此国政之缘由”。在此，我们可以发觉，郭实腊等于是通过引导性的介绍，包括通过自己的虔诚向往的展示，在当时西方信息传递既是有限的又是单向的情况下，也即大体来说中国人总是依赖西方人来了解西方这一情况，去确立英国相对中国而言的、具有“天然如此”意味的法律文化的优势。这里，其背后所包含的话语含义，是这样的：不仅西方的宗教、文化、科技等中国人需要尊敬、仿效，而且，以英国为特别象征的西方“律例”，中国人同样需要给予敬重；西方人，比如郭实腊自己，尚且需要认识了解优秀的“西方代表”，比如英国，这样说来，更何况本身就有缺陷的中国人了。

此外，其背后所包含的话语含义，还有这层意思：在中英贸易包括鸦片贸易中，英国实际上给中国带来的是“真正的市场竞争意识”，还有“真正的中国人应当自我拔升的提醒”。关于这一方面，我们可以注意三个事实。其一，1833 年，郭实腊宣称：“当文明几乎在全球各处战胜愚昧和邪恶，并取得广泛进展之时……只有中国人还同过去千百年来一样停滞不前”，“让中国人了解我们的技艺、科学和准则之后，可以消除他们高傲的排外思想”。[2] 其二，正是鸦片战争开始的 1840 年，郭实腊编译了介绍西方商业制度和贸易状况的《贸易通志》。其三，在《南京条约》签订仪式刚刚结束之际，针对清政府官员提问“为什么英国政府不禁止在印度种植鸦片”，郭实腊又是这样翻译英国全权代表璞鼎查（Henry Pottinger）的回答的：

[1] 1623 年，艾儒略在《职方外纪》中说：“欧逻巴诸国……官府听断不以己意裁决，所凭法律条例，皆从前格物穷理之王所立，至详至当”。见艾儒略：《职方外纪（校释）》，第 73 页。

[2] *Chinese Repository*, Aug., 1833, pp. 181-187. 转引顾长声：《从马礼逊到司徒雷登》，第 51 页。

不行的，因为这是符合英国宪法的，不能禁止……事实上，这完全取决于你们自己。如果贵国的百姓是有德行的，他们会戒掉这个恶习；如果贵国的官员是廉洁的，能遵守你们的命令，鸦片就不会输入贵国。在英国的领土内断绝种植罂粟，这主要有赖于你们，因为在印度出产的鸦片，几乎全部向东方输送到中国。[1]

因此，恰恰是在这里，我们再次看到了，以亚当·斯密的实用主义政治经济学作为铺垫之一的英国如何“进入”中国，从而实现英国“殖民”策略的话语欲望。

七、在语词实践的深层继续挖掘

（一）

斯当东、马礼逊、麦都思、郭实腊所处的时代，正是中西法律术语相互遭遇，进而相互翻译的早期时代。“欲悉夷情者，必先立译馆翻夷书始。”[2]魏源的这句话，不仅适宜其时的中国人，而且适宜其时的西方人。这一时期，就法律言，最大的问题便是如何对译重要的法律术语。显然，根据人们一般接受的翻译理论来说，两类语言术语的对译越是处于早期，越是可以发现其中的相互理解是非常困难的，而且，更为重要同时更为有趣的是，其中相互理解的困难，并非就是“准确翻译”的问题，至少，不单纯是这样的问题；相反，其中可能恰恰是如何自觉或者不自觉地将潜在话语实践目的印入语词之中的问题，可能恰恰是，如何通过翻译将语词使用一方的特定意图巧妙地加以实

---

[1] *Chinese Repository*, Feb., 1844, pp. 67-69. 转引顾长声：《从马礼逊到司徒雷登》，第50—51页。

[2] 〔清〕魏源：《海国图志》（上），陈华等点校、注释，长沙：岳麓书社，1998年，第26页。

现的问题。正像西蒙（Sherry Simon）指出的，“翻译不是一次简单的转换，而是意义创作过程的继续，是意义在文本和社会话语的互相依存的网络中的循环”[1]。

事实上，从上面提到的几位传教士的对译话语实践中，我们可以看到，正是因为处于早期阶段，所以，实践主体更有可能充分利用语词翻译过程中固有的“意义游荡”“理解漂溢”，[2]从而建立有利己方的话语结构。这对法律用词而言，可能尤为如此。因为，法律用语和法律实践有着联系，而法律实践本身就是政治过程的一个缩影；并且，原初的政治过程——包括政治动机以及目的——本身也必定会影响或者推动法律实践。这在近代时期，是特别明显的。

在此，我们可以深入分析三个问题。

（二）

第一，与翻译本身这一问题略有不同，虽然有如前文提到的，当时的汉文背景和西文背景，比如1800年代至1850年代——甚至70年代——中西某些人使用的“法律”语词，提供了一个中西共同理解“法律”概念的语言学上的平台，但是，这依然仅仅是就概念的“大致含义”而言的。一个“大致含义”，总是意味着含义的边界开放，尤其是在遭遇几种语言初期翻译的时候。于是，在上述翻译问题中，我们也就可以看到，从斯当东开始，至郭实腊，一个经过西文思考头脑而产生的、针对中文“法律”用词以及西文“法律”用词而言的些许变化的语词实践，得以呈现。换言之，尽管他们语词实践的背后，都有着大致相同的“西方瞄准中国”的政治实践目的，但是，在语词含义边界总会

[1] ［加］谢莉·西蒙：《翻译理论中的性别》，吴晓黎译、陈顺馨校，载许宝强、袁伟选编：《语言与翻译的政治》，第336页。

[2] 参见刘禾：《普遍性的历史建构——〈万国公法〉与十九世纪国际法的流通》，陈燕谷译，载李陀、陈燕谷主编：《视界》（第1辑），石家庄：河北教育出版社，2000年，第64—84页。

开放的条件下，稍有区别的实践动机，以及实践策略，总在影响着他们的微观用语。

比如，斯当东在早期翻译《大清律例》的时候，毕竟或多或少地对中国法律制度有着复杂判断，或正面，或负面，因此，其不仅在书名这一基本方面使用意义总是多重的英文“laws”一字，以及意思十分具体的“statutes”一字，而且在正文中，针对汉文“吏律”“户律”“礼律”“兵律”“刑律”“工律”等，同样使用意义总是多重的“law”一字。[1] 与此不同，在郭实腊身上，因为自始至终的具体实用的“殖民”目的，所以，汉文“律”字和“律例”一词，是最为常用的。不仅在上述《东西洋考每月统记传》的引文中是这样，而且在《东西洋考每月统记传》其他文章叙述中，也是大体如此。例如，“屈五爵之权，设律例，旌奖商梢……革旧律，设新法”[2]；“遵其律例”[3]；“亲自遵守其律例”[4]；“英吉利公会，立法定例，凡贩卖人口者，其罪之重，如为海贼矣”[5]；“我若犯律例，就私利损众，必失自主之理矣……必须循律例办事，而不准恣肆焉”[6]。

当然，正如人们可以知道的，也如在前面分析马礼逊“词与物”的字词实践时所略微提及的，这些西方传教士，在贯通中西语言从而使用汉文“法律”“律例”“律”等语词的时候，或者在对译的时候，势必会

---

[1] 此时的“law”字，就像后来一样，依然包含“自然法”“自然法则”“规律”“国家法律”等复杂内容。使用该字，也就难免将该字所包含的、当然是潜在的矛盾话语倾向（比如自然法与国家法律的矛盾话语倾向），带入使用之中。

[2] 爱汉者：《葡萄牙国志》，载《东西洋考每月统记传》（道光丁酉年八月号，第107页），第264页。

[3] 爱汉者：《法兰西国志略》，载《东西洋考每月统记传》（道光丁酉年十一月号，第148页），第292页。

[4] 爱汉者：《法兰西国志略》，第293页。

[5] 爱汉者：《释奴》，载《东西洋考每月统记传》（道光丁酉年十二月号，第173页），第307页。

[6] 爱汉者：《自主之理》，第339页。

和中国人相互合作，共同摸索汉文相关语词的使用。但是，参与合作的中国人，同样具有自己的微观话语实践[1]；同时，西方人和中国人之间的微观合作，其本身也包含了微观政治实践，这就有如我们在艾儒略和杨廷筠两人关系、孟德斯鸠和黄嘉略两人关系上所看到的那样。因此，与其认为，斯当东、马礼逊、麦都思、郭实腊等人和中国人的具体语言合作，是为了纯粹准确把握不同语种字词的相互对应，不如认为，他们和中国人，不免时常是在微观政治实践——包括宏观政治实践——中相互纠缠、相互对话、相互影响，甚至相互推进，从而在自己的语词使用中，还有翻译中，去建立隐蔽的有利于自己政治实践目的的话语结构。[2] 就此而言，传教士的“西方身份”，和汉文合作者的“中国身份”，未必就会在近代这一特殊时期将“中西二元对立”的文化印记表达出来。相反，这些身份，恰恰融入了参与某种“世界流通”的话语活动的具体政治之中。

（三）

第二，在上面分析的基础上，我们可以注意一个具有历史悖论意味的问题。这里的意思是说，我们可以注意，尽管在翻译过程中，以及微观合作中，存在着“建立有利己方的话语结构”的问题，从而使法律概念的含义出现某些微观的话语变化，但是，恰恰是这些具有微观政治意义的语词使用策略，又使近代汉文“法律”一词，以及其他相关字词，包括以英文为代表的相应西文字词，还有其中的“法律”概念意思，更为牢固地走向了脱离微观政治意义的道路。这是一个颇具“自我解构”意味的现象。

---

[1] 关于这个问题的一个例子，可以参见马礼逊夫人：《马礼逊回忆录》，第130页。其中提到，参与工作的中国人，彼此之间发生了矛盾，并且使当时的清朝地方政府和东印度公司卷入进来。

[2] 例子，参见刘禾：《普遍性的历史建构——〈万国公法〉与十九世纪国际法的流通》，第69—76页。

我们需要注意，这些字词，就话语的大致方向来说，正是用作“一般工具”而被表达的，同时，正是意在辅助或微观或宏观的政治目的，所以，具有了更为准确传达“所指”的意义，从而更加具有了通常意义的语言工具功能，也即“中性”的功能。与康熙时代和路易十四时代，以及孟德斯鸠和黄嘉略时期的“法律”概念意思的表达略有区别，这些字词，以及其所展示的“法律”概念意思，没有内在的极为分裂的“政治含义”，也即要么排斥“国家法律之外的秩序”的政治含义，要么对抗“国家法律秩序本身”的政治含义（比如自然法的政治意义）。[1]

这意味着，从某种角度看，在19世纪上半叶这一特殊的历史对译时期，越是具有清晰具体的政治实践目的，那么，这一目的本身，越有可能促使“法律”字词的使用，以及“法律”概念的使用，在另外一种意义上摆脱这一目的的束缚；越有可能通过“法律”语词的使用，去使人们感受法律制度以及法律实践的一定程度的“自在自为”“相对独立”，包括法律职业。毕竟，这一时期，人们所瞄向的目标，大体上不是“法律”字词本身，至少并不总是，而是穿透这些字词去寻找和发现法律制度与法律实践，再进一步，穿透法律制度与法律实践，去寻找和发现“政治的对象”，实现自己的政治实践目的。

另一方面，如前所提示的，此时在法律上时常导致中西对立的因素，主要在于中西刑法内容的具体规定的差异这一特别事件，尤其是刑事方面的“治外法权”。[2] 于是，微观务实的政治实践目的，恰恰促使了“法律”字词这一本身原来具有政治印记的话语表征，在另一层面上，失去了政治印记。就此而言，斯当东、马礼逊、麦都思、郭实腊等人的字词

---

[1] 关于这一历史状况的分析，见第二章。

[2] 1836年，针对中英之间的“治外法权”问题，德庇士（John Francis Davis）就曾指出，“居住广州的英国人自知言行不逊，惹人生厌，所以在与当地政府建立关系上格外关注中国的刑法”。见德庇时：《政府与法制》，第334页。此外，曾受雇东印度公司、后任英国驻华公使的德庇士，在中国时深入研究过斯当东翻译的《大清律例》。见德庇时：《政府与法制》，第329—334页。

实践，以及其中包含的“法律”概念含义，实际上是遵循两条路线而发展的：其一，延续了康熙政府和路易十四政府的“法律”字词实践的“国家法律秩序”的政治含义；其二，延续了艾儒略的“法律职业作为解决纠纷而存在的第三方”的社会分工的中立含义[1]。

（四）

第三，因为具有微观的政治实践目的，并且希望通过具体法律这一制度性的工具去认识一个“政治对象”，所以，在此，就像我们在康熙政府、路易十四政府，孟德斯鸠、黄嘉略那里看到的一样，我们依然无法发现在“法律”概念上的中西对立。“中西二元对立”，在斯当东、马礼逊、麦都思、郭实腊等人的字词实践中，大体上是不存在的。有如我们在讨论康熙政府、路易十四政府、孟德斯鸠、黄嘉略等人的字词实践时所看到的一样[2]，重要的问题，依然是“微观的话语实践”，而非中西具有的各自的文化背景。

当然，在“法律”概念上，有如前文例举的英语《新法律字典》和《字典—术语》所表明的，其时的西方语言文化，特别是英语文化，已经包含了“国家法律”含义的趋向，而且，中国汉文大致来说是始终喜欢这一含义的趋向的。但是，直接影响斯当东等人字词使用的因素，却是更为无法回避的微观政治结构，以及微观的政治目的。在通过法律话语去实践具体的政治目的的过程中，在顺利地解决具体的政治问题的过程中，作为宏大背景的文化资源，总是作为一个“参考资料”而去发挥作用的。这在斯当东至郭实腊等人的时代里，是容易看到的。因为，在这一时期的中西遭遇中，具体的经济利益和政治利益是首当其冲的，也是人们必须直接面对的，即使是以传教为名的西方教士，也必须要么自觉地、要么随从地加入其中。我们实在难以想象，初期遭遇的既有具体利益目的

[1] 关于艾儒略的含义，参见第一章。

[2] 见第二章。

又是互不相识的主体个人，会被自己的所谓宏大文化背景所“束缚”，而不认真地在具体矩阵中相互博弈、夺取胜利。其实，在斯当东、马礼逊、麦都思、郭实腊等人身上，这点是不难发现的。这些西人，不仅具有英语的背景，而且有的具有德语背景，在精通汉文之后，他们却在汉文的“法律”字词使用上，有着各自特点。如果如同前面提到的，认为马礼逊和麦都思更为倾向穷尽汉文的相关“法律”字词的使用，那么，斯当东，以及郭实腊，则更为乐意基本集中在“律例”“律”等字词的使用上[1]。

在此，与人们可能想象的通过“中西遭遇”而呈现的“中西法学文化冲突”这一景观恰恰相反，在“法律”概念上，政治的实践，时常构造了具体主体的具体话语实践，在中西之间构造的不是“中西二元对立”，而是需要我们重新开辟考察视野的“微观斗争”，以及“世界流通”。

当然，在涉及中西比较的问题上，我们不能仅仅通过斯当东等人的话语实践，就去断定“法律”概念上的真实状态。显然，中国的“法律”概念，以及西方的“法律”概念，有时可能是会分别各自出现大致倾向的；而且，可以说明各自大致倾向的观念思想，可能也是丰富的。但是，一方面，针对这一历史时期，这仅仅是一种“可能”；另一方面，在斯当东等人的话语实践中，的确可以发现理解这一时期的“法律”概念活动的一个新颖路径。

就“可能”这一点而言，我们事实上总能要么仅在中国，要么仅在西方，发现这一历史时期的相互不同，甚至相互对立的“法律”概念，从而说明“大致倾向”仅仅是种或然判断的主观结果。比如，仅仅是在当时的德国，我们就能发现非常丰富，然而非常复杂，不仅相互不同而且相互对立的各种法律概念学说。[2] 即便是在当时的法国、英国和美国，

[1] 斯当东在翻译《大清律例》时，专门首先使用了“TA TSING LEU LEE”这一汉文发音标示，来作译著的第一书名。

[2] 参见 Hommes，*Major Trends in the History of Legal Philosophy*，pp. 185-206.

我们同样可以发现类似的复杂谱系。[1] 这些复杂本身，就已说明西方的“大致倾向”，是个有待论证的或然判断。

就“新颖路径”这点而言，我们可以指出，同样恰恰是在中西相遇这一宏大的背景中，中西在“法律”概念的相关字词的翻译上的话语实践，以及相关字词的语言互用上的话语实践，的确是种关键性的实践。因为，这一时期，不论是怎样的现实交流，怎样的相互斗争，经济的、政治的、思想的，包括军事的，它们都要首先经过具体主体的翻译，特别是字典式的字词翻译，还有具体主体的语言互用，得以实现；并且借助翻译和语言互用以推进各自的现实欲望。1821 年，针对中英之间的审判管辖问题，一位英国人提到了马礼逊的“英译汉”，指出他用“精确”的方法，将“中文翻译后才送至中国政府处……不论何时，这一前提在和中国人进行谈判时都是至为重要的”[2]。

（五）

在此，也就涉及了这样一个问题：为什么本章针对这一时期特别说明、分析了斯当东、马礼逊、麦都思和郭实腊的字词实践？

从“法律”概念的使用来说，这些西方人士的语词实践，基本上是“先驱”性的。人们大致承认，斯当东的《大清律例》英译，马礼逊的《华英字典》制作，还有麦都思的《字典》编纂，包括郭实腊的汉字运用，它们，都具有引导中西初期理解对方语言意思的重要功能。在个人经历上，这些西方人士，都有西方生活与中国生活的较为长期的具体经验，深谙西文、汉文。所以，无论西方人在阅读英译《大清律例》的时

---

[1] 关于法国，参见 Hommes，*Major Trends in the History of Legal Philosophy*，pp. 208-209. 关于英国，众所周知，至少有奥斯丁和梅因的不同理论。关于美国，参见 Gary Aichele，*Legal Realism and Twentieth-Century American Jurisprudence*，New York：Garland Publishing，Inc.，1990，pp. 3-28. 关于这一问题的深入分析，参见刘星：《民国时期法学的“全球意义”——以三种法理知识生产为中心》，第 35—52 页。

[2] 见马礼逊夫人：《马礼逊回忆录》，第 189 页。

候，还是中国人——当然还有西方人——在翻阅马礼逊、麦都思的《字典》的时候，包括阅读郭实腊的汉字运用，都会自然而然地认为经由这里可以发觉汉文或西文的“正确”使用。对于郭实腊这一相对特殊的例子来说，正如前面曾经分析的，中国人，包括后来逐渐可以阅读汉文的西方人，可以通过阅读他的汉文使用，再通过阅读诸如马礼逊、麦都思的《字典》，更加相信这些西方人的双语实践的可靠性。于是，这些西方人的字词实践，就会——而且的确——在后来的中国语境与西方语境中，发挥了基本的“地图指引”的话语作用。

另一方面，从前面一章笔者分析过的孟德斯鸠等“地理学术话语”这一角度来说[1]，传教士的角色，本来就是“地理化”的，因为，这一角色，是“环游世界传教”的，同时，以郭实腊所编纂的《东西洋考每月统记传》为例，其本身又像《职方外纪》《论法的精神》一样，载有大量的“地理知识介绍”，[2]从而又是“地理化”的。因此，他们的字词实践，也就隐含着我们需要注意的“地理话语”意义上的“世界流通”问题。这样，为了理解后来的汉文、西文相互纠缠之中的“法律”概念及其相关字词的使用，特别是被糅合西文某些话语因素的汉文之中的“法律”概念及其相关字词的使用，同时，如果承认中西“法律”概念话语存在着“中西流通”，甚至“世界流通”的问题，如果承认现代“法律”概念话语——包括字词使用——不可避免地是经由近代的“民族国家碰撞”演化而来的，那么，这些西方人的字词实践，就是必须予以解释的。

其实，正如前面已经分析的，更为重要的是，在这些中西早期遭遇的多语字词实践中，我们可以更为清晰地看到，从而剥离，其中的话语历程，其中的微观政治实践，进而以点带面地去解释为什么“法律”概

---

[1] 见第二章。

[2] 关于这点，参见黄时鉴：《导言》，《东西洋考每月统记传》，黄时鉴整理，北京：中华书局，1997年，第26—30页。

念可以如此地被人使用。此外，同样是在这个意义上，我们又能从“法律”概念话语实践的角度，在较深层次上，去理解人们常说的“斯当东、马礼逊、麦都思、郭实腊等人为中西文化交流作出贡献”的历史寓意。

（六）

最后补充一点。

针对中西微观交流过程中的“法律”概念使用展开分析，并不意味着这种交流之外的近代中国或者西方各自的“法律”概念使用，是不重要的。其实，在本章中，笔者有时也涉及了这种交流之外的中西各自的“法律”概念使用，以及这些使用和交流之中的使用的关系。在交流之外寻求比较，也是有意义的，那也是本书另外几章的写作目标。

只是，从中国角度出发，以汉文“法律”一词作为焦点之一，挖掘交流之中的相关概念的使用，可以更为便捷而且深入地理解后来的中西交汇中的“法律”概念理论。毕竟，近代以来，当中西，或者世界，是在持续交流的过程之中的时候，语言互动、互译，并且在互动互译中生产“中国语境内的法律文化”的话语机制，是这一概念理论得以不断“表演”的、具有独特意义的基本舞台。

第四章

近代法律概念理论的语境分析

——以奥斯丁和丘汉平为比较视点

社会出身和政治观点之间存在着直接的联系……[1]

[1] [法] P. 布尔迪厄:《国家精英》,杨亚平译,商务印书馆,2004年,第25页。

前面三章，通过中西文化在个人身份上的微观融汇，比如，西方传教士或中国某些教徒深谙中西语言，或者，熟知中西制度实践，来深入探讨与“中西联系”相关的近代早期中西法律概念的特定使用，以及某些中西法律概念本身的纵向变迁，特别是中西法律概念，在具体语境中的相互纠缠，相互“斗争”。前面三章，揭示了从“中国角度”看的近现代法律概念理论的一个历史发动。从这一章开始，我将在“这个历史发动”的理解的基础上，推进新型范式的比较研究。我将在更为广阔的中西融汇，同时也是中西相互拉开的背景中，分析与法律、法学某些层面相关的“世界普遍化”的问题；进一步论证，在近现代，针对法律概念理论，我们更应冲破“一个民族国家”观念的束缚。

前面三章，涉及一个结论，也即在微观的中西法律概念相互作用过程中，一个工具性的法律概念——今天人们熟知的法律概念——的使用，开始巩固起来。这一法律概念，包含了“国家权力”“国家法律秩序”的含义，因而，和本章将要深入研究的奥斯丁的理论[1]，颇为接近。另一方面，第二章和第三章也提到了，几乎是在奥斯丁理论开始出现的时候，比如，1820年代至1840年代，与奥斯丁理论非常相似的“辞典”定义的理论，已经在西方传播开来。因此，从奥斯丁切入，展开中西比较，是有理由的。当然，这里的说明，对于本章研究的丘汉平的理论，是同样适用的。

一、问题与方法

一般而言，针对近现代法律概念理论的变迁，学者的研究，是通过

[1] 其具体内容，参见下文。

对法学主体个人思想进行叙述来实现的。当然，人们也会考虑法学个人的思想在广泛法律学说背景中的地位和作用，并且，由此出发，去书写个人思想构成的法律理论历史。另一方面，这种研究，通常也会概括性地提到法学学者个人的生平履历，以及其他相关学术观念，以此暗示个人的生活实践和学术实践之间、其他学科辅助学术实践和法学学科主要学术实践之间，存在的相互关联，尽管，在很多情况下，我们不易发现其中应当直接揭示的"直接关联"[1]。

（一）

应该承认，1930年代以来，西方有些学者注意了近现代法学个人的学术思考和各种复杂的周边语境的相互关系，并且，将其融会贯通，以此希望开辟近现代法学研究的另外途径。比如，1937年，德国学者坎特罗维茨（Hermann Kantorowicz），专门研究了萨维尼的法学思考和当时德国复杂环境，特别是学术环境的相互关系，而且，从中揭示了德国历史法学本身——尤其是萨维尼的法学理论——的历史性和"戏剧性"。[2]1990年代，一批美国学者，专门研究了霍姆斯的法学理论和其各种生活实践以及其他相关学术实践的相互关联，详细分析了霍姆斯的思想和这些实践的紧密联系。[3]此外，美国学者兰博尔（Wilfrid Rumble），近来也深入研究了奥斯丁分析法学理论和英国近现代复杂的学术历史之

[1] 比如，在中国的中国法律思想和西方法律思想研究中，我们时常可以发现其中介绍人物的生平履历、其他学术思想等，但是，并不说明这些生平履历及其他学术思想与其法学思想的直接关系。

[2] 参见 Hermann Kantorowicz，"Savigny and the Historical School of Law"，*The Law Quarterly Review*，53（1937），pp. 326-343.

[3] 例子，参见［美］斯蒂文·J. 伯顿主编：《法律的道路及其影响》，张芝梅、陈绪纲译，北京：北京大学出版社，2005年。

间，以及其分析法学理论与其个人经历之间，存在的相互关系。[1] 所有这些知识社会学式的研究，特别是前面提到的学者的相关研究，是有意义的，也是具有启发性的。

但是，所有这些研究的一个共同问题，则是没有将知识社会学式的研究在“一国与他国的比较”中加以展开，而是通常仅仅注意了“一国国内”的有关内容。其所带来的深层问题，则是我们容易不知不觉地得出“近代法学思考时常具有民族国家特点”的简单结论[2]。

（二）

在近代法学的变迁中，两个重要背景是值得注意的。第一，近代时期，是现代社会法律职业分工开始逐步实现的历史时期。第二，近代时期，是民族国家法律思想、制度开始深入相互交往的一个过程。

第一个背景意味着，近代法学和社会法律职业分工的某些模糊状态，可能有着微妙关系。近代法学，尤其是法律概念理论，因此和其他周边的社会科学理论思考及周边的法律思考——比如部门法思考——有着相互裹挟的关系。第二个背景意味着，一个地方的近代法学和另一个地方

---

[1] 参见 Wilfrid Rumble，*The Thought of John Austin：Jurisprudence，Colonial Reform，and the British Constitution*，London：The Athlone Press，1985，pp. 9-59. 其他相关研究见本章外文注释引文。

[2] 比如，坎特罗维茨非常注意围绕萨维尼的德国近代浪漫主义和德国近代法学职业需求的特点，研究霍姆斯的美国学者，特别注意与霍姆斯相关的美国实用主义实践特点，而兰博尔，则强调了与奥斯丁相关的近代英国“作坊式法律教育”的普通法特点。参见前引他们的著述。

当然，也有个别学者，在“一国与他国的比较”中作出过努力，比如，凯格尔比较了近代美国法学学者斯托里（Josef Story）和德国萨维尼的学说及其背景，雷曼（Mathias Reimann）比较了萨维尼和美国法学学者卡特（James C. Carter）关于法典编纂的学说及其背景。但是，两人的比较带有明显的“仅仅予以历史说明”的倾向，没有将知识社会学的学术旨趣推入这一比较中。见 Kegel，“Story and Savigny”，pp. 39-66；Reimann，“The Historical School Against Codification：Savigny，Carter，and the Defeat of the New York Civil Code”，pp. 95-119.

的近代法学，可能是互动的。用其他方式来说，在一个地方的近代法学中可能可以看到另一个地方的近代法学；反之亦然。第一个背景和第二个背景又是相互关联的。这是在说，社会法律职业分工的模糊，随着民族国家法律思想、制度的交往，其中，可能也包含着“全球逐渐普遍”的问题，也即我们可能可以看到更多的法律思想制度的彼此类似，而非彼此相异，这些类似，又有“世界流动”的意义。

通过“一国与他国的比较”研究，对这两个重要背景所映射的复杂问题，我们可以加深对其所展开的深入理解，特别是对由其而来的近代法学思考的深入理解。通过比较，也许我们可以发觉，就近代而言，从法律思想以及制度的类似性出发去理解“中西法律文化关系”，要比从相异性出发，更为真实，更有意义。这对以法律为考察对象的思考路径而言尤其如此。

（三）

比较应当既是微观的，也是宏观的。我的研究主要放在微观比较，也即通过法学人物思想及其微观语境进行比较。当然，我的研究也会兼及宏观比较。

本章选择英国学者奥斯丁和我国民国时期学者丘汉平的法律概念理论作为微观比较的视点，主要因为，笔者认为，通过两者各自的理论及其各自附着的细节语境，可以经由“近距离观察”的方式，更为清晰地认识“不同地方”法学思考的某些共有微观机制；另外因为，笔者认为，在上述提到的两个重要背景意义上，两者理论，特别是其微观语境，具有相当的类似性，在某种程度上可以凸显近代中西的“共同法学特征”，从而，可使我们更为便捷地深入洞察“近代世界法学的某种共同状态”[1]。当

[1] 说明一点，“近代”一词，在我的研究中，不是就世界范围而言的一个普遍时间年代，而是针对各个民族国家本身发展而言的一个时间年代。所以，对其他民族国家比如英国而言是“现代”的时候，对中国而言，可能是“近代”。

然，正如在比较学术中通常所能感觉的，仅仅因为两者具有一定或者较多的相似性而进行比较研究，是危险的。因为，在众多的其他经验材料中，总能发现大量的差异性；差异性，又能反向对抗所要论证的相似性。比较研究，从而容易落入缺乏根基的自话自说的浮泛陷阱。在这个意义上，我的研究，将会注意作为微观比较视点的“中心”资料和视点之外一般“外围”资料（比如其他法学人物或其他思想人物的观念）的相互印证。

需要补充的是，通常认为，奥斯丁是个“世界重要”的法学人物，丘汉平，充其量也仅是“中国重要”的法学人物，故而，比较两者可能缺乏基本的对等平台。在我看来，比较何者不是关键，关键在于比较结果是否可以提供至少是部分的更为深入的、更为清晰的对问题的理解。就此来说，有如前面提示的，我的确认为，而且在本章中将要论证，比较两者，可以推进对近代法律概念理论变迁机制在具体层面上的某些深入把握。同时，与此相关，对“近代中的中西”比较而言，奥斯丁和丘汉平的思想，就世界范围来讲，是否具有典型性可能会引起人们的某些疑问。但是，何为典型，可能是个见仁见智的问题，而且是个从何种角度切入，比如，从西方角度或者中国角度切入，得以主张以及得以确认的问题。此外，典型意义固然是重要的，然而，在比较中，关键的问题在于是否可以通过比较来发现不论典型中还是普通中都存在的深层意义。所以，也如前面所提示的，重要的是比较目的，以及比较结果，而非比较对象。当然，比较对象的选择自然不是随意的。

（四）

另外，特别需要说明的是，本章的比较，属于“学说外围语境”的比较。这里的意思是说，本章着重比较作为研究对象的“思想”的外部资源。这种比较的视点，将在“思想”的周边因素上逐步巡回。

之所以如此比较，一是因为，以往的法学思想的比较研究，缺乏这种比较；而这种比较，可能可以提供理解作为对象的“原有思想本身”的微观学术实践的社会建构的比较平台，从而将“原有思想本身”置于更富挖掘意义的社会话语脉络的比较之中，开拓思想比较的另外学术路径，推进对法学思想和微观社会语境的互动关系在比较意义上的深入把握，进而，从“全球法学”意义上，追究“原有思想本身”的“社会起源”。

二是因为，相对于现代，尤其是当代而言，近代由于学术职业分工依然处于较为朦胧的状态，或者起步状态，法学思想本身在学术实践中，总是缺乏较为明确的操作边界。于是，通过这种比较，也许可以将近代这种“世界性”的法学学术的特有历史意义凸显出来，从而洞察世界中，现代乃至当代法学思想和近代法学之间存在的对于法学职业甚至整体法律实践而言不可忽视的历史关联，追溯其中的世界范围的历史发动，进而，深入理解发展至今的世界法学运作的内在隐蔽含义。

当然，作为被比较的学说外围语境，其资源是十分丰富的。于是，如何取舍用作比较的“资源”，就是需要说明的。在我看来，“资源”的取舍，主要取决于其对本章学术目标的解释意义。这一章不可能，同时也无必要，穷尽所有外围语境的“资源”，而且，在有些“资源”具有解释意义的同时，另些“资源”相对而言，总是“多余”的，并无解释意义上的关联作用。因此，本章将集中在具有重要解释功能的“资源”上展开比较。

二、近代时期其他学科人物对法学人物的影响

（一）

1945 年，埃弗雷特（Charles Everett）发现了边沁 1782 年撰写但未出版的重要著述——《法律概论》（*Of Law in General*），将其手稿以《法理学的界定》为题出版[1]。1970 年，哈特再次将其编辑出版。在哈特编辑的版本中，人们终于广泛地清楚发现边沁细致地讨论了诸

[1] 见 Jeremy Bentham，*The Limits of Jurisprudence defined*，ed. Charles Everett，New York：Columbia University Press，1945.

如义务、制裁、作为、意图、动机、自由等重要的法律概念。尤为重要的是，边沁讨论了法律的基本性质，指出法律的根本特征，在于主权者的命令。边沁所展开的诸如义务、制裁等一般法律概念的讨论，以及法律根本特征的讨论，非常类似人们熟知的奥斯丁的讨论。几乎和后者一样，边沁提到了法律、命令、义务、制裁是一个事物的四个方面；提到了，法律是以制裁作为后盾的命令，是以主权者的意志作为根据。[1] 所以，哈特认为，在边沁这部著述中：

其所呈现的和在奥斯丁的《法理学的范围》(*The Province of Jurisprudence Determined*) 以及《法理学讲演录》(*Lectures on Jurisprudence or the Philosophy of Positive Law*) 中人们所看到的，如出一辙。因为，像奥斯丁的学说一样，边沁的理论，也是法律命令说，其中，核心概念就是那些主权、命令之类的概念……只是，边沁更为细腻而且游刃有余地说明了相关思想。[2]

当然，边沁在 1789 年出版的《道德与立法原理导论》中早已提到：

被承认有权制定法律的个人或群体为法律而制定出来的任何东西，俱系法律。假如奥维德的《变形记》是如此制作出来的，那它就该是法律了。[3]

---

[1] 参见 Jeremy Bentham，*Of Laws in General*，ed. H.L.A. Hart，London：The Athlone Press，1970，pp. 1，21，22，54，58. 另见 Austin，*Lectures on Jurisprudence or the Philosophy of Positive Law*，vol.Ⅰ，pp. 88-90. 有意思的是，人们没有怎么注意埃弗雷特编辑的版本。

[2] H.L.A. Hart，*Essays on Bentham：Studies in Jurisprudence and Political Theory*，Oxford：Clarendon Press，1982，p. 108.

[3] ［英］边沁：《道德与立法原理导论》，时殷弘译，北京：商务印书馆，2002 年，第 367 页。

所以，哈特后来补充提到，《法律概论》中“不同凡响的内容以浓缩扼要的方式，体现在《原理》（即《道德与立法原理导论》——本书笔者注）于1789年出版前夕边沁所加的长篇末注之中”[1]。

（二）

1905年，梁启超在自己创办的《新民丛报》上发表了《中国法理学发达史论》[2]。在这篇论文中，有如边沁一样，梁启超细致地分析了法律概念的各种问题，尤其详尽地分析了中文“法”字的语源[3]。梁启超有关中文“法”字语源的分析，今天学者是颇为熟悉的，其中包括了“法”字与“刑、律、典、则、式、范”等字的语义关系的讨论。如果翻开今天中国法理学的主要著述，那么，我们可以发现，其中内容总和梁启超的叙述有着许多类似之处。在较早时期，梁启超另外发表过《论立法权》一文[4]。在《论立法权》中，梁启超指出，“国家者，人格也（有人之资格谓之人格）。凡人必有意志……国家之意志何？立法是也”，“夫立法者，国家之意志也”[5]。和边沁的看法颇有类似的是，梁启超也曾说过，“法律者，统治之要具也。为主治者而立，非为受治者而立”，“主治者复以其意之所是非，制为禁令，而一国人皆有服从之之义务”[6]。

如果认为在奥斯丁的学说中可以发现边沁的影响，那么，在丘汉平

---

[1] ［英］哈特：《导言》，边沁：《道德与立法原理导论》，第xxxiii页。

[2] 《新民丛报》第4卷第5、6期。

[3] 在中国法学语境中，“法”字的语义分析总和法律性质的理解有着密切联系，人们容易认为前者是后者的重要前提。所以，我们可以发现许多中文的类似叙事。当然，在西方法学语境中，这种情形也是存在的。

[4] 见何炳然：《新民丛报》，载丁守和编：《辛亥革命时期期刊介绍》，北京：人民出版社，1982年，第148页。

[5] 梁启超：《梁启超法学文集》，范忠信选编，北京：中国政法大学出版社，2000年，第10、12页。

[6] 梁启超：《论中国成文法编制之沿革得失》（1904年），载《梁启超法学文集》，第121页。

的理论中，我们也能看到梁启超的影响。1931 年，丘汉平将在暨南大学的一次演讲撰写为论文，称《法律之语源》[1]。在这篇论文中，梁启超有关“法”字起源的分析，得到了极为相像的模仿。丘汉平同样提到了“法”字与“刑、律、典、则、范”等字的关系，甚至援引了梁启超有关“法”字渊源分析的一段原文[2]。在《徒法不能以自行论》一文中，丘汉平指出，法律的出现，源于优劣阶层的相互关系。作为一种工具，法律总是优势阶层，或说统治阶层，为维护现存社会秩序所需而利用的。所以，“法律之唯一作用，在于寻求社会安宁而已矣”[3]。在丘汉平的叙述中，梁启超的“主治者”和“受治者”的关系，转换为了“优势阶层”和“劣势阶层”的关系。就法律的性质而言，丘汉平则类似地认为，“法律是人创制的”[4]，同时也相信制裁是“法律的固有性（inherent nature）”[5]。如此，丘汉平基本上是重述了梁启超在《论立法权》中的主要观念。此外，在丘汉平的另外一些著述中，我们也能看到丘汉平时常引述梁启超的言说。[6]

在此，提到丘汉平的法律观点，自然是因为其和奥斯丁的法律观点具有一定的相似性，正如梁启超和边沁有着类似一样。他们，首先都将法律思考的出发点，放在了社会权力优势阶层的“立法”上。从近代乃至现代来看，这是最为常见的认识、理解法律性质的一种观念，也和前面三章分析的“工具性”法律概念一样，最为容易为人不知不觉地

---

[1] 后发表在《法学杂志》第 5 卷第 2 期，1931 年 12 月。见丘汉平：《丘汉平法学文集》，洪佳期译，北京：中国政法大学出版社，2004 年，第 26—31 页。

[2] 见丘汉平：《法律之语源》（《法学杂志》第 5 卷第 2 期，1931 年），载丘汉平：《丘汉平法学文集》，第 29 页。

[3] 丘汉平：《徒法不能以自行》（《法学杂志》第 5 卷第 4、5 期，1932 年），载丘汉平：《丘汉平法学文集》，第 40 页。

[4] 丘汉平：《慎子底法律思想》（《法学季刊》第 3 卷第 3 期，1926 年），载丘汉平：《丘汉平法学文集》，第 60 页。

[5] 丘汉平：《慎子底法律思想》，第 61 页。

[6] 比如，见丘汉平：《丘汉平法学文集》，第 50、62、91、94—95 页。

所使用、所认同。

（三）

在我看来，首先值得注意的是边沁和梁启超对于近代法学职业人物的“类似”影响。众所周知，从广义的现代学术知识分类来看，边沁可能首先是伦理、政治还有哲学学者，没有人会否认，边沁首先是在这些知识领域内具有学术影响的。人们对其记忆最深的，恐怕就是伦理学、政治学上的功利主义。同样，梁启超可以首先说是社会思想、政治思想的学者。在中国近代史中，梁启超早期的激进变革观念的影响十分广泛。于是，他们对法学学者的话语引导作用，就是一个必须给予关注的重要问题。[1]

就微观言，奥斯丁和边沁的师生关系，是众所周知的。奥斯丁不仅听过边沁讲课，而且和边沁有过许多私下交流。同时可以提到的是，人们后来发现，奥斯丁曾经十分崇拜边沁的个人魅力。他曾表示，自己尊敬边沁，深信其理论的重要，而且自己对其心怀宗教式的崇拜，所有这些感受一日未曾减少。[2]于是，奥斯丁接受边沁的某些法律理论，似乎是自然而然的。此外，当年在奥斯丁被伦敦大学（University College, London，当时新建）聘为法理学与国际法讲座教授的时候，正是因为奥斯丁已经表现出了信奉功利主义，所以，边沁颇为兴奋，同时予以协助，而在筹建伦敦大学的过程中，由于许多边沁主义分子——比如密尔（James Mill）和格罗特（George Grote）——发挥了十分重要的作用，这

---

[1] 关于边沁对其时英国其他法律学者的影响，例子非常丰富，恕不例举。关于梁启超对中国其时法学学者的影响，可以注意另外一个比较重要的例子。1922年，吴经熊撰写了《法律的基本概念》一文（《改造》第4卷第6期），其中引述了梁启超的一些法律制度观点。见吴经熊：《法律的基本概念》，第10页。

[2] 见 Rumble, *The Thought of John Austin: Jurisprudence, Colonial Reform, and the British Constitution*, p. 17.

一聘任才会得以成功。[1] 这一教职聘任的过程，从侧面似乎也能说明，奥斯丁和边沁的法律理论有着某种承继关系，是顺理成章的。

但是，丘汉平并未像奥斯丁那样和梁启超有着密切师生关系。从目前的资料，很难看到丘汉平和梁启超曾有直接的相互交流。1904 年，当梁启超撰写《中国法理学发达史论》的时候，丘汉平则在缅甸刚刚出生。1926 年左右，当丘汉平在上海东吴大学法律学院开始系统研究一般法学理论，而且开始撰写《法律思想的性质》[2] 和《现代法律哲学之三大派别》[3] 的时候，梁启超已在清华国学研究院担任导师，另任北京图书馆馆长，并且已经不太关心法学问题 [4]。1929 年，当丘汉平在美国乔治 · 华盛顿大学获得法学博士学位的时候，梁启超去世。此外，既然没有直接的相互交流，梁启超在丘汉平的学术历程中，也就未曾扮演任何协助角色。

奥斯丁和丘汉平在微观语境中的差异，并未影响边沁对奥斯丁、梁启超对丘汉平的理论吸引的差异，并未导致奥斯丁对边沁、丘汉平对梁启超的敬佩的差异。毕竟，从丘汉平不断引述梁启超的思想看，丘汉平像奥斯丁一样，对当时具有重要影响的梁启超，十分仰慕。

（四）

于是，其他方面的因素就是需要考察的。在此，人们当然可以立刻想到，近代是个社会各个层面激烈变迁的历史时期，其中，社会政治经济问题，具有举足轻重的中心主导势态，处于近代变迁中的各个民族国

---

[1] Rumble，*The Thought of John Austin*：*Jurisprudence*，*Colonial Reform*，*and the British Constitution*，p. 29.

[2] 刊载《法学季刊》第 3 卷第 4 期，1927 年。

[3] 刊载《法学季刊》第 2 卷第 8 期，1926 年。

[4] 见吴廷嘉、沈大德：《梁启超评传》，南昌：百花洲文艺出版社，1996 年，第 169—170 页。仅仅是在 1922 年至 1923 年，梁启超曾在济南、上海、宁波等地讲学。见吴廷嘉、沈大德：《梁启超评传》，第 168 页。

家，都需要面对经由各类交往，比如殖民与被殖民、追随与被追随，甚至形式不断变幻的“战争”，包括本民族本国家内部的迅速变革，来调整自己的社会政治经济策略，或者富国强兵，或者鼎故革新。在这种语境中，社会政治经济理论的代言人，自然拥有理论和思想的号召力，从而对其他领域的学科知识产生重要影响。亨利·吉罗（Henry Giroux）等人就曾说过，这类代言人，自然是会抵抗自己社会中“令人窒息的知识和实践。抵抗的知识分子可以为将对于被压迫情景的改革性批评作为出发点的人们提供道德的、政治的、教学的领导权”[1]。如果影响者和被影响者之间有着某些实际的私人学术承传联系，那么，这样的号召力，也将发挥更为明显的作用。

大致来说，这种看法是正确的。然而，对于法律概念理论来说，这也许仅仅是问题的一个方面。从另外角度看，更为重要的是，在近代学术思想中，法律概念理论本身并不像现代特别是当代的法律概念理论那样深入复杂、层次丰富，尤其具有法学职业化的学理内容。换言之，在近代和现代之间，特别是在近代和当代之间，可以发现一个关于法律概念理论的“专业分野”。这也许是理解“影响存在”的另一途径。

首先，在现代和当代中，随着法律职业包括法学职业的纵深发展，以及法学学术自身的不断推进，法律概念理论，已经逐步拥有了展示学科边界意义的话语机制。这意味着，法律概念理论，其本身如果经由“权威”或者“经典”产生影响，那么，一个首要条件往往可能就是这种“权威”或者“经典”属于“法学职业内部性质”的，是由一个或者几个特定的法学职业内部成员推出的，而且，需要具体细微的法律制度实践的经验支持和法学专业化的特征支持。比如，在现代和当代，欧洲大陆凯尔森的法律概念理论，英语国家哈特的法律概念理论，就是如此。两者

---

[1] 亨利·吉罗、戴维·季维、保罗·史密斯、詹姆斯·索斯诺斯基：《文化研究的必要性：抵抗的知识分子和对立的公众领域》，黄巧乐译，载罗钢、刘象愚主编：《文化研究读本》，第 85 页。

的理论，大致来说，和精微的法律制度背景和法学专业背景，有着密切勾连，是在这些背景中产生“权威”和“经典”意义的。法学职业，对其接受，首先也是因为其本身就是“法学职业内部生产的”。相反，近代时期，因为法律职业，特别是法学职业本身，正处于萌芽阶段，法律概念理论的论证机制通常并不十分精深，并不具有特别的法学专业印记，而且，在法律概念理论上，法学职业操作和其他学科职业操作的界限，并不清晰分明。因此，初期阶段的法学职业成员接受其他学科或者百科全书式的学者关于法律概念的理论，也就不是特别奇异的事情，“法学职业内部性质”或者“法学职业内部生产”，也就无法成为“影响出现”的一个首要条件。

其次，我们另外可以认为，近代的法律概念理论的分析阐述，在更多情况下，是和政治理论、伦理理论、社会理论还有哲学理论联系在一起的，甚至可能是后面这些理论的一个组成部分；而现代，尤其是当代的法律概念理论的分析阐述，则基本上是和具体法律制度理论与实践联系在一起的，是试图抽象概括地解释现实法律制度与实践的。比如，人们熟知的西方近代启蒙时期的诸如洛克（John Locke）、孟德斯鸠、卢梭、黑格尔（Georg W.F. Hegel），包括边沁等人的法律概念理论，显然更多是和其时的政治、伦理、社会和哲学理论联系在一起的；而中国近代变革时期的康有为、张之洞，包括梁启超等人的法律概念理论[1]，同样是和当时的政治、伦理、社会和哲学理论紧密相关的。这些人物的法律概念理论，尤其可能是他们自己另外理论的一个构成要素。与此不同，西方现代和当代的诸如施塔姆勒、庞德（Roscoe Pound）、惹尼（Françis Gény）、拉兹（Joseph Raz），以及前面提到的哈特的法律概念理论，与

---

[1] 康有为曾说，“凡天下之大，不外义理、制度两端……制度者何？曰公法，曰比例之公法、私法是也”。见康有为：《实理公法全书》，载《康有为全集》第 1 集，上海：上海古籍出版社，1987 年，第 276 页。张之洞曾说，“法之变与不变，操于国家之权，而实成于士民之心志议论”。见张之洞：《劝学篇 · 外篇 · 变法第七》，郑州：中洲古籍出版社，1998 年，第 137 页。

其所处时代的具体法律制度实践，有着彼此映射的相互关系；而中国现代和当代的比如蔡枢衡，还有新中国成立以来特别是1980年代以来的从事法学研究的学者的法律概念理论，也和中国当时以及现在的具体法律制度实践，有着彼此呼应的相互勾连。这些现代和当代的法律概念理论，又在试图以普遍方式解释法律制度实践。[1]

在这个意义上，近代法律概念理论，与现代尤其当代的有所不同，不论是谁者提出的，大体都能具有“可以普遍通约”并且为人容易理解的话语特征。这对初期法学职业阶层而言，也是如此。也是在这个意义上，我们就能深入明晰，近代诸如边沁、梁启超这样的重要社会政治理论学者，可以在提出不带有“专业障碍”的法律概念理论的同时，经由自己的社会政治学术角色的独特意义，来影响他者的法律概念的基本理解，特别是处在法学职业萌发阶段的诸如奥斯丁、丘汉平这样的法学学者。其实，就影响产生的学术空间看，在此，我们可以发现关于中西近代法学思考的学术背景的一个共有特征：在法律概念理论上，近代时期，社会政治学术角色的影响，也许正是通过“不带专业障碍”这一现实得以实现的。

（五）

当然，这一分析并不意味着现代，尤其是当代，其他学科的重要人物，比如西方的哈耶克（Friedrich Hayek）、罗尔斯（John Rawls），中国的费孝通，对于法学学者的法律概念理论无法产生影响，或者，没有提出“可以普遍通约”的法律概念理论。事实上，他们对中西法学职业意义上的学者，产生了不可忽视的引导作用，而且提出的法律概念理论对于法学学者而言，也是容易理解的。但是，我们首先应当注意，诸如哈耶克、罗尔斯、费孝通的理论，因为特定学术分工而产生的现代学科标记已经较为明显，所以，总是具有特定的学科目标，突出了学科本身的

[1] 当然，这些现代和当代的法学理论，有时也和政治、伦理、社会和哲学理论有着联系，并非截然分离。

“自我”意识，也所以，哈耶克的推论方向，更为集中瞄向了经济学和政治学，罗尔斯更为集中瞄向了政治学和伦理学，费孝通更为集中瞄向了社会学和人类学。他们不是百科全书化的，或者基本上不是百科全书化的。这意味着，他们的主要学术目的之中，并不包含在法学中详尽阐述分析法律概念理论的学术意图，这与近代诸如孟德斯鸠之类的学者，有着基本区别（比如孟德斯鸠就专门提出了法律的概念，同时又在专门细致研究政治学的相关理论）。其相关的法律概念理论，是附带性的，“附带”的意义在于法律概念的一般、感性的使用[1]，从而走向自己学科的主要目标。其次，我们应当注意，这些学者的法律概念理论的影响，其出现的背景，相对而言，不是世界整体意义上的民族国家相互激烈对撞，以及由此而来的民族国家内部激烈动荡；相反，其背景，主要是这些对撞和动荡基本消失而意识形态观念及学术思想持续活跃的政治/思想二元分离。因此，他们对法学学者的影响，与近代相区别，更多不在于法律概念本身的“性质”方面，而在于通过与法律概念本身的“性质”相关的法律作用、法律特征的学术分析，来渗入法学学术。

自然，这一分析也不意味着边沁对奥斯丁、梁启超对丘汉平的影响，与其他因素没有关联。其他因素同样是可以辨明的，而且也是需要辨明的。这一分析，仅仅意味着如此理解这种影响的机制，可能是比较深入的，在宏观理解和微观理解之间可能可以建立一个“时代意义的法学职业上”的中观语境把握，从而为近代法律概念理论，甚至其他法学理论提供一个可能更为贴近“法学本身”的理解思路。

三、近代时期法学人物法学知识的双重相对自主

尽管边沁对奥斯丁、梁启超对丘汉平产生了重要影响，但是，作为

[1] 这里主要是指“法律概念的感性使用”。关于这一点，参见刘星：《法学“科学主义”的困境——法学知识如何成为法律实践的组成部分》，第32—33页。

被影响者的奥斯丁和丘汉平并没有完全接受影响者的思想。

（一）

就奥斯丁言，他在一些法律理论上和边沁有着重要分歧。在《法理学讲演录》中，奥斯丁指出，边沁将“制裁”（sanctions）这一术语视为既包含了惩罚（punishments），又包含了奖赏（rewards），显然是错误的；边沁没有恰当地评估法官在立法上，进而在法律形成上的作用，对判例法采取了不应有的近乎诋毁的态度；作为政治学者，边沁没有准确地定义“独立的政治社会”（independent political society），从而不能准确说明法律得以依存的政治空间；此外，边沁对于法律制度的简化，寄予了不切实际的幻想。[1]

就丘汉平言，他虽然没有直接批评梁启超的法律理论，然而，却提出了某些不同的法律观念。例如，丘汉平认为，尽管“立法”是经由立法者而出现的，因而“立法”总是存在“立法意志”的问题，但是，这种意志，至少在应然层面上是“全民意志”，而非少数者的个人意志[2]。同时，丘汉平主张：

> 法律之产生，非尽为无意识，亦非尽为有意识；非尽为人道主义，亦非尽为阶级利益。盖法律之为物，全基于社会之形成……[3]
>
> 法律是一种行为规则……求实现共同生活为目的。[4]

这些观点和梁启超的思想，是有分歧的。

---

[1] Austin, *Lectures on Jurisprudence or the Philosophy of Positive Law*, vol. I, pp. 90-91, 212-213, 218-219.

[2] 参见丘汉平：《法治进化论》（《东方杂志》第34卷第9号，1937年），载丘汉平：《丘汉平法学文集》，第271—280页。

[3] 丘汉平：《徒法不能以自行》，第39页。

[4] 丘汉平：《法治进化论》，第271页。

那么，为什么奥斯丁和丘汉平没有完全接受影响者的思想？

（二）

1827年，在被任命为伦敦大学教授之后的第二年，奥斯丁来到了德国的波恩。他到德国波恩的目的之一，是学习德国法学。因为，在他看来，他所具有的法学知识，暂时不能使其胜任讲座教授的职位；而德国当时由于具体法律制度的丰富研究已经出现了成熟的法学知识，特别是在波恩大学城。这能为其法理学讲义的撰写，提供学术资源。[1]这一时期，德国虽然在激烈地讨论以萨维尼为重要代表的历史法学理论的意义和作用，然而，又在催育各种其他不同的法学观点，其中，极为值得注意的是日耳曼学派（Germanistik）、罗马法学派（Romanistik）、潘德克顿学派、自然法学派（尤其以主张移植法国成文法的民法学者蒂保为代表的自然法学派），还有以柏林大学为中心的围绕黑格尔而形成的形而上法学派。对于奥斯丁来说，吸引其注意力的，是经由萨维尼的某些论述引发出来的罗马法学派和潘德克顿学派[2]，因为，这两个学派，十分注意法律体系以及法律制度的内在问题，颇具“法学应当自足”的学术旨趣。其他学派，特别是历史法学派，虽然也注意法律制度尤其是罗马法的内在法学问题，但是，因为宏大的法学叙事，比如“民族精神”，已经成为自己理论的根本支柱，并且，相关的法学内容无一不在论证“民族精神”的基本要义，所以，相对来说，它们没有像罗马法学派和潘德克顿学派那样，将法学自身的内容作为首要目标。这一时期的奥斯丁，最为关心的

---

[1] 参见 Rumble，*The Thought of John Austin：Jurisprudence，Colonial Reform，and the British Constitution*，pp. 31-33.

[2] 萨维尼提到了法律制度的“体系”和“自给自足”的问题，而且表达了一种观念：制定法一旦确立，习惯法一旦出现，则会自给自足，可以提供解决所有具体法律实际问题的答案。关于萨维尼的观念，以及两个学派如何从萨维尼的某些学说起步从而建立起来，参见 Reimann，“Nineteenth Century German Legal Science”，pp. 858-859，880-887.

是以德国“先进”的法学自身知识来充实自己的法学理论，而德国法学，特别是以罗马法学派和潘德克顿学派为代表的法学，由于特别关注罗马法以及一般法律制度的具体知识和逻辑体系问题，并且将其在法学一般理论中加以提升，对奥斯丁而言，几乎是其树立“法律科学”的标准范例。[1] 奥斯丁曾讲道：

在德国人那里，尽管总体上的法律哲学处于日渐堕落的状态，但是，基于我的考察，他们的解释性著述（特别是关于罗马法的解释性著述），对我来说，是法学理论提升的典范，而且是颇具启发意义的。[2]

而奥斯丁本人，非常希望确立一个标准的法理学的法律科学。他说：

有关“实际存在的由人制定的法”的定义，其尝试和努力，仅仅是一个序幕……定义尝试的真正目的，仅仅在于提示（尽可能完善精确、简单普适）这样一个内容：准确说明法理学科学。[3]

就德国学说的影响言，对奥斯丁学说、生平深有研究的施瓦茨

---

[1] 参见 Rumble，*The Thought of John Austin：Jurisprudence，Colonial Reform，and the British Constitution*，p. 32. 另见 Wilfrid Rumble，“Introduction”，in John Austin，*The Province of Jurisprudence Determined*（Wilfrid Rumble ed.），New York：Cambridge University Press，1995，p. ix. 奥斯丁曾对德国抽象化的思考，不以为然，他说，“我极为看中德国学者的著作，至为尊重德国学术界。但是，我不能欣赏，而只能原谅德国哲学的嗜好，这一嗜好就是晦涩、神秘和抽象”。见 Austin，*Lectures on Jurisprudence or the Philosophy of Positive Law*，vol. I，p. 325.

[2] 转引 Janet Ross，*Three Generations of Englishwomen：Memoirs and Correspondence of Mrs，John Taylor，Mrs. Sarah Austin and Lady Duff Gordon*，London：J. Murray，1888，vol. Ⅰ，p. 51.

[3] Austin，*Lectures on Jurisprudence or the Philosophy of Positive Law*，vol. Ⅰ，pp. 333-334.

（Andreas Schwarz）指出，“奥斯丁对德国学者和著述的熟知，以许多方式激励了他的思考，丰富了他的学识，而且引发了他的回应”[1]。德国之行，甚至使奥斯丁感叹自己应当是“20世纪的大学教师，或者一位德国教授”[2]。

边沁也曾讨论过诸如罗马法和英国普通法之类的具体法律知识。比如，即使是在较为简略的《道德与立法原理导论》中，他也细致分析过侵权问题中的“意图”问题，不仅提到“故意”“疏忽”，而且提到了“隐晦意图”。就“隐晦”意图而言，边沁说过，其意是指某人预见自己的行动肯定或极为可能造成某一后果，但与其持有直接的意图有时相反，其既不将这一后果当作目的本身，也不将它当作达到一个目的的手段来追求或期待。[3]此外，在这部著作中，边沁详尽讨论了具体犯罪分类的问题，以及与之相关的法律权力和法律权利问题。[4]然而，边沁的目的在于政治性的“立法问题”。在他看来，所有这些具体法律问题的探讨，“提供了政府在创设和分配财产所有权以及其他公民权方面进行操作的标准”[5]。而且，边沁具有极其强烈的变革英国法律制度的愿望，认为在英国应当将功利原理，“当作旨在依靠理性和法律之手建造福乐大厦的制度的基础”[6]。对于“法律科学”的建立，边沁没有像德国罗马法学派和潘德克顿学派那样，表现出足够的兴趣和努力。因此，在德国的一些法学理论中，奥斯丁似乎才发现了建立“法律科学”的具体法学知识。

---

[1] Andreas Schwarz, “John Austin and the German Jurisprudence of his Time”, *Politica*, Ⅰ (1934), p. 178.

[2] Austin, *Lectures on Jurisprudence or the Philosophy of Positive Law*, vol. Ⅰ, p. 12.

[3] 见边沁：《道德与立法原理导论》，第133—139页。

[4] 见边沁：《道德与立法原理导论》，第249页以下。

[5] 边沁：《道德与立法原理导论》，第49页。

[6] 边沁：《道德与立法原理导论》，第57页。

（三）

几乎是整整100年后，1928年，丘汉平来到了美国法学院，研习美国法律。1930年，他在欧洲作了一番考察。从现有的资料看，丘汉平除了一般意义上的留学之外，似乎没有像奥斯丁那样的特别学术目的。他获得了美国的法律博士学位，但是，人们尚不清楚留学之际他对美国何种法律理论存有兴趣。不过，从后来的法学著述考察，其比较倾向于关注美国社会法学理论和欧洲社会法学理论相互结合的法律基本理念。他说：

> 社会法理学派最为完满。因为社会法理学派的方法是包括各派的长处。[1]

对比奥斯丁，丘汉平似乎并不仅仅关心范围有限的分析法学所津津乐道的法律逻辑体系问题，有时，还对这种法学颇有微词，指其“弊病，是把法律当做死的”[2]，其方法也非“法理学的正当方法”[3]。然而，类似的是，丘汉平尤为对具体法学知识十分用心。这从其1930年回国后立即从事律师业务这一行动中可以略见一二。律师业务的展开，首要的准备，自然是具体法学知识的充实。当然，丘汉平同样希望在具体法学知识的基础上，建立一种“科学”的系统的一般法学理论。在其一般法学理论的著述中，可以发现这点[4]。

梁启超没有留学过美国和其他欧洲国家，当然也没有在这些国家法学院或法科，系统地学习过法律；仅仅是在后来，比如1899—1900年和1903年，曾经两次游历美国，1918—1920年，与张君劢、丁文江、蒋

---

[1] 丘汉平：《从西半球的法学说到三民主义的法理学》（《东方杂志》第35卷第1号，1935年），载丘汉平：《丘汉平法学文集》，第258页。

[2] 丘汉平：《从西半球的法学说到三民主义的法理学》，第253页。

[3] 丘汉平：《从西半球的法学说到三民主义的法理学》，第253页。

[4] 例如，丘汉平：《法律之语源》，第26—31页。

百里等人，游历过欧洲一些国家。对欧美的游历，主要是“政治性的”和“社会性的”，也即对当地的政治及一般社会问题展开了解[1]。当然，梁启超也曾去过日本，对日本学术十分了解。对梁启超而言，虽然撰写过诸如《论中国宜讲求法律之学》[2]等文，但是，这些文章，只是探讨法学的一般问题；更为重要的是，探讨法学和宪法变革的关系，其中特别提到“泰西自希腊罗马间，治法家之学者，继轨并作，赓继不衰……而举国君民上下权限划然”[3]。另外，梁启超早期在《新民丛报》上的文字，人们时常认为是“传送”日本学术，并非是自己具体研究的独创见解，其似有借日学传西学的意思[4]。显然，尽管梁启超不像边沁那样研究过一些具体的法律问题，但像边沁一样，其更为关注的是宏观国家制度与基本法律的变迁，以及在价值意义上如何凸显法律制度和法学知识的“政治角色”的担当。他曾说道：

法治主义，为今日救时唯一之主义……我国不采法治主义则已，不从事于立法事业则已，苟采焉而从事焉，则吾先民所已发明之法理，其必有研究之价值，无可疑也。[5]

就在《论中国宜讲求法律之学》一文中，梁启超也曾强调，“发明西人法律之学以文明我中国”[6]。至于具体法学知识本身如何，梁启超并

---

[1] 参见和磊：《梁启超感叹美国政治》，载《环球时报》，2003年5月19日第11版。

[2] 1898年发表于湖南《湘报》。

[3] 梁启超：《饮冰室合集·文集之一·论中国宜讲求法律之学》，北京：中华书局（影印版），1989年，第93页。

[4] 见孙宝瑄：《忘山庐日记》，上海：上海古籍出版社，1983年，第549页。彬彬（徐彬）：《梁启超》，1929年1月26—28日《时报》，转引夏晓虹编：《追忆梁启超》，北京：中国广播电视出版社，1997年，第18页。

[5] 梁启超：《中国法理学发达史论》（1904年），载《梁启超法学文集》，第71页。

[6] 见梁启超：《饮冰室合集·文集之一·论中国宜讲求法律之学》，第93页。

未表现出法学职业的兴趣。同时，梁启超也像边沁一样，并不关心如何从具体法学知识出发，去建立“科学”的一般法学理论。与此不同，丘汉平在域外学习关注的是具体的法学知识，同时又希望据此建立系统的抽象法律理论。于是，依然有如奥斯丁不同于边沁，这使丘汉平的法律概念理论在另一层面上呈现了不同于梁启超的学术思路。

当然，对具体法学知识的关注，以及期待“科学”的系统的一般法学理论的建立，并不意味着丘汉平可以和奥斯丁具有共同的思考路线。事实上，如前所述，他们对法律概念理论的考虑，既有相同的地方，也有不同的地方。但是，在此值得注意的是，作为英国近代以及中国近代带有标志色彩的初期阶段的法学职业人物，奥斯丁，还有丘汉平，都在主动或者自然而然地，经由域外去研习对于法律概念理论具有重要意义的具体法学知识，从而发现建立科学的一般法学理论的可能性。这意味着，在一定意义上，他们并不满足于接受诸如边沁与梁启超这样的一般理论家在法律概念理论上的引导叙述，或者，完全像他们那样，展开一般化的相关思考。更应该注意的是，他们的确认为，从职业的法学知识角度或者至少是结合这种知识，以及在期待“科学”、系统的一般法学理论的基础上去阐述法律概念理论，是更为恰当的，更会使这种理论具有坚实的专业基础。奥斯丁曾说：

> 除非讨论法学中的具体问题，以及其中的细节化问题，否则，提出一个更为完美的法律定义只能是不切实际的幻想……[1]

丘汉平在涉及罗马法研究时类似地提到，“昔余嗜法理之学，故在

[1] Austin, *Lectures on Jurisprudence or the Philosophy of Positive Law*, vol. Ⅰ, p. 334.

习法时代，则孜孜于此科学问”[1]。

于是，关注这种职业化的知识，并且在域外尚处朦胧发展的法学研究和法学教育中将其挖掘出来，从中找寻“科学化”“系统化”的线索，对奥斯丁和丘汉平来说，是重要的。

（四）

那么，这是否表明1830年代左右的英国法学阶层和1930年代左右的中国法学阶层，比较欠缺这种职业化的法学知识，以及“科学化”“系统化”的学术表征？

在一定意义上，的确可以这样认为。1830年左右，除了边沁，英国虽然已经出现诸如布莱克斯通这样的法学专家，但是，这种法学专家的法学理论，一方面带有学科边界并不清晰的泛论色彩，比如，强调伦理学科意味的自然法学；另一方面，这种法学专家的法学理论和英国普通法实践，有着密切联系，换言之，这种理论和法官这样的法律实践者的思考，是彼此裹挟的。此外，虽然当时的牛津大学和剑桥大学的法学教师也在从事罗马法教学，而且，像布莱克斯通这样的法学专家，也曾试图运用罗马法式的法学模型来重构英国普通法的体系，但是，这种力量微乎其微，缺乏十分系统的逻辑支撑；更为重要的是，这种力量的主要目标，是为零散的英国普通法提供一个“赋予其学术基础的美观解释”，而非从基本层面上驱散这种法律的零散性，这在布莱克斯通的理论上，尤为明显。[2]从法学教育看，1820年代，英国现代意义上的法学教育并不存在。相反，正如霍尔兹沃思（William Holdsworth）指出的，法律学生“不得不依靠间接阅读讨论的方式，而且依靠参加在法官办公室、律

[1] 丘汉平：《罗马法序》（1937年），丘汉平：《罗马法》，朱俊勘校，北京：中国方正出版社，2004年。

[2] 参见伍达德：《威廉·布莱克斯通爵士与英美法理学》，第72页以下。

师事务所、法庭上的讨论的方式，来获得法学知识”[1]。因此，在当时的英国，在某种意义上，虽然存在着“一种”职业化的具体法学知识，然而，其的确也缺乏着在域外可以发现的更为逻辑系统化的具体职业法学知识，自然也缺乏“科学化”“系统化”的学术表征。

从时值1930年的中国法学看，其时的情况与此类似。中国虽然没有法官实践色彩的普通法，但是，中国学者，大多面对的是并不十分讲求系统逻辑的具体法学知识状态。这一状态，一方面是由于清末时期以来的法律变革本身依然复杂不稳；另一方面，则是由于法学职业化的中国学者，在广泛的留学背景中，本身就是尚在积极学习域外的具体法学知识，而学习本身，因为学习对象的民族国家身份的复杂，比如既有德国的、美国的、英国的、法国的，还有日本的，显得纵横交错，难以爬梳整理，形成一些系统化的理论资源。

（五）

正是因为本国内部存在着对域外具体法学知识的需求，以及对“科学化”“系统化”的渴望，而且，这种域外具体法学知识和“科学化”“系统化”的努力，对于奥斯丁和丘汉平这样的近代法学职业人物而言，可以产生与边沁、梁启超理论具有同样吸引作用的牵制拉力，可以从法学内部为法律概念理论提供专业上的支撑作用，所以，我们也就可以看到前两者与后两者在法律概念理论上的部分脱离。

当然，我们不仅需要从法学知识需求上理解这种牵引拉力的作用发挥，而且需要从另一方面，深入理解这种牵引拉力的作用发挥。

如果进入近代的历史视野，可以发现，作为学科分类的法学，其所形成的知识的地位、状态和建制，至少在相当一些民族国家中，远远不能和拥有强大学术意识形态的哲学、政治学、经济学、社会学、伦理学、

---

[1] William Holdsworth, *A History of English Law*, London: Methuen, 1938, vol. Ⅻ, p. 77.

文学等，相提并论。这种情形，相对而言，使法学学科中的学术成员处于某种“仅仅可以解释、说明法律实践技艺”的低微境地，特别是有如凯格尔所说的，近代一些西方民族国家，“几乎没有任何法学性质的学术可言”[1]。莫尔诺（Karl Mollnau）在描述西方近代英语国家法学知识状况的时候也在提到，“1800 年代，是一个转化时期，法学理论主要体现为‘法律适用’的科学”[2]。这便不奇怪，为什么人们曾经普遍认为，在近代以前，法学只是其他学科的从属部分，而奥斯丁的重要贡献之一，就是在近代将法学特别是法理学从其他学科中解放出来，使之独立，从而使法学研究者，具有了类似其他人文社会科学的研究者的地位。这就不奇怪，为什么人们曾经普遍认为，德国萨维尼的重要贡献之一，就是提升了德国法学成员在人文社会科学中的地位，使法学学术成员享有了和其他学科具有同等地位，甚至更为显赫地位的荣耀[3]。

如前所述，法律概念理论，既是边沁、梁启超这样的百科全书式的学者所关心的问题，也是奥斯丁、丘汉平这样的职业法学学者所关心的问题。显然，从学术角色看，当时英国法学学者无法借助自己的学术力量，去抵抗诸如边沁的法学话语。兰博尔指出，奥斯丁被任命为新建伦敦大学的法理学讲座教授，本身就是因为当时英国法学理论的学者力量极其薄弱；伦敦大学，希望树立一般法学理论的学者形象，使伦敦大学的法学教育享有大学学术的声誉。[4]另一方面，虽然早些时候出现了像布莱克斯通这样具有影响的法学理论人物，然而，这种理论人物，很快就遭遇了诸如边沁这样的百科全书式学者的严厉批判，而且这种批判，

[1] Kegel，“Story and Savigny”，p. 39.

[2] Mollnau，“The Contributions of Savigny to the Theory of Legislation”，p. 83.

[3] 关于萨维尼的情况，参见 Kantorowicz，“Savigny and the Historical School of Law”，pp. 330-331.

[4] 参见 Rumble，*The Thought of John Austin：Jurisprudence*，*Colonial Reform*，*and the British Constitution*，pp. 28-29.

不仅带有其他学科的“威严”，同时带有法学批判的色彩。[1]就一般法学理论言，法律、法学出身的学者，即使是布莱克斯通这样的学者，除了在较为狭窄的法律（而非法学）学术中具有影响之外，明显缺乏对抗边沁之类的学者的学术平台，从而使其理论无法成为能够和其他人文社会科学学科并驾齐驱的法学理论得以产生的法学资源。

就中国的情形看，1930 年代以前的中国法学，在法律学人身上明显带有技术律学的特征。诸如沈家本、伍廷芳这样的大致可以称为重要法律学人的学者，因为政治局势，以及具体法律制度变革的需要，同时也因为他们自身主要关注具体法律实践问题，故而，在其一般法学理论中，鲜有深入，同样也使其理论无法提供可以与梁启超一类学者的法学理论相互抗争的学术资源。沈家本时常仅仅讨论法学的“中国与西方”，而对于一般法学理论的学理，未给予较为深入专业的法学论证。[2]伍廷芳，几乎没有提出过类似的一般法学理论。此外，虽然其时中国出现了大学式的法学教育，然而，这种教育基本也是技术操作型的。以十分具有影响的 1912 年创立的朝阳大学和 1915 年创立的东吴大学法律学院为例，这些教学机构（当然也可称作学术机构），在 1920 年代以前，几乎主要关注的是法律实务的研究，对于一般法律原理，特别法学基本原理，没有表达出较高的兴趣和努力。其他法律教育机构的情形，同样可想而知。[3]另外一个众所周知的情况，则是个别显露关心法学基本原理的学者，比如吴经熊、阮毅成、丁元普等，当时正处于留学，或者初步研习阶段，其理论尚未表现出可以成为一种重要的法学学术资源。同时，即使有些个别学者提出了一般法学理论的观点，但是，这些观点非常简单，

[1] 参见伍达德：《威廉·布莱克斯通爵士与英美法理学》，第 81 页。

[2] 关于这个问题，可参见李贵连：《沈家本评传》，北京：法律出版社，2000 年，第 357—372 页。

[3] 1930 年代，孙晓楼等一批法学学者集中讨论了法律教育问题，强调了“理论教育”的重要。这间接说明了当时的法律教育状况。参见孙晓楼等：《法律教育》（1935 年），王健编校，北京：中国政法大学出版社，1997 年。

缺乏较为深入的展开和论证。以人们通常认为论述较多的1920年出版的林文琴《法学精义》为例，其中，尽管提到了关于法律概念理论的各种学说，比如“神意说”“命令说”“正义说”“自然存在说”“民约说”“总意说”等，并且提出：

法律者，为达人类国家共同生活之标的，由主权者所承认或制定可得强行为原则之行为规则。换言之，即人类当组织国家之政治团体必须遵守之轨范法则也。[1]

但是，这一文本，并未深入论证自己的观点，无法为后人提供较为坚实的学理资源，树为“科学”“系统”的一般法学理论的范例。其不仅不能和梁启超的理论相提并论，而且还有后者的理论投影的痕迹。和其他学科，比如哲学、政治学、经济学、社会学、伦理学、文学对照起来，这类法学，显然是处于“初期”阶段的，影响甚微。

在这种情况下，域外的十分活跃的法学基本理论的研究，自然而且容易进入诸如奥斯丁和丘汉平这样的近代法学人物的职业视野。

（六）

当然，奥斯丁和丘汉平所处的年代大有区别，因而其学术背景也是存在区别的。奥斯丁从事法律概念理论分析的时候，域外可供参考的相关理论，是有限的，许多民族国家的法学可能是尚未“独立”的，即使是德国也不全然例外。反之，丘汉平从事法律概念理论研究的时候，从世界范围来看，相当多的域外相关理论，已经十分丰富，职业化的法学理论蔚为可观，而且，丘汉平本身就注意到了奥斯丁的理论，而且颇有

[1] 参见林文琴：《法学精义》，上海：泰东图书局，1920年，第40页。

评论[1]。

但是，在此，我们依然可以注意一个较为普遍共同的现象：随着全球交往的逐步展开，一个民族一个国家的近代职业法学人物，在展开法律概念理论的思考的时候，总在域外具体法学知识中拓展自己的学术背景。人们可以发现更多的这种“共同现象”的例子。比如，即使是就奥斯丁所参考的德国法学来说，德国从事法学研究的学派人物，不仅注意了康德、黑格尔这样的将法学理论也纳入自己理论的学者，而且也注意了其时法国专门从事立法研究的法律学者的学说。就从萨维尼本身来看，其自己就提出了颇为类似康德的法律概念理论[2]，同时，也颇为注意当时法国的具体法学理论[3]，至 1850 年，他还说道：

> 现在，我们不再面对 1813 年以前法国民法典威慑我们的危险，我们德国学者可以轻松地熟悉法国法学。[4]

而罗马法学派，以及潘德克顿学派，既吸取了黑格尔当然还有萨维尼的某些“体系”观点，也观察了参与拿破仑民法典制定的法国学者的

[1] 见丘汉平：《现代法律哲学之三大派别》（《法学季刊》第 2 卷第 8 期，1926 年），载丘汉平：《丘汉平法学文集》，第 145 页。

[2] 众所周知，康德曾说，法律就是一个人的自由可以和他人的自由共存的外在条件。参见［德］康德：《法的形而上学原理》，沈叔平译，林荣远校，北京：商务印书馆，1997 年，第 40—41 页。萨维尼也认为，法律是一种限制，限制个人自由的范围。见 Friedrich Karl von Savigny，*System des heutigen römischen Rechts*，Berlin：Veit und comp.，1840-1849，vol. Ⅰ，S. 331-332.

[3] 参见 Kegel，“Story and Savigny”，p. 43.

[4] Friedrich Karl von Savigny，*Vermischte Schriften*，Berlin：Veit，1850，S. 181. 转引 Herman Klenner，“Savigny's Research Program of the Historical School of Law and its Intellectual Impact in 19th Century Berlin”，*American Journal of Comparative Law*，37 (1989)，p. 79，n. 42.

观点[1]。进入近代美国的法学发展之中，人们也能发现类似的情形。以霍姆斯为例，雷曼指出，“在批评兰代尔（Christopher Langdell）时，其经常援引德国的法律科学理论，批判后者的形式主义和抽象逻辑的错误”[2]。尽管，人们同时可以看到，作为例子，被学习、被模仿的时间更早的法国法学知识，也是不能和法国其他学科知识相提并论的。

因此，可以指出，从本民族国家内部出发的视角看，近代从事法律概念理论思考的法学人物，在全球交往实际展开的背景中，时常容易在域外发掘法学的理论资源，毕竟，本民族国家内部时常缺乏在这些法学人物看来令人满意的学术准备。当和本国其他学科权威人物的法学理论“拉开距离”的时候，域外法学资源是重要的；同时，从法学职业本身的孕育而言，这种资源，又是支撑法学学术在人文社会科学中享有地位的理想资源。这是理解为什么奥斯丁和丘汉平没有完全接受边沁和梁启超的影响的一个深层内容。[3]

四、具体法律知识与法律实践对法律概念研究的意义

对域外法学知识的关注，既是理解奥斯丁的理论不同于边沁、丘汉平的理论不同于梁启超的一个路径，也可以引出另外一个需要深入讨论的问题：学者自身的具体法律知识的研究和法律实践，其对法律概念理论研究的影响，是怎样的？毕竟，对域外法学知识的关注，时常和学者自身的具体法律知识的研究及法律实践，有着关联。

---

[1] 参见 Hommes，*Major Trends in the History of Legal Philosophy*，p. 208.

[2] Reimann，“Nineteenth Century German Legal Science”，p. 839.

[3] 此外，从这一结论出发，我们还能深入理解一个近代时期，当然包括现代甚至当代，有时存在的现象：各种法律概念理论不断催生。实际上，随着各个民族国家的交往，各种语言的共享，一个民族国家内部的法律概念理论，有时是会渗入其他民族其他国家的同类理论因素，从而促使新型的或者带有新型叙事方式的理论观点不断呈现。

（一）

1824年，奥斯丁撰写了一篇关于“长子继承权”的论文。这是他的第一篇长篇法学论文，讨论细致，严厉批评了这种继承权，是对当时英国法律学者麦考罗奇（Ramsay McCulloch）赞同英国传统长子继承制度的一个回应。在这篇文章中，可以发现，奥斯丁对英国继承法一类的具体法律知识了如指掌。[1]1826年，奥斯丁撰写了另外一篇法学论文。这篇论文，同样是从细致讨论开始，分析了英国股份公司合伙人的无限责任问题。针对当时英国民事责任制度在个人从事商务时所要求的有限责任，奥斯丁认为，股份公司合伙人的无限责任，是非常不可思议的。因为，在这种制度下，几乎没有什么人愿意投资股份公司。尽管英国议会和皇室可以豁免某些合伙人的无限责任，但是，在奥斯丁看来，这比疾病还要糟糕，毕竟，议会和皇室可以随时取消豁免，而且手续复杂。通过系列的详尽分析，奥斯丁认为，这种制度既无必要也没益处。[2]这两篇论文，显示作者极富法律实务经验，精通具体法律知识，而且擅长具体法学原理分析。此外，在德国考察期间，奥斯丁对罗马法展开了一定研究，这种研究，“进一步增加了他的罗马法知识”[3]。当然，一个经历是需要指出的。奥斯丁1818年至1825年从事律师职业，尽管根据莎拉·奥斯丁（Sarah Austin，奥斯丁夫人）的回忆其律师履历十分坎坷，令人沮丧[4]，但是，这一经历，毕竟使奥斯丁可以从容地在法学知识

[1] 参见“Disposition of Property by Will-Primogeniture”，*The Westminster Review*，2（1824），pp. 503-553.

[2] “Joint Stock Companies”，in Great Britain Parliament（ed.），*Parliamentary History and Review：Containing Reports of Proceedings of the Two Houses of Parliament during the Session of 1825*，London：W. Wilson，1826，pp. 709-727.

[3] James Whitman，*Legacy of Roman Law in the German Romantic Era：Historical Vision and Legal Change*，Princeton：Princeton University Press，1990，p. 85.

[4] 参见 Sarah Austin，“preface”，in Austin，*Lectures on Jurisprudence or the Philosophy of Positive Law*，p. 4.

和法律实践之间建立话语通道，在具体法律知识中寻求一般法律理论的“专业支撑”。一个颇有象征意义的事情是，1832年，奥斯丁出版了自己生前第二部公开出版的重要著作——《法理学的范围》(*The Province of Jurisprudence Determined*)，在英国当时几所大学图书馆中，该书首版是这样标明作者的：“出庭律师奥斯丁”(AUSTIN，John. Barrister-at-Law)[1]。

前面提到，1930年回国后，丘汉平首先展开的职业工作就是律师实务。当然，时隔不久，丘汉平很快受聘大学法学院的教授职位。而在1931年，其撰写了《票据法总则释义》一文[2]。仅仅两年，丘汉平另外出版了专著《罗马法》(上下册)[3],1935年出版了《违警罚法》[4]。在《罗马法》一书中，丘汉平较为细致地分析了罗马法原理以及罗马法产生的社会条件，尤为重要的是，对具体的诸如婚姻、收养、法人等制度，展开了微观分析解释。丘汉平具有这样一个观点：研究罗马法，特别是具体的罗马法知识，是研究一般法学的重要基础。他说：

> 盖罗马法既为各国私法之渊源，即研究法学之士，非先一谙罗马法无以明其理……苟从法学之价值观之，罗马法为治法者之基本学问。倘能融会贯通，法学智识已习过半矣。[5]

因此，详尽研究罗马法，成了丘汉平的重要的法学操作内容。其在《罗马法》中提到：

---

[1] 比如剑桥大学图书馆所藏该书初版就是这样标注的。

[2] 《法学季刊》第4卷第7、8期，1931年。

[3] 上海：法学编译社，1933年。

[4] 上海：商务印书馆，1935年。

[5] 丘汉平：《罗马法》，第4—5页。

侵权云者，谓对于个人法益受侵害而发生损害赔偿之权利也。衡之罗马法例，权利之侵害有可以回复者，有不能回复者。其可以回复者，则为契约上之请求权；其不能回复者，则发生赔偿之责任。[1]

此处，可见丘汉平对具体法律知识研究的细致入微。根据稍后的罗马法研究者周枏的回忆，丘汉平的著述，相对其他民国学者的同类著述来说，是比较精湛的，而且旁征博引，"搜罗之广，治学之博，令人钦佩，其质量明显优于"同期其他著述[2]。事实上，丘汉平不仅对罗马法，而且对其他一些具体部门法的知识，也可以说是十分用功。律师实务和具体部门法的研究，也使丘汉平在推出一般法律理论的同时，具备了学科分类意义上的"专业支撑"。

（二）

在此，可以看到，奥斯丁和丘汉平就具体部门法的知识来说，是类似的，特别是在相关民法等具体部门法问题上，两人都有自己的深入理解。当然，两人也有区别，奥斯丁对英国普通法的具体实践，给予了很大的关注；丘汉平则几乎没有对这种法官具有重要地位的法律制度给予特别的注意。尽管，在研究罗马法相关历史发展的时候，丘汉平提到了罗马法在近代以前的英国大学，以及法律实践中的影响和实际作用[3]，但是，其没有深入说明其中的意义。于是，在他们的法律概念理论中，我们也就不难理解，为什么奥斯丁着重说明了法官在"法律得以出现"的问题上具有什么作用，以及法官在"制定法律"上是"主权者认可"的

---

[1] 丘汉平：《罗马法》，第 367 页。

[2] 见周枏的回忆《我与罗马法》，载 http：//law-thinker.com/show.asp?id=2117，2005 年 6 月 10 日访问。

[3] 见丘汉平：《罗马法》，第 2—3 页。

一个问题[1]；而丘汉平，则没有讨论这些。

自然，在此提到两人的具体法学知识状况，以及他们的法律实践经历，目的更多在于指出，具体法律知识和法学知识的熟练把握，可以使人们从另一方面清晰地理解为什么他们和边沁、梁启超在法律概念理论上出现了差异；或者，换句话说，为什么他们没有完全受后者的影响。在此，人们又能看到奥斯丁和丘汉平的类似之处。

（三）

需要深入说明的是，在分析法律概念理论的时候，如果对于具体法律知识颇为熟悉，而且具有较为丰富的法律实践经验，那么，这些，将会自然而然地成为一般法学理论分析的学术背景，使法律概念理论成为"具体法学知识和具体法律实践视野中"的分析内容。从奥斯丁来看，在《法理学讲演录》里，其详细讨论了授权法律规定和"相对义务"的存在问题。由于人们容易提出"授权法律规定背后不存在制裁"的问题，从而对"法律以制裁为后盾"的命题提出质疑，这样，奥斯丁便在细节上，解释论证了"授权法律规定总是意味着一个相对义务的存在"的观点，进而说明，这一命题是可以成立的。在解释论证中，奥斯丁提到：

> 如果一项法律作出规定，那么，这项法律就是明确地设定了一项相关的义务。另一方面，如果这项法律没有作出这样的规定，那么，这项法律便是暗含地指涉了一个预先存在的法律，并且表达了旨在用预先存在的法律所规定的赔偿，作为目前法律授予权利可以要求的对象这样一个意思。[2]

---

[1] 见 Austin，*Lectures on Jurisprudence or the Philosophy of Positive Law*，vol. I，pp. 102-103.

[2] 见 Austin，*Lectures on Jurisprudence or the Philosophy of Positive Law*，vol. I，pp. 100，284-285.

显然，对于法律概念理论来说，这样一个解释论证是至关重要的，因为，其可以说明为什么法律在性质上，而且从整体上看，是“强制”的。对比边沁，可以发现，边沁的说明似乎是简单化的，毕竟，他一方面仅仅表示授权性的法律规定是和“奖赏”问题联系在一起的，另一方面，又没有深入说明为什么如此[1]。此外，他只是提到：

> 法律每赋予一当事者一项权利，无论这当事者是一个人，还是一小类人，或是公众，它都因此而将一项责任或义务加诸另一当事者。[2]

但是，这种论述依然是模糊的，没有细致纹路。这就不免使人觉得，边沁的说明包含了勉强的论证成分。其实，在此可以发现，对于具体部门法，特别是民法的熟悉，如何可以从某种角度提供较为成理的解释论证。在具体部门法中，尤其是民法，人们不难发现大量的授权法律规定的确暗喻着相关义务，特别是通过“赔偿”来建立相关义务。尽管，奥斯丁的解释论证未必就是非常令人信服的[3]。

如前所述，边沁也曾细致地讨论过具体部门法的法律知识问题。从履历看，边沁也曾从事过律师职业，大学所受教育也是法律专业，甚至不少评论传记也在宣称他是法学家。但是，因为对伦理学、政治学的过度迷恋，对普遍理论化的功利主义的过度偏好，边沁的讨论的一个重要特点，从而是“应然”的。这里的意思是说，边沁总是从“立法上应当如何”的角度，来细致探讨这些知识，并且以功利主义作为基本原则，这在其几乎是最为重要的法学著作《道德与立法原理导论》和《法律概

---

[1] 见 Austin，*Lectures on Jurisprudence or the Philosophy of Positive Law*，vol. Ⅰ，pp. 90-91.

[2] 边沁：《道德与立法原理导论》，第 268 页。另见 Bentham，*Of Laws in General*，p. 58.

[3] 关于这个问题的对奥斯丁的细致批评，参见 Hart，*The Concept of Law*，pp. 36-38.

论》中，表现得尤为明显。边沁所依据的“具体法律知识论据”，往往不是现实中存在的具体法律制度，而是自己设想推论的、理想中的具体法律制度。边沁的目的，是以理想中的法律制度作为批判现存法律制度的参照，改革后者。边沁区分了“描述性的法学”和“审视性的法学”，指出前者研究“法律实际怎样”，后者研究“法律应当怎样”[1]，并以后者作为自己的研究重点，而且自己特别强调，《法律概论》中“每个章节内容均可视为改变现存法律的建议”[2]，所以，人们时常难以发现边沁引证具体的一个国家，或者一个时代曾经存在或者正在实施的具体法律规定，仿佛边沁假定读者对这些“实然”制度，已经了如指掌。在此，边沁的律师事务和法律专业训练的履历，仅仅成了“已被废弃”的知识背景[3]。相反，尽管奥斯丁也曾讨论过类似的理想制度，但是，众所周知，奥斯丁主要关心的是如何“从现有发达的各个民族国家的法律制度中发现法律的共同特征”，从而建立一个“法律科学”，当然，也要建立一个指导落后地区法律制度如何改革的标准范例。奥斯丁最为关心的是，已经现实存在的优秀的具体法律制度知识。

以丘汉平论，其1933年出版了《法学通论》。在这部著作中，他首先说明中国法理学应当摆脱日本学者冈田朝太朗《法学通论》的体系影响，应当力求变革，加以创新，应当着重分析法理学的内容，减少各论的叙述。其次，丘汉平逐一分析了“一般法学和特别法学”“普通法与特别法”“法律的直接渊源与间接渊源”“法律效力”“法律解释”等传统法理学的经典问题。[4]和梁启超的理论对比，可以发现，这些分析，显然和具体法律、法学知识，当然还有具体法律实践的背景，有着密切

---

[1] 见边沁：《道德与立法原理导论》，第360—361页。

[2] 见Bentham，*Of Laws in General*，p. 310.

[3] 边沁写过诸如《民法与刑法论》之类具体部门法的著述，参见哈特：《导言》，边沁：《道德与立法原理导论》，第ii页。

[4] 见丘汉平：《法学通论》，北京：中国方正出版社，2004年，第12、86、95—97、103—110、113—119页。

联系。如果试图阐述清楚“特别法学”，以及“普通法与特别法的关系”，那么，就需要清晰了解诸如刑法、民法等部门法学的基本内容，这些具体部门法的一些规定，而且，需要知道并且熟知作为具体部门法内容的一般法律规定和特殊法律规定的相互关系。同样，对于“法律效力”的深入解释，也要求阐述者对不论是历史上的还是现实中的具体法律所规定的“对人效力”“地域效力”“时间效力”等内容，有着熟练把握。从这些方面言，人们更能感受梁启超的法律概念理论的“政治学走向”和丘汉平的对应理论的“法律学走向”。当然，这些，不意味着丘汉平的理论缺乏政治学化的内容，只是，就法律学方向看，梁启超是十分不同于丘汉平的，而这一区别，正是因为前者在一定程度上缺乏了具体的法律知识和具体的法律实践[1]，后者则无此不足。

从今天法律概念理论的发展看，归属近代的奥斯丁，以及丘汉平，其理论似乎依然缺乏细致精微的逻辑进路，其学术肌理，不太容易令人为之赞叹[2]。同时，人们也可以认为，甚至争论，奥斯丁和丘汉平的学说未必就比边沁和梁启超的更能捕捉法律制度的实质。但是，从今日学术分工而出现的法学专业知识这一角度加以观察，如前所述，人们的确可以认为，前两者的学说，要比后两者，较为具有解释力量（当然，边沁、梁启超也许根本没有去设想如何解释法律制度的现实）。更为重要的是，人们可以发觉，具体专业的法律、法学知识和法律实践，以及始终对法律、法学问题的首要、持续关注，的确促使奥斯丁和丘汉平较能附着在细节法律制度层面上展开法律概念理论的探讨，其意义是至关重要的。就知识兴趣的范围及程度言，奥斯丁、丘汉平和边沁、梁启超是不同的。奥斯丁虽然对政治理论甚至经济理论也表现了某些关注，比如，讨论过

[1] 就法律实践看，梁启超仅仅于1913年9月至1914年2月任民国政府司法总长；1926年9月曾任民国政府司法部司法储才馆馆长。其总是拒绝当时政府的法律官员的任命聘请。关于这些情况，参见吴廷嘉、沈大德：《梁启超评传》，第164—169页。

[2] 人们可以将其与凯尔森和哈特的理论进行比较，以发现这一点。参见凯尔森：《法与国家的一般理论》；Hart，*The Concept of Law*.

功利主义的问题[1]，撰写过有关经济学说的评论[2]，但是，他主要还是集中在法学问题上展开思考，主要参加的实务是法律方面的，同时自始至终。就法律实务看，众所周知，奥斯丁1833年担任过英国刑事法律委员会成员，1833年至1834年，担任过英国皇家刑事法律及刑事诉讼法律委员会成员，1837年至1838年，和其学生刘易斯（George Lewis）共同撰写了关于马尔他法律问题的实务报告[3]。同样，丘汉平虽然1927年前研修过商科，后来撰写过《国际汇兑与贸易》[4]《地方银行概论》[5]等其他学科的著述，而且担任过政府职务，但是，其后来有如奥斯丁一样主要研究的是法学问题，实践的也主要是法律业务。概括来说，通过在奥斯丁和丘汉平之间的这种比较，可以认为，这是法学职业人物的内在的社会角色要求。正是这种内在的法学职业角色要求，可以使人清晰地分辨奥斯丁、丘汉平与边沁、梁启超的知识目标，使人深入理解各自的知识实践背景，如何可以影响他们在法律概念理论上的言说。

（四）

近代时期，一个值得注意的较为普遍的现象是，作为法学职业内部的成员，从事一般法学理论研究的学者，通常也在研究具体法律、法学知识，也在从事具体法律实务，而且将后三者作为自己研究的重要内容。

---

[1] 见Austin，*Lectures on Jurisprudence*，vol. I，其中相当一部分内容，在于解释功利主义问题，尽管，解释的目的在于说明其与立法的关系。

[2] 1842年，奥斯丁撰写过一篇对李斯特（Friedrich List）《政治经济学的国民体系》（*The National System of Political Economy*）的评论文章，见Rumble，“Introduction”，in Austin，*The Province of Jurisprudence Determined*（Wilfrid Rumble ed.），p. xxix.

[3] Rumble，*The Thought of John Austin*：*Jurisprudence*，*Colonial Reform*，*and the British Constitution*，p. 46.

[4] 上海：智民书局，1926年。

[5] 永安：福建省经济建设计划委员会，1941年。

以前面提到的德国萨维尼为例，虽然后来学者研究表明，受到当时人文社会科学的浪漫主义思潮的影响，他和歌德（Johann W. Goethe）的关系颇为密切，其历史法学，从而带有了这些学科以及歌德文学中所包含的神秘化的色彩，但是，其从事法学研究的第一部重要著述则是非常专业的部门法论文——《论占有权》[1]。就这篇论文而言，奥斯丁这样的“挑剔学者”，即便对德国历史主义不以为然，宣称萨维尼的那本标志“历史法学”宣言的小册子——《我们时代的立法与法学的使命》[2]——不过是“外表华丽”[3]，其依然对这篇论文颇为赞赏，认为萨维尼的《论占有权》是“法学中的极品”[4]。此外，萨维尼亲自校订了尼布尔（Barthold G. Niebuhr）发现的盖尤斯《法学阶梯》。更为重要的是，萨维尼长期以来一直研究罗马法，在罗马法学中，他直至今天都是重要的权威学者，并以其撰述的巨著——《当代罗马法体系》[5]和《中世纪罗马法》[6]——而闻名于世。从法律实践看，萨维尼1817年开始成为普鲁士邦政府成员，1819年出任莱茵河上诉法院的法官，1842年还担任过普鲁士的立法大臣，1856年成为普鲁士皇家法律顾问。[7]

再以前面提到的美国霍姆斯为例。现在美国许多学者的研究表明，霍姆斯与美国早期实用主义思潮，有着密切联系。韦尔斯（Catharine

[1] Fridrich Karl von Savigny, *Das Recht des Besitzes*, Giessen: Bey Heyer, 1803.

[2] Fridrich Karl von Savigny, *Vom Beruf unsrer Zeit für Gesetzgebung und Rechtswissenschaft*, Heidelberg: Mohr und Zimmer, 1814.

[3] Austin, *Lectures on Jurisprudence or the Philosophy of Positive Law*, vol.Ⅱ, pp. 666-667.

[4] Austin, *Lectures on Jurisprudence or the Philosophy of Positive Law*, vol.Ⅰ, p. 53.

[5] Fridrich Karl von Savigny, *System des heutigen römischen Rechts*, 1840-1849.

[6] Fridrich Karl von Savigny, *Geschichte des römischen Rechts im Mittelalter*, Heidelberg: Mohr und Zimmer, 1815-1831.

[7] 见 Klenner, “Savigny's Research Program of the Historical School of Law and its Intellectual Impact in 19th Century Berlin”, p. 68.

Wells）曾经提到：

霍姆斯和詹姆斯（William James）共同度过许多夜晚。他们喝威士忌、抽雪茄、一起讨论哲学问题直到凌晨。[1]

而詹姆斯，当然是美国早期重要的实用主义哲学家。所以，韦尔斯接着提到：

那种亲密朋友之间在其成长时期的讨论常常会使他们终身共享一些相同的观点。[2]

这里所提到的相同观点，是指实用主义。但是，众所周知，霍姆斯首先是个法律家，以法官身份作为显著标志的法律家。其次，他曾经深入研究过普通法，在 1881 年出版过著名的《普通法》[3] 一书。担任律师和法官的经历，以及对具体普通法知识的熟知，使其很快从社会角色上不同于詹姆斯，从而使人们习惯称其为"法学家"，而非像称后者那样，称其为"哲学家"。如果提到杜威（John Dewey），人们可以发现更为接近的类似性。杜威撰写过一篇被后来美国法律学者时常引用的法学理论论文[4]。但是，与梁启超在中国的情形颇为相像，除了时常引用之外，杜威自始至终都被认为是职业的实用主义哲学家，当然还有政论家，却不是法学家。因为，杜威既没有长期仔细研究过具体的法律、法学知识，也

---

[1] [美] 凯瑟琳·皮尔士·韦尔斯：《小奥利弗·温德尔·霍姆斯和威廉·詹姆斯》，载伯顿主编：《法律的道路及其影响》，第 265—266 页。

[2] 韦尔斯：《小奥利弗·温德尔·霍姆斯和威廉·詹姆斯》，第 266 页。

[3] Oliver Wendell Holmes, *The Common Law*, Boston: Little, Brown, 1881.

[4] John Dewey, "Logical Method and Law", *The Connell Law Quarterly*, 10 (1924), pp. 17-27. 当然还有其他法学论文。

没有从事过具体的法律实务。

在近代中国，我们也曾看到类似的诸如傅文楷、张志让、黄右昌、燕树棠等，既对具体法律、法学知识驾轻就熟，也有丰富的法律实践经验。以傅文楷为例，其 1926 年撰写的《法律之渊源》一文，对法律的渊源展开了较为详尽的分析。他参考英语国家法学学者霍兰德（Thomas Holland）和塞尔芒德（John Salmond）的著述，对这一问题，从制度到理论，给予了细致解说。其对罗马法也有深入研究，1925 年，曾撰写《罗马法永佃权之研究》[1]，并且从事过律师之类的法律实践。张志让，对于法律性质展开过深入研究，写过颇具分析色彩、渐进推论的《借英国法中许多希奇有趣之点来阐述法律的性质》[2]一文，而且，写过《希腊急进性质之农地法》[3]《论出嫁母与亲生子之法律关系》[4]等具体部门法文章，此外，众所周知，其长期从事律师职业，当年曾在“七君子案”中，为沈钧儒等进行过刑事辩护。黄右昌对法律分类有过深入分析，写过重要的《现代法律的分类之我见》[5]一文，而且，写过《裁并检察议》[6]一文，并撰写了《罗马法》[7]一书等具体部门法著述。此外，1930 年，其出任南京立法院委员[8]，1930 年起，历任南京国民政府立法委员、大法官等职[9]。同样，燕树棠深入探讨过法律与自由的问题，写下《自由与法律》[10]

---

[1] 《法学季刊》第 2 卷第 6 期，1925 年。

[2] 《法轨》第 1 卷第 2 期，1934 年。

[3] 《法律周刊》第 1 卷第 1 期，1923 年。

[4] 《法轨》第 1 卷，1933 年。

[5] 《中华法学杂志》第 2 卷第 8 期，1931 年。

[6] 《社会科学季刊》第 3 卷第 3 期，1925 年。

[7] 上海商务印书馆，1931 年。

[8] 见李贵连、孙家红、李启成、俞江：《百年法学——北京大学法学院院史(1904—2004)》，北京：北京大学出版社，2004 年，第 146 页。

[9] 见中共临澧县委宣传部：http://www.linli.cn/llxx/news/view.asp?NewsID=5&classID=5，2004 年 10 月 7 日访问。

[10] 《清华学报》第 9 卷第 2 期，1934 年。

一文，另外，其撰写了《过错主义可否为侵权责任之惟一根本原则》[1]《私法上占有观念之两大争点》[2]等具体部门法文章，还于1927年任国民政府法制局秘书，于1928年，负责民法亲属编中通则、婚姻、夫妻关系、父母与子女之关系、抚养、监护人、亲属会议七章，共八十二条等的立法起草[3]。1936年9月16日，他以重要的法学专家身份，参加“全国司法会议”[4]。

（五）

通过对奥斯丁和丘汉平在具体法律、法学知识及法律实践方面的微观比较，我们可以更为深入地理解，为什么近代各个民族国家法学职业人物，时常摆脱了其他学科重要人物的法学话语，或者至少保持了一定距离。具体法律、法学知识，以及法律实践，可以在社会角色意义上提醒法学职业人物保持自己知识的相对独立，并且可以在知识建构过程中，对法学职业人物发挥知识分类的引导作用。此外，通过奥斯丁和丘汉平在具体法学知识及法律实践方面的微观比较，以及在上述较为普遍的近代现象中，我们可以挖掘一个深层的结论：近代的这一表征，以及这一表征所指示的现象，其在现代和当代的不断展开，实际上是现代以及当代其他学科学者的法律概念理论越来越无法，甚至根本无法在“法律概念的性质分析”上影响法学职业学术成员的另外一个关键。具体的法律、法学知识，实际的法律实践，当然包括长期的对这一知识和实践的身心投入，给予一般法学理论以十分有力的专业化职业化的背景，使其自然成了抵御其他学科人物提出的“一般化的法律概念理论”的“天

[1] 《社会科学季刊》第1卷第2期，1930年。

[2] 《社会科学季刊》第1卷第3期，1930年。

[3] 参见谢振民：《中华民国立法史》，北京：中国政法大学出版社，2000年，第906—907页。

[4] 见李贵连、孙家红、李启成、俞江：《百年法学——北京大学法学院院史(1904—2004)》，第147页。

然屏障”，至少，使得法学职业群体，更为乐意接受，或者更为乐意深入讨论职业内部成员提出的“法律概念理论”。在哈耶克、罗尔斯、费孝通的理论中，还有福科、哈贝马斯（Juergen Habermas）等人的理论中，我们可以看到，法学职业群体很少深入讨论其法律概念理论，接受其关于“法律性质”的思想，尽管，有时会讨论他们的某些法律观念。现代和当代的法学职业群体，在法律概念理论上，更为关心哈特、富勒（Lon L. Fuller）、德沃金、考夫曼（Arthur Kaufmann）这些法学职业内部人物的思考[1]。

当然，奥斯丁和丘汉平没有完全接受边沁和梁启超的影响的因素是复杂的，既有上面提到的，也有其他方面尚未分析的，甚至还有个人学术兴趣的偶然因素。但是，在我看来，前文分析的当时域外的法学知识状态和本国的法学知识状态，以及两者之间的映照和“刺激”，还有这里分析的初期法学职业成员的具体法律、法学知识和法律实践，则的确是理解“没有完全接受影响”的关键路径之一。

五、近代法学人物本身的“百科全书”现象

近代法律概念理论研究的法学职业化、专业化的特点，以及从其他国家的具体法学知识中获得理论资源这一现象，并不意味着，奥斯丁和丘汉平这样的法学学者，仅仅是严格意义上的“法学”的。这里的意思是说，我们固然需要看到他们既接受了边沁、梁启超这类百科全书式学者的影响，又保持了和他们的适当的“专业”距离；同时需要看到，而且需要深入分析，他们自身所呈现的“学科知识涉猎广泛”的问题。

（一）

前面提到，奥斯丁为了论证自己的法律概念理论，曾经深入讨论过

[1] 例如，众所周知，哈特曾执律师业务，德沃金担任过法官助理。

其他学科的问题。从奥斯丁的文本看，其他学科的问题，主要涉及伦理学的和政治学的，有时还涉及了经济学的。以《法理学的范围》为例，除了“第一讲”之外，其他各讲讨论了许多伦理学和政治学的问题，有时略及经济学[1]。针对功利理论，奥斯丁提到：

一个有害的行为，从其本身来看也许是有益的，或者没有造成有害的结果。同样，一个有益的行为，从其本身来看也许是有害的，或者没有造成有益的结果。[2]

为了解释这个伦理学的观点，他举例说：

一个穷人如果从其富豪邻里的堆积如山的财富中，仅仅偷窃了九牛一毛，那么，他的行为就其本身而言，并没有造成有害的结果，我们甚至可以认为，它是积极促进了善。因为，偷窃的效果是剩余财富适当地被调剂到了所需者的手中。当然，假如偷窃行为是普遍的（或者应予保护的财产所有权时常遭遇了侵犯），我们可以认为，效果就是相反的，或者说是普遍有害的。[3]

其实，在讨论这个伦理学的问题的时候，奥斯丁使用了大量篇幅进

---

[1] 奥斯丁讨论过马尔萨斯（Thomas Robert Malthus）的人口论，还有魁奈（Francois Quesnay）的政治经济学，见 Austin，*Lectures on Jurisprudence or the Philosophy of Positive Law*，vol. I，pp. 129，280.

[2] Austin，*Lectures on Jurisprudence or the Philosophy of Positive Law*，vol. I，p. 107.

[3] Austin，*Lectures on Jurisprudence or the Philosophy of Positive Law*，vol. I，p. 107.

行论述[1]。与此类似，针对主权问题，奥斯丁提到：

被描述为主权的“优势”，是不同于其他“优势”的。“主权”概念所暗含的“独立政治社会”，是不同于其他性质的社会的。[2]

奥斯丁对此作出的解释是，在包含有主权的社会或者“独立政治社会”中，“其一，特定社会中的群体，处于一种习惯服从或隶属一个特定或一般的优势者的状态，而这种优势者，是特定的个人或若干个人组成的群体；其二，被习惯服从或隶属的某个个人，或者某个由个人组成的群体，并没有处于一种习惯服从其他特定社会优势者的状态”[3]。同时，奥斯丁深入地指出：

在社会所有成员服从一个特定的优势者的情况下，如果服从行为是罕见的，而且是瞬息即逝的，那么，在这个特定的优势者和这个特定社会中的其他成员之间的主权与隶属的关系，便没有建立起来。[4]

奥斯丁在主权问题上的讨论的篇幅，也十分可观。其实，在奥斯丁看来，如果不能深入讨论并且理解这些伦理学和政治学的问题，也就无

[1] 参见 Austin，*Lectures on Jurisprudence or the Philosophy of Positive Law*，vol. Ⅰ，p. 107 以下。

[2] Austin，*Lectures on Jurisprudence or the Philosophy of Positive Law*，vol. Ⅰ，pp. 220-221.

[3] Austin，*Lectures on Jurisprudence or the Philosophy of Positive Law*，vol. Ⅰ，pp. 220-221.

[4] Austin，*Lectures on Jurisprudence or the Philosophy of Positive Law*，vol. I，p. 222.

法理解作为标准法律概念的“实在法”[1]。

（二）

就丘汉平言，在1927年发表的《慎子底法律思想》中，他较为详细地讨论过慎子的政治哲学。因为，在丘汉平看来，“在未说到慎子的法律思想，我们是先要明了他的政治学说”。在一番介绍后，丘汉平提到慎子的学说：

> 物观主义是洗脱人治主义的旧观念。不过我们要弄明白什么是“物观”，什么是“人治”，才不致囫囵吞枣。“物观”云云，并不说任“无知之物”自己来判断我们“生人之行”。它的意思是说，我们评判一件东西，应该用另外一件东西来判定它。譬如用货币为交易之媒介，货币便是一个“物”，作一切交易的标准，我们若不公用货币——无知之物——做交易的标准，则买卖二造将各以己意为之，所谓“交易安全”就不得而有了。[2]

在此，丘汉平显然较为深入地涉及了政治学的问题。同样是在这篇文章中，丘汉平论及了“自私自利”的问题。他说：

> 慎子是晓得人人是为私的。“人之生也，莫不各自为也。”（黄黎洲语）这自私自利之心，是“与生俱来”，不能铲灭净尽的，现在唯一重要的问题，是怎么样可以使社会自私自利的人都能合作，不相侵越……社会的目的是为各个人谋福利的。如果社会（或国家）是为了几位野心家而

---

[1] 奥斯丁将法律概念分为若干类，认为其中“实际存在的由人制定的法”（positive law）是标准意义上的法。见Austin，*Lectures on Jurisprudence or the Philosophy of Positive Law*，vol. I，pp. 103，219.

[2] 丘汉平：《慎子底法律思想》，第53—54页。

存在，则不是本来的目的。然若无公认制度，则变成强食弱肉的世界，两皆未可，且亦不能。[1]

这里，丘汉平又涉及了伦理学的问题。此外，也是在这篇文章中，丘汉平还认为就慎子的理论而言，“西洋有亚丹·斯密倡明此理，应用到经济上去，就变成‘自由竞争’和‘个人主义’”。接着在注释中，丘汉平引用了严译亚当·斯密的《原富》[2]第二章的一个重要论断[3]。正是在这些讨论之后，丘汉平集中讨论了慎子关于“法律性质”的观念[4]。

从涉猎其他学科知识来看，奥斯丁和丘汉平，在此具有一定的相似性。

（三）

就当时英国的法学状况而言，从法律职业通常理解的“法律”本身去阐述法律概念的抽象学术努力，极为少见。如前所述，英国法律、法学职业包括法学教育的展开，一般并不涉及抽象的理论研讨，即使是在牛津大学和剑桥大学，也一般是讨论罗马法和教会法，或者英国普通法。像布莱克斯通这样的法学学者，绝无仅有。人们熟知的其他法律学者，如布莱克顿（Henry de Bracton）、格兰维尔（Ranulph de Glanvill）、黑尔（Matthew Hale）和科克（Edward Coke）等，更与布莱克斯通不同，他们关心的是普通法的判例细节，尤其是普通法中判例的具体规则的阐述，而不关心抽象的法学思考[5]。除了边沁和布莱克斯通，几乎没有法律学者希望探讨一般法学问题。在这种背景中，如果需要阐述一个法学理论，而且需要阐述一个与其他学科知识具有同等水平的法学学说，就需要在一

---

[1] 丘汉平：《慎子底法律思想》，第55—56页。

[2] 通译为《国民财富的性质和原因的研究》（郭大力、王亚南译，北京：商务印书馆，1974年），即《国富论》。

[3] 丘汉平：《慎子底法律思想》，第56页。

[4] 丘汉平：《慎子底法律思想》，第59页以下。

[5] 见 Walker，*The Oxford Companion to Law*，pp. 147，240，527，549.

般“道理”上较为详尽地展开叙述；而一般“道理”，总是其他学科知识比如伦理学、政治学大体涉及过的。正是在这个意义上，可以认为，奥斯丁的学术努力，实际上是希望将其他学科知识运作模式移入法学之中，在英国其时法律背景中注入一个具有“人文社会科学”性质的法学学术，从而需要阐述这样一种一般“道理”。这种努力，也使其他学科知识，特别是与法律问题十分接近的学科知识，进入法学叙述中成为自然而然的。

另一方面，尽管当时英国法律职业——包括法学职业——不甚关心一般的法学理论，但是，这不意味着并不存在着一类“关于法律”的观念。实际上，除了布莱克斯通的自然法观念之外，当时英国法律职业和法学职业普遍接受的是“判例和制定法是法律”的常识性的简单法律观念。在此，如果针对这种观念提出不同意见，或者提升这种观念的理论意义，那么，自然也需要在“人文社会科学”的水准上展开叙述，需要一般“道理”的较为详尽的阐发。于是，这里可以表达这样一个意思：面对法律职业——包括法学职业——普遍业已接受的某种法律观念，即使是不自觉的、十分常识化的，大体新型的法律理论的推出，依然时常需要从一般“道理”上逐步展开；而一般“道理”，则不免是其他学科知识特别是伦理学、政治学基本阐述过的。

（四）

从 1920 年代的中国法律职业及法学职业的状况看，我们也能发现类似的背景，当然，这类似之中又有不同。

一方面，其时法律职业内部成员主要关心的是法律实务，即使是法学职业成员，他们也主要关注的是具体法律知识，及其传授。对中国近代法律教育深有研究的美国学者康雅信（Alison Conner）提到，1920 年代后期，“基础性法律的学习势所必然地构成了大多数法学院（包括东吴）的主干课程”[1]。

[1] 康雅信：《培养中国的近代法律家：东吴大学法学院》，第 258 页。

另一方面，可以注意其时中国法学状况存在着两个特点。其一，一些从事其他学科研究的学者，也在探讨法学的一般问题，对此问题表现了极大的研究兴趣。比如，陈启修主要是研究财政学、经济学的，但是，在1919年，就曾撰写《护法及弄法之法理学的意义》[1]一文，1920年撰写《何谓法》[2]一文。又如，张君劢主要是研究哲学的，然而，在1922年，撰写了《法律生活之统一》[3]，1923年撰写了《政法上的唯心主义》[4]。著名国学学者王国维，1902年，翻译了日本学者矶谷幸次郎的《法学通论》[5]。其他类似学者，包括方孝岳[6]和杨端六[7]等，也是如此。对于这些从事其他学科研究的学者而言，似乎法学的一般问题与其他学科业内问题有着某种关联；他们仿佛认为，为了深入研究其他学科的内容，探讨法学一般问题是不可避免的。而且，他们的法学探讨，似乎颇具"法学专业"的意思。其二，这一时期也出现了一些中国法学学者的一般法学理论的著述探讨，比如陈敬第的《法学通论》[8]、张知本的《法学通论》[9]和陈武的《国法论》[10]。只是，这些著述探讨，要么具有较重的日本学术痕迹，或者较为明显的西方学术痕迹，要么往往驻足在教科书的普通讲解上。人们不免感觉其时法学是颇为"幼稚""贫困"的[11]，"一般的讲起

---

[1] 《北京大学月刊》第1卷第2期。

[2] 《北京大学月刊》第1卷第6期。

[3] 《法学季刊》第1卷第3期。

[4] 《法学季刊》第1卷第5期。

[5] 上海：金粟斋译书社。

[6] 文史哲学者，1921年在《东方杂志》第16卷第18期发表《近代法律思想之进化》。

[7] 经济学者，1920年在《东方杂志》第17卷第20期发表《法律世界中之中国》。

[8] 天津：天津丙午社，1904年。

[9] 武汉：湖北法政编辑社，1905年。

[10] 武汉：湖北法政编辑社，1905年。

[11] 蔡枢衡：《中国法理自觉的发展》，北京：清华大学出版社，2005年，第87、90、94、95页。

来大都对于法学仅浅尝而未深入”[1]。

(五)

此外，同样需要关注的是，其时一部分法学学者，像其他学科学者特别是文化学者一样，比较关心中国法律与西方法律、中国古代法律理论与西方近代现代法律理论的对比，以促中国法学产生。从 19 世纪末至 1920 年代，随着日本法学学术的进入[2]，某些学者开始关注法律、法学上的中西映照，这种情形有如沈家本 1913 年所提示的：

> 吾国近代十年来，亦渐知采用东西法律。余从事斯役，延访名流，分司编辑；聘东方博士相与讨论讲求，复创设法律学堂以造就法律人才。中国法学于焉萌芽。[3]

至 1920 年代，可以见到一些这样的法学学术探讨。比如，龙守容撰写了《英美之判例法》[4]，马德润撰写了《德国判例》[5]，孟之英撰写了

[1] 杨兆龙：《杨兆龙法学文选》，艾永明、陆锦壁编，北京：法律出版社，2005 年，第 142 页。

[2] 比如，我们可以注意矶谷幸次郎《法学通论》（王国维译，上海：金粟斋译书社，1902 年）、铃木喜三朗《法学通论》（震生译，上海：广智书局，1902 年）、熊谷直太《法制泛论》（范迪吉等译，上海：会文学社，1903 年）、奥田义人《法学通论》（卢弼、黄炳吉译，东京：清国留学生会馆，1907 年）。蔡枢衡曾说，其时“为时较早，人数较多者，厥为日本。坊间之法学著作，姑勿论其品质，其什九出于日本出身者之手，知者咸能道之”。见蔡枢衡：《中国法理自觉的发展》，第 99 页。

[3] 沈家本：《法学会杂志序》，载《法学会杂志》第 1 卷第 1 号，1913 年，转引李贵连：《沈家本评传》，第 380 页。

[4] 《法评》第 13—22 期，1923 年。

[5] 《法律周刊》第 11 期，1923 年。

《五大法系比较观》[1]，马显德撰写了《社会法学派与法律之社会化》[2]，张志让撰写了《新旧各派法律学说之一览》[3]《社会法学派之起源主义及批评》[4]，吴经熊则撰写了《唐以前法律思想底发展》[5]……

中国法学所面临的上述知识状态，完全可能对稍后的一般法学理论的研究造成某种压力、刺激，或者，可以这样来说，这种状况可使稍后的研究，从内部产生某种具有突破意识的潜在动力。因为，诸如丘汉平这样的学者，一方面要使法学成为学术的，而非仅仅实务性的，另一方面，要使法学研究同样可以让其他学科行业感受类似的“学科知识相互进入”的必要，而非仅仅“其他学科涉及法学”的必要，同时，要使法学学术超越教科书的启蒙层次，使其成为类似的“人文社会科学”的一种研究知识。于是，运用其他学科的一般“道理”性的知识叙述，为法律概念理论研究提供广泛的协助性知识支持，既是必要的，也是不可避免的。

此外，可以注意的是，其时西方法学学术在中国的呈现，本身就总是带有“其他学科知识协助”的印记。以美国法学学者庞德为例，其法学叙述，便借助了大量的其他学科一般社会理论的资源，比如社会控制理论，以及在今天看来属于社会学的理论。他曾借助罗斯（Edward Ross）的社会控制理论提到，“社会控制首先是国家的职能”[6]，并且联系社会学非常关心的“利益”问题，仔细讨论了个人利益、公共利益、社会利益的问题[7]。另以德国法学学者施塔姆勒为例，其法学

[1] 《政法月刊》第3卷第1期，1923年。

[2] 《政治月刊》第3卷第2期，1923年。

[3] 《法律周刊》第26期，1923年。

[4] 《法律周刊》第28—29期，1923年。

[5] 《法学季刊》第2卷第3期，1925年。

[6] ［美］庞德：《通过法律的社会控制·法律的任务》，沈宗灵、董世忠译，北京：商务印书馆，1984年，第13页。

[7] 见庞德：《通过法律的社会控制·法律的任务》，第37页。

分析，时常沟通了法学和哲学、法学与伦理学的路径。在施塔姆勒的法学研究中，哲学、伦理学的思考和阐述，至关重要。他曾指出，在讨论法理学的问题时，哲学的认识论和伦理学的正义论，是根本不能回避的[1]。庞德和施塔姆勒的法律概念理论在其时中国渐为人知[2]，他们这种借助其他学科知识衬托法学叙述的策略，自然可以引发中国学者的学术注意。当然，在法律问题上，中国古时许多论者的叙述方式，也是“学科交叉”式的。他们在讲述法律问题的时候，总会讨论今天学科分类意义上的其他学科的知识问题；反之亦然。比如，先秦诸子学说即是如此。于是，中西法律特别是中西法学对比的学术活动，或者这一背景，自然会以复杂方式激励其时中国法学学者考虑其他学科知识的运用，以及其他学科知识和法学知识的相互发明，在各种学科知识之间催促一种张力。

1948 年，杨兆龙感叹：

经济学、社会学、心理学、政治学、历史学、哲学、伦理学等与法学都有密切的关系，可是当代法学家中对于这些科目有相当研究者能有几人？[3]

这种感叹，未免有些以偏概全。毕竟，1922 年，吴经熊就曾提到，“研究法学的方法和研究别种科学是一样的。先把那根本上的原理彻底悟会

[1] 见［德］司丹木拉：《现代法学之根本趋势》，张季忻译，陈灵海勘校，北京：中国政法大学出版社，2003 年，第 155—160 页。

[2] 1926 年，丘汉平在一篇文章提到了“美国法家庞德实为彼邦此派之巨子，其说可详于《社会学的法学之范围及主旨》”。同年，丘汉平提到，“关于舒氏（即施塔姆勒）的学说大纲，北京朝阳大学有出版了一本很薄的册子，著者是李忻先生，我也曾经略看了一篇……”，而且，将施塔姆勒的文章翻译过来，称《正法的概念》。见丘汉平：《丘汉平法学文集》，第 154、170、229 页。

[3] 杨兆龙：《杨兆龙法学文选》，第 139—140 页。

了，其他的枝叶问题就可不劳思索，迎刃而解”，因而，“法律学……乃是社会科学之一部分”[1]；不仅如此，吴经熊赞同美国学者威格摩尔（John Wigmore）的看法：“法学家同时也须研究哲学，社会学，经济学——什么不应学呢？”[2] 吴经熊另外自己身体力行，为深入研究一般法学问题，在其他学科知识上则是不断努力，特别是在伦理学、哲学上[3]。如前所述，丘汉平也是如此。1934 年他就提到，在法律教育中，“应该使其读些‘社会学’及‘现代物质文明史’等”[4]，其自身长期未曾停止经济[5]、政治[6]、历史[7]等问题的研究。于是，至 1932 年，梅汝璈概括提到：

从前的法学家认法律是一种独立的科学，它与社会学、经济学、政治学、社会心理学和其他各种社会科学的关系是很辽远的……现在我们却不如此想了。我们现在对于任何法律制度和法律原则都要研究它的机能——即是它在实际施行上所产生的效果如何。因为我们要做这种研究，我们便不能不借重于各种社会科学。[8]

---

[1] 吴经熊：《法律哲学研究》，第 5 页。

[2] 引言为威格摩尔的表述，见吴经熊：《关于现今法学的几个观察》，吴经熊、华懋生编：《法学文选》，第 90—91 页。

[3] 参见吴经熊：《超越东西方》，周伟驰译，雷立柏注，北京：社会科学文献出版社，2002 年。

[4] 丘汉平：《法律教育与现代》（《法学杂志》第 7 卷第 2 期，1934 年），载丘汉平：《丘汉平法学文集》，第 330 页。

[5] 丘汉平早期晚期都撰写过经济方面的著述，见前文。

[6] 比如撰写了《美国之统一与法治》（上海：胜利出版社，1945 年）。

[7] 见丘汉平：《〈历代刑法志〉自序》（丘汉平：《历代刑法志》，上海：商务印书馆，1938 年），载丘汉平：《丘汉平法学文集》，第 100—102 页。

[8] 梅汝璈：《现代法学之趋势》（《法律评论》第 435、436 期合刊，1932 年），载何勤华、李秀清主编：《民国法学论文精萃》（基础法律篇），北京：法律出版社，2003 年，第 440 页。

（六）

当然，在此应当更为关心的问题是：在奥斯丁和丘汉平的法学学术叙述对比中，可以尝试得出怎样的结论？

第一，可以认为，通过对两人学术叙述的微观比较，以及对其时英国和其时中国学术背景的宏观对比，深入考察，我们也许可以发觉，“近代时期”的英国法学学者和中国法学学者，都存在着借助其他学科知识以推进法律概念理论深入阐述的学术动力。虽然，具体的原因可能各异，但是，近代时期的法学学术，特别是法律概念理论，都需要其他学科知识的某种铺垫，某种其他学科的一般“道理”的侧面支持。

正是在这个意义上，我们又能反向理解，为什么奥斯丁会在阐述法律概念理论的时候，除了边沁，还提到了洛克、霍布斯（Thomas Hobbes）、柏克（Edmund Burke）、马尔萨斯（Thomas R. Malthus）、魁奈（Francois Quesnay），并且较为细致、不断地讨论了他们的理论[1]。同样，我们又能反向理解，为什么丘汉平会在探讨与法律概念理论相关的法学问题的时候，除了梁启超，还提到了胡适、章太炎，对他们的观念也有论及[2]。

第二，法律概念理论的“重新书写”，因其是法学理论的根基部分的“另辟路径”，所以，自然需要其他学科知识的某种铺垫，至少，有时是需要这种学术叙述准备的。前面提到的庞德，即是明显的例子。另外凯尔森的法律概念理论，也是如此。为了论证法律性质与“基本规范”的相互关联，凯尔森讨论了伦理学的正义问题，并且深入说明正义问题如何是主观的、不可普适的。此外，凯尔森深入讨论了政治学的国家问题，说明法律与国家的关系，并非是“先有国家后有法律”，相反，两

---

[1] Austin, *Lectures on Jurisprudence or the Philosophy of Positive Law*, vol. I, pp. 84, 119, 120, 129, 149, 200-205, 234, 280.

[2] 见丘汉平：《丘汉平法学文集》，第 27、51、88、95—98 页。

者是同一的。[1]除了这些，人们还能发现许多类似的例子。

其实，为了动摇法学学术既有的一种法律概念理论，借助其他学科知识循序渐进地潜入推论起点，自然是较为实用的一种学术策略。当然，人们完全可以找出没有经过其他学科知识从而论述新型法律概念理论的例子，比如美国的法律现实主义[2]；同时，完全可以认为其他学科知识的启用和法律概念理论的变异，没有必然的联系。关于这点，是没有疑问的。但是，应当理解，至为重要的是，法律概念理论在法学中是个根本性的、起点性的问题，其天然地就和其他学科知识的理解总是纠缠在一起的。比如，若要阐述法律的性质，总要思考法律的起源，而起源问题，就涉及了社会、历史、经济、政治、哲学甚至宗教的知识。不同的社会、历史、经济、政治、哲学甚至宗教的知识，自然可以引发对法律起源的不同认识。由此，在法律的性质上，就会出现不同的观点或结论。暴力斗争的历史观、政治观，和社会契约的历史观、政治观，其所引发的不同的法律概念理论，也许就是很好的例子说明。

法律概念理论和其他学科知识的这种内在勾连，是深入理解奥斯丁和丘汉平以及其他近代、现代甚至当代其他各个民族国家法学人物的理论的重要途径，同时，也是理解1970年代以来学科交叉产生的法律概念理解的一个有益途径，比如，法律与文学（美国法律与文学运动）、法律人类学、法律社会学、法律政治学（批判法学运动）等，此外，又是理解法律概念理论和学术话语权力关系的一个关键途径[3]。

[1] 见凯尔森：《法与国家的一般理论》，第203—213页。

[2] 这一学派，主要是从复杂的司法判决入手，建构新的法律概念理论。至于有的评论著述提到的、影响这一学派的理论因素，还有其他诸如心理学的学科知识，比如，在弗兰克（Jerome Frank）理论中看到的关于“潜意识”的心理学理论，我认为，这不是一个“经过”其他学科知识“建立”的问题，而是一个借用辅助性的知识给予说明的问题。关于这点，可以参见 Brian Leiter，“Legal Realism”，in Dennis Patterson (ed.)，*A Companion to Philosophy of Law and Legal Theory*，Oxford：Blackwell Publishers Ltd.，1969，1999，pp. 261-279.

[3] 关于这个问题，将另文撰述。这个问题主要涉及学科的话语霸权问题。

（七）

自然，在法律概念理论上，奥斯丁和丘汉平这样的法学学者对其他学科知识的运用，是不同于边沁和梁启超的。如前所述，前两者的目标是法律概念，后两者的目标可能是其他的社会理论。这点同样重要。这是区别法学的“百科全书叙述”和其他学科的“百科全书叙述”的关键。正是在这个意义上，在奥斯丁和丘汉平的知识叙述中，其他学科知识的“借用”“展开”“论辩”，实际上仅仅是构成了他们法律概念理论的另外一个学术空间，一个重要的学术空间，当然，其是辅助性的。

六、结论

作为结论，我需指出，本章从边沁对奥斯丁、梁启超对丘汉平的学术“影响”的分析出发，渐次分析了近代域外法学学术产生的不同方向的牵引拉力问题，进而，分析了具体法学知识和法律实践背景，对近代诸如奥斯丁、丘汉平这样的法学职业人物，所具有的意义，以及这些近代法学职业人物在其他学科知识上的“浅入浅出”“拿来所用”。

本章如此分析的根本目的，在于揭示，在近代法律概念理论的学术操作中，那种相对法律概念理论思考本身而言的“外围”性的学术语境，是一个必须给予深入研究的话语空间。在法律概念理论思考本身和外围学术语境之间，我们可以发觉，正像“法律是不能从其本身来理解的”一样，法律概念理论的生发、推进、演化，也是不能从其本身来理解的，至少不能仅仅从其本身来理解。深而言之，如果穿透法律概念理论，追根溯源，那么，可以见出其叙述机制中所映涉的社会话语实践和社会制度实践——当然包括法律实践——的深刻痕迹，从而见出纯粹的所谓“法学科学”的构想的“历史支撑缺席”的弊病，而且，还能见出历史社会学和知识社会学，在法学演变研究中的重要意义。

同时，通过法律概念理论思考本身和外围学术空间之间的考察，我们可以隐约地感到，近代以来，法律概念理论内部的各种生发、推进、演化的内容，和外部话语实践及制度实践的同样的生发、推进、演化的内容，其间可能存在着既互相依赖又互相制约的生动张力，它们，是互动的。外围的社会话语实践和制度实践，可以移动法律概念理论的新的边界，促进对法律的不同理解；反之，法律概念理论自身的改变，可以促使人们对其他社会话语实践和制度实践的新的认识，进而挑动两种实践的内部变迁。就后者言，现代美国法律现实主义的法律概念理论，即是例子。其引起了其他学科知识，特别是社会政治理论，对法律的重新理解，并且引起了法律实践的实用导向。自然，这是后面几章的写作目标了。

第五章

对法律实证主义的另类反叛

——美国的早期实用主义法学
和中国的早期左翼革命法学

在真实和虚幻之间没有泾渭分明的界限，在正确与谬误之间，同样如此……然而，作为一个公民我必须追问：什么是正确或谬误？[1]

[1] Harold Pinter (Nobel Lecture), *Art*, *Truth & Politics*, Shown on video December 7, 2005, in Börssalen at the Swedish Academy in Stockholm, The Nobel Foundation, 2005.

在本章中，我将继续集中于法律概念理论，比较美国的早期实用主义法学与中国的早期左翼革命法学；通过比较，我将分析两种法学对历史上一个非常重要的法律学说——法律实证主义[1]——是如何反叛的，以及反叛的各种意义是怎样的。在我看来，揭示这些意义，在今天依然是十分重要的。

此外，本章以及接下来的两章研究，是前面一章研究的延续，是对前面一章“语境分析”的一个理论推进。因为，本章以及后面两章，将要深入探讨、论证“中国视角”的问题；这个问题，在“语境分析”思考之后，自然而然地需要通过历史化的追踪、揭示，加以研究。

一、问题、思路和限定

首先，我简要地回顾一下两个学术背景：其一，法律实证主义的法律概念理论的近代传播；其二，这种概念理论所遭遇的广泛批评。

（一）

近代开始，一种比较成熟的法律概念理论，逐渐盛行起来。这种比较成熟的法律概念理论，大体来说，就是经由英国边沁和奥斯丁法律实

---

[1] 本章是在狭义的意义上使用“法律实证主义”一词的。“狭义”的法律实证主义仅指强调“立法主义”的、经验的法律实证主义的理论。广义的“法律实证主义”包括了诸如法律现实主义等经验化地研究法律现象的各类学说理论。参见 Walker，*The Oxford Companion to Law*，pp. 969-970.

证主义[1]、德国法律实证主义[2]确立而兴的至今还有影响的法律理论。从时间看，英国的法律实证主义，正式出现于1830年代[3]。到了1860年代，莎拉·奥斯丁将奥斯丁的课堂讲稿整理成《法理学讲演录》，正式出版[4]，密尔（John S. Mill）在《爱丁堡评论》（*Edinburgh Review*）上发表盛赞奥斯丁作品的评论[5]；几乎同时，从法律史的角度，其时著名的法律史学家梅因，开始在个别关键问题上质疑奥斯丁的基本思想，提出古代东方的某些法律制度并不具有奥斯丁所定义的法律特征[6]，进而招致相当一批英国法律学者站出来捍卫这种实证主义[7]。于是，就法律概念理论而言，英国实证主义，成了较为标准的法律业内的一种主要权威言说。几乎同样是在1860年代，德国以瓦恩哲鲁（Adolf von Vangerow）、温德沙伊德（Bernhard Windscheid）为代表的潘德克顿学派，既批评了萨维尼的某些历史主义法学理论，又继承了萨维尼的某些关于法律构建的"体

---

[1] 关于英国法律实证主义，参见 Jules J. Coleman and Brian Leiter，"Legal Positivism"，in Patterson（ed.），*A Companion to Philosophy of Law and Legal Theory*，p. 241.

[2] 关于德国实证主义，参见 Reimann，"Nineteenth Century German Legal Science"，pp. 880 ff；Hommes，*Major Trends in the History of Legal Philosophy*，pp. 209-213，217-218.

[3] 虽然在边沁的理论中，已经可以看到英国法律实证主义，但是，在后来影响广泛的意义上，奥斯丁1832年出版的《法理学的范围》（*The Province of Jurisprudence Determined*），无疑是举足轻重的。参见 Wolfgang Friedmann，*Legal Theory*，5th ed.，New York：Columbia University Press，1967，p. 286.

[4] Sarah Austin，"preface"，in Austin，*Lectures on Jurisprudence or the Philosophy of Positive Law*，vol. I，pp. 1-30.

[5] John S. Milll，"Austin on Jurisprudence"，*Edinburgh Review*，118（1863），pp. 438-482.

[6] Henry Maine，*Lectures on the Early History of Institutions*，New York：Henry Holt and Company，1989，pp. 375-386.

[7] 参见 Edwin Clark，*Practical Jurisprudence：A Comment on Austin*，Cambridge：Cambridge University Press，1883，pp. 5 ff. 需要注意的是，从学科分工角度看，当时梅因并不是今天意义上的法律职业的史学家。

系”思想[1]，进而，随着德国国内日益增长的民法典编纂的呼声[2]，使自己的理论，成为一般法律职业竭力拥护的思想观念。[3]

如果瞄向历史视野，那么，可以发现，正是主要因为近代英国和德国的法律实证主义，一种人们容易接受的、在今天看来颇为常识化的法律概念理论，经过思想的传播与“世界流通”——这种传播与“世界流通”集中体现于学者主体的域外讲学和文本翻译，以及文本本身的他者阅读——逐步进入其他民族国家。

正如有的学者时常意识到的，法律实证主义，一方面，和民族国家的“立法”欲望有着一种合谋关系，这在边沁和奥斯丁的立法改革主张中清晰可见[4]；在潘德克顿学派的民法典编纂的主张中，我们也能发现特别的似曾相识[5]。另一方面，可能这是较为重要的，也如有的学者时常提到的，法律实证主义，正是因为与“立法”欲望存在着一种合谋关系，所以，其非常强调“立法权力”针对“司法权力”的优先性，甚至绝对性。[6]在这个意义上，我们也就可以理解，为什么边沁——包括奥斯丁——对英国

[1] 关于萨维尼的“体系”思想的简明概括，参见 Reimann，“Nineteenth Century German Legal Science”，pp. 884-889.

[2] Michael John，*Politics and the Law in Late Nieteenth-Century*：*The Origins of the Civil Code*，Oxford：Oxford Clarendon Press，1989，pp. 199-240.

[3] 参见 Reimann，“Nineteenth Century German Legal Science”，p. 866. 另可参见 Hommes，*Major Trends in the History of Legal Philosophy*，pp. 217-220.

[4] 见 Lobban，*The Common Law and English Jurisprudence*，pp. 185-222.

[5] Reimann，“Nineteenth Century German Legal Science”，pp. 859，867；Hommes，*Major Trends in the History of Legal Philosophy*，p. 208.

[6] 弗里德曼（Wolfgang Friedmann）和博登海默（Edgar Bodenheimer）等人就认为，法律实证主义继承了孟德斯鸠的法官只是口舌式地表达立法者的意见的思想。见 Friedmann，*Legal Theory*，p. 209；Edgar Bodenheimer，“Modern Analytical Jurisprudence and the Limits of its Usefulness”，*University of Pennsylvania Law Review*，104（1956），p. 1080. 孟德斯鸠说过，“国家的法官不过是法律的代言人”［孟德斯鸠：《论法的精神》（上），第 163 页］。他另说过，“法律明确时，法官遵照法律；法律不明确时，法官则探求法律的精神”［孟德斯鸠：《论法的精神》（上），第 76 页］。

普通法中长期显露出来的法官权力，颇有微词[1]；同时，也能理解，为什么从1850年代开始，德国逐渐出现，并且持续发展了，后来被耶林（Rudolf von Jhering）所讥讽的“概念法学”（Begriffsjurisprudenz），以及后来被其他学者，比如庞德，所批评的“机械法学”（mechanical jurisprudence），[2]而“机械法学”，恰恰在逻辑上包含了“要求法官绝对服从立法”的内容[3]。此外，这里所提到的法律实证主义，在法律理论的思路上，还包含着“立法稳定”和“立法中立”（主要是政制上的阶级党派意义上的中立）的观念[4]；换言之，法律一旦制定出来，那么，通常来说也就不能频繁改动，而且，立法的过程，通常并不关乎社会阶层的主体压迫。

（二）

当然，从宏观法律思想历史看，即使是在这种法律实证主义尚未就主要方面在其他民族国家中获得法学学术“领导权”的时候，其便遭遇了某些重要批评。

上面提到的耶林，在德国，正是于1870年代开始，就已针对这种实证主义展现了“不屑一顾”，并且认为：

---

[1] 参见边沁：《道德与立法原理导论》，第377—378页。

[2] 见 Roscoe Pound，“Mechanical Jurisprudence”，*Columbia Law Review*，8（1908），p. 605；Roscoe Pound，“Liberty of Contract”，*Yale Law Journal*，18（1909），p. 457.

[3] 可以注意一个当时机械法学的典型例子。1870年代，德国索姆（Rudolf Sohm）说道，立法“意志是法律的唯一创制力量，法官的思维模式，已经否定了司法先于立法的改革。因此，就法律的创制而言，我们时代首先依赖立法的意志”。见 Rudolf Sohm，“Die deutsche Rechtsentwicklung und die Kodifikationsfrage”，in C. S. Grunhut（ed.），*Zeitschrift für das privat - und öffentliche Recht der Gegenwart*，Bd. 1，Wien：Hölder，1874，S. 265.

[4] 例如奥斯丁认为，立法既可以通过专制方式表现，也可以通过民主方式表现，而不论阶层党派。见 Austin，*Lectures on Jurisprudence or the Philosophy of Positive Law*，vol. I，p. 240.

对逻辑的极端崇拜，尝试将法理学扭曲成一种法律的“数学”，是精神失常的表现，完全忽视了法律的性质。在法律中，生活不是概念的奴隶，相反，概念是服务于生活的。[1]

稍早时期，也即1840年代至1860年代，以阶级批判为主旨的马克思（Karl Marx），从“经济压迫”角度，曾对这种实证主义表达了“革命”意识，认为边沁学说和资产阶级的契约法权理论是相互合谋的，是为资本所有权者提供服务的[2]。在后来的时间里，自1890年代开始，法国出现了惹尼竭力推崇的自由科学研究（libre recherché scientifique）运动，这种运动，就像耶林主张一样，强调了“司法针对立法”的一定程度上的“自由操作”[3]。本章将要深入讨论的作为对象之一的美国早期[4]实用主义法学，同样在霍姆斯、庞德、卡多佐（Benjamin Cardozo）等人的倡导下，对这种法律实证主义表达了不同意见。

（三）

这样一个大致背景，学界可以说是比较熟悉的。

那么，这里存在什么问题?

---

[1] Rudolf von Jhering, *Der Geist des römischen Rechts*, Leipzig: Breitkopf and Härtel, 1923, S. 321. 转引 Robert Summers, *Essays in Legal Theory*, Boston: Kluwer Academic Publishers, 2000, p. 23.

[2] 见马克思、恩格斯：《德意志意识形态》(1845—1846年)，载《马克思恩格斯全集》第3卷，北京：人民出版社，1972年，第482—483页；马克思：《资本论》第1卷（1867年7月25日），《马克思恩格斯全集》第23卷，北京：人民出版社，1972年，第199—200页。

[3] François Gény, *Méthode d'interprétation et soureces en droit privé positif: critical essay* (An English Translation by the Louisana State Law Institute), trans. Jaro Mayda, St. Paul: West Publishing Co., 1963, pp. 23-24.

[4] 本章所使用的“早期”一词，包含了历史学界通常所说的“近代”和“现代”的意思。

在我看来，对于这样一个发端于19世纪上半叶的针对法律实证主义而言的法学现象，已有的学术思考，包括相当时期以来的中国学者的学术思考，过多地集中于了“西方视角”，也即从“西方”的、略带“普遍提示”寓意的角度，来看这一时期的法学变迁。因为，我们可以看到，首先研究这些变迁的学术主体，几乎都是“西方”的；而且，后来的同样研究这些变迁的相当一些中国学者，大体来说，也将“西方”主体的见解予以了西方化的适用，这对1980年代以来的中国学者而言，可能是尤为明显的。[1]

当然，研究对象的“西方”内容，以及人们容易认为的西方学者研究活动的“权威”意义，可能使“西方视角”成为总是不可避免的。但是，这种视角，其所带来的问题，毕竟是在某些方面忽略，甚至压抑了，中国近现代特殊语境中的对于当代中国法律法学依然具有持续意义的“具体问题”，以及由此而来的应需注意的“中国视角”。这一“具体问题”，首先，以今天执政党的意义而言，在于从1910年代至1940年代，中国左翼革命的不断努力，以及由弱变强，始终是中国国情的一个重要现实。其次，这一“具体问题”，总是提示着中国也许必须要不断地面对中国自己的“广大底层民众”的状况，或说广义的“农民问题”。再次，中国一个世纪以来的政治、经济还有法律的主题，就是持续不断地应对变革以及本身变革。最后，经由上述三点而来的突出的“政法模式”，在一个方面来说，难免是中国法律甚至法学演化的一个重要标志。

（四）

“具体问题”需要“具体分析”，从而需要“中国的视角”。在这个意义上，认识上述法学变迁也就需要新的理解方式，特别是不同于“西

[1] 就1980年代以来的中国学者的著述而言，我们时常可以看到比较明显的依循。对于民国时期的某些学者来说，我们有时也可以发现类似的情况，比如，张鼎昌发表的《比较法之研究》（《中华法学杂志》新编第1卷第9号，1937年）一文。

方视角”的中国视角的理解方式。而中国视角的理解方式的建立，首先需要在研究对象上加入中国其时的学说，展开比较；另外需要从“中国”的角度，淡化西方学者研究活动的“权威”意义[1]。

在我的研究中，从材料的选择说，之所以集中于美国的早期实用主义法学和中国的早期左翼革命法学的内容，或讲，在研究对象上，加入“中国的早期左翼革命法学”这一“中国”文本，第一，是因为无论前者美国，还是后者中国，对比其他民族国家的对法律实证主义的反叛而言，都和本土的激烈政治变迁有着密切关联。就此来说，我们可以注意，1861 年美国南北战争爆发，84 年之后，中国解放战争爆发；1865 年，美国南北战争结束，同样是 84 年之后，中国解放战争结束。美国的早期实用主义法学是在美国此次战争稍后出现的。中国的早期左翼革命法学是在中国此次战争稍前出现的。在“稍后出现”和“稍前出现”之间，自然是所有区别的。但是，在此，这是不重要的；重要的是两者都意味着与战争这一语境——当然不仅仅限于战争语境，还有其他相近的动荡语境——有着紧密联系。这一背景，提示着激烈政治变迁中的某些因素，比如“务实”“应急”“必须考虑现实需要”等，对两种法学的影响，可能是类似的，而且是深入的。从中国的视角来看，联系法律概念理论和现实实践之间的彼此互动，比较两者，可能是颇具启发意义的。

第二，之所以针对上述两者，并且进行相互比较，是因为和第一点密切相关，围绕着激烈的政治变迁，两种法学势必都会而且事实上也表现出了明显的政治价值立场。两种法学，都要表达自己的政治态度。换言之，如果认为实用主义法学表达了社会功利主义的政治立场，或者，有时表达了多阶层的复杂政治立场，那么，左翼革命法学显然表达了民众社会主义的政治立场。这里并非是说，在其他民族国家的对法律实证

[1] 关于这个问题，我在一篇论文中有所讨论。见刘星：《西方理论的“中国表达”——从 1980 年代以后的“西方评介”看》，载《政法论坛》2005 年第 1 期，第 36—48 页。

主义的反叛中，没有政治立场的问题；而是意在指出，相对而言，基于特定的较为激烈的社会变革情形，两种法学特别主动、明确地表达了自己的政治立场。在激烈的社会动荡之中，面对社会阶层、利益集团和党派群体等政治力量的对峙、冲突，就法学而论法学，就法律而论法律，回避政治态度的明确表达，是不大可能的，也是不现实的。如果可以肯定这一实际，那么，从今天持续存在的依然迅速、同时可能依然激烈的中国变革的角度（自然没有直接的战争）来看，特别是社会阶层的重新差异、利益集团的重新矛盾，包括广泛的“底层民众问题”这一角度，回顾、追溯并且比较早期的实用主义法学和中国早期的左翼革命法学，也许可以寻找新的思路去理解法学——当然首先是法律概念理论——应该怎样回应中国的“长期”现实。

第三，这是比较重要的，之所以针对上述两者，并且进行相互比较，是因为当时的美国这种法学以及当时的中国这种法学，在推进民族国家的现代化的同时，相对其他民族国家的对法律实证主义进行反叛的法学来看，都突出地贯穿了“具体问题需要具体分析”的现实策略。这意味着，尽管其他民族国家的法学，比如德国的耶林法学，对美国的实用主义法学有着启发作用，德国的马克思法学，对中国的左翼革命法学有着启发作用，但是，接受启发的美国这种法学，以及中国这种法学，都在特别地试图努力参照“流通过来的他者理论”，去解决本土具体的法律、法学问题。用今天的术语加以表达，则是这两种法学都在努力解决“如何将他者理论和本国具体实践相结合”的问题。今天，中国依然努力推进民族国家的现代化，同时，依然强调学习西方的法律、法学；而且，中国依然面对如何处理“流通过来”的世界法律、法学和中国自己的法律、法学的关系的问题。如此，在比较中重温两种法学的努力，或许可以推进我们对这一问题的深入认识。

第四，更为重要的是，之所以针对上述两者，并且进行相互比较，是因为无论美国的早期实用主义法学，还是中国的早期左翼革命法学，都对后来各自的美国法学和中国法学，产生了广泛持久的影响；而且，另一方面，从“中国视角”看，后来的一些中国法学，为了更好地面对中国的法律变革实际，都不同程度地吸纳了实用主义的思想逻辑，包括美国的早期实用主义和当代实用主义，尽管，在相当多的情况下，是不自觉的，或者，没有明确的实用主义修辞话语。[1] 于是，这在观念谱系上也在提示，需要通过追溯式的比较，来分析美国的早期实用主义法学和中国的早期左翼革命法学的彼此结构，以及彼此相通的潜在能力，挖掘其中相互融贯的理论思路，以及为什么前者之中包含了可被后者参考的思想逻辑。其实，通过这种比较，也许可使我们更为深入地理解：特定语境中的中国法律、法学的长时期的发展，为什么时常不可避免地是“政法”的，而且是“政法”意义上的快速适应社会的；而“政法”的谱系，既有实用主义的意蕴，也有左翼革命的主旨。因此，美国的早期实用主义法学，既是纵向的历史视野中的有益参照，也是横向的“世界图画”中的有益参照。

（五）

在我的研究中，我的基本观点是：在近现代的较为激烈社会变迁的语境中，就法律概念理论言，实用主义的法学思考逻辑和左翼革命的法学思考逻辑，不可避免地要作为积极介入社会的话语的典型逻辑表达自我，这点，相对其他反叛法律实证主义的法学而言，也许是尤为明显的；特别重要的是，在我看来，就法律概念理论而言，两种思考逻辑之间有时是相互支持的，这在左翼革命法学的角度来看可能是更为值得注意的；此外，不仅在历史中，而且在当下里，实用主义法学的法律概念思

---

[1] 例如，众所周知，新中国成立后中国的法学和法律思考，时常注意根据情况的具体性解决法律问题。应该认为，其中包含了“实用主义”的策略，或说“实用”的观念。此外，就具有明显的修辞话语而言，在中国法学中，也有学者明确承认自己赞同实用主义的观念。例子，参见苏力：《世纪末的交代（自序）》和《导论：研究中国基层司法》，载苏力：《送法下乡》，北京：中国政法大学出版社，2000 年，第Ⅷ、20 页；汪华亮：《刑法上认识因素的实用主义法理学分析》，载《黑龙江省政法干部管理学院学报》2006 年第 1 期，第 42 页。

考对左翼革命法学的法律概念思考，从某些方面看，可能都是一个有益的补充。

当然，这一基本观点和上述“中国视角”的意识，是彼此呼应的。

（六）

另外需要说明的是，首先，美国的早期实用主义法学和中国的早期左翼革命法学，并非是个边界清晰的学派描述。实际上，对于究竟什么人物可以归入，究竟什么是早期的实用主义法学，什么是早期的左翼革命法学，从不同角度，是可以提出不同界定的。针对美国的早期实用主义法学，学界也是存在不同看法的；针对后者，学界甚至尚未作出某些尝试。比如，针对前者，艾切尔（Gary Aichele）较为含蓄地指出，美国的早期实用主义法学理论和詹姆斯（William James）、杜威的哲学理论有着密切联系，这一实用主义法学理论，主要体现在霍姆斯、格雷（John C. Gray）、宾海姆（Walter Bingham）、庞德和卡多佐等人的言述中。[1]但是，格莱（Thomas Grey）提到，将霍姆斯的学说归入美国的早期实用主义法学，有时首先就是困难的。[2]而波斯纳（Richard A. Posner）提醒人们注意，在法律中，实用主义“没有精确的含义”[3]。对于早期的左翼革命法学，除了看到民国时期一些学者提出其以马克思主义的革命理论作为指导之外[4]，我们很难看到有人在人物和思想内容上作出一个大致说明。其实，总体来说，对于任何一个法学学派的界定，

[1] Aichele, *Legal Realism and Twentieth-Century American Jurisprudence*, p. 49.

[2] 见 Thomas Grey, “Holmes and Legal Pragmatism”, *Stanford Law Review*, 41 (1989), p. 788.

[3] [美] 理查德 · A. 波斯纳：《超越法律》，苏力译，北京：中国政法大学出版社，2001 年，第 12 页。

[4] 例如陈进文：《法律的新生命》（《法轨期刊》第 2 卷第 1 期，1935 年），载何勤华、李秀清主编：《民国法学论文精萃》（基础法律篇），第 192—194 页。

都是比较困难的。[1]然而，在我看来，这并不妨碍我们在法律概念理论上对其加以比较。因为，我们总是可以大致说明两种法学的某种基本特征。至少，我们总会承认，美国的早期实用主义法学可以包含“强调具体需要”“反对抽象概念”等这样一些基本要义[2]；中国的早期左翼革命法学，可以包含“揭露法律的资本性质”“强调法律的民众意义”，以及“重视法律的红色革命性质”等基本观念[3]。于是，重要的是，在某种基本特征的把握的基础上，是可以展开一些分析的。

其次，反过来讲，正是因为两种法学作为学派的边界并不十分清晰，所以，在两种法学和其他法学之间的某些相互联系中，适度地拓展语境，则是可能的，也是必要的。众所周知，从理论的角度看，任何一个学派的思考主张总和其他学派的思考主张，或者有着历史关联，或者有着思路关联，也可以说是有时相互演化的。在这个意义上，本章将在集中比较美国的早期实用主义法学和中国的早期左翼革命法学的同时，适当地分析两者与其他相关学派理论的相互关联。如此操作，目的在于，尽力在较为广泛的思想关系中进一步地凸显本章的基本观点；此外，目的在于尝试分析，通过美国的早期实用主义法学和中国的早期左翼革命法学

---

[1] 我们可以注意，对历史法学、现实主义法学，以及后来的女权主义法学、批判法学等学派，人们都会存在边界上的不同看法。甚至通常被认为是某一学派中的某些学者、理论、观点，也时常会遭到学者自己，或者理论观点提出者的异议。

[2] Richard A. Posner，*Law*，*Pragmatism*，*and Democracy*，Cambridge：Harvard University Press，2003，pp. 59-60；David Luban，“What's Pragmatism about Legal Pragmatism?”，*Cardozo Law Review*，18（1996），pp. 43-44；Grey，“Holmes and Legal Pragmatism”，p. 805；Cornel West，*The American Evasion of Philosophy*：*A Genealogy of Pragmatism*，Madison：University of Wisconsin Press，1989，p. 5.

[3] 我们可以从马克思经典作家的著述中，以及根据后来发展的左翼革命法学的基本内容，作出这样的判断。当然，我要特别指出，中国的早期左翼革命法学是一个较为复杂的理论表达。其中，既有某些马克思主义的思想渊源，也有自发的同情无产阶层的思想渊源，比如和当时形式密切相关的三民主义和民粹主义等。而且，本章所要提到的一些人物，基于中国早期左翼革命的特殊性，一般来说在他们提出理论的时候不是彻底的完整意义上的马克思主义者。他们仅仅是或多或少地表达了上述基本观念。

的比较，在宏观意义上的中西法律概念理论比较中，当然包括其他法律、法学的比较，我们可以得出怎样的方法论上的新模式。

最后，对于实用主义和中国的左翼革命社会思想的关系，学界已经做出了一些探讨。[1]但是，将实用主义法学，特别是其法律概念理论，和中国的左翼革命法学联系起来进行研究，在我的阅读范围内，似乎是很难发现的。我将表明，比较两种法学的法律概念理论，有其独特的意义。这种比较，不是普遍的实用主义和中国左翼革命社会思想的关系的研究在法学中的简单延续；相反，基于法律的特定语境，这种比较，是有法律、法学自身意义的，尽管，和这种研究的关系不是完全割裂的。

（七）

最后需要说明的是，本章所提到的中国早期左翼革命法学，主要是指 1949 年以前的具有社会分工意义而且具有职业专业意义的表征“法律、法学”主体身份（比如法官、法学教授等）的学者的学说。

众所周知，针对近代与现代，中国学界，通常比较注意重要政治人物的左翼革命法学理论，比如，毛泽东、董必武的理论，而且还有较为

[1] 这些资料包括但不限于这些文献，比如，张之沧：《中国的马克思主义应当重新审视实用主义》，载《河北学刊》2005 年第 5 期，第 52 页；张洪波、葛善泽：《五四前后马克思主义为什么能在中国迅速传播？》，载《当代世界与社会主义》2004 年第 4 期，第 49—53 页；刘放桐：《实用主义与中国现代的政治和文化的冲突》，载《学习与探索》2004 年第 2 期，第 7—8 页；赵平之：《论青年毛泽东思维方式的形成和特征》，载《毛泽东思想研究》2005 年第 1 期，第 24—32 页。一个重要的侧面讨论，见罗志田：《外来主义与中国国情：“问题与主义”之争再认识之三》，载《南京大学学报》2005 年第 2 期，第 98—110 页。从文学角度阐述这个问题的文献例子，参见贾振勇：《中国左翼文学思潮意识形态的内在矛盾》，载《文学评论》2005 年第 6 期，第 119—125 页。在一般意义上探讨实用主义和早期左翼革命哲学的关系的文献，参见王南湜：《理论与实践关系问题的再思考》，载《浙江学刊》2005 年第 6 期，第 8—11 页。

深入的分析概括。[1]这是有益的，在某种程度上，也较符合近代与现代的中国民族国家现代性发展的实际情况。但是，重要政治人物的法学理论，时常是其总体政治社会理论的附属部分，从今天法律、法学特定专业的视角来看，似乎缺乏社会分工所需的专业叙述机制的细节谱系；此外，从世界法律概念理论演化的内在关系来看，中国的重要政治人物的左翼法学理论，似乎是“外在”的，比如，我们很难发现这些重要政治人物也在关心英国、德国法律实证主义，或者其他民族国家的法律学术学说，并且展开相关的批判。[2]

于是，从具有“法律、法学”主体身份的学者的学说切入，则是必

[1] 关于这点，可以参见蔡道通：《青年毛泽东的法律观》，载《毛泽东思想研究》2005年第5期，第69—71页；文永林：《毛泽东关于党在抗日民主政权中执政能力建设思想》，载《毛泽东思想研究》2005年第1期，第1—3页；贾孔会：《毛泽东早期法律思想述略》，载《毛泽东思想研究》2003年第1期，第39—40页；高广瑞：《毛泽东法律思想述略》，载《政治与法律》1996年第6期，第19—20页；吴春雷：《毛泽东法律思想历史发展探析》，载《甘肃政法学院学报》1994年（增刊），第2—8页；秦前红：《董必武法治思想初探》，载《武汉大学学报》2002年第4期，第479—480页；徐新颖：《董必武法治思想探析》，载《徐州师范大学学报》2003年第4期，第111页；汪习根：《论法治理念在当代中国的奠基——董必武法治思想探桃》，载《中南民族大学学报》2002年第3期，第23—24页；付子堂、胡仁智：《新中国建立前中国共产党的法律探索》，载《学习与探索》2001年第4期，第1—6页；李龙主编：《毛泽东法律思想研究》，武汉：武汉大学出版社，1993年，第1—24页；孙琬仲、吴家友、杨瑞广主编：《董必武法学思想研究文集》（第二辑），北京：人民法院出版社，2003年；祝铭山、孙琬钟主编：《董必武法学思想研究文集》，北京：人民法院出版社，2001年。

[2] 比如，董必武的学说就是如此。尽管董必武早年曾经留学日本研习法律法学，在武汉和张国恩开办律师事务所从事律师职业（见《董必武年谱》编辑组编：《董必武年谱》，北京：中央文献出版社，1991年，第33、37页），但是，在1950年代以前，其主要从事的是政治活动（见《董必武年谱》编辑组编：《董必武年谱》，第38页以下），而且，其主要学说，基本上带有极强的政治色彩并且将法律法学理论变为政治话语的一个组成部分（见董必武：《董必武法学文集》，北京：法律出版社，2001年，第1—25页；董必武：《董必武政治法律文集》，北京：法律出版社，1986年，第1—80页）。

要的。正如本章后面将要展现的，具有这种主体身份的学者的学说，相对前面提到的“内在关系”而言，是“内在参与”的。这些学者的学说，正是在世界法律概念理论演化的“内部”运行的。它们时常将理论分析的矛头，指向了比如英国、德国的法律实证主义，还有其他民族国家的法律学说，并且，是在“法律、法学话语”（或说法言法语）的层面上展开推进的。这一具有独特主体身份的中国早期左翼革命法学，有待挖掘。因为，当后来的中国真正认识到作为专业的法律、法学是十分重要的时候，这种带有“法律、法学”主体身份的左翼革命法学理论，在一定意义上，有如我们在当代西方法学中所看到的左翼批判法学一样[1]，包含了从法律、法学内部去凸显重新理解法律实质以及法律变革的启发价值[2]。

（八）

当然，与此相关的是，由于当时中国的特定政治格局，中国的早期左翼革命法学理论可以分为两个区域：共产党领导的区域；非共产党领导的区域。1931 年，丘汉平针对当时的法学状况提到：

马克思只有人类历史充满了阶级斗争的事实，所以主张无产阶级要脱了有产阶级的束缚，舍“打倒”方式外，别无他途。

近五十年来，这种思想充满了全世界。就是我们闭关自守物质落后

[1] 关于当代西方左翼批判法学的理论，请见 David Kairys (ed.), *Politics of Law: A Progressive Critique*, New York: Basic Books, 1998. 这本论文集，包含了具有代表性的这一学派的各类文章。

[2] 关于启发价值，参见刘星：《西方法学中的“解构”运动》，载《中外法学》2001 年第 5 期，第 544—553 页。

的中国，也受其影响。[1]

丘汉平所说的“受其影响”的中国法学，正是后者。本章文献资料以及相关分析，根据本章的叙述目的，也主要是基于后者，特别是后一区域的出版作品。前者因为激烈的政治需要，比如抗日战争、解放战争，其学术话语往往让位于了政治话语。但是，这并非是说前者是不重要的。实际上，前者相对而言对后来的中国法学的影响是更为直接的。而且，前者和后者之间有时也有间接的相互关联，本章也将在必要的时候，分析它们之间的这种关联。只是，对应美国的早期实用主义法学，而且，如同我在前面提到的，这一实用主义法学对后来的美国实用主义法学有着影响，中国也有过去影响后来的类似问题，于是，集中于讨论后者是不可或缺的学术工作。

（九）

本章主要关注的内容，是法律概念理论方面的问题。众所周知，法律概念理论本身的讨论，是“传统”的、“沉闷”的，甚至是“陈旧”的，从而也是容易“被人遗忘”的。然而，法律概念理论对于法律、法学来说，依然是核心的、根本的，而且，也是可以“推陈出新”的。本章将作尝试。我们可以，而且已有的学术文献已经，从许多相关的法律、法学方面去分析美国的早期实用主义法学和部分的中国的以往左翼革命法学（这里指共产党领导的区域的法学）。但是，以法律概念理论本身作

[1] 丘汉平：《新法律史观》（《法学杂志》第5卷第1期，1931年），载丘汉平：《丘汉平法学文选》，第22页。

关于马克思主义思想何时进入中国，参见唐宝林：《马克思主义在中国100年》，合肥：安徽人民出版社，1997年，第57—61页。当然学界有不同的看法。见唐宝林：《马克思主义何时传入中国》，载《光明日报》1998年4月3日；王也扬：《关于马克思主义何时传入中国的一个说法之误》，载《马克思主义研究》2000年第2期，第85页。丘汉平的判断大致来说可以接受。

为焦点以及出发点，然后逐步展开相关问题的分析，则是更有意义的。正如我在其他地方提到的[1]，法律概念理论不是一个“纯粹客观”的分析说明对象的理论；法律概念的表达，实质上展现了一种态度、一种立场。同时，法律概念的分析，从其本身来说，是内在于法律、法学职业的要求的；这是在说，无论自觉与否，从事法律法学专业的主体必须回应法律概念的解释问题，不然，将无法实现社会分工所要求的细节操作。因此，以法律概念理论作为核心以及出发点来分析两种法学，可使我们更为深刻地理解它们的关键所在；同时，在将其与各自的或者“社会”或者“政治”联系起来剖解、识别之际，可以从法律、法学自身的路线去深化对两种法学的想象空间。

在本章中，我将首先比较性地讨论两种法学的法律概念理论的基本思路，然后，讨论两者潜在的相通能力。对于两种法学的法律概念理论和各自各种语境的相互关系，对于两者彼此相通能力和各自各种背景之间的复杂关联，以及两种理论的类似之处和学术主体个人的实践的相互关系，还有“中国视角”立场的深层意义、挖掘两种理论内在关联的深层理论价值等，我将在下面两章撰述。

二、美国的早期实用主义法学法律概念理论的观点与依据

学者们都知道，研究美国的早期实用主义法学的著述是十分浩瀚的。因此，再次复述其基本观点是没有必要的。但是，就这一法学的基本观点和基本推论的关系而言，我认为以往研究似乎缺乏比较细致的分辨（当然不是完全没有）。对于下面将要展开的比较研究，这种关系的较为细致的分辨，可能是十分重要的。所以，我将首先在这种关系中作出一些分析。

---

[1] 刘星：《法律是什么——二十世纪英美法理学批判阅读》，北京：中国政法大学出版社，1998 年，第 293—304 页。

（一）

作为美国的早期实用主义法学的一个突出代表，霍姆斯曾经在法律概念理论上提出了一个经典性的表达：法律是种预测。他说：

让我们提出一个根本性的问题，什么构成了我们所说的法律……如果注意我们的朋友坏人的观点，那么，我们就会发现，这位朋友并不关心法律一般规则或者演绎推理这样两个没有多大意义的对象。相反，他特别想知道马萨诸塞州或者英格兰的法院实际上可能是怎样做的。我和他的想法没有任何区别。当使用法律一词的时候，我的意思，恰恰是指对于法院事实上将会怎样处理问题的预测。[1]

那么，为什么可以将法律视为一类预测？在霍姆斯看来，我们首先需要从法律的职业性质和结构加以理解。他带有分析性地指出：

当研究法律的时候，我们并非正在研究一个神秘莫测的对象，而是正在研究一项众所周知的职业。我们正在研究我们想要得到什么，以便进入法院里的时候有所准备；或者，以这种方式向人们提出建议，从而使其避免卷入诉讼。为什么我们正在研究的是一项职业？为什么人们会聘请律师，来为他们在法庭上表达意见？原因在于，在我们这样的社会中，公共权力在某些情况下是授予法官来适用的；而且，当必要的时候，国家的全部权力就会用来执行法官的裁判和指令。人们想要知道，在什么情况下，以及在什么程度上，将会遭遇和他们相比力量强大的另外一方彼此对抗的风险。因此，发现什么危险令人担忧，也就成了一项职业。在这个意义上，我们研究的对象就是预测，预测经过法院行动这一方式

[1] Oliver Wendell Holmes，“The Path of Law”，*Harvard Law Review*，10（1897），pp. 460-461.

而呈现的公共权力的影响结果。[1]

支持“法律预测”观点的另外一个理由，对于霍姆斯来说，在于逻辑的“不切实际”：

在每一个人的观念中，都存在着对确定性和宁静的期待。逻辑方法与形式使这一期待得以满足。但是，一般来说，确定性是虚幻的，而且，人生来就注定是不会宁静的。[2]

而和这一理由相互联系的第三个理由则是，推理逻辑和外在世界的“因果规律没有什么关系，对于我们思考的能力来说，因果规律本身是高高在上的；或者，至少来说，我们不能从其推理，或者推至其中”[3]。

（二）

但是，霍姆斯没有详尽分析一个逐步深入的问题：如果法律是种预测，人们针对对象所展开的预测的程度，是否有所分别？而如果预测程度是有分别的，那么，这种分别，是否影响了法律的定义？

虽然霍姆斯提到了一个关于“程度”的意思，也即“人们想要知道，在什么情况下，以及在什么程度上，将会遭遇和他们相比力量强大的另外一方彼此对抗的风险”这句话，但是，我们可以追问：如果这里提到的“程度”——其实正是预测程度——是非常低微的，是否还能提到法律的存在？比如，当遇到一个案件的时候，人们根本无法预测法院将会怎样判决，完全处于猜测的心理状态，这时，我们是否依然可以谈论法律，或者，怎么谈论“法律”？依照霍姆斯的逻辑，似乎答案是肯定的；

[1] Holmes，“The Path of Law”，p. 457.

[2] Holmes，“The Path of Law”，p. 466.

[3] Holmes，“The Path of Law”，p. 465.

而且，怎么谈论都是可以的。这一逻辑的方向之一，暗含着法学界十分熟悉的美国法律现实主义的观点：法律就是法院的判决[1]。然而，美国法律现实主义这一观点，是十分极端的；这个观点，将会面对一个自己特别难以解释的日常经验：社会中的现实立法[2]。因为，从一般历史来看，立法是任何社会从未放弃过的一个基本现实；反过来看，当认为法院判决就是法律的时候，人们也就需要认为"社会似乎没有必要去立法了"，也就容易认为，"只要等待法院判决似乎就可以了"。这是一个不能接受的与经验现实颇为矛盾的结论。

而且，依照一般的实用主义理论框架，如果法院判决是不可预测的，从而法律根本就不存在可预测性，那么，至少在某些情况下，或者在实用主义理论喜好的"语境"这一条件限定中，人们本来有时可以谈论普遍性规则的可能性，也就不存在了。这里的意思是说，在实用主义理论的本身内涵之中，既不存在普遍的"一般规则是存在的"问题，也不存在普遍的"法院判决完全是不可预测的"问题。是否存在"一般规则呈现"的情况，或者是否存在"不可预测呈现"的情况，是要视条件而定的。因此，美国法律现实主义的法律概念理论，不是彻底的实用主

[1] 比如，美国法律现实主义重要人物卢埃林（Karl Llewellyn），就曾说过，法院之类的"官员针对纠纷所做的就是法律本身"。见 Karl Llewellyn，*The Bramble Bush*，New York：Oceana Publication，1930，p. 3. 同样是重要人物的弗兰克，也曾说过，"在法院作出判决之前，唯一可以利用的法律就是律师发表的与当事人和案件事实有关的法律意见。这种意见实际上不是法律，而仅仅是对法院将如何判决的猜测"，因此，法律是"实际的法律，也即关于一个具体案件情形的一个已在过去作出的判决"。见 Jerome Frank，*Law and Modern Mind*，Garden City：Doubleday & Co.，1963，pp. 50-51。另外一位美国法律现实主义重要人物泰勒（Richard Taylor）也说，"就存在方式而言，任何具体案件中的法律不是成文法、普通法，也肯定不是某种不成文的自然法。精确地说，它是司法判决本身"。见 Richard Taylor，"Law and Morality"，*New York University Law Review*，43（1968），p. 627.

[2] 这里的"立法"一词，包含了判例法中的前例确立。本章是在包含狭义的立法机构制定规则和司法确立先例的意义上，使用"立法"一词的。

义的。[1] 而这种不彻底性，恰恰来自霍姆斯的缺乏深入论证的阐述。这就不难理解，为什么人们时常认为霍姆斯是美国法律现实主义的先驱之一；而霍姆斯，正如伯顿（Steven Burton）和韦尔斯所提到的，“很容易被人理解为虚无主义”[2]。

当然，在“预测程度”这一困难的问题上，霍姆斯也不是完全语焉不详的。他曾说道，“一直被恰当地称之为法律‘神谕’（the oracles of law）[3] 的内容”，正是在数百年来的判例汇编、法律讨论和制定法之中所包含的那些“预言化的片段里可以发现的内容”[4]。重要的是，霍姆斯另外指出，“如果概括和提炼成一个体系，那么，所有预测，就不是那么无法驾驭的、无边无际的了；这些预测，可以成为一套内容有限的整体，可以在合理的时间内加以掌握”[5]。这意味着，就主观倾向言，霍姆斯还是不大乐意放任美国法律现实主义极端思想这一思路的。在此，我们可以得到理解另外一位重要的法律实用主义者——卡多佐——的法律概念理论的某种线索。

（三）

在自己的著述中，卡多佐提到了霍姆斯的上述经典的“预测式”

---

[1] 当然，法律现实主义也许根本就不打算在法律概念上贯穿实用主义。这种法学理论，正像人们所知道的，也许仅仅希望在抛弃了“法律神话”（弗兰克用语）之后，在不断的不可预测的“司法审判”中，贯穿实用主义。

[2] ［美］斯蒂文·J. 伯顿：《导论》，伯顿主编：《法律的道路及其影响》，第 5 页；皮尔士·韦尔斯：《小奥利弗·温德尔·霍姆斯和威廉·詹姆斯》，第 263 页。

[3] 霍姆斯很有意思地使用了“oracles”这个带有“神谕”“训谕”意思的英文词。可是，联系上下文看，他通篇都在谈论坏人的预测、坏人的所思所想；而且，霍姆斯多少有些揶揄以往将法律规则看得那么神圣的观念的意思。所以，将该词用引号引起比较合适。霍姆斯说，法律是种预测，“绝非什么自作多情的东西”（nothing more pretentious）。见 Holmes，“The Path of Law”，p. 461.

[4] Holmes，“The Path of Law”，p. 457.

[5] Holmes，“The Path of Law”，p. 458.

的法律概念，而且，说自己的思想和他十分接近[1]。然而，我们可以清楚地看到，卡多佐并非像霍姆斯那样仅仅提出法律概念的关键在于“预测”，仅仅提出“预测是可以在合理的时间内加以掌握的”。他明确地指出：

如果有合理的可能来预期——对正面临或者将要发生的纠纷进行判决，将以一些原则和信条为基础——即可视这些原则和信条为法律。当这种预期达到一个很高的确定和确信时，我们就说法律建立了……如果预期没有达到这一定的确信标准，我们就说这时法律是模棱两可或不确定的。再往下一个程度，就不存在法律了。[2]

卡多佐补充地提到：

当存在这样一种可能，以至我们能合理确定，某个结论应当且将要体现在一个判决中时，就将该结论称为法律，即使那个判决尚未正式作出，即使真正作出的判决可能违背我们的预期。[3]

显然，卡多佐在这里提出的法律概念，既明确了霍姆斯的“预测”含义（详见下文），也阻止了霍姆斯预测说包含的美国法律现实主义的极端结论的思路可能；同时，其还更为符合上面提到的实用主义理论逻辑。卡多佐对霍姆斯预测说的澄清，是委婉的；但是，对美国法律现实主义的结论，则是不客气的。卡多佐肯定地说道，“法律不仅仅是一系

---

[1] ［美］本杰明 · N. 卡多佐：《法律的成长 · 法律科学的悖论》，董炯、彭冰译，北京：中国法制出版社，2002 年，第 26 页。

[2] 卡多佐：《法律的成长 · 法律科学的悖论》，第 26 页。

[3] 卡多佐：《法律的成长 · 法律科学的悖论》，第 21 页。

列孤立的判决"[1]，"……孤立判决，它们在变成法律的同时，也丧失了法律的品格"[2]。针对美国法律现实主义的法律概念，他明确地指出：

这样一个法律定义实际上否认了法律存在的可能性，因为它否认了存在一些普遍运作的规则的可能性；这样一个定义本身必定蕴含了荒谬和错误的种子。如果一种分析毁灭了其意图解释的东西，这种分析就毫无用处。法律和服从法律是为我们每一天的生活经验所肯定的事实。[3]

正是这样一种双重方向的"矫正"，从理论逻辑来看，使卡多佐的思路，更为符合了经验考察与不断试错这样一个"条件限定式"的实用主义的模式。对卡多佐来说，可以经验考察与不断试错的"预期在确信上的高低"，是决定"法律是否存在"的一个实用尺度。[4]同时，如果我们仔细讲究语言表达的内涵，要求一种意思的清晰，那么，可以认为，卡多佐澄清了霍姆斯的"法律是种预测"的真实意思：法律实际上是指预测的内容、对象，也即存在于文字法规与法官判例中的内容，或者对象。而霍姆斯的原来表达，实际上是种"大概的模糊陈述"，使读者只是感受到了"一种认识、理解法律的方向"，没有得到较为精确的内涵。[5]这点是重要的。因为，在语言所指对象所构成的空间中，卡多佐针对"预测"一词所指的实际对象给予了较为准确的定位。这一定位，在法律概

---

[1] 卡多佐：《法律的成长 · 法律科学的悖论》，第 23 页。

[2] 卡多佐：《法律的成长 · 法律科学的悖论》，第 20 页。

[3] ［美］本杰明 · 卡多佐：《司法过程的性质》，苏力译，北京：商务印书馆，2000 年，第 79 页。

[4] 这与立法式的法律实证主义所提出的"条件限定"，是完全不同的。在这种实证主义中，是否"立法"尽管是个经验考察的问题，但不是一个不断试错的问题。而且，就经验考察言，针对法律的存在，实用主义的经验考察是动态的；而立法式的法律实证主义，基本上是静态的，也即只需考察立法机关的立法文献。

[5] 常人时常会想：预测是种主体的认识活动，也可说是主体的一种表达，如此，将法律视为预测，便会令人费解。

念理论上，使美国的早期实用主义法学得以成为“可逻辑分析的”。

（四）

在本章中，美国的早期实用主义法学，特别是就其在法律概念理论上的观点与依据之间的相互关系而言，是被视为一个整体来看待的。其实，人们通常已经认为，霍姆斯和卡多佐几乎是这一法学的最为重要的代表。[1] 因此，我在前面梳理的从霍姆斯到卡多佐的思考路线，从观点到依据，实际上是概括地表现了作为一个整体的这一法学法律概念的基本框架，其具体内容是：第一，作为观点，法律是种预测，而且，这种预测是种一定程度上的合理预测；第二，作为依据，说是预测，这是由法律职业的性质和结构所决定的；第三，作为依据，说是预测，这是因为外在的各种自然现实、社会现实本身并非总是确定的；第四，作为依据，对应这些现实而言，归纳方法要比演绎逻辑更为“有用”。

本章在此之所以说是概括地表现了一个基本框架，是因为，另外一些人物的学说，也是可以归入其中的。比如，1903 年，米勒（William Miller）就曾提到，卷入法律事务的“当事人，很少关心一个案件办得是否‘漂亮’（beautiful）！他的愿望，在于案件办得可以符合他能得到的最佳状态”[2]。1909 年，庞德也曾说过，重要的是，法律判决应该“追求调整现实生活的原则和理论……将人的因素视为首要的，将逻辑视为一种工具而已”[3]。这些言辞，都符合了霍姆斯的最能体现实用主义精神的经典表述：“法律的生命总是在于经验，而非逻辑”[4]；“一般性的命题

[1] 波斯纳：《超越法律》，第 2 页。

[2] William Miller, *The Data of Jurisprudence*, Edinburgh: W. Green, 1903, p. 1.

[3] Pound, “Liberty of Contract”, p. 464.

[4] Oliver Wendell Holmes, “Book Review”, *American Law Review*, 14 (1880), pp. 233, 234; Oliver Wendell Holmes, *The Common Law*, ed. Mark Howe, Boston: Little, Brown and Company, 1963, p. 1.

并不决定具体的案件”[1]。而且，这些言辞，符合了霍姆斯曾经与之昼夜饮酒畅谈[2]、卡多佐不断引之为据[3]的实用主义哲学先驱詹姆斯的观点："我们观念中的真理意味着它们发挥作用的能力”[4]。此外，如果注意韦艾纳（Philip Wiener）提到的作为实用主义法学思想先驱之一的、以律师身份表现自我的格林（Nicholas St. John Green）的思想[5]，那么，这些言辞，在法学中，则是以直接方式再次推进了法律、法学中已有的实用主义。

三、中国的早期左翼革命法学法律概念理论的观点与依据

现在，关于法律概念理论，我们需要考察中国的早期左翼革命法学。

（一）

为了对应，我依然从整体上来描述这一法学在法律概念理论上的叙述结构。亨特（Alan Hunt）曾经指出，依照马克思以及后来马克思主义者的主要学说，左翼革命法学——当然主要是在西方——大致包括了这样一些基本观点：

第一，法律不可避免地是政治的；第二，法律与国家是紧密相连的，

---

[1] *Lochner v. New York*, 198 U.S. 45 (1905) (Holmes, J., dissenting), p. 74.

[2] 见韦尔斯：《小奥利弗·温德尔·霍姆斯和威廉·詹姆斯》，第265—266页。

[3] 例子见卡多佐：《司法过程的性质》，第3页；卡多佐：《法律的成长·法律科学的悖论》，第35、129页。

[4] William James, *Pragmatism, and Other Essays*, New York: Washington Square Press, 1963, p. 29.

[5] Philip Wiener, "The Pragmatic Legal Philosophy of Nicholas St. John Green", in Philip Wiener (ed.), *Evolution and the Founders of Pragmatism*, Cambridge: Harvard University Press, 1949, pp. 152-171. 格林对实用主义法学理论的阐述，并非是比较详尽的。

而且针对国家而言，法律仅仅是相对自主的；第三，法律保护反映社会的主导经济关系，或者是其表达；第四，法律总是具有潜在强制性的，表达了国家对强制手段的独占性；第五，法律的实体内容与程序内容，直接或者间接地表达了统治阶级的利益；第六，法律是意识形态化的，它既是统治阶级价值正当化的表现，也为这种价值观念提供了正当性。[1]

在中国近现代的“专业”的法学中，我们可以发现与之颇为类似的一些观点。

（二）

1940 年，当评论沈家本派与反对派在中国法律变革问题上的争论[2]的时候，蔡枢衡[3]说，法律本身就是政治化的，“法律是达到政治目的的手段。政治本身也不过是为着维持社会秩序……”[4]。1940 年代，作为中国的早期左翼革命法学的主要人物之一，李达[5]提出，法律与国家政治

---

[1] Alan Hunt，“Marxist Theory of Law”，in Patterson（ed.），*A Companion to Philosophy of Law and Legal Theory*，p. 355.

[2] 关于这个争论，可以参见杨鸿烈：《中国法律思想史》，第 288 页以下。另可参见蔡枢衡：《沈家本派及其反对派》（1940 年 2 月），载蔡枢衡：《中国法理自觉的发展》，第 32—40 页。

[3] 1930 年代至 1940 年代，曾任教于西南联大和北京大学，从事法学教育和研究，为专业的法学教授。参见马克思主义研究网：http：//myy.cass.cn/file/200512239767.html，2006 年 4 月 3 日访问；北京大学图书馆 · 名人名家网：http：//162.105.138.23/bdms/mr_index.asp?id=131，2006 年 4 月 3 日访问。蔡枢衡喜用辩证唯物论的方法，分析法律法学问题，见李贵连、孙家红、李启成、俞江：《百年法学——北京大学法学院院史（1904—2004）》，第 177 页。

[4] 蔡枢衡：《法学的新立场及其应有之法律观和方法论》（1940 年 2 月），载蔡枢衡：《中国法理自觉的发展》，第 43 页。

[5] 曾任湖南法政专门学校法学教授；后来，该校改为湖南大学法科，其继续被聘为法学教授。见宋镜明：《李达传记》，武汉：湖北人民出版社，1986 年，第 71 页。

的“关系之正确的认识，是理解法律的本质之重要的关键”[1]。以此作为基础，蔡枢衡进而提到，“法为国家社会组织之一形式”[2]；李达更为明确地指出，“法律是附丽于国家而存在的”[3]。至于国家，李达相信这样一个认识：“国家的功用，从根本上来说，就是实现国家的目的”[4]，而“国家的目的，就在于保障特定的阶级的经济结构”，“历史上的一切国家，都是统治阶级的机关”[5]。正是从这些观念出发，李达说道：

所谓国家权力，即是公权力，即是统治权……至于法律，是统治者为保障阶级经济结构而拟订的种种规则，是凭借公权力强制人民遵守的国家规范。[6]

李达补充指出，更为重要的是，“政治是经济之集中的表现”[7]。

与此类同，1934年，张志让[8]明确地指出，为了认识法律的性质，必须看到，“某一时代的法律，主要地是为那一时代的握有最重要的生产机关的人所形成，用来保护他们的利益的”[9]。在张志让看来，财产

---

[1] 李达：《法理学大纲》，法律出版社，1983年，第93页。

[2] 蔡枢衡：《抗战建国与法的现实》(《云南日报·星期论文》，1938年12月11日)，载蔡枢衡：《中国法理自觉的发展》，第25页。

[3] 李达：《法理学大纲》，第93页。

[4] 李达：《法理学大纲》，第93页。

[5] 李达：《法理学大纲》，第90页。

[6] 李达：《法理学大纲》，第96页。

[7] 李达：《法理学大纲》，第117页。

[8] 1920年代至1940年代，曾为北京大学、东吴大学和复旦大学法学教授，并任民国政府法官，兼从事律师职业。见武进市政协文史资料研究委员会：《张志让传略》，载武进市政协文史资料研究委员会编：《新中国第一代大法官张志让》，武进：苏常武出准字（95）第040号，1995年，第39—41页。

[9] 张志让：《借英国法中许多希奇有趣之点来阐明法律的性质》(《法轨》第1卷第2期，1934年)，载吴经熊、华懋生编：《法学文选》，第193页。

在任何时代，几乎都是受到法律特别保护的，这点“岂不极为明显了么”[1]？“到了当今的时代，又是怎样呢？现代最重要的财产，当然是金融资本——就是金钱”[2]。所以，“人比财产为重，这是一句大家承认的话。然而在法律上却是不然”[3]。依然是在1934年，萧邦承[4]在讨论西方法律社会学的时候，也带有批判味道地认为：

……财产所有权与契约自由既得了法律极力的保护，而有产阶级便依赖法律，尽情发挥彼等的资本力量，以扩充最大的财富，社会便形成了一个特殊的畸形现象，即资产阶级趋于极富，而无产阶级走向极贫，因而社会阶级悬殊，互相的斗争益烈，各阶级都为着自己阶级利益而斗争。[5]

他还提到，资本主义国家的诸如童工女工的保护、劳动时间的缩短、休息时间的规定、最低工资的规定等立法，无一不是“由于阶级斗争，再则为统治阶级想借此以缓和被统治的无产者的革命情绪，麻痹无产阶级的革命意识”[6]。

1929年，作为左翼革命法学的一个典型表达，朱怡庵[7]使用了我们今天十分熟悉的语词这样宣称：“法的关系是与阶级的利害有直接的关系

[1] 张志让：《借英国法中许多希奇有趣之点来阐明法律的性质》，第193页。

[2] 张志让：《借英国法中许多希奇有趣之点来阐明法律的性质》，第193页。

[3] 张志让：《借英国法中许多希奇有趣之点来阐明法律的性质》，第186页。

[4] 目前很难发现萧邦承的传记资料。但是，从其一些法学著述来看，其有较为明显的左翼倾向。

[5] 萧邦承：《社会法律学派之形成及其发展》（《法轨期刊》第2卷第1期，1934年），何勤华、李秀清主编：《民国法学论文精萃》（基础法律篇），第556页。

[6] 萧邦承：《社会法律学派之形成及其发展》，第566页。

[7] 朱怡庵即朱镜我，曾在上海政法学院等大学任教。见东方党建网：http：//www.dfdj.gov.cn/info_show.asp?sysid=14582&newstype_id=336，2006年4月3日访问。

的”[1]；“法是阶级斗争的归结，阶级斗争的冲突停止于所与的某阶段时的力的均衡之反映”[2]。此外，他明确地而且也是我们耳熟能详地讲道，“法是不得不依赖国家的强制力”[3]。

那么，为什么可以这样看待法律？

（三）

首先，蔡枢衡提出了一个哲学观念上的理由。他说，政治和法律的关系，

> 是本质和现象、形式和内容间的关系。本质和现象、形式和内容的关系之具体联络，在于形式是内容的属性，现象是本质的表现一点上。本质和现象、形式和内容间，必有因果关系，内在关联：二者互相适应。[4]

与此类似的是，李达也提出过关于法律概念的“本质与现象”“内容与形式”的理由。他说，“法律上的财产关系体系，即是特定阶级的经济结构在法律术语上的别名了”[5]；“法律的本质，即是阶级关系，即是阶级性”[6]。所以，“法律现象，即是法律关系的表现形态……法律的本质，即是法律现象的各种形态中所潜藏的各种关系”[7]。就法律和政治的关系来说，“形式由内容产生，并受内容所规定。所以内容对于形式，具有

[1] 朱怡庵：《法底本质》（《新兴文化》创刊号，1929年），载何勤华、李秀清主编：《民国法学论文精萃》（基础法律篇），第42页。

[2] 朱怡庵：《法底本质》，第43页。

[3] 朱怡庵：《法底本质》，第44页。

[4] 蔡枢衡：《法学的新立场及其应有之法律观和方法论》，第44—45页。

[5] 李达：《法理学大纲》，第102页。

[6] 李达：《法理学大纲》，第102页。

[7] 李达：《法理学大纲》，第99页。

优越性”[1]。朱怡庵同样认为，“要认识法这现象的本质”，就要知道，“其内容是反映着那支配着的阶级的利益之支配阶级的利益之表现者”[2]。

当然，这样一个理由，是将政治与法律的关系“仅仅视为”本质与现象、内容与形式的关系，没有进一步地论证为什么政治是本质、内容，而法律是现象、形式。

但是，蔡枢衡又曾说过，“立法者在创制法律过程中的作用，不是单纯消极的记录者，也不是完全的创造者”[3]；李达也曾说过，“立法者当制定法律时，他必先依照国家的目的，拟订立法的原理”[4]。这意味着，立法者是将政治的社会内容通过制定法律的方式，转变为了法律的表达。如果运用了制定法律的方式，那么，立法意志，也就可以视为“本质与现象”“内容与形式”的重要连接因素。因为，不能否认，立法意志本身就是“政治”的，立法本身就是一种政治的活动方式；而且，相互联系的是，立法的结果就是“法律呈现”。于是，人们可以认为，这些左翼革命法学的叙述，是比较符合经验实际的。在这个意义上，将法律视为“现象”和“形式”，也就具有了一定的论证功能。

（四）

其次，在论证自己法律概念的基本观点的时候，中国的早期左翼革命法学时常依赖的一种推论方式，就是经验归纳，亦即在经验现实中开列现象说明观点（当然是不完全的经验归纳）。这提示着，这一革命法学，将经验现象中存在的相应事实，作为了自己观点的第二个理由。

作为例子，我们可以注意张志让的叙述过程。张志让认为，在西方近代的17世纪至19世纪，甚至更早时期，比如，1430年代和1460年代，

---

[1] 李达：《法理学大纲》，第112页。

[2] 朱怡庵：《法底本质》，第42、43页。

[3] 蔡枢衡：《法律万能与法律无能》（《大国民报·周末专论》，1943年3月31日），载蔡枢衡：《中国法理自觉的发展》，第82页。

[4] 李达：《法理学大纲》，第21页。

人们已能发现法律是如何为有产阶级服务的。像在侵权法上，17 至 19 世纪，英国法对不动产的保护，比起动产和人身“更周密，是到了无微不至的程度了”[1]。张志让说，以家养畜牲侵犯他人不动产、动产和人身为例，如果侵犯的是不动产，“无论有无实际损害，我总归要负责的”[2]；但是，如果侵犯动产、人身，那么，法律就要仔细追问畜牲是否具有动物的“侵犯本性”，比如“老虎吃人的惯性”[3]，“是要先问问这畜牲究竟有无这种惯性，以及我是否知道它有这惯性”[4]。张志让另指出，而在 1436 年和 1463 年，当土地与商业竞争十分尖锐的时候，英国便分别规定了奖励五谷出口的法律和禁止五谷进口的法律，“它们的目的都在增加五谷的价值，保全地主的利益”[5]；此后，进入商业时代，英国又规定了羊类进口及羊毛出口的法律，并以严刑作为制裁方式，“这些法律的目的，是在保护羊毛制造者，减低他们所需原料——就是羊毛——的价格，以增加他们的纯利”[6]。显然，在张志让的叙述中，经验归纳是重要的论证依据。

类似的是，朱怡庵说：

法的关系的领域中的现象的基本的一群在阶级社会的圈内是与私有制度有直接的关系的。试翻阅一切资本主义的国家关于规定所谓私法的民法和商法的二大法典吧……一切结局都是该当于私有制度关系的东西。[7]

试举公法的具体的形态的另一范畴……这里有宪法、行政法、财政

[1] 张志让：《借英国法中许多希奇有趣之点来阐明法律的性质》，第 191 页。
[2] 张志让：《借英国法中许多希奇有趣之点来阐明法律的性质》，第 191 页。
[3] 张志让：《借英国法中许多希奇有趣之点来阐明法律的性质》，第 190 页。
[4] 张志让：《借英国法中许多希奇有趣之点来阐明法律的性质》，第 191 页。
[5] 张志让：《借英国法中许多希奇有趣之点来阐明法律的性质》，第 192 页。
[6] 张志让：《借英国法中许多希奇有趣之点来阐明法律的性质》，第 192 页。
[7] 朱怡庵：《法底本质》，第 44 页。

法等。法的这一部门的内容表示着什么呢？在这里我们也很明白的不能否定法的阶级的性质。[1]

对于经验归纳，人们当然可以提出一个疑问：这些经验例证是否可以说明全部法律现象？

可能已经意识到类似的疑问[2]，所以，在具体经验实例中，张志让试图通过法律运作过程中的"主观意志"这一逻辑，来阐述经验层面上的事例。我们可以注意，张志让提到了两个相互关联而又相互矛盾的英国近代著名案例，以此从法律的内在特性，去说明经验实际。在斯坦利诉鲍威尔（*Stanley v. Powell*）案（17世纪）中，被告用枪打鸟，子弹不巧打在树梢，线路方向改变打中原告。法院认为，被告没有故意，同时也无过失，因此，判决被告不用承担侵权责任。这一判决中重要的规则是：被告没有过错，所以无须承担侵权责任。相反，在贝斯利诉克拉克森（*Basely v. Clarkson*）案（19世纪）中，被告在自己土地上割草，割了一段时间之后无意之间便割到了原告的土地上。法院查明，被告依然没有故意，或者过失；但是认为被告应当承担侵权责任。后一判决中重要的规则是：无论是否存在过错，都要承担侵权责任。在张志让看来，相反判决是"主观意志化"的（而且是保护财产重于保护人身的）。因为，人们完全可以而且有理由去主张：在两个案件中，被告都不承担侵权责任；或者，被告都须承担侵权责任；或者，就像法院实际判决的那样，在一个案件中要求被告承担责任，在另外一个案件中不去要求被告承担责任。在这个问题上，张志让专门提到了霍姆斯和另外一个西方学者——塞尔芒德——的观点，以及其他西方学者的争论，以此表明法律

[1] 朱怡庵：《法底本质》，第44—45页。

[2] 例如，张志让曾提到，对于有产阶级保护财产胜于保护人身的问题，"法律是否有这普遍的现象，还是……偶然遇见的"？见张志让：《借英国法中许多希奇有趣之点来阐明法律的性质》，第188页。

问题的可争议性[1]。张志让的意思是要论证，在法律中，相当多的问题，甚至绝大多数的问题，是“意志”在发挥着关键作用。法律问题本身不能说明自己“应当如此”，或者“不应如此”，相反，是由阶级意志并且通过“立法者或适用者”的意志决定的。于是，从法律的内在特性看，“意志”，不可避免地是关键的因素。

可以发现，如果可以这样分析问题，那么，左翼革命法学在这方面的论证，就不是纯粹举例式的了。其具有论证上的“结构功能”，也即如果一个问题可以分析成功，那么，在其他问题上，分析同样可以顺利地展开。在左翼革命法学看来，法律中的带有选择逻辑的“意志决定”，是根本性的。因此，经验归纳是其观点的一个重要依据。

（五）

我们需要注意，中国的早期左翼革命法学指出法律的政治立场问题，揭露法律的本质，目的自然在于进一步的“法律上的革命要求”。这既是其在法律概念理论上的自身理路，也是这种法学在这一理论上的鲜明特征。所以，我们也就看到，1941 年，蔡枢衡提出：

> 所谓恶法亦法的见解，不是无意中误把法之所以为法的条件（政治意志）当作或代替了法之所以为法的根据（历史法则），便是有意为暴民政治[2]辩护。在国家生活之前提下，不表现政治意志或和政治意志相左的法律，固然不是法律；违反历史法则的法律，尤其不算是法律。国家意志虽为历史法则一因素，然而既不是历史法则的全体，也不是历史法则的本质。合理的见解，当然只有认为恶法不是法。[3]

---

[1] 见张志让：《借英国法中许多希奇有趣之点来阐明法律的性质》，第 186—188 页。

[2] 这里主要指当时以及以往统治阶层的政治。—— 本书作者注

[3] 蔡枢衡：《中国法治的根本问题》（《当代评论》第 1 卷第 6 期，1941 年），载蔡枢衡：《中国法理自觉的发展》，第 140 页。

而萧邦承，此前已经明确地认为，“缓和阶级矛盾的立法”，调和“阶级斗争、调和两阶级的利益”，“如站在革命的立场，这当然是一种改良的不彻底的办法”[1]。1929年，朱怡庵则更早鲜明地提出：

> 被压迫的劳苦民众只有团结自己的力量，自己动手的来颠覆既成的国家制度，创建自己的国家权力，设置自己的法的关系然后才能真正的确保自己的利益，然后才能扬弃一切的阶级对立，完成解放全人类的使命！[2]

（六）

我们可以对应美国的早期实用主义法学，来这样构建中国的早期左翼革命法学的基本框架：第一，作为观点，法律的实质是政治化的，法律是阶级意志的表达，而且，法律是以国家强制力量作为后盾的；第二，作为依据，必须而且也有理由认为，法律只是现象或者形式，政治欲望、经济关系、阶级利益，才是实质或者内容，之所以如此，是因为一切法律都需要通常所说的解决这些欲望、关系、利益的立法方式加以确立；第三，作为依据，应当理解，在历史以及现实中，人们可以找到大量的经验实例说明法律的阶级性质和政治性质，在此，经验实例的论证基础在于，法律的所有过程，包括立法、司法等，都是和统治者的“主观意志”紧密联系在一起的。

通过这一基本框架，我们可以较为清晰地把握中国的早期左翼革命

[1] 萧邦承：《社会法律学派之形成及其发展》，第556页。

[2] 朱怡庵：《法底本质》，第49页。

法学和其他左翼革命法学的彼此位置、相互关系。[1]

四、两种法律概念理论的观点比较：差异

那么，在法律概念理论上，当然首先是针对近代法律实证主义的理论，作为比较，我们如何看待美国的早期实用主义法学和中国的早期左翼革命法学？

（一）

首先，我们可以将“预测”，以及“政治态度”，作为两者的关键词加以分析。毫无疑问，在各自的法律概念的观点中，“预测”是美国的早期实用主义法学的核心概念；“政治态度”，则是中国的早期左翼革命法学的核心概念。它们之间，可以认为存在着一些重要区别。针对近代法律实证主义的法律概念，人们可以明显地看到，美国的早期实用主义法学理论是通过较为明显的方式——“预测”——来否定“立法中心”的法律定义结构的；中国的早期左翼革命法学理论，则是通过较为迂回的方式——“政治态度”——来既肯定、又否定这一结构的。

这里的意思是说，“预测”，意味着通常理解的“立法”功能是次要的。因为，通常理解的立法机构制定的规则，或者法官通过判例确定的“规则”[2]，既有可能在“预测”中获得真实的意义，也即在预测者主观中

---

[1] 在本章中，其他左翼革命法学，是指这样一些包含左翼革命倾向的法律学说：1930 年代至 1970 年代的苏联左翼革命法学；1950 年代初步形成并且延续至 1960 年代的学习苏联的中国共产党的左翼革命法学；1980 年代开始延续至今的中国当代左翼革命法学；西方马克思主义法学；批判法学。当然，其中另外包含了我在前面提到的 1949 年以前在解放区形成的以毛泽东、董必武为主要代表的左翼革命法学。

[2] 之所以使用引号，是因为在判例法理论存在着这样一个争论：有人认为判例中存在着可以抽象出来的规则；有人认为判例中没有规则，只有作为判决理由的案件主要事实。参见 Walker，*The Oxford Companion to Law*，pp. 1033-1034.

发挥强制的威慑力量；也有可能经由“预测”失去了意义，也即没有在预测者主观中发挥这一威慑作用（因为预测者认为法官不大可能这样或者那样判决）。在这种“预测”式的分析方法中，外在于普通人的他者（比如主权者）的“立法确立法律”的思路被消解了，代之而起的是普通人的内在自我“预测估量法律”的思路。这种消解，如果追问，其根据则主要在于在实践中人们总是可以看到适用、执行立法规则的法院，或者其他机关，当人们认为文字规则是如此的时候，并没有如此地适用或者执行文字规则。当然，另外如同卡多佐提到的，其根据，同时也在于法院或者类似的机构，在司法、执法活动中，有时将人们不认为是文字规则的内容，比如习惯、风俗、政策、法理等，视为具有约束力的强制规定[1]。换言之，上面提到的作为理由的“现实之中不确定性”，在此是重要的。

而在中国的早期左翼革命法学中，“政治态度”的概念，并不意味着通常理解的“立法”功能是次要的，同时，其引入了这样一个包含自我紧张的话语内容：一方面，任何立法都可以，而且必定，使被书写的规则文字成为法律，因为，统治阶层——无论是现存的有产阶级，还是未来获得政治统治地位的无产阶级——的权力，以及由此而来的制定行为，正是一种国家行为的表达以及有效实施，法律正是因此而产生的；另一方面，一个阶层，特别是被压迫的阶层，可以通过自己的价值观念，以及由此产生的政治立场，去宣布另一阶层，特别是特定的有产阶层，通过立法而制定的规则文字不是法律——这就是蔡枢衡所提到的“恶法非法”——从而提出使用革命的方式加以推翻、使之没有法律的效力（当然包括实效）的行动理由。如果联系一般传统法学时常提到的法律实证主义，以及极端的自然法学，那么，可以这样来说，在这里提到的左翼革命法学中，一方面，人们可以看到法律实证主义的印记——恶法亦法；

[1] 见卡多佐：《司法过程的性质》，第69页。

另一方面，人们可以看到极端自然法学的印记——恶法非法[1]。在下面一章中我将分析，这个自我紧张的话语内容看似是矛盾的，其实，可能不是矛盾的，而是另有理论的意义。在此，我们需要稍加解释的是，这种左翼革命法学之所以如此，是因为其在分析法律时，经常不去刻意区别"作为一般考察的对象的法律"和"作为需要推翻的对象的法律"。换句话说，这种法学，可能时常没有意识地同时使用"描述性（descriptive）的法律概念"和"规范性（normative）的法律概念"；前者是观察的态度，后者是行动的态度；前者没有带入行动化的价值动机，后者则带入了这种价值动机。[2]

此外，在"预测"这一关键词中，法律实证主义的"立法权力优于司法权力"，被美国的早期实用主义法学置换为了"后者优于前者"。特别是当这种实用主义法学强调司法的目的在于社会需要（后文还要讨论）的时候，"立法权力"的重要性，也就自然而然地被淡化了，一种人们常说的"司法能动主义"（judicial activism），势必呼之欲出，而且，人们还要容忍这种"司法能动主义"[3]。

相反，在"政治态度"这一关键词中，"立法权力优于司法权力"这一关系，并没有被中国的早期左翼革命法学明确地予以瓦解。对于这种左翼革命法学，重要的不是两种权力孰先孰后，而是两种权力必须纳入同样的受到批判或者赞扬的对象行列。如果立法权力是政治化的，那么，司法权力同样是政治化的。后者的政治化，是前者的自然延伸。在

---

[1] 比如阿奎那的极端自然法观点，见《阿奎那政治著作选》，第 110、120、124 页。

[2] 关于"描述性的和规范性的法律概念"的问题的深入分析，见 Ruth Gavison，"Comment"，in Ruth Gavison（ed），*Issues in Contemporary Legal Philosophy*：*The Influence of H.L.A. Hart*，Oxford：Clarendon Press，1987，pp. 20-31.

[3] 关于美国的司法能动主义，可以参见［美］克里斯托弗·沃尔夫：《司法能动主义——自由的保障还是安全的威胁？》，黄金荣译，北京：中国政法大学出版社，2004 年，第 3—7 页。

某种意义上，与当代的广义左翼法学之一比如批判法学有所区别，中国的早期左翼革命法学，就像后来的一般中国左翼革命法学一样，通常没有将司法权力的问题视为一个优先性的分析焦点。[1]如果需要在政治上重新检视司法权力，那么，首先就需要在政治上重新检视立法权力。立法权力，在中国的早期左翼革命法学视野中，是首要的。就此来说，中国的早期左翼革命法学再次部分地保留了法律实证主义的基本内容。

（二）

显然，人们可以立即发觉，上述区别的一个重要基点在于"阶级立场"的概念，至少，从各自话语叙述的结构来说，"阶级立场"的概念的有与无，似乎是更为根本的。就法律概念理论的观点看，美国的早期实用主义法学没有，而且也不大可能，提到"阶级立场"的问题。因为，一般的实用主义，当然包括早期的实用主义，其本身在"阶级立场"上没有"政治正确"的基本认定；换言之，实用主义不大喜欢主张某个阶级，比如被压迫的无产阶级，在任何时候都是必须给予支持的。实用主义总会认为，要视条件而定。霍姆斯说，"一个完善法律体系的第一要求，便是应当顺应社会的实际感受和需求，不论感受和需求是正确的，还是错误的"[2]。相反，中国的早期左翼革命法学，直接提到了，而且也必须提到，"阶级立场"的问题。毕竟，在左翼革命法学的基本逻辑中，"阶级立场"上的"政治正确"，是不容置疑的。左翼革命法学总会认为，法律从其产生那天起，就是统治阶级压迫的工具；压迫的问题，必须用从思想到行动的反压迫的方式来解决。在左翼革命法学话语中，"阶级立场"的概念，总会发挥思维逻辑上的控制作用。朱怡庵说："阶级的法，

---

[1] 批判法学特别关注司法中的法律不确定性的问题，并且认为这一问题是和司法权力紧密联系在一起的。请特别见 David Kairys，"Introduction"，in Kairys（ed.），*Politics of Law：A Progressive Critique*，pp. 1-12.

[2] Holmes，*The Common Law*，p. 211.

站在支配阶级的立场的人们，又谁能公然地宣告呢？”[1]无产阶级，必须“自己动手的来颠覆既成的国家制度……设置自己的法的关系”[2]。李达同样指出，资产阶级的法律，“只是想把自己阶级的意志加入于统治万人的法律之中。他们的意志之根本的性质与方向，是受他们的阶级的存在之经济条件所决定的”[3]。

上述这些区别，是重要的，也是人们熟知或者容易看到的。然而，需要提到的是，我们不仅可以通过上述方式比较两种法学的不同，而且可以通过“预测”和“政治态度”的概念本身，从另外的视角，更为直接地切入两者的区别比较，得到较为深入的对照结论。

（三）

从两者并未清晰意识到的话语目标来说，在前者中，“预测”概念在一个方面是指观察法律现象的主体的主观理解活动；在后者中，“政治态度”概念，是指针对被观察的法律对象本身的具体特征（即法律的特征）的主观表达。在主观活动上，如前所提示的，“预测”是指法律活动参加主体的一种带有“价值中立”（人们通常认为的“中立”）色彩的认识活动；“政治态度”，则是针对法律本身的特性的一种带有“喜好偏见”倾向（这里不含贬义）的思想声明。在理解结果上，依然从概念本身的特性来说，经过“预测”所得到的对象或者内容，可以被任何人，或者任何阶级、集团，不断地评估、设想，从而可以不断地被这些人或

[1] 朱怡庵：《法底本质》，第42页。

[2] 朱怡庵：《法底本质》，第49页。

[3] 李达：《法理学大纲》，第86页。众所周知，马克思说过，“法律、道德、宗教……全都是资产阶级的偏见，隐藏在这些偏见后面的全都是资产阶级的利益”；“你们的观念本身是资产阶级的生产关系和所有制关系的产物，正像你们的法不过是被奉为法律的你们这个阶级的意志一样，而这种意志的内容是由你们这个阶级的物质生活条件来决定的”。见马克思、恩格斯：《共产党宣言》，中共中央马恩列斯著作编译局译，北京：人民出版社，1997年，第38、44页。

群体加以利用；相反，“政治态度”认定的对象，或者内容，则是只能为一些人或者一些阶级、集团所赞扬，所利用。在这个意义上，概括来说，“预测”概念本身没有预设与“阶级立场”略有区别的“派别”的概念；“政治态度”的概念，则明显地预设了这一概念。

另一方面，如果上面针对概念预设问题的分析是正确的，那么，正是因为没有“派别”的预设，而且，作为被预测出来的“可能存在的法律”——这是前面提到的美国早期实用主义法学的真实意思——其本身，似乎没有被赋予认识主体自己的“主观价值”，所以，在这个意义上，当预测的时候，我们看到的主观活动，自然而然地可以认为是种“科学”（这里是指通常的类似自然科学的科学）活动。这就不难理解，为什么霍姆斯曾说，在法律审判中，精确的数字化计算是困难的，然而，社会的进步，“恰恰在于我们可以尽力而为”[1]；对于研究法律的人来说，未来是“统计学、经济学”的天下[2]。卡多佐也宣称，社会学对法律审判是颇为重要的[3]，其要求“法官将在这一狭窄的选择范围内来寻求社会正义”[4]。庞德认为，在法学教育中，应该进行社会学、经济学的训练，这样才能适应社会对法律专家的真正需要[5]；人们应该“关注经济学、社会学……不要假定法学是自足的”[6]。科学的活动，或者科学的“预测”，是经验实证的，这种活动如同自然科学研究自然现象一样，不是喜好偏见

[1] Oliver Wendell Holmes, “Law in Science and Science in Law” (1899), in Oliver Wendell Holmes, *Collected Legal Papers*, New York: Harcourt, Brace and Howe, 1920, p. 219.

[2] Holmes, “The Path of Law”, p. 469.

[3] 卡多佐:《司法过程的性质》，第 46 页。

[4] 卡多佐:《司法过程的性质》，第 85 页。

[5] 参见［美］罗伯特·斯蒂文森:《法学院:19 世纪 50 年代到 20 世纪 80 年代的美国法学教育》，阎亚林等译，贺卫方校，北京:中国政法大学出版社，2003 年，第 178 页。

[6] Roscoe Pound, “Law in Books and Law in Action”, *American Law Review*, 44 (1910), pp. 35-36.

的表达（尽管，他人完全可以指出这种“科学”活动不可能是没有主观价值的）。

与此相别，因为“派别”的鲜明意识，而且，预先认为在法律语境中政治的态度是不能回避的，所以，在中国的早期左翼革命法学中，人们看到的法律理解，也就不大可能是种通常理解的“科学”活动。这就可以说明，为什么我在上面提到的一些左翼革命法学的例子，一般没有谈论，而且也不大可能谈论，自然科学式的法律认识以及法律理解。[1]

在此，重要的是，一旦呈现了“科学”特别是“自然科学式”的认识方法，那么，两者法学的不同，可以较为深入地对照起来。这里的意思是说，“科学”的预测方法，凸显了实用主义的法律运作过程中的工具意图（正如许多学者提到的工具主义），这种意图，试图以“有用、有效”的方式对待法律；而在左翼革命的思路中，问题则是“工具对谁有用、有效”。

五、两种法律概念理论的观点比较：类似

但是，更为值得注意、“更为深入”的是，在两种法学理论之间还存在着观点上的相同地方；而且，“预测”这个关键词，和“政治态度”这个关键词，同样是有类似之处的。看到这些，远比看到它们之间的区别更有意义。

（一）

第一，“预测”的概念，并不必然排斥“派别”的问题。

---

[1] 从理论前后一致的角度说，即使是这里没有提到的早期左翼革命法学，也大致可以认为是这样。其实，在这里可以看到早期左翼革命法学和后来左翼革命法学的一个区别：后者认为是“科学地”认识问题的。但是，这里提到的“科学地”，与这里讨论的实用主义是有区别的。在后来左翼革命法学中，“科学”与“客观真理”的概念是相互联系的。在实用主义法学中，“科学”仅仅是与“方便”“有用”联系在一起的。

虽然前面提到，“预测”的概念没有预设“派别”的观念，但是，如果将“预测”的视角加以确定，比如确定在“法官”审判案件的角度，那么，“预测”的概念就会逐步牵涉“派别”的观念。许多学者已经指出，“预测”的视角，是个“律师”（还有“当事人”）的视角，不是一个“法官”的视角。[1]这一认识大体来说是正确的。然而，霍姆斯提到，“在我看来，法官本身一直没有恰当地意识到他们有责任去权衡社会的利益。这种责任，是不可避免的”[2]；卡多佐也提到：

当一个行为规则或原则已经确立，从而可以证明一个预期具有合理的确定性……那么……除非且直到我们的预期失败，在行动中，一个如此获得认可的准则、规则或原则将被视为法律，甚至言论上，它也将被描绘为法律。这种一致性能产生对延续性的合理预期，应得到人们的遵守。[3]

显然，他们也引入了“责任”的概念。此外，我们不要忽略，霍姆斯和卡多佐这样具有象征意义的人物，本身就是“法官”群体的重要成员。作为“法官”这样的社会角色，当谈到与法律概念密切相关的理论的时候，是不大可能仅仅指示“律师”或者“当事人”的视角的。否则，我们也就难以理解，为什么他们总在说“社会需要”或者“社会福利”的问题，而律师或者当事人，本身通常不会主动，或者自觉，涉及这类问题。

在此，首先更为需要讨论的是，当霍姆斯和卡多佐——包括其他美国的早期法律实用主义者——在阐述自己观点的时候，他们是在通常具

[1] 参见［美］斯科特·夏皮罗：《坏人和内在视角》，载伯顿主编：《法律的道路及其影响》，第247页以下。

[2] Holmes, “The Path of Law”, p. 467.

[3] 卡多佐：《法律的成长·法律科学的悖论》，第30—31页。

有法律学术圈子意义的，而且听者读者将来极为可能成为以“法官”为主要标志的法律人的一名成员的氛围中，或者通过法学学术演讲，或者通过法学著述发表，来阐明并且展开自己叙述的。比如，1897年1月8日，霍姆斯在讨论“预测”理论的时候，就是在美国波士顿大学法学院新楼落成典礼上，以演讲形式展开的[1]；而早在1872年，其便通过《美国法律评论》(*American Law Review*)，阐述了“预测”理论[2]。同样，1921年、1923年，卡多佐也是通过一系列的在耶鲁大学法学院的演讲，来阐述自己的法学理论的[3]。因此，这种话语叙述之中，也就暗含了引导未来可能成为“法官”的听者读者“未来应当如何行动”的话语提示（注意，他们为什么通常不对一般公众以公共方式讲述这一“预测”的观念[4]）。在这个意义上，“预测”的概念，同样通过“未来”这一时间化的状语修辞，潜在地沟通了“(未来)法官怎样认识”的问题。作为突出的表达，我们可以注意，1923年，在耶鲁大学法学院演讲《法律的成长》(*The Growth of the Law*)的时候，卡多佐说，作为法官，“选择的偏好既非盲目，亦非专断。人们的权衡不是基于突发奇想，而是出于理智”[5]。

如果上面的分析可以成立，那么，通过“预测”的概念，缩小范围

---

[1] 见 Holmes，“The Path of Law”，p. 457，n. 1. 其1881年出版的《普通法》一书，也是由之前的系列法学演讲修订而成。见 Bernard Schwartz，*A History of the Supreme Court*，New York：Oxford University Press，1993，p. 191.

[2] 其1872年在该杂志发表了一篇书评，指出对于律师而言，唯一的问题在于法官将要怎样审判。见 Oliver Wendell Holmes，“Book Notice” [reviewing The Law Magazine and Review New Series No. 3 (April 1，1872)]，*American Law Review*，6 (1872)，p. 724.

[3] Benjamin Cardozo，“Introductory Note”，in Benjamin Cardozo，*The Growth of the Law*，New Haven：Yale University Press，1924. 另外更多的例子，可以参见［美］本杰明·N. 卡多佐：《讲演录·法律与文学》，董炯、彭冰译，北京：中国法制出版社，2005年，第7、99、175、186、197、206页。

[4] 关于这个问题，参见［美］罗伯特·W. 戈登：《法律作为职业：霍姆斯和法律人的道路》，载伯顿主编：《法律的道路及其影响》，第11页。

[5] 卡多佐：《法律的成长·法律科学的悖论》，第35页。

并且确定于“法官”的视角，我们也就可以发觉，“派别”的问题在“法官”的主观思考中自然可以逐渐浮现。进而言之，既然这种实用主义法学本身指出，在审判的时候，法官难免会面对选择的状况甚至“艰难”，而且，既然这种实用主义法学怀着“应当怎样做”的意识去引导未来的“听者”“读者”“法官”，那么，在他者看来，有时需要选择并且必须选择，也就意味着带有“派别”色彩的意见可以成为法官的思考内容，同时，引导未来的“听者”“读者”“法官”，也就意味着“派别”问题应当成为未来法律活动中法律职业主要主体的一个“主观思考”的内容。于是，如果我们主要是通过法官，当然还有其他重要的国家官员，来预测法律的内容或者法律是否存在，那么，作为预测对象的可以作为法律内容的法官思考，也就存在“派别”的问题。在此，实用主义的法律概念和左翼革命的法律概念，并不是彻底分道扬镳的；相反，倒是彼此潜在联系的。

（二）

第二，即使回到“律师”的视角上，我们也要注意，律师在为当事人服务的时候，或说为了更为有效地为当事人服务，其也不能完全无视包含在“预测”中的“派别”问题。

正如戈登（Robert Gordon）所分析的，“律师为了实际的需要，往往要求他不要忽视法律制度是许多道德规范的统一体，而作出判决或者司法决定的人可能因为坏人的行为产生道德上的愤怒”，因此，“如果他‘仅仅是想理解法律而不是其他的东西’，那他就无法理解法律的运作”[1]。律师在展开自己业务的时候，也要考虑这些“道德”倾向的问题，包括社会政策的问题，而不能仅仅考虑利益测算的问题。

与此同时，如果律师想要更好地理解审判者的“道德”倾向，以及审判者所认可的社会政策，自己也就需要深入理解自己所具有的一定的“道德”倾向，和对某些社会政策的认同与否。这意味着，即使考虑从

[1] 戈登：《法律作为职业：霍姆斯和法律人的道路》，第 21—22 页。

策略的角度运用法律话语手段，去感染审判者的“道德”判断、社会政策的观点，律师也要大致具备一定的真实的“道德”感受和社会政策的认同，否则，也许可以在不多的甚至偶尔的业务中算计得逞，但是，长此以往，则会适得其反。因为，担当审判者角色的法律群体，总会发觉某一律师的“道德”倾向，或者社会政策的观点，是不可容忍的，而在社会心理学的原理视野中，装饰性的“道德”以及社会政策的表达，并不总是成功的，甚至可以说是偶尔成功的。在此，针对这点来说，真正清醒的律师，是会有所发觉的。

于是，即使是在律师的视角中，“道德”以及社会政策的选择，也不是无踪无迹的，甚至是有时在场的。因此，当“道德”和社会政策必然隐含着“派别”问题的时候，以律师视角来限定的“预测”概念，同样是和“派别”概念相互勾连的；毕竟，作为“坏人”符号之一的律师，有时也要面对，并且选择，以“派别”作为重要标志的“道德”和社会政策。这意味着，以“科学计算”面貌出现的“预测”这一概念，如果律师是在深入考虑“科学计算”，那么，反而有时还要回归“派别”选择，恰恰有时需要远离纯粹的“科学计算”。这样，在律师这一重要角色的视角里，实用主义法学的“预测”概念和左翼革命法学的“政治态度”概念，经由“派别”问题，依然再次可以潜在地勾连起来。

如果在上述两个方面可以看到两种法学的潜在勾连，那么，我们实际上看到的，也是两种法学在观点上的某些方面的彼此类似。

六、两种法律概念理论的依据比较

现在，在法律概念理论上，我们需要转入分析两种法学的各自依据的异同。

（一）

在主张“预测”这一观点时，美国的早期实用主义法学主要提出了三个理由。其一，法律是种职业；职业的一般性质和结构，决定了“预测”是个核心。因为，这种职业的根本目的，在于协助一般常人避免卷入国家权力的对己不利的干预支配。其二，与第一点相互联系，现实的文字规则总是不大确定的，偶然性是人们时常不得不面对的。这就更加决定了“预测”是个关键。其三，在第一点和第二点的基础上，理性的逻辑和社会中的因果规律，时常不是对应的，甚至总是不会对应的。而人们的行为，显然更多地受制于社会中的因果规律。这样，依据因果规律加以“预测”，再次可以认为是个关键。

在主张“法律政治化”这一观点时，如前所述，中国的早期左翼革命法学主要依据了两个理由。其一，法律是个表面现象，政治才是实质内容；无论在立法上，还是在司法上，只要可能，各个阶层都要通过政治立场展示自己喜好的法律内容。而政治的立场，当然不是“中立”的。其二，与前一点相关，统治阶层的“意志”，在法律实践中始终是个重要因素。立法是由这种意志决定的；司法同样是由这种意志决定的。在大量的经验事例中，我们都可以发现这样的“意志决定”结构。

两种法学在依据上的差别，是显而易见的。

首先，如其观点一样，美国的早期实用主义法学明显地回避了“阶级”的问题；相反，中国的早期左翼革命法学，则基本上突出强调了这个问题。这点恐怕是无须多做分析的。其次，前者不大相信（至少从其逻辑来说是如此），立法运作中的阶层意志可以在后续的法律实践中具有特别关键性的作用；后者，则特别相信这种意志的持续不断的实践作用。关于这个问题，有如我在前面已经分析的，前者以现实文字规则在实践中的不确定性和社会因果规律对人的真正制约作为起点，将立法意志决定作用的强调，转换为了对司法意志决定作用的强调。后者，没有分辨立法与司法之间的在意志问题上的重要转换。所以，当然仅仅限于此处，也如人们早已了解的，前者带有了“行动中的法律”中的法律设想；后者，基本上还是主要在“文字中的法律”中进行思考，没有将“行动中的法律”这一问题纳入视野。再次，与第二点相关，前者带有了某些——然而是有限的——“偶然论”，后者则基本上是“决定论”的。尽管，两者涉及的“偶然”与“必然”，在概念内涵和外延上，是不能同日而语的。[1]

但是，我要指出，“阶级”的概念，以及“行动中的法律”与“文字中的法律”的关注差异，还有“偶然”与“必然”的不同主张，恰如我在观点上展开的分析一样，实际上没有阻挡两种法学理论之间的彼此相通，或者彼此的一定类似。这是更为值得我们注意的。

（二）

第一，从国家权力与法律运作的关系来看，美国的早期实用主义法律概念理论，特别强调了国家权力和法官作用的相互联系。在这种理论中，正是因为法官作用是通过国家权力而展现的，所以，人们才会关心、预测法官的行动。在此，核心问题是背后的国家权力。与此对应，中国的早期左翼革命法学，同样非常注意法律背后的国家权力，相信法律运作自始至终就是国家权力的一种特殊表达。两种法学共同关注的缘由，在于它们共同假定了，在人们的“清醒认识”中，国家权力是法律的最终来源。尽管“预测”的含义是策略化的，“政治态度”的含义是批判性的，但是，由于存在着这样一个“共同假定”，它们的共同目标变成了国家权力的运用过程。

进而言之，当国家权力成为法律概念的深层基础的时候，接下来的问题，势必在于仔细分析：通过法律的国家权力，应当如何运用。事实上，两种法学的确由此展开了相关的分析，并且得出了相近的价值主张。霍姆斯说，在法律的领域中，国家权力的运用，应当符合“社会的主要

[1] 以历史唯物主义的标准来说，前者的“偶然”和“必然”的理解是唯心论的，后者则大致是唯物论的。

意愿”[1]。卡多佐同样认为：

> 国家的存在，使作为其成员的群体和个体之间的对抗与斗争……服从于秩序与协调。[2]
>
> 当国家试图通过法官标识出自由与政府的各自限度时，它必须通过这样的途径来划分界限：个人与群体，以及适于它们各自的生活方式，都拥有和谐发展的范围与机会。[3]

朱怡庵同样指出，“劳苦民众只有团结自己的力量……创建自己的国家权力，设置自己的法的关系然后才能真正的确保自己的利益”[4]。

（三）

第二，正是因为国家权力的运用是个关键，因此，在左翼革命法学特别强调的“法律是政治化”的视野中，我们需要追究两者彼此相通的另外一点。这里的意思是说，如果将法律的过程视为国家权力的运用，那么，在两种法学的各自逻辑中，也就可能隐藏着相互走向对方的思路，当然，这种思路，仅仅是两种法学自身逻辑的思路之一。

我们可以注意，如前所述，在美国的早期实用主义法学理论中，法律是预测性的。之所以是预测性的，这是因为司法的行动总是变化的，至少不是特别有规律的。既然如此，从实然的角度来说，“政治权衡”，在法官的观念中，有时不可避免地将会成为考虑因素之一，而且几乎是

---

[1] Holmes, “Law in Science and Science in Law”, p. 226; Oliver Wendell Holmes, “Montesqueieu” (1900), in Holmes, *Collected Legal Papers*, p. 258. 另见 Holmes, *The Common Law*, p. 36.

[2] 卡多佐:《法律的成长 · 法律科学的悖论》，第 149 页。

[3] 卡多佐:《法律的成长 · 法律科学的悖论》，第 153—154 页。

[4] 朱怡庵:《法底本质》，第 49 页。

特别重要的考虑因素。[1]“政治”的含义，当然是非常广泛的，既可以指示微观的个人权力倾轧，也可以指示各个集团之间的缘于利益争夺的权力较量，还可以指示“不同阶级”之间的、更为宏观的压迫与反压迫的权力斗争。此外，“政治”的含义，可以指示“如何处理社会福利”问题；而社会福利，是个带有“社会主义色彩”的概念。在这样一些经由“预测”引发出来的、可能现实存在的“不同阶级政治权衡”“社会福利政治权衡”的内容中，就美国的早期实用主义法学来说，其中，也就包含着一个带有“左翼革命法学”倾向的关注阶级问题和“社会集体”问题的隐蔽思路。颇有意思的是，我们可以看到这方面的明显的叙述证据。

以霍姆斯为例，在批评与法律实证主义相连的法律形式主义的时候，他有时提到了“阶级偏见”的问题。他说，正是因为司法判决时常是“政策化”的，不是纯粹的演绎推理，所以，这种判决，有时体现了法官和来自社会少数阶层的“同伙”的“共同偏见”[2]。在英国法官的判决中，他宣称他发现了这样的例证，而且认为，在这些判决中，恰恰可以看出阶级偏见的倾向。比如，英国法院的确时常判决资方的联合抵制是合法的，同时，总是判决劳方的联合抵制是非法的。资方和劳方，当然代表着不同阶级。[3]在霍姆斯看来，英国法官认为自己是受法律逻辑指引的，但是，实际上他们以此遮蔽了自己在审判中的阶级倾向。1894 年，在一篇讨论“特权、蓄意和有意”的文章中，他针对英国的例子具体地说明了这一点：“法官对不同利益集团是有不同同情心的”，这种不同，自然可能导致“案件的不同判决”[4]；当人们开始议论社会主义的时候，“社会中的有产阶级是胆战心惊的，我估计这种恐惧心理影响了英格兰的

[1] 我们再注意一下霍姆斯自己所说的话：“一个判决仅仅体现了处于一个特定时间、特定地点的一个人的偏好”（Holmes，“The Path of Law”，p. 466）。

[2] Holmes，*The Common Law*，p. 5.

[3] Oliver Wendell Holmes，“Privilege，Malice，and Intent”（1894），in Holmes，*Collected Legal Papers*，p. 132.

[4] Holmes，“Privilege，Malice，and Intent”，p. 132.

司法审判”[1]。

与霍姆斯颇为类似的是，庞德在批评法律形式主义的时候，同样提到了司法审判中的“偏见、阶级意识”的问题，并且认为，以形式主义的方式遮蔽这种“偏见、阶级意识”，是最应予以揭示的，人们对其“不能再有特殊的保护”[2]。

在“社会福利问题”上，以卡多佐为例，他有时坚定地认为，“法律的终极原因是社会的福利。未达到其目标的规则不可能永久性地证明其存在是合理的”[3]。他有时非常肯定地说：

法官……一定要让社会福利来确定路径，确定其方向和其距离。我们不要忘记，乔治·杰色尔爵士在一个经常被引用的判决中说过，这里有一个至高无上的公共政策，我们不要轻易用契约自由来干预它。[4]

至于社会福利，在卡多佐看来，其“可以指人们通常所说的公共政策，集体组织的善……也可以指由于坚守正确行为的标准——这在社区风气中得以体现——而带来的社会收益”[5]。而庞德近似地指出，“对于法律人，法律是在意志之上并且超越法律本身的，而对人民，法律不过是普遍意志的表达”[6]。

显然，在美国的早期实用主义法学中，存在着带有“阶级本质揭露”

[1] Holmes，“Privilege，Malice，and Intent”，pp. 136-137.

[2] 见［美］汤姆·C. 克拉克：《罗斯科·庞德之歌》，翟志勇译，载翟志勇主编：《罗斯科·庞德：法律与社会——生平、著述及思想》，桂林：广西师范大学出版社，2004 年，第 27 页。

[3] 卡多佐：《司法过程的性质》，第 39 页。

[4] 卡多佐：《司法过程的性质》，第 40 页。

[5] 卡多佐：《司法过程的性质》，第 43 页。

[6] Roscoe Pound，“The Law and the People”，*University of Chicago Magazine*，3 (1910)，p. 12.

意思的叙述，以及带有某些“社会主义”内涵的“社会福利”的观念叙述，尽管，并不存在“阶级立场”的“政治正确”这一大前提。[1]

（四）

另一方面，“法律是政治化的”这一视野，其意义是双重的，既可以引导我们发现美国的早期实用主义法律概念理论如何能在“左翼革命”这一方向发生倾斜，也可以引导我们发现，中国的早期左翼革命法律概念理论，如何能在“实用主义”这一方向，发生倾斜。

我们需要注意，在左翼革命法学的逻辑中，既然重视阶级压迫与反压迫（或说阶级本质）的问题是首要的，“革命”的策略，也就不是一个可以避而不谈的问题。而当考虑“革命”策略的时候，在具体环境中，就要考虑现实可行的问题，就要考虑实际需要的问题。现实可行的问题，以及实际需要的问题，广泛来说，可以认为是“如何适应社会”的活动问题。前面提到，“政治”的含义，可以指示多方面的问题。其实，如果将其加以概括，并且再予推而广之，那么，“政治”在一定意义上同样可以视为“如何适应社会”的活动问题，也即如何运用权力，去解决社会问题，其必然是和“现实可行”与“实际需要”的策略考虑，联系

[1] 作为辅助说明，我们可以注意美国的早期实用主义代表人物，在司法实践中，也曾将“左翼革命性质”的思想加以运用。例如，在 1922 年 *Altz v. Leiberson* 这个颇富有争议的案件中，卡多佐作为法官，便直接地以“社会需要的观念”作为出发点，以“左翼”方式作出判决。案件涉及当时纽约经济公寓租赁法的适用范围问题。一位房客在房间被掉下来的天花板砸伤，业主事先知道房间存在问题，但是没有修缮。法院判决房客胜诉。因为当时租赁法规定的是刑事责任而非民事责任问题，而且，普通法的规则是“业主对租出的房屋不承担修缮义务”，所以，有的法官提出了“异议”，认为不能判决房客胜诉。卡多佐代表多数法官撰写意见，并且指出，相关法律在调整经济公寓租赁关系时最关心的是生活困难的人，除非穷人租赁的房屋由业主修缮，否则没有人会去租赁房屋；相关法律规定的义务与实际社会需要是相符的。这个案件的判决情况，参见［美］A.L. 考夫曼：《卡多佐》，张守东译，北京：法律出版社，2001 年，第 255 页。

在一起的。在这个意义上，我们也就可以认为，在左翼革命法学中，应该隐含着“具体问题具体对待”这一具有些许实用主义特征的逻辑线路。在中国其时的特殊“中国条件”下，这更是自然而然的（在下面一章中我将深入分析这点）。的确，在中国的早期左翼革命法学理论中，我们看到了这类言说。

以蔡枢衡为例，针对法律问题，他曾富有实用主义意思地指出：

特定政治政策或目的之立定，在其对于特定时空的功利作用。目的达到之后，功利作用没有了，特定政策或目的也就只有消灭的运命……所以，具体的政治目的却是相对的、常变的。[1]

此外，蔡枢衡强调人们应该注意：

单纯的成文法不仅不是规范国家社会生活的现实性，且不一定保有规范国家社会生活的实在可能性……浅近些说，单纯的法律条文不仅和社会生活中的实践是二件事，并且有些法律之实践，根本不可能。[2]

为什么？蔡枢衡认为这是因为，“保有规范国家社会生活实在的可能性之法律，是和特定时空的现实互相符合的法律”[3]；“法为国家社会组织之一形式，与本国现实社会有不可分离关系”[4]；“法律……重复和矛盾，都是某种条件下的必然现象”[5]。

我们可以另外看到李达是怎样表述的。他说：

---

[1] 蔡枢衡：《法学的新立场及其应有之法律观和方法论》，第 43 页。

[2] 蔡枢衡：《法律万能与法律无能》，第 83 页。

[3] 蔡枢衡：《法律万能与法律无能》，第 83 页。

[4] 蔡枢衡：《抗战建国与法的现实》，第 25 页。

[5] 蔡枢衡：《沈家本派及其反对派》，第 38 页。

可能性之变成现实性，需要另有使其可能变化之条件。法条之变成事实，好像明星、主角以及团体的领袖，需要有人抬和捧。法院对于法律的遵守，当事人对于实现法律之要求和愿望，以及社会舆论、群众心理对于公平无私的执法之颂扬与赞美……都是法条变成事实必不可缺的条件。[1]

但是，李达指出，我们需要注意这样一点：

法院对于法律之遵守，当事人对于实现法律之要求和愿望，以及社会舆论、群众心理对于公平无私的执法之颂扬与赞美，对于违法徇私的裁判之非难与监督等等，可能是事实，也可能是理想或空想。[2]

其中，我们是不难嗅出实用主义的某些味道来的。如果再举一例，那么，我们可以看到，1923 年，张志让更是直接地提到：

法律之目的在以至少之牺牲，使吾人得满足至多之需要。换言之，即法律者乃使社会需要满足之一种制度也……法律应以至少之牺牲，使此种需要得有至大之满足。[3]

通过这些例子，我们可以看到，由于有时各自都在向对方方向迈进，两种法学理论，也就出现了部分逻辑推进的观念交叉。通过这种观念交叉，我们既可以发现两种法学在法律概念理论上的更深层次的类似，也

[1] 蔡枢衡：《法律万能与法律无能》，第 83 页。

[2] 蔡枢衡：《法律万能与法律无能》，第 83 页。

[3] 张志让：《新旧各派法律学说之一览》（《法律周刊》第 26 期，1923 年），载武进市政协文史资料研究委员会编：《新中国第一代大法官张志让》，第 88 页。

可以在这类似的基础上，发现新的理论创新的可能性。[1]

（五）

第三，社会职业和社会阶层的概念，在某种意义上，又使两者法律概念理论具有了类似的谱系。美国的早期实用主义法学，指出了“社会职业”在法律概念中的意义（参见前文）；中国的早期左翼革命法学，则指出了“社会阶层”在法律概念中的意义。不难发现，社会职业的概念，意味着社会不同群体的存在；社会阶层的概念，本身就意味着社会不同群体的存在。虽然，“不同群体”的分类方法可以是不同的，但是，通过“不同群体”这一概念，“社会职业”和“社会阶层”可以获得部分的相互重合。比如，我们可以清晰地看到，“医生群体”既表征着医生职业，也表征着特定的中产阶层；“教师群体”既表征着教师职业，也表征着特定的中产阶层（例如教授），或者“小资阶层”（今天用词，例如幼教）。至少，无论“医生群体”或者“教师群体”，肯定不像某些单纯出卖体力劳动的群体那样，属于“产业性”的无产阶层（马克思的概念）。法律从业群体，通常来说也是既表征着法律职业，也表征着中产阶层。

另一方面，这也许是更为重要的，通过社会职业和社会阶层的部分的相互重合，我们可以发现这样一个实质问题：包括中产阶层和“小资阶层”在内的有产阶级，其中某些职业之间，存在着相互支持的关系。就法律职业看，我们至少可以觉察，有产阶层和无产阶层在其中获得的服务是不同的。有产阶级，可以通过支付费用而获得服务，甚至颇为良好的服务，如果支付的费用是更多的；因为，资本的占有以及费用支付的现实可能性，对“提供服务者”具有极大的诱惑力。与此相反，无产阶层，因为总是无法支付费用，因此，是难以获得服务的；即使获得了服务，也是比较有限甚至非常有限的服务。毕竟，对于“穷人”而言，

---

[1] 如何创新，我将另外撰述。

人们总是难以想象，当律师咨询一类的费用无法支付的时候，法律职业还能继续自愿地、无偿地提供服务，特别是针对一般而言的无产阶级。这从历史角度来说，是显而易见的。概括来讲，这里意思是指，在历史上，法律职业总是，而且注定是，在资本的支持中产生和维持的，没有资本的总体支持，法律职业是无法存在发展的。所以，我们也就需要注意，霍姆斯谈论的法律职业，是个“需要他人支付费用”的职业，霍姆斯自己就明确地提到了“律师费用”的问题，并且将其和法律职业联系起来（见前面引文“为什么人们会聘请律师”）；而在左翼革命法学的观念中，法律职业，当然是个“为有钱人服务”的职业。

在这个意义上，在这种实用主义法学的逻辑中，尽管没有“等级”的话语修辞，但是，职业的强调暗含着“等级”话语；毕竟，职业的位置，总是处于等级之中的，同时，法律职业是依赖资本的。因此，从这个角度说，美国的早期实用主义法学实质上是以迂回方式明确了法律和一类阶层特别是中产阶层的紧密联系；而中国的早期左翼革命法学，则以直接方式，甚至以“这是不用讨论的”方式，明确了这一紧密联系。

综上所述，在社会职业和社会阶层的概念中，我们可以发现两种法律概念理论的潜在类似、互通，以及勾连。

七、暂时的结论

通过前面的梳理分析，我比较了两种法学针对法律概念理论而言的异同。我特别强调了两者的相同、相通之处，或者潜在的勾连能力。在理论层面上，两者的确存在着走向对方的思路，而且，从“中国的视角”来看，在左翼革命法学一侧，可以发现来自实用主义法学的可能的有益补充，也即“在法律问题上根据实际需要解决实际问题”。

（一）

然而，理论上的表达，以及由此而浮现的可能的走向对方的思路，是不能仅仅在叙述言说层面加以解释的。

对于美国的早期实用主义法学而言，其完全可以不去另外地直接提到“审判的阶级倾向”的问题，从而固执地坚持自己的工具主义；对于中国的早期左翼革命法学而言，其也完全可以不去另外地直接讲“和特定时空的现实互相符合”的问题，从而固执地坚持自己的阶级立场。这些不是不可能的。毕竟，在理论上，我们可以设想纯粹的实用主义法学，也可以设想纯粹的“左倾主义”法学，而且在学术实践中，我们也可以看到这样的“纯粹”，比如，美国的新实用主义法律理论中的某些极端实用主义法学理论[1]；比如，苏联以及1950年代至1960年代中国历史中的以维辛斯基（Анпрей Януаръевич Вышинский）话语为标志的“极左法学理论”。因此，我们需要挖掘历史的语境实际，在历史的背景中，重构美国的早期实用主义法学和中国的早期左翼革命法学之所以可以相互潜在勾连的历史逻辑，以及现实逻辑，从而反向深入理解两者的关系，进而，为提炼其中的理论创新的因素，提供历史的基础。

只是，这是另外写作任务了。

（二）

作为暂时的结论，我需要指出，第一，有人可能认为，即使没有美国的早期实用主义法学思想，中国的左翼革命法学，如果需要“强调实际”，在中国的以毛泽东为代表的社会思想理论——包括个别法律思想——的指引下，依然可以展现“根据实际需要解决实际问题”的逻辑机制。因为，在这种社会思想理论中，已经包含了人们熟知的“具体问

[1] 格莱（Thomas Grey）的理论可能就是一个典型的例子。他说，“法律中的实用主义基本来说就是一个关于怎样使用理论的理论；它不是一个解决实践问题的药方。特别需要强调的是，尽管它可能倾向于赞同针对诸如采用什么校园骚扰规定这样的具体实践问题的调和、妥协的解决办法，但是，它并非是永远这样”。见 Thomas Grey，“What Good is Legal Pragmatism?”，in Michael Brint and William Weaver（eds.），*Pragmatism in Law and Society*，Boulder：Westview Press，Inc.，1991，p. 25.

题具体分析”的辩证思路。我当然不会认为这是不可能的。从学术实践看，后来的中国讲求“实事求是”的法学思想，的确和这一辩证思路，有着密切联系。

但是，有如本章第一部分所提示的，作为社会思想理论，这一指引主要是社会政治化的，后来的中国讲求“实事求是”的法学思想，也是在“一般指引个别”的意义上，来接受这一指引的；更为需要注意的是，这一指引，不是内在于法学学术的，因为其本身不是产生于法学内部的。这里的一个关键问题是这样的：法律、法学是有自己特殊性的，这一特殊性，特别体现在了法律本身是要求“普遍性”和“确定性”的；当中国不断要求法治现代化的时候，这一特殊性，更加成为很难回避的一个基本原则，它甚至是颇为硬性的，于是，如何解释、解决法律的这一特殊性和“实事求是”的关系，就是一个非常法律化、法学化的十分棘手的实践理论问题，而不是一个简单地接受“具体问题具体分析”这一社会政治理论指引的问题。就此而言，依然在毛泽东等辩证思路的指引下，但是不断地重新理解美国的早期实用主义法学，也就具有了特殊意义。当在历史的理论与实践的语境中，追溯这一法学的历史逻辑的时候，这一特殊意义，可能是更为具有诱惑力的。

第二，当看到美国的早期实用主义法学和中国的早期左翼革命法学之间在思路上的潜在沟通能力的时候，我们也就可以发觉，在两个对象之间的比较，通过对象内部的逻辑关系——比如“观点和依据”之间的关系——的分析这一方式，是可以得到新的比较方法和比较结论的。对于法律和法学理论来说，这可能是特别有意义的。因为，正是在内部的逻辑关系中，我们可以发觉，法律或者法学理论，即使是不同“主义”的，其间也存在相互转化的可能性。法律和法学理论，是不可能“凭空”出现的，同时，也不可能是“自我逻辑封闭”的，毕竟，它们所要面对、所要解决的现实关系和理论关系，总是相互纠缠的、斗争转化的。而在前面的比较中，关于这点，特别是在联系其他法学理论的比较中，本章已经尝试了新的方法实践，和新的结论提出。

这就从基本方面展现了，美国的早期实用主义法学和中国的早期左翼革命法学，是可以作为法学理论资源成为比较范本的。

第六章

近现代法学学术话语背景和社会政治背景的意义

——以美国的早期实用主义法学和中国的早期左翼革命法学的比较为焦点

需要本身可以允许权宜行事；因为需要临头无法律。[1]

政策和策略是党的生命……[2]

[1] 《阿奎那政治著作选》，第 124 页。

[2] 毛泽东：《关于情况的通报》（1948 年 3 月 20 日），《毛泽东选集》第 4 卷，北京：人民出版社，1991 年，第 1298 页。

一、问题与思路

在本章中，我将以比较的方式，集中于法律概念理论的相关问题，去分析美国的早期实用主义法学，中国的早期左翼革命法学，它们与各自法学学术话语背景、社会政治背景的关系。

之所以进行这种分析，在我看来，是因为两种法学明显地存在不同的时候，又存在着颇值得注意的某些类似之处，特别是彼此之间存在着某些逻辑上的潜在沟通能力；而这种类似，尤其是潜在的沟通能力，从中国视角或者立场出发，由于在理论思路上前者可以为后者提供有益的补充，考察起来，是颇具启发意义的。为了深入理解这种类似以及潜在的沟通能力，当然，更为重要的是，为了深入理解这一"有益的补充"，将两种法学置于特定的历史实践背景中进行考察，又是必要的，从中，我们也许可以发现某种重要的历史逻辑和现实逻辑。

另一方面，我们也许可以发觉，两种法学在近现代历史中，比起其他法学理论来说，可能与社会政治法律实践背景的联系，是更为独特的，或者，是更为紧密的，两者对社会政治法律实践的"理论参与"，是更为积极的。

（一）

在前面一章中，我已经集中比较分析了美国的早期实用主义法学和中国的早期左翼革命法学在法律概念理论上的不同，以及类似，特别是两者之间的潜在沟通能力，此外还有，为什么前者可以成为后者理论的一个"有益补充"。为使读者可以较为便利地理解本章的主题，我首先简要地概括一下前面一章的核心内容。

第一，从区别看，美国的早期实用主义法学提出了"法律是种预测”[1]的概念，通过这一概念，基本否定了“立法主义”的法律实证主义[2]的法律定义结构；中国的早期左翼革命法学，出于政治态度的立场，认为“法律是阶级意志的表达”[3]，同时，认为“有产阶级的法律是需要推翻的”，也即“恶法非法”[4]，从而以迂回的方式，既肯定了这种结构，也否定了这种结构。由此而来的结果之一，便是前者突出了“司法意志”，以及相关的“司法能动”的意义；后者，则大体上依然坚持了“立法意志”的概念，因而，没有“司法能动”的推论。另一方面，通过“预测”概念的有与无，前者强调了法律的“有用、有效”的工具主义；后者，则基本上关注“对谁有用、有效”。两者区别的关键，在于“阶级”概念。在后者法学中，国家和法律的阶级性，都是首先需要揭示的。

第二，从类似看，两者也部分、含蓄地保留了某些法律实证主义的观念（对于后者来说主要是形式方面的）；同时，两者，也都强调了“社会动力学”意义上的国家权力运用和“社会需要”之间的特殊关联。美国的早期实用主义法学，认为“法律的预测并不是完全没有规律的”——因为，社会中的规则，并不是完全没有意义的[5]——从而并未彻底否定“立法主义”的法律实证主义。中国的早期左翼革命法学，如前所述，

---

[1] 主要见 Holmes，“The Path of Law”，p. 461. 他说，“当使用法律一词的时候，我的意思，恰恰是指对于法院事实上将会怎样处理问题的预测”。

[2] 在本章中，这种法律实证主义主要是指以边沁、奥斯丁为代表的英国法律实证主义，以及 19 世纪中叶出现的以潘德克顿学派为主要标志的德国法律实证主义，并不泛指经验主义的包括诸如法律现实主义在内的法律实证主义。

[3] 主要见朱怡庵：《法底本质》，第 42 页。朱怡庵说，“法的关系是与阶级的利害有直接的关系的”。

[4] 主要见蔡枢衡：《中国法治的根本问题》，第 140 页。他说，对于有产阶级的法律，“只能认为恶法不是法”。但要注意，这里“恶法不是法”的提法，不同于通常意义的自然法学理论，主要强调憎恶、反抗恶法的意思。

[5] 主要见卡多佐：《法律的成长 · 法律科学的悖论》，第 26 页；卡多佐：《司法过程的性质》，第 79 页。他说，当法律的预测“达到一个很高的确定和确信时，我们就说法律建立了……”；另说，我们不能“否认存在一些普遍运作的规则的可能性……法律和服从法律是为我们每一天的生活经验所肯定的事实”。

认为“有产阶级的法律（尽管阶级性质是要否定的）依然是法律”，因而，在一定意义上，也默认了这种法律实证主义。此外，前者认为，通过国家权力的司法能动的主要目标，是解决“社会需要”的问题[1]；后者认为，法律革命的意义，正是在于满足以大多数民众意愿为标志的“社会需要”[2]。

特别值得注意的是，从潜在的沟通能力来看，无论“预测”的观念，还是“阶级”的概念，并未完全阻挡两者的可以走向对方的逻辑思路。因为，其一，“预测”的观念是以“社会职业”作为基础的[3]，“阶级”的概念，是以“社会阶层”作为基础的，而“社会不同群体”的概念，可以将“社会职业”和“社会阶层”的意义勾连起来[4]；其二，从前者的角度，对于法官这样的法律职业人物而言，“预测”不是纯粹的个体利益得失的估算（像诉讼中的当事人或者律师那样），其中，总会包含“社会政治利益的权衡”，因为，前者在自己的叙述中，并不否认法官审判过程中的“社会责任”[5]。而在法官的“社会责任”的前提下，“社会政治利益的权衡”，自然包括了社会不同阶层——进而言之有时是社会不同

[1] 主要见 Holmes，*The Common Law*，p. 36；卡多佐：《司法过程的性质》，第 39 页。霍姆斯说，通过司法的国家权力运用应当符合“社会的主要意愿”。卡多佐说，“法律的终极原因是社会的福利”。

[2] 主要见张志让：《新旧各派法律学说之一览》，第 88 页。他说，“法律者乃使社会需要满足之一种制度也……法律应以至少之牺牲，使此种需要得有至大之满足”。

[3] 见第五章对霍姆斯理论的概括。

[4] 因为不同群体一般总是意味着“不同社会职业”的存在，以及“不同社会阶层”的存在。详细分析，见前面一章。

[5] 比如霍姆斯说，“在我看来，法官本身一直没有恰当地意识到他们有责任去权衡社会的利益。这种责任是不可避免的”。见 Holmes，“The Path of Law”，p. 467. 卡多佐说，“当一个行为规则或原则已经确立，从而可以证明一个预期具有合理的确定性……那么……除非且直到我们的预期失败，在行动中，一个如此获得认可的准则、规则或原则将被视为法律，甚至言论上，它也将被描绘为法律。这种一致性能产生对延续性的合理预期，应得到人们的遵守”。见卡多佐：《法律的成长·法律科学的悖论》，第 30—31 页。

阶级——之间的利益权衡。于是，我们在前者理论中是可以发现“阶级立场”的分析思路的。从后者的角度，因为其时中国社会状况，以及法律实践具有自己的特殊性，“阶级”的分析，又需要在特定语境中加以展开，同时，这一分析还要为中国的具体法律实际提供现实有用的“前景”，于是，从“阶级立场”出发的“根据实际需要解决实际问题”，也是后者的自然而然的一个分析思路。就此来说，从中国角度的实践看，在两者可以相互走向对方的同时，前者的一些思路内容，可以成为后者的一个有益参照，或者补充。

第三，这样一个比较结果，或者一个“潜在沟通能力”的揭示，当然尤其是关于前者对后者的可能的有益补充的认识，提示了就法律概念而言的在两种法学之间的理论创新的可能性，其意义，是特别值得挖掘的。

第四，作为学说提出的主体，在前者中，霍姆斯、卡多佐、庞德等人的学说，是尤为突出的；在后者中，蔡枢衡、李达、张志让、朱怡庵的学说，可以认为是有代表性的。[1]

（二）

在本章中，我将尝试论证指出，就我的基本观点而言，当认为两种法学的法律概念理论是对法律实践以及其他社会实践作出回应的一种表现的时候，我们更应认为，恰恰是法律实践，以及其他社会实践，催生了它们；而且，在法律语境中，理论和实践是互为你我的，理论实际上作为“内在参与者”成了实践的一个组成部分。在近现代的历史中，从中国的视角出发，就美国的早期实用主义法学理论可以成为后者法学的有益补充而言，这点，可能是更有启发性的。

在考察“背景”时，本章将法学学术话语背景和社会政治背景分开加以讨论。之所以分开，主要不是考虑法学学术话语背景对一种法学理

[1] 参见前面一章。

论而言是特殊的、直接的（就像有时人们容易认为的，经济学、政治学、社会学、哲学学术话语背景对一种经济、政治、社会学、哲学理论而言一样是特殊的、直接的），社会政治背景，对其而言则是一般的、（有时可能是）间接的；或者，在较为普遍的意义上，法学学术话语背景主要是对法学理论产生意义的，社会政治背景，不仅对法学理论，而且对其他理论，也都产生了意义。

之所以分开，主要是考虑，在近现代，我们可以看到世界法学流通的一个开始时期。在开始的时期，法学学术话语背景，可能是更为复杂的。因为，当本土法学初次遭遇域外法学，特别是从世界范围来看的时候，域外法学时常具有特别的刺激能力；此外，反向来说，域外法学时常特别容易成为本土某种法学主张——甚至某种法律主张——的一个论证来源[1]；当域外法学在本土之内呈现纷然杂陈的时候，本土法学，则是本身可能尤为“众说纷纭”的（这当然不是在因果意义上来说的，见下文）。在近现代立法现代性的不断斗争的图景中，这是特别耀眼的。将法学学术话语背景独立出来，可以使人不会忽略主要通过立法体现出来的“法律现代性”这一特殊问题。

当然，以此作为基础，我依然在适当的时候，将两个背景联系起来。

（三）

另需说明的是，在本章中，我尝试深入分析这样三个关键问题：

第一，在近现代，甚至在普遍意义上，本土法学和域外法学的关系究竟是怎样的，这一关系，在法律实践的对应中，究竟具有怎样的谱系（在前面我已略提这点）？

第二，如果可以看到美国的早期实用主义法学和中国的早期左翼革命法学不免是“思路多向”的、“时有内部断裂”的（我们的确可以看到，详见下文），那么，为什么会如此？

---

[1] 参见导论的分析。

第三，在激烈的社会变迁背景中，就两种法学而言，“社会动荡”和“解决社会民众需要”之间，究竟存在着怎样的逻辑关联？

显然，第三个问题对今天的中国依然具有特别的意义。

我所运用的方法，简单来说，既是知识谱系学的，也是知识社会学的。

二、美国的法律概念理论的法学学术话语背景

（一）

从法学学术话语背景看，就美国言，1990年代，雷曼指出：

> 大致来说，英美法学“古典时代”（classical period）的一般法学职业人士，属于1850年代到第一次世界大战这段时期的两代人。他们，十分迷恋法律科学这样一个观念。[1]

雷曼的意思在于提示，其时号称法律科学的法律实证主义，对美国学者是十分重要的。1965年，米勒（Perry Miller）类似地指出，在1860年代这一时期以及后来的美国法学理论中，法律实证主义的“法律等于科学的观念，十分盛行”[2]。此外，霍维茨曾指出，在19世纪的美国，法律实践中的法律形式主义是在1850年代以后发展起来的[3]；这种形式主义，非常强调法律推理的非政治性、演绎性和“科学性”[4]；而这种形式

---

[1] Riemann，“Nineteenth Century German Legal Science”，p. 838.

[2] Perry Miller，*The Life of the Mind of American*：*From the Revolution to the Civil War*，New York：Harcourt，Brace & World，1965，pp. 156-164.

[3] Morton Horwitz，*The Transformation of American Law 1780-1860*，Cambridge：Harvard University Press，1977，p. 254.

[4] Horwitz，*The Transformation of American Law 1780-1860*，p. 258.

主义，会同法学中的科学观念，希望“切断政治与法律、主观性与客观性，以及法律外行推理与法律职业推理的联系”[1]。霍维茨还具体地提到：

当霍姆斯撰写《普通法》（*The Common Law*）的时候，正统的法律思想，正变得越来越是概念主义的。[2]

艾切尔在转述卡黑尔（Fred Cahill，Jr.）法官1950年代的相近观点[3]的时候，同样指出，这一时期，美国“绝大多数律师、法官和法律教授……拥有一个共同信念：法官是发现法律的，而不是创制法律的”[4]。

概括来说，在接近19世纪末期这一阶段，法律实证主义以及与之密切联系的法律形式主义的盛行，是一个重要的法学思想背景。

恰恰是在这一背景中，作为具体微观的例子，我们可以注意，霍姆斯阅读过奥斯丁的《法理学的范围》[5]，并且专门撰写文章讨论、分析奥斯丁的理论[6]。他还提到，德国法律实证主义的法律概念理论，“在细节上是十分精确的”[7]。在卡多佐1924年的回忆中，我们可以读到，1889年，

[1] Horwitz，*The Transformation of American Law 1780-1860*，p. 257.

[2] Morton Horwitz，*The Transformation of American Law 1870-1960*，Cambridge：Harvard University Press，1992，p. 129.

[3] Fred Cahill，Jr.，*Judicial Legislation：A Study in American Legal Theory*，New York：The Roland Press Company，1952，pp. 8-9.

[4] Aichele，*Legal Realism and Twentieth-Century American Jurisprudence*，p. 3. 当然，“发现法律”的观念也有布莱克斯通法律思想影响的问题，此不赘述。

[5] John Austin，*The Province of Jurisprudence Determined*，London：John Murray，1832.

[6] Holmes，“Book Notice（reviewing The Law Magazine and Review New Series No. 3 [April 1，1872]）”，p. 723. 在《普通法》一书中，他也明确地讨论了奥斯丁的法律命令说。见 Holmes，*The Common Law*，pp. 66-67.

[7] Oliver Wendell Holmes，“Book Notice”，*American Law Review*，11（1877），p. 327.

当其开始在哥伦比亚大学法学院学习的时候，法学院的教师讲述的就是与法律形式主义相关的布莱克斯通、边沁和奥斯丁的理论，而且从法律概念理论角度，仔细分析了这些学说；卡多佐从而比较细致地了解了法律实证主义（布莱克斯通当然除外）[1]。此外，我们可以注意，针对庞德，斯通（Julius Stone）曾经提到，1890 年代至 1900 年代，这位重要学者系统地研究过边沁和奥斯丁关于立法的理论著作[2]。

（二）

但是，早在 1874 年，阿莫斯也已说道：

> 需要强调指出，现代法理学，是由德国人开创的。康德、黑格尔、胡果（Gustav Hugo）、萨维尼、蒂保……以及他们的十分勤奋、但不是不值得注意的承继者，不可避免地在法理学的科学中印入了他们的品格……[3]

阿莫斯提到的“现代法理学”，以及“法理学的科学”，自然包含了当时美国的法律学说。我们显然可以发觉，阿莫斯提到的胡果、萨维尼等，实际上又是不同于本章所说的法律实证主义的法律学说的代表，比如历史法学。这在提示，在美国法学理论的背景中，还有其他重要的理论，也即和这些另外德国学者理论彼此接近的理论。

的确，作为例子，有如其他学者所提到的，那个时期的美国重要法律学人，卡特，一位知名律师及纽约律师协会的领导者，“在自己撰写的几本重要的著作中，便将习惯并不视为法律的渊源，而是法律本

---

[1] 见考夫曼：《卡多佐》，第 45、594 页。

[2] ［澳］朱利斯·斯通：《罗斯科·庞德的黄金时代》，张纪泰译，载翟志勇主编：《罗斯科·庞德：法律与社会——生平、著述及思想》，第 51 页。

[3] Sheldon Amos, *The Science of Jurisprudence*, New York: D. Appleton, 1874, p. 505.

身……卡特，既拒绝了奥斯丁的法律实证主义，也拒绝了自然法学，赞同以习惯为基础的法理学”[1]。换言之，作为法律职业人士的一个重要代表，卡特当时支持的乃是萨维尼的德国历史主义。当然，一个微观但是又颇为重要的背景，则是随着波士顿律师库士英（Luther Cushing）等人1850年代将德国历史法学介绍到美国，这一历史法学的理论，已经逐渐为人所知[2]。

另一方面，雷曼指出，卡特的历史主义，也并非是单纯德国的，其还存在英国梅因历史主义的痕迹[3]。而且，从后来的卡多佐等实用主义法学人物的文本来看，不仅梅因的历史主义在美国呈现过，与梅因历史主义颇为相近的梅特兰（Frederic Maitland）的历史法学，在美国同样是有学术市场的。更为复杂的是，在历史主义的旁边，我们还能发现诸如较为激进的德国耶林“利益法学”的类似话语，以及后来的法国惹尼的“自由科学研究”、埃利希（Eugen Ehrlich）的“法律社会学”（soziologie des rechts）等理论的踪迹。[4]

在这一不同的背景中，我们可以看到，至少1871年之前，霍姆斯就研读过萨维尼的学说[5]；在批评兰代尔的法学形式主义和抽象逻辑理

[1] Aichele, *Legal Realism and Twentieth-Century American Jurisprudence*, p. 9.

[2] Helmut Coing, “German ‘Pandektistik’ in its Relationship to the Former ‘Ius Commune’”, *American Journal of Comparative Law*, 37 (1989), pp. 22-23.

[3] 1884年，卡特在自己的著述中特别引用萨维尼的理论，来说明历史主义的重要。参见 Reimann, “The Historical School Against Codification: Savigny, Carter, and the Defeat of the New York Civil Code”, p. 104.

[4] 关于这方面的研究，参见 James Herget and Stephen Wallace, “The German Free Law Movement as the Source of Amercan Legal Realism”, *Virginia Law Review*, 73 (1987), p. 399.

[5] 所以，1871年，他在一篇书评中提到了萨维尼的理论。见 Oliver Wendell Holmes, “Book Notice (reviewing James Ram’s The Science of Legal Judgment)”, *American Law Review*, 6 (1871), p. 134.

论[1]的时候，他不断地援引了当时德国历史主义的类似学说[2]。1889年，在大学法学院老师的引导下，卡多佐学习过梅因的学说[3]；后来，阅读过与梅因观念类似的梅特兰的学说[4]。此外，1879年，霍姆斯阅读过耶林的《罗马法的精神》[5]的法文本[6]，在1881年出版的《普通法》中，随即将耶林称为法律学术的“智识天才”[7]。与霍姆斯类似的是，卡多佐曾欣赏性地提到，“将法律的目的理解为如何决定法律生长的方向，这是耶林对法学理论的重大贡献”[8]。就庞德来说，其则是阅读更加广泛的，而其关于“机械法学”的讥讽观念，依然是得益于耶林的“概念法学”的

[1] 关于兰代尔的形式主义和抽象逻辑理论，参见 Thomas Grey，“Langdell's Orthodoxy”，*University of Pittshurgh Law Review*，45（1983），pp. 1 ff.

[2] 见 Oliver Wendell Holmes，“Book Notice（reviewing C. Langdell，A Selection of Cases on the Law of Contracts）”，*American Law Review*，5（1871），pp. 539-540.

[3] 见考夫曼：《卡多佐》，第45、594页。

[4] 见卡多佐：《司法过程的性质》，第31—33页。梅特兰曾说过，我们已经埋葬了过去的诉讼形式，“但是，它们在坟墓中依然支配着我们”。见 Frederic Maitland，*Equity*，*also the Forms of Action at Common Law*，ed. Alfred Chaytor and William Wittaker，Cambridge：Cambridge University Press，1929，p. 296.

[5] Rudolf von Jhering，*Der Geist des römischen Rechts*，2. verb. Aufl.，Leipzig：Breitkopf und Härtel，1866.

[6] 见 Robert Summers，*Essays in Legal Theory*，Boston：Kluwer Academic Publishers，2000，p. 23.

[7] Holmes，*The Common Law*，p. 208.

我们可以注意，耶林曾说，“对逻辑的极端崇拜，尝试将法理学扭曲成一种法律的‘数学’，是精神失常的表现，完全忽视了法律的性质。在法律中，生活不是概念的奴隶，相反，概念是服务于生活的”。见 Rudolf von Jhering，*Der Geist des römischen Rechts*，Leipzig：Breitkopf and Härtel，1923，S. 321，转引 Summers，*Essays in Legal Theory*，p. 23. 霍姆斯则说过，“相信我们的法律制度能够像数学一样，依照一般行为的公理提炼出来，这是那些学派再荒谬不过的地方了”。见 Holmes，“The Path of Law”，p. 465.

[8] 卡多佐：《司法过程的性质》，第62—63页。

讥讽思想[1]；耶林的“法律的主要任务就是满足社会需求和愿望”的观点[2]，同样为庞德所接受[3]。而就惹尼和埃利希的理论来说，卡多佐和庞德，就不断地阅读过他们的相关著作，并且津津乐道。[4]

（三）

上面提到的美国法学学术话语的背景，是复杂的。正像人们可以自然而然地发觉的，在这种背景下，对法律实证主义的反叛以及实用主义法学的自我主张，也就不是那么“单纯”的。

我们可以看到，一方面，霍姆斯用“预测”的法律概念替代了“立法命令”的法律概念；另一方面，霍姆斯并不否认法官的作用主要在于严格适用法律，并且认为，法官仅仅是在法律缝隙中“立法”[5]。我们可以发觉，霍姆斯提出的法官偶尔立法的观念，就在否定“立法主义”的法律命令概念的同时（通过众所周知的其“法律预测”的理论来否定），从侧面，静悄悄地不自觉地恢复了这一概念。换言之，在霍姆斯复杂，甚至有些矛盾的思想中，无论作为先例的法官判例，还是立法机关制定的法律规则，并不是绝对不能用定义式的传统“法律”概念加以称谓

---

[1] 耶林曾说，“历史沉浮不是逻辑塑造的，而是生活塑造的。生活是交流、贸易，以及人们对正义的直觉要求”。见 Jhering，*Der Geist des römischen Rechts*，S. 321，转引 Summers，*Essays in Legal Theory*，p. 23. 庞德的言述，见 Pound，“Mechanical Jurisprudence”，pp. 609-610.

[2] 见 Rudolf von Jhering，“preface”，in Rudolf von Jhering，*Law as a Mean to an End*，trans. Issac Husik，New York：The Macmillan Co.，1914，pp. liii-liv.

[3] Pound，“Mechanical Jurisprudence”，pp. 609-611.

[4] 关于卡多佐，见卡多佐：《司法过程的性质》，第 6、26、28、45、86 页；卡多佐：《法律的成长 · 法律科学的悖论》，第 51、103 页。关于庞德，参见 Aichele，*Legal Realism and Twentieth-Century American Jurisprudence*，pp. 36-37.

[5] 见 244 U.S. 205，221（1917）. 转引［美］托马斯 · C. 格瑞：《霍姆斯论法律中的逻辑》，载伯顿主编：《法律的道路及其影响》，第 181 页。

的。[1]同时，我们可以看见，霍姆斯直接提到过，萨维尼的理论非常宏泛，奥斯丁的理论十分狭隘，在两者之间进行新的探索，是非常值得的[2]。他在表达“与过去保持一致仅仅是个必要而非义务”[3]这一后来学人反复谈论的经典论述的时候，另外说过，法律体现了“一个国家千秋万载的经历”[4]；“为了理解法律是什么，我们必须了解它过去一直是什么，以及将来会变成什么”[5]。显然，在具有实用主义意味的同时，其中另有分析法学的意味，也有历史法学的意味。在一定意义上，尽管对霍姆斯而言，“奥斯丁显然是个敌人”[6]，但是，正像有的学者所指出的，霍姆斯也是那个时代形式主义“法律科学”的参与者[7]；霍姆斯的法律工具主义，和边沁、奥斯丁的法律工具主义，是类似的[8]。此外，我们可以发现，在许多部门法领域里展开分析的时候，霍姆斯最为喜欢使用的方法，就是利用历史分析的手段去证明这样一个观点：法律领域中的一般抽象概念，比如权利、义务、制裁、过错、过失、责任等，是来自具体语境的，是源

---

[1] 例如，在《法律的道路》中，霍姆斯说，“的确，当一个法律体系中的每一个规则清晰明确地指向它要实现的目标的时候，而且，当实现目标的理由根据已用语言，或者准备用语言表达的时候，这个法律体系是更为理性的，更为文明的”。见Holmes，“The Path of Law”，p. 469. 他另外说，“用一般命题的方式将过去判决的提示表达出来而且用教科书的方式将过去判决的提示收集起来，或者，以一般形式去通过制定法，这些使得预测更为容易记忆，更为容易理解”。见Holmes，“The Path of Law”，p. 458.

[2] 见Holmes，“Book Notice（reviewing James Ram's The Science of Legal Judgment)”，p. 134.

[3] Oliver Wendell Holmes，“Learning and Science”（1895），in Holmes，*Collected Legal Papers*，pp. 138，139.

[4] Holmes，*The Common Law*，p. 5.

[5] Holmes，*The Common Law*，p. 5.

[6] Horwitz，*The Transformation of American Law 1870-1960*，p. 111.

[7] William LaPiana，“Victorian from Beacon Hill：Oliver Wendell Holmes's Early Legal Scholarship”，*Columbia Law Review*，90（1990），p. 811.

[8] Grey，“Holmes and Legal Pragmatism”，p. 788.

自具体和应急的需求的。在此，霍姆斯实际上是在强调实用主义的同时，将实用主义和历史主义融会贯通。[1] 所以，艾切尔评论道：

> 在反对那个时代盛行的形式主义的时候，针对法律分析的结构而言，霍姆斯暗示着两个游刃有余的提纲挈领的概念——历史价值和社群价值。[2]

而哈特则评论道，尽管霍姆斯的历史哲学是“贫困”的，但是在《普通法》中显露出来的历史化的细节分析，“展示了细线串联起来的钻石项链”[3]。

在霍姆斯的旁边，我们也能看到，庞德在批判法律形式主义的同时[4]带有“中庸”意味地直接说道，法律概念的含义，固然包含了司法过程、学说等内容，然而，同样更为主要的是包含了人们常说的通过立法方式制定出来的“法律规则”[5]。在他看来，法官是有审判自由的，这是“为了满足当事人之间的审判正义的需要，符合通常人的一般理解”，

---

[1] 参见 Oliver Wendell Holmes，“Law in Science and Science in Law”（1899），in Holmes，*Collected Legal Papers*，pp. 210-224. 霍姆斯还曾说，法律“一方面是对传统的回应，另一方面是对变化中的社会需要愿望的回应”。见 Oliver Wendell Holmes，*Twenty Years in Retrospect*（1902），in Mark Howe（ed.），*The Occasional Speeches of Justice Oliver Wendell Holmes*. Cambridge：Belknap Press of Harvard University Press，1962，pp. 154，155.

[2] Aichele，*Legal Realism and Twentieth-Century American Jurisprudence*，p. 14.

[3] H.L.A. Hart，*Essays in Jurisprudence and Philosophy*，Oxford：Clarendon University Press，1983，p. 278.

[4] 庞德说过，分析法学的方法，以及概念法学，是会导致“机械司法的”。见 Pound，“Mechanical Jurisprudence”，pp. 610-612.

[5] 庞德：《通过法律的社会控制 · 法律的任务》，第 19—27 页；Roscoe Pound，*The Ideal Element in Law*，Calcutta：University of Caldutta，1958，p. 2.

但是，这种自由，“也是有限度的”[1]。此外，像奥斯丁一样，当然也像“另外一面”的耶林（即早期在某些方面也信奉法律实证主义并提倡概念法学的耶林[2]）一样，庞德相信，法律强制力对法律概念的定义是首要的。他说：

社会控制首先是国家的职能，并通过法律来行使。它的最后效力依赖于专门为这一目的而设立或遴选的团体、机构和官员所行使的强力。[3]

耶林说，背后没有强力的法治，是一个语辞矛盾——“不发光的灯，不燃烧的火”。法律包含强力。调整和安排必须最终依赖强力。[4]

与霍姆斯和庞德类似的是，卡多佐基本上认为，法官仅仅是在需要的时候灵活运用法律，“只是在空白处立法，他填补着法律中的空缺地带”[5]。在这个意义上，卡多佐似乎也在默认：不能完全认为立法方式确立的规则不是法律。此外，卡多佐颇有几分实用主义地说过：

我们尊崇法律的确定性，但必须区分合理的确定性与伪劣的确定性……有一种确定性是真实的，有一种则是虚幻的。[6]

在一个不断试错的过程中，判决形成了。在一个不断试错过程中，

[1] Roscoe Pound，“The Scope of Purpose of Sociological Jurisprudence”，*Harvard Law Review*，25（1912），p. 515.

[2] 见 Hommes，*Major Trends in the History of Legal Philosophy*，pp. 209-213.

[3] 庞德：《通过法律的社会控制 · 法律的任务》，第 13 页。

[4] 庞德：《通过法律的社会控制 · 法律的任务》，第 17 页。耶林是这样讲述的：“国家在法律执行中所赋予的强制，构成了法律的绝对标准。一个法律规则没有法律强制，是术语上的自相矛盾，有如灯不发光，火不燃烧。”见 Rudolf von Jhering，*Law as a Mean to an End*，trans. Issac Husik，New York：The Macmillan Co.，1914，p. 241.

[5] 卡多佐：《司法过程的性质》，第 70 页。

[6] 卡多佐：《法律的成长 · 法律科学的悖论》，第 12 页。

决定了谁将获得再生产的权利。[1]

另一方面，卡多佐则带有分析法学色彩地补充说道，“在知道法律如何发展之前，必须知道法律是什么，或者起码知道我们说的法律意味着什么”[2]。针对萨维尼的“历史习惯十分重要”的观点，卡多佐讲，“他给我们的是一幅不完整的并且有偏颇的图画”[3]。

这就不难理解，在评论霍姆斯的时候，有的学者指出，将其“著述视为陈旧传统思考模式和新颖激进思考模式之间的紧张关系的一个表达，是最适宜的”[4]；在上述法学学术话语背景中，“霍姆斯的某些互不协调而且矛盾的思想，才能得以理解”[5]。这就不难理解，在评论庞德的时候，有人这样提到：他“领导着哈佛法学院全面进行形式主义的黑森式训练”，另一方面，“在学术方面，反对法律现实主义[6]”，作为《社会学法理学的范围与目的》[7]的作者，他“无论从哪一方面来看都是一个怪人”[8]。而在评论卡多佐的时候，结论有时也是类似的。[9]

（四）

那么，怎样理解上述法学学术背景，以及这一背景和美国的早期实用主义法学的关系？

我不认为，上述法学学术话语背景，是决定性的，而且，其也不大

[1] 卡多佐：《法律的成长·法律科学的悖论》，第32页。

[2] 卡多佐：《法律的成长·法律科学的悖论》，第18页。

[3] 卡多佐：《司法过程的性质》，第64页。

[4] Aichele，*Legal Realism and Twentieth-Century American Jurisprudence*，p. 14.

[5] Horwitz，*The Transformation of American Law 1870-1960*，p. 123.

[6] 即以卢埃林、弗兰克、宾海姆为代表的美国极端法律现实主义。

[7] Pound，“The Scope and Purpose of Sociological Jurisprudence”，p. 591.

[8] 斯蒂文森：《法学院：19世纪50年代到20世纪80年代的美国法学教育》，第180页。

[9] 参见考夫曼：《卡多佐》，第446—451页。

可能是决定性的。[1] 在下面一章研究中，我将说明另外的具有重要意义的微观历史背景的影响作用[2]。但是，我的确认为，这一法学学术话语背景，有如人们时常所提到的，对美国的早期实用主义法学在法律概念理论上具有方向发展意义上的某些作用。这里，并非是说，作为这一法学的重要代表人物，他们在自己的学术研究中，读到什么就会接受什么，读到的内容是复杂的因而他们接受的内容也是复杂的，他们显然不可能这样“简单”；这里是说，在一定意义上，非常广泛的法学学术话语背景，是种重要的具有辩证机制的法学学术意识形态的制约因素。

对此提到的辩证的制约问题，我们是不难理解的。因为，十分清楚的是，当一种法律思想提出之后，如果其远离自己的法学学术话语背景，无源无本，是一种特别激进的、毫无妥协的“标新立异”，那么，其实际上是无法成为一个“新鲜法律思想”，从而立足自我的。毕竟，新鲜的法律思想获得承认直至追捧的前提，正是人们适当的理解能力；而适当的理解能力，来自法律学术共同体——或者至少是其中相当部分成员——必要的知识准备和思考准备。深入来说，这样的知识准备，以及思考准备，又是滋润于已经存在的法学学术话语背景。如果这一背景带有妥协的痕迹，从其而来的知识准备，以及思考准备，也会带有妥协的印记；反之亦然。同时，正是因为面对的是这样的知识准备和思考准备，于是，提出的“新鲜法律思想”，在调整自己的学术策略的同时，也必须要面对这一现实，并且根据这一现实，去推出、展示自己的“新鲜”。

---

[1] 作为一个关于美国的“理论背景影响”的例子，我认为萨默斯（Robert Summers）的一个判断是部分正确的。他说，当时美国的法学和法官实践的确存在着概念主义和形式主义，所以，霍姆斯、庞德等人“对其批评是十分自然的。即使他们没有读到耶林的著作，他们也会作出这样的批评。这样的推测，是可以成立的”。见Summers，*Essays in Legal Theory*，p. 23.

[2] 我将从一些重要的美国早期实用主义法学代表人物的个人经历以及微观环境入手，来分析这里提到的法学学术话语背景和稍后提到的社会政治背景，其相互结合起来，如何与他们的法学理论形成了复杂关系。

所谓制约问题，由此来看，其实是“新鲜法律思想”和这一现实之间的彼此博弈的辩证关系。在这种辩证关系中可以胜出的强者，才能真正成为“新鲜”的法律思想。

所以，在法律概念理论上，美国的早期实用主义法学的反叛，实际是，而且必然是，以上述理解所展示的、具有辩证机制的法学学术背景作为条件之一的。同时，在这个意义上，我们也就可以深入理解，除了霍姆斯的极为个别的、被人们贴上种种怪异标签的“说法”（比如有的学者认为的“虚无主义”的“预测”[1]）之外，大部分早期实用主义法学理论的内容，究竟是从何种角度而言和这一复杂的法学学术话语背景有着可以分辨清晰的类似谱系的。其实，即使是霍姆斯的极为怪异的个别“说法”，也并非是横空而出的。他的有时游弋不定的“预测”观点，如果没有美国法律职业中的相当一批实践者——特别是律师成员——的“揣摩法官如何判决”的意识经验，那么，也无法得到某些美国法律学人——当然包括法官学者——的会心响应。就这点来说，我们已经熟知，在美国这样的法律制度实践中，绝大多数法官，在身份上，是来自律师的，而相当一些法学学者，是经历过法官身份的。而在美国早期的法律法学实践中，这种状况是更为明显的；此外，那个时期，作为学者的个人，同时又是时常具有律师身份的，又是具有法官身份的[2]。

（五）

我们也需注意，看到背景和学说之间的相互辩证关系，尽管是必要的，然而就美国的早期实用主义法学而言，其本身也不是“多么富有新意”的，毕竟，许多学术文本，已经深入地讨论过背景和学说之间的“相互关系”。而且，仅仅徘徊于此，是无法发现更多意义的。

---

[1] 见伯顿：《导论》，第 5 页；韦尔斯：《小奥利弗 · 温德尔 · 霍姆斯和威廉 · 詹姆斯》，第 263 页。

[2] 见斯蒂文森：《法学院 19 世纪 50 年代到 20 世纪 80 年代的美国法学教育》，第一章和第二章。

换言之，我们也需注意，在这种辩证关系中，正是因为一个“新鲜法律思想”为了立足自我，所以，我们又能这样地加以理解：在采用学术策略适应学术语境的同时，在“矛盾、复杂”的学术话语背景中，“矛盾、复杂”地推动学术话语，是必要的。进而，我们看到的表面现实极为可能是：美国的早期实用主义法学的学术活动，在另外的意义上，是对“实用主义”的深层实践。

看到这一点，可能才是更有意义的。这里的意思是说，在此，也许我们可以发现另外一层更为丰富的实用主义的信息：理论自身有时存在的“矛盾”“复杂”甚至“断裂”，恰恰是为了实际有效地回应“矛盾”“复杂”甚至“断裂”的学术环境，同时，在回应的过程中，才能实践实用主义的“无需统一理论”[1]的思想纲领；而且，在“矛盾”“复杂”甚至“断裂”的学术环境中，当然还有后面讨论的相应社会政治背景中，“实用主义”，或许才能展现自己的极富生命力的性质类型，因为，它可以十分有效地“团结”各种相互冲突的思想学说，从而发挥旗帜作用，即使是折中式地、妥协式地“团结”。在美国的这一时期，我们正是看到了这样的情形。

三、中国的法律概念理论的法学学术话语背景

与此对应，中国的早期左翼革命法学所处的法学学术话语背景，同样是复杂的，而且，从“中国的视角”[2]出发，考察起来可能是会更为复

[1] 波斯纳认为法律实用主义是不相信“统一法律理论”的。见波斯纳：《超越法律》，第7—18、447页。

[2] 在本章前面和后面，我多次使用了“中国视角”的概念。这一概念的使用主要意思在于指出，中国近现代以来一直具有自己的重要国情，也即第一，中国左翼革命的不断努力以及由弱变强始终是中国国情的一个重要现实；第二，这一“重要国情”总是提示着中国也许必须要不断地面对中国自己的“广大底层民众”的状况，或说广义的“农民问题”；第三，中国一个世纪以来的政治、经济还有法律的主题，就是持续不断的应对变革以及本身变革；第四，经由上述三点而来的突出的“政法模式”，在一个方面来说难免是中国法律甚至法学演化的一个重要标志。

杂的，其中也有意义需要挖掘。

（一）

其一，作为比较，当时的美国，内战（1861—1865）已经结束；而当时的中国，虽然尚未爆发解放战争，但是，始终处于激烈的政治动荡时期，这一时期，又是解放战争爆发的“准备时期”。其二，美国已经呈现的法律学说理论，当然包括本章讨论的早期实用主义法学学说，同样成了已经进入中国的世界各种法学理论的一个组成部分（这自然是部分由于中国的早期左翼革命法学在时间上稍晚于美国这一理论）。其三，中国历史中的各类传统法学观念，依然是十分活跃的（对照来说，美国历史的短暂，使人无法对应地讨论所谓的传统历史）。其四，在中国的法学学术话语背景的深处，还隐藏着在美国对应时期（本章讨论的上述美国时期）不太容易看到的关于法学发展的一种“现代性”焦虑。关于这种焦虑的一个表达，我们可以注意，1924年，王凤瀛说：

方今世界法学，因社会经济，剧烈变迁，昔日以英国法罗马法为金科玉律者，至是又觉陈旧不适用，汲汲焉改易方针，别谋新机；而社会法学派声浪，遂甚嚣尘上，崭露头角于二十世纪法学界之讲坛。吾国近数年来，研究法学者，正不乏人，对于吾国特色，何以发挥而光大之，对于世界潮流，何以顺受而应付之……[1]

（二）

在当时中国的法学学术话语背景中，首先，我们可以看到比较典型的法律实证主义的重述。比如，1930年，王世杰指出，“法律的特质，

[1] 王凤瀛：《说研究法律之方法》（《法学季刊》第1卷第8期，1924年），载吴经熊、华懋生编：《法学文选》，第23页。

在其普遍性”[1]；从法律的实质来说，这一观点“就立法观念产生之历史言……较与事实相切合，依近今社会学者研究之结果”[2]。王世杰并且认为，这种实证主义的思想，“认法律为赋有普遍性的规则……似乎是多数法学者的主张”[3]。对于法律形式主义，他还作出了具有赞同倾向的这种解释：其主张的理由，“系因立法机关依制定法律程序所成立一切决定，无论含有普遍性与否，在法院裁判官的眼光中，都具有同等的效力”[4]。王世杰的法律实证主义和法律形式主义的重述，在当时的中国，并不是少见的。作为辅证，我们可以注意1940年代李达自己所观察的：

中国法学的研究，肇始于满清末年……随着舶来品的法律之输入，那注释法学、概念法学也同时输入了。在满清变法图强的初期，法律的概念及条文的注释，当然是重要的……从此注释法学概念法学之在中国，就由萌芽期而渐进于成熟期，中国的法学家已经能够写出很好的所谓“选样得当就是创作”的概念法学了。[5]

自然，这种法律实证主义的重述和西方的法律实证主义，以及中国传统法家的学说，有着关联。[6]

然而，我们也能看到，当时中国的法律实证主义已经遭遇了一些批评。比如，1924年，王凤瀛提到：

---

[1] 王世杰：《法律与命令》（《武大社会科学季刊》第1卷第2期，1930），载吴经熊、华懋生编：《法学文选》，第4页。

[2] 王世杰：《法律与命令》，第4页。

[3] 王世杰：《法律与命令》，第2—3页。

[4] 王世杰：《法律与命令》，第5页。

[5] 李达：《法理学大纲》，第11页。

[6] 和西方学说的关联是很明显的。和中国法家的关联也是清楚的，因为，中国法家基本上如同其代表人物韩非所说的，相信法律是“编著之图籍，设之于官府，而布之于百姓者也”。见韩非：《韩非子》，上海：上海古迹出版社，1989年，第131页。

从现实之法律，求共同之真理，足以一矫哲学方法虚想妄断之弊。然分析派指法律为主权者命令……不免引起学者间非难。[1]

1926 年，丘汉平宣称：

奥斯丁（Austin）所倡之法律命令说，仅可为表显立法者之意思，实无法律哲学之价值”。[2]

1937 年，张鼎昌指出：

分析学派的治学方法，甚浅陋。[3]

而在 1933 年，江镇三更有代表性地表现出了对法律实证主义的不以为然：

新派崛起，立说以异，谓法律出自主权之命令……并主张恶法亦法，凡法必以强制力为前提，顾欧洲法律，实际受此思想之支配者，为时甚暂。[4]

在当时的中国，对法律实证主义的批评，不仅有西方的学术资源，

[1] 王凤瀛：《说研究法律之方法》，第 26 页。

[2] 丘汉平：《现代法律哲学之三大派别》，第 145 页。

[3] 张鼎昌：《比较法之研究》（《中华法学杂志》新编第 1 卷第 9 号，1937 年），载何勤华、李秀清主编：《民国法学论文精萃》（法律基础篇），第 427 页。

[4] 江镇三：《法律与正义》（《法轨》创刊号，1933 年），载何勤华、李秀清主编：《民国法学论文精萃》（基础法律篇），第 98 页。

包括日本的学术资源，而且有中国的传统文化资源[1]。

在中国的法学学术背景中，这一“矛盾”的思路，是重要的。例如，我们需要注意，1928年李达以李鹤鸣（他的号）为笔名，翻译了日本学者穗积重远的《法理学大纲》，由商务印书馆出版[2]。在重复了这部译著中涉及的对奥斯丁法律实证主义的部分评论之后[3]，李达也表达了自己的补充观点。在他看来，第一，这种实证主义蕴含着法律形式主义，“严格的做演绎工夫，所得的结论是否与社会的现实相合，无暇过问”[4]；第二，“法律进化的原理如何，他们是不懂的”[5]；第三，这种法学观点只关注法律文字的注释，“至于法律之外的社会情况，以及政治、经济等，概不涉及”[6]。李达对法律实证主义的看法，以及我在前面一章中所描述的其自己部分认可法律实证主义的法律概念理论[7]，在上面提到的针对法律实证主义的复杂学术话语背景中，是可以得到一定解释的。

（三）

除了上述关于法律实证主义的“矛盾”思路，其次，在中国的法学

[1] 关于中国传统文化资源的例子，可以参见李晋：《法律与道德》（《言治》第1期，1913年），载何勤华、李秀清主编：《民国法学论文精萃》（基础法律篇），第90—96页，特别是第95—96页。

[2] 见韩德培：《序言》，李达《法理学大纲》，第1页。

[3] 见［日］穗积重远：《法理学大纲》，李鹤鸣译，魏琼勘校，北京：中国政法大学出版社，2005年，第30页；另见李达：《法理学大纲》，第59—60页。

[4] 李达：《法理学大纲》，第60页。

[5] 李达：《法理学大纲》，第60页。

[6] 李达：《法理学大纲》，第60页。

[7] 李达明确指出，法律必然含有“命令性和强制性”（李达：《法理学大纲》，第132页）。李达本身也对边沁和奥斯丁的法律实证主义的法律概念，作出了部分肯定。他说，这一概念将神秘的“理想法”“正当法”等“完全揭破了”，表明了法律是立法者的意志，而且表明了法律的强制性。见李达：《法理学大纲》，第60页。

学术话语背景中，我们可以看到另外一种“复杂”思路。我们可以发觉，1922年，吴经熊提出了一个非常折中主义的法律观念。他说：

> 法律应该以人类的目的为目的……法律的目的，亦在于促进人类的文化。“文化”两个字包罗万象，极其广大。[1]

吴经熊的这种理解，明显具有德国法律观念的历史主义和文化主义的痕迹。[2] 另一方面，我们可以看到，1927年，丘汉平结合中国传统学说提出了与吴经熊相近，然而又有少许不同的理论。在他看来，孟子的“徒法不足以自行”的叙述，颇有一些理由，或者，“我们也可作反面的推想：有了法律，便有执行的机关。何以知之，这个道理很明白。法律既不是从个人的愿意或不愿意，那么法律是具有‘社会性的’”[3]。丘汉平的法律概念理解，在结合某些中国传统法律观念的基础上，又有当时西方社会法理学的内容。[4] 对于吴经熊、丘汉平等强调人类“大目的”“社会性”的思考趋势，1935年，陈进文提出了这样一个概括：

> 二十世纪的法律思想又怎样呢？这一世纪法律的新精神，在于破坏旧日以个人利益为打算的壁垒，而跳入大众利益为基础的阵营，简

---

[1] 吴经熊：《法律的基本概念》，第10页。

[2] 比如柯勒（Josef Kohler）和施塔姆勒的学说。两人学说的基本内容，可以参见 Edgar Bodenheimer，*Jurisprudence*：*The Philosophy and Method of the Law*，Cambridge：Harvard University Press，1974，pp. 113-114，135-138.

[3] 丘汉平：《法律思想的性质》，第34页。

[4] 他所提到的“社会性”，其实正是指的当时西方“社会法学派”的思想观念。见丘汉平：《商君底法治主义论》（《法学季刊》第2卷第7期，1926年），载丘汉平：《丘汉平法学文选》，第85页。他另外曾提到，“法律一面既须一定，一面又须‘因时制宜’。使这二者调和，便是西洋法家历来争论的大题目”。见丘汉平：《慎子底法律思想》，第60页。

单的说一句，就是从前以个人为法律的对象，而保护个人权利为基础的法律，现已移转于以社会为对象，而保护大众利益的方向来了。[1]

相近的是，丘汉平自己也有类似的概括。他说：

二十世纪是社会学派时期。[2]

近代的法律思想都是倾向“社会化的”（socialistic）——借国家的官能来施行种种法律，使大多数的人民得到福利。这就是我们常常听到的“法律之社会化”（socialization of law）。[3]

作为一种推进，或者一种深化，1930年，郑保华在讨论中国本土的法律社会化问题的时候说道：“二十世纪之社会……吾国则有三民主义中之民生主义；即其他各国，亦莫不受社会主义重大之影响”[4]。依照郑保华的思考逻辑，似乎社会化的法律概念思考本身，就是“社会主义”法律观念的一个组成部分。在中国法学学术话语背景的这一略显“复杂”的思路中，显然，西方学术资源和中国传统学术资源，同样是交织在一起的。

这一法学学术话语背景中的“复杂”思路，依然是重要的。例如，在蔡枢衡的著述中，我们就能发现这些背景和资源的参考痕迹。他说，法律是不能违背历史法则的[5]，“法律是历史社会法则的反映。立法者在创制法律过程中的作用，不是单纯消极的记录者，也不是完全的创造

[1] 陈进文：《法律的新生命》，第191页。

[2] 丘汉平：《法律思想的性质》（《法学季刊》第3卷第4期），载丘汉平：《丘汉平法学文集》，第36页。

[3] 丘汉平：《法律思想的性质》，第37页。

[4] 郑保华：《法律社会化论》（《法学季刊》第4卷第7期，1930年），载吴经熊、华懋生编：《法学文选》，第314页。

[5] 蔡枢衡：《中国法治的根本问题》，第140页。

者”[1]。在此，我们既可以看到历史主义法学的标记，也可以看到实用主义法学的痕迹。而张志让本人，1924 年，就撰写过《社会法学派之起源主义及批评》[2]，以及《法儒杜基[3]之法律哲学》[4]；在撰写过程中，不仅会阅读这一学术话语思路的相关文献，而且和这一学术话语背景自然会有“阅读”上的相互对话。[5]

当然，在中国的法学学术话语背景这一略显“复杂”的思路中，我们可以看到，美国的早期实用主义法学，已经实现了“中国进入”。其实，有关“西方社会学法学”的理论在中国其时的传播，本身在侧面反映着这种实用主义法学思想的影响。就这一“中国进入”看，作为例子，张志让在自己的思考批判过程中，就阅读过霍姆斯的《普通法》[6]和庞德的著述[7]。正是在《普通法》里，存在着人人都熟知的霍姆斯的实用主义法学的经典表述——“法律的生命总是在于经验，而非逻辑”[8]；而在庞德的著述里，同样存在着类似的实用主义言说。张志让对此自然是熟悉的。

（四）

与此同时，再次，在中国的学术话语背景中，我们也能发觉，不仅当时中国的法律实证主义较为盛行（同时受到不少非难），“社会

---

[1] 蔡枢衡：《法律万能与法律无能》，第 82 页。

[2] 张志让：《社会法学派之起源主义及批评》。

[3] 即今日中文学界所说的狄骥。众所周知，狄骥的主要学说为社会连带主义。——本书作者注

[4] 张志让：《法儒杜基之法律哲学》，《法律评论》第 45—46 期，1924 年。

[5] 关于张志让在法律概念理论上的言说，参见刘星：《民国时期法学的“全球意义”——以三种法理知识生产为中心》，第 36—37 页。

[6] 见张志让：《借英国法中许多希奇有趣之点来阐明法律的性质》，第 187 页，注释［3］。

[7] 见张志让：《社会法学派之起源主义及批评》，第 91 页。

[8] Holmes，*The Common Law*，p. 1.

化”的法律观念大行其道（同时糅合了三民主义），美国的实用主义法学施展影响，而且，从总体看，其他各种思潮也是宗派林立。各种批评与反批评，是十分普遍的。比如，1931 年，丘汉平以狄骥（Leon Duguit）的社会连带主义理论为基础，批评了左翼革命法学[1]。又如，1933 年，陈任生以纯粹法学色彩的理论为基础，批评了狄骥的社会连带主义法学[2]。再如，1937 年，张鼎昌以比较法学的理论为基础，不仅批评了分析法学，而且批评了历史主义的法学理论、哲理法学派的理论和社会法学派的理论[3]……关于法律概念理论的局面，可以说是“纷然杂陈”。

关于这点，我们可以注意一个颇为典型的文本叙述——1934 年赵之元撰写的论文《法律观念之演进及其诠释》[4]。这篇论文，在今天看来都属于“长篇大论”，字数接近四万。其中，赵之远试图讨论人们已经知道的，包括通常较少讨论的，还有几乎并未讨论的各种法律概念学说。赵之远有这样的暗示：仅以法律概念理论来说，当时中国法学学术思想背景就是极为复杂的，而且思路迥异。[5] 所以，1933 年，我们也就看到了梅汝璈提到：“现在”的中国法学，是缺乏中心思想的[6]；1934 年，我们也就看到了吴经熊对梅汝璈的说法的一个补充：中国的法学，“我们可以说是怀疑和中心思想的缺乏”[7]。

---

[1] 丘汉平：《新法律史观》，第 22—25 页。

[2] 见陈任生：《从个人法到社会法 —— 法律哲学的新动向》（《东方杂志》第 30 卷第 5 号，1933 年），载何勤华、李秀清主编：《民国法学论文精萃》（法律基础篇），第 462—463 页。

[3] 见张鼎昌：《比较法之研究》，第 429—431 页。

[4] 《社会科学论丛》第 1 卷第 1 期，1934 年。

[5] 见赵之远：《法律观念之演进及其诠释》，第 265—313 页。

[6] 转见吴经熊：《关于现今法学的几个观察》，第 88 页注释 [2]。

[7] 吴经熊：《关于现今法学的几个观察》，第 87—88 页。

这样一个各种批评与反批评交替呈现的、总体上的中国法学学术话语背景，对本章所讨论的左翼革命法学的影响，依然是重要的。作为例子，我们可以注意，当朱怡庵在法律概念理论上阐述自己的左翼革命法学思想的时候[1]，其所具体针对的具体批评对象，是胡适的法律言论；而胡适当时的法律言论，则是批评民国政府的法律制度，也即某些他人的法律主张，包括法律概念理论。[2]当时相关的争论异常激烈。[3]此外，作为例子，各种批评以及对批评的批评，在蔡枢衡、李达、张志让的文本中，也都是可以见到的。

（五）

概括来说，正是在上述各类复杂的法学学术话语背景中，我们可以从特定的角度去理解，为什么这一左翼革命法学，在具有法律实证主义痕迹的同时，又从另外意义上凸显了极端的自然法学的“标记”（即宣称不好或阶级压迫的法律不是法律，应予推翻）；为什么这一法学，在强调阶级利益和阶级意志主宰法律的时候，又在，而且总是，联系“立法意志”这一各种法学都会讨论分析的概念。我们也就可以理解，为什么这一法学，与美国的早期实用主义法学有所不同，但像其他许多法学理论一样，将“立法”和“司法”存在的问题视为同一类型的问题加以分析，并不另外地在“司法领域”展开特别的细致分析。同时，我们也就可以理解，为什么这一左翼革命法学，自觉或者不自觉地，表达了部

[1] 其关于法律概念理论的具体言说，见前文，也可见前面一章的概括。

[2] 见朱怡庵：《法底本质》，第38—39、43、45—47页。

[3] 关于针对胡适理论展开法学争论的激烈程度，可以参见沈卫威：《论胡适关于人权与约法的论争》，载《民国档案》1994年第1期，第97—100页。

分的实用主义法学的话语叙述[1]。

此外，我们也就可以理解，为什么在这一特定的时期，左翼的革命法学关心法律与国家的紧密关系；在揭露法律与阶级利益的关系的时候，特别注意运用法学，尤其是法律的内部话语机制，并且从其论证[2]。更为需要指出的是，在这个意义上，我们也就可以深入地理解，这一左翼革命法学，显然不是简单的口号化的法学宣布，不是作为一种简单的法律革命斗争——尤其是政治革命斗争——的“纲领檄文”表达自己，它没有将法学理论作为政治宣言的一个“辅助内容”加以推出[3]。相反，它是运用“法言法语”，蛰伏并且穿过法律职业的自身专业语言表述，从法学包括法律的内部，去展开学术话语的阵地战（逐步推理），还有运动战（宏观分析）、游击战（举例分析）。它特别需要尽力地通过知识的学理分析，来战胜自己的“学术敌人”。这种法学，当然是“革命性”的，但是，这种“革命性”是“法学内部”的，不是“法学外部”的，而且带有“法律职业”的性质。

---

[1] 关于这点，我们主要可以注意蔡枢衡：《法学的新立场及其应有之法律观和方法论》，第 43 页；张志让：《新旧各派法律学说之一览》，第 88 页。蔡枢衡说，“特定政治政策或目的之立定，在其对于特定时空的功利作用”。张志让说，“法律之目的在以至少之牺牲，使吾人得满足至多之需要”。

[2] 我在本章分析的中国早期左翼革命法学的人物，主要是以“法律人”身份（比如法学教授、法官、律师等）从事法学研究的，而且是以法学学术话语方式表达自己的思想。

[3] 这可以和共产党解放区的法学理论形成对比。后者基于当时解放区政治斗争的需要特别表现了“口号化”“纲领檄文”的特点。关于解放区的法学理论，比如董必武的法律思想，可以参见董必武：《董必武法学文集》，第 1—25 页；董必武：《董必武政治法律文集》，第 1—80 页。

四、经过法学学术话语背景而展开的深入比较

本章所讨论的其时美国的法学学术话语背景，以及其时中国的法学学术话语背景，包括它们各自和早期的美国实用主义法学的法律概念理论与早期的中国左翼革命法学的法律概念理论的彼此辩证关系，表现了，并且在一定意义上解释了，两种法律概念理论的差异。但是，在各自的这种关系中，如果深入比较，那么，我们也能发现其间的类似性，发现两者可以潜在相互沟通的历史语境的特定机缘，更为有意义的是，可以发现一些普遍性的历史话语变迁的机制。从“中国的视角”出发，这种类似性，以及这种特定机缘，当然还有历史话语变迁的机制，是更为值得注意的。

（一）

第一，当时美国的法学学术话语背景，和中国的法学学术话语背景，都存在着本土法学和域外法学相互交融的问题；而且，这种交融，是在面对法律实证主义的“世界流通”之际展开的。在此，为了深入探讨，我们需要细分三个内容。

其一，在两种法学学术话语背景中，都存在着并不直接产生于但的确与之——即本章所定义的法律实证主义——相近的法律思想。比如，在美国，就存在着认为制定法以及法官确立的判例是主要法律形式的概念主义的思想，像前面提到的兰代尔的学说，就是如此[1]；在中国，就存

[1] 对兰代尔的概念主义法学学说的细致分析，参见 Grey, “Langdell’s Orthodoxy”, pp. 1ff. 兰代尔的学说产生于 1850 年代。这一时期，正是英国和德国法律实证主义开始逐渐产生影响的时期。因此，兰代尔的思想，更多是本土化的。关于这一历史情况，参见斯蒂文森：《法学院：19 世纪 50 年代到 20 世纪 80 年代的美国法学教育》，第 44 页以下。

在着我已提到的传统文化中的法家理论[1]。

其二，本土存在的对抗法律实证主义的思潮环境，本身也包含着本土自身原有的相应根源。在分析中国背景的时候，我已通过丘汉平的言说例子，提到了这方面的部分情形。比如，代表中国儒家法律观念的孟子学说，就存在着对抗法律实证主义的思想逻辑，同时，其又是本土的原有思想来源。对于美国的相应背景，我们可以注意前面提到的卡特的历史主义，这种历史主义，虽然和当时其他民族国家的历史主义有着关联，但是，其在一定层面上，又是本土意义的一种理论阐述[2]。

其三，对于美国的早期实用主义法学和中国的早期左翼革命法学的法学学术话语背景来说，当时以英国边沁、奥斯丁和德国潘德克顿学派为代表的法律实证主义，是“世界性”的。因为，一方面，这种思想，在法学较为活跃的相当一些民族国家中，是继续流行的；另一方面，这种思想，恰恰也是在这些同样的民族国家中受到广泛质疑的。

如果将此三个内容联系起来，那么，我们可以发现，上面提到的本土法学与域外法学的相互交融，实际上，不是单纯的本土法学/域外法学的二元模式里的交融问题；随之而来的面对法律实证主义，也不是在简单的这种二元模式中，可以加以解释的。深入来说，本土中存在的某些类似法律实证主义的思想，就部分学术活动来看，和域外传入的法律实证主义思想，是相互默契的、彼此共谋的。这里的意思是说，我们与其认为，域外的法律实证主义，在近现代，从整体上引发了本土的类似思想的兴起，刺激了某种新的法学思想的产生，不如

---

[1] 赵之元在讨论西方法律实证主义的时候，曾经提到，“吾国当春秋战国之际，亦既有法治学派，法治主义，且自有其传统的法律观念，故亦不能不略及之，以资比较”。见赵之远：《法律观念之演进及其诠释》，吴经熊、华懋生编：《法学文选》，第274页。

[2] 因为，他是在美国本土普通法传统中来表达这一思想的，而影响其思想的萨维尼的理论，是在大陆法传统中展开的。见Reimann，“The Historical School Against Codification：Savigny，Carter，and the Defeat of the New York Civil Code”，pp. 101-107.

认为，本土的这类思想，就部分看，在试图坚持自己法学学术逻辑的时候，为了验证、推进、深化直至巩固自己的学理内容，从而是在借助带有“权威”意味的域外法律实证主义，去应对其他对立的法学思想，特别是本土已经存在的对立思想。

因此，经过这里引出的一个问题，可能恰恰在于，如果域外法律实证主义的影响越大，那么，这极为可能是由于本土与之相近的观念已经颇为强劲，本土与之相拒的观念，已经较为弱小；反之，如果影响越小，这极为可能是本土与之相近的观念已经较为弱小，与之相拒的观念，已经较为强劲。于是，美国的早期实用主义法学和中国的早期左翼革命法学，基于我在前面较为详细分析的本土存在的针对法律实证主义而展开的复杂斗争，难免要在某些方面会有妥协、调和的痕迹。在此，如同我在讨论中国左翼革命法学学术背景时提到的，作为法律职业的一种内部话语，它们不能，而且不会，远离其时本土内部的法律观念的整体争论。它们，都要面对各自当时的通过立法现代性的问题——还有其他相关的利益问题——而凸显的法学争论，并且在这一争论中，从法律法学内部来提出自己的挑战，同时，以此应战相互对立的其他法学观念，而且是策略化的。

这一结论，不仅对其时的美国和中国来说是适宜的，而且对于近现代的其他国家来说，也是适宜的。这里的关键理由，在于如果域外的以特定话语包装形式表现的法学理论不能很好地，至少是较好地，适应本土与之相近的法学观念，那么，其学术市场，或者说是学术“生命力”，则是颇为脆弱的。从实际的近现代历史经验来看，也是可以证实这一结论的。[1] 所以，近现代一直以来的法律实证主义，就世界范围而言，总是在场的，反之对其反抗或多或少也总是“妥协”的。当然，在当时的美国和中国，我们可以看到一种颇为重要的“典型”。

[1] 德国萨维尼的理论，对于英国、美国而言，可能是个非常典型的例子。

（二）

第二，我们可以注意，上面提到的本土法学中出现的“试图”“期待”“借助”，又和本土的法律实践斗争有着紧密联系。在近现代，正是因为本土的法律实践斗争，才使域外的法学理论和本土的法学理论关系呈现了颇为复杂的图景。同时，这是理解另一层面的上述“学术市场”，或者“学术生命力”的概念的一个重要途径。

就美国的情况来说，我们可以注意，雷曼在比较美国 19 世纪上半叶的是否法典化的斗争和德国 19 世纪上半叶的是否法典化的斗争的时候，就提到了，美国主张法典化的一派，像菲尔德（David D. Field）等人，不仅自己主张法典编纂，而且也曾借助边沁等法律实证主义的“立法改革”理论，为自己的法律观念提供“权威”基础[1]。在雷曼的分析中，与其认为菲尔德等人受到了边沁立法改革理论的启发，然后将其引入本土，不如认为，当时的美国本土本身就存在着立法与否的观念冲突，而且存在相应的法律实践的斗争[2]。雷曼说，在美国当时的本土普通法传统和本土法律改革相互冲突的背景中，以及在法律职业内部的观念斗争，甚至利益争夺中，“一个人才能深入理解，为什么菲尔德等会‘求助于’边沁的立法理论”[3]。美国当时的本土普通法传统和本土法律改革之间的冲突，是众所周知的，这里不再赘述。针对当时的观念斗争，以及利益争夺，雷曼提到，作为争论双方的重要代表人物，菲尔德和拒绝立法改革

---

[1] 见 Reimann，“The Historical School Against Codification：Savigny，Carter，and the Defeat of the New York Civil Code”，pp. 99-100.

[2] 关于当时美国出现的较为广泛的立法斗争，见 Reimann，“The Historical School Against Codification：Savigny，Carter，and the Defeat of the New York Civil Code”，pp. 107-119.

[3] Reimann，“The Historical School Against Codification：Savigny，Carter，and the Defeat of the New York Civil Code”，pp. 101-114.

的卡特，都长期坚守着自己的法律理解[1]，同时，在一个当时影响很大的法律纠纷——特维德（Tweed）氏案[2]——中，两人恰恰又是对立两方的当事者[3]。

而在中国，1900年代，我们可以看到主张“兵刑一家”的极端法律观念[4]。正如当时有学者认为的，这种观念，“不出于‘刑名法术’四字”[5]，与法律实证主义是接近的。但是，“近三十余年来，因迫于事势，不得不采用近代法律，以为建立法治之基。于是对于法律，方改旧观，不仅仅以‘刑名法术’目之矣”[6]。这里的“事势”，当然是指清末民初关于法律如何制定的实践斗争。对于当时关于立法问题的法律实践，以及如何借助法律实证主义的观念影响，1934年，赵之远已经提出了一个较好的概括：“立法之趋势……即认法律之为物，系为主权者所制定，而以

[1] Reimann, “The Historical School Against Codification: Savigny, Carter, and the Defeat of the New York Civil Code”, pp. 101-103.

[2] Reimann, “The Historical School Against Codification: Savigny, Carter, and the Defeat of the New York Civil Code”, p. 113.

[3] Reimann, “The Historical School Against Codification: Savigny, Carter, and the Defeat of the New York Civil Code”, pp. 110-114.

这一现实，不禁使人想起颇为类似的德国蒂保和萨维尼的争论。这两人之间不仅有着基本观念的差异，同时还有着学术利益上的斗争。因为，根据史学家们的研究，萨维尼自己最初是研究民法、罗马法的，而当时的蒂保已经成为重要的民法权威，萨维尼深感自己的法学专业——民法、罗马法——学术前途的辉煌可能受阻于蒂保的权威，因此，主动撰写了后来著名的小册子《我们时代的立法与法学的使命》。研究民法的学者都知道，萨维尼于1803年发表了至今都是很有影响的一篇论文——《论占有权》(*Recht des Besitzes*)。但是，11年过去，也即1814年，萨维尼基本上还是无法与当时的蒂保在专业一比高下。参见 Hans Hattenhauer, *Thibaut und Savigny*, München: Vahlen, 1973, S. 44-45.

[4] 例子，参见陆绍明：《兵戎为法之源论》(《国粹学报》第16期，1905年)，转见杨鸿烈：《中国法律思想史》，第146—148页。

[5] 赵之远：《法律观念之演进及其诠释》，第284页。

[6] 赵之远：《法律观念之演进及其诠释》，第284页。

命令之观念为最著”[1]。

从这一历史的实际视角看，我们也就可以理解，为什么美国的早期实用主义法学，和中国的早期左翼革命法学，都没有，而且也不大可能，否定法律实证主义的一些基本的法律概念理论，或者，它们需要在一定意义上，衬托后者的“学术市场”和“学术生命力”。在此，它们必定是类似的。之所以如此，则是因为当时的立法问题，有如在近现代的其他民族国家一样，是个特别突出的问题。当然，在其时的美国和稍后的中国，立法问题似乎是更加敏感的，是法律实践的“神经”问题。之所以是个“神经”问题，是因为，我们可以发觉，普通法传统在美国始终是坚韧的抵制力量，“立法改革”（以法典编纂为主要形式）的成功，意味着一个重要传统（尽管不像英国那样具有很长历史）将会发生逆转，引发法律职业群体内部的各个方面特别是利益格局上的重大变动；与此对应，立法问题在中国，总是纠缠于激烈的直至表面化、公开化的政治斗争，和法律职业内部、当然首先是社会公共领域的利益重组，有着更为直接紧密的关联。

由此，深入来说，我们可以注意，当法律学术共同体密切关注“立法”相关问题的争论的时候，这里已经暗含着一个人们总是可以自然想到的实际情形的呈现：整体的法律实践共同体，一般也在关注这一问题。这里，我们可以进一步地推论：当法律实践共同体也在关注的时候，最为容易在法律实践者思想呈现的法律概念之一，也即“法律通常是以立法作为效力资格的”这样一个概念，作为非学术化但是实践化的法律实证主义，势必会有重要的意识形态的制约作用。于是，美国的早期实用主义法学，还有其时的中国左翼革命法学，也就不能完全无视这种法律职业实践群体中的“法学”意识形态的存在。这或许是，我们得以有效理解两种法学没有彻底否定法律实证主义的法律概念理论的、在实践方面的有趣路径。

[1] 赵之远：《法律观念之演进及其诠释》，第295页。

实际上，上述分析，针对近现代的其他民族国家，也是具有较为普遍的意义的。在近现代的各个民族国家，伴随着立法欲望的不断膨胀，法律实证主义，势必成为一个重要的话语焦点。这一主义，通常不是引领本土新思想、新话语的一面外来旗帜；相反，其总是恰恰和本土原有的某些类似思想彼此“合谋”，来支撑本土法律实践争论中的一个主张。只是，在中西法律、法学比较的视野中，相对其他重要的特别是西方的民族国家而言，美国和中国，是较为晚近的，从而也更为突出地呈现了这一表征。在这个意义上，通过比较美国的早期实用主义法学和中国的早期左翼革命法学，从中国视角看，我们也许可以得到一个深入理解近现代中国的法律概念理论如何与域外的相关法学理论相互融合、彼此共谋的特别途径；也许可以得到一个通过中国的历史实际去理解“关于中国”的“世界法学流通”的分析路线。

此外，我们也许还能深入理解，在近现代这个特殊历史时期，法学学术话语背景和一种法学理论的关系，究竟是在什么意义上是不同于经济学、政治学、社会学、哲学学术话语背景和一种经济、政治、社会学、哲学理论的关系的。与立法斗争为中心的法律实践的现代性紧张，是个关键。

（三）

第三，与第一点和第二点相互联系，我们可以注意，在此深入思考的另一方向，是这样的：对于其时美国的实用主义法学和中国的左翼革命法学来说，就其主观、主动意义而言，都存在着一个如何将“流通过来”的“域外他者的法律理论”和本土原有思考，以及本土实际情况相互融合的问题。这对近现代的其他国家的法律学说而言，也是同样的。在这个思考方向中，在其时美国实用主义的和中国左翼革命的法律概念理论里表现出来的“不甚连贯”“互不协调”，甚至“内存矛盾”，与其认为这是理论上的一个“局部疵陋”，一个思考上的“相对混乱”，一个推论上的“不甚成功”，不如认为，这其实恰恰是对这样三个对象的必要回应：外来理论、本土理论和本土实践。在此，与人们通常想象的有所区别，实际情况，也许并不在于法律理论的思考主体怎样“完全主动”地适应流通过来的“域外理论”，或者对其加以拒斥。“完全主动”，是不大可能的，也是不大真实的。实际情况，可能恰恰在于，本土的现存状况，不论理论的还是实践的，当然主要是实践的，总会对法律理论的思考主体产生某些制约性的作用，促使并且提醒其注意，要么“根据实际需要解决实际问题”地面对域外理论，有所吸收、有所借鉴、有所“搁置”、有所拒绝，并且是策略性的；要么完全保持原有的“思想秩序”（这种秩序本身可能是各种理论并存的）。毕竟，正如前面第一点所分析的，对于理论而言，现存的学术机制、氛围、语境，以及与此联系的社会其他背景，是新的理论的生命力得以张扬的基础条件。

因此，问题的关键，是富有智慧地处理域外理论、本土理论和现存实践之间的相互关系，使新的理论首先站稳脚跟。在新的理论站稳脚跟之后，其才可能随着时间推移星火燎原、逐步扩展。美国的早期实用主义法律概念理论的实际情形，就像我在分析美国的早期实用主义法学的法学学术背景的时候提到的，正是如此。中国的早期左翼革命法学，也是如此。而在后来的历史中，两者都是不断成熟、完善的，并且各自在本国发挥了至关重要的作用。因此，它们如何从实际需要出发，策略性地回应“流通过来”的“域外他者的法律理论”和本土原有思考，以及本土实际情况，是有启发性的。在这个意义上，所谓的“疵陋”“混乱”“矛盾”，其实是新的理论得以发动的必要前提、历史起点。

作为辅助论证，我们可以注意近现代其他民族国家的法学例子。比如，在德意志，萨维尼的历史法学，在其开始阶段，也是充满矛盾和“内部断裂”的。在萨维尼的系列著述中，像著名的《我们时代的立法与法学的使命》[1]《当代罗马法体系》和《中世纪罗马法》，人们既可以读到关

[1] Fridrich Karl von Savigny, *Vom Beruf unsrer Zeit für Gesetzgebung und Rechtswissenschaft*, Heidelberg: Mohr und Zimmer, 1814.

于法律的“民族精神”“历史习惯”的重要观念，也可以读到与之不甚协调的关于法律的“体系统一”“立法重要”（在条件成熟的时候）的观念。[1] 在当时的历史中，萨维尼，既需要面对域外的、法国以参与拿破仑系列立法为代表的法国法律实证主义者的立法理论[2]、中世纪流传下来的罗马法的体系理论[3]，也需要面对本土的沃尔夫（Christian Wolff）、黑格尔、蒂保的“立法主义”理论[4]，另有胡果的历史法学理论[5]，以及主张研究德意志本土法律资源的理论[6]。更为重要的是，萨维尼，必须面对当时德意志已经出现的关于“统一立法”的激烈争执[7]。所以，正如有的学者已经提到的，萨维尼的理论，并不是逻辑一致的[8]。但是，正因为不是逻辑一致的，然而又是对应当时域外理论、德意志的本土理论和本土法律实践复杂状况的，所以，其是一种智慧的“妥协”，也因此，在1840年代至1860年代，萨维尼历史主义的“宏大妥协”法学理论，最终成了重要的旗帜理论，耶林不免在1861年提到，“萨维尼已被视为德国法

---

[1] 关于这点，参见 Reimann，“Nineteenth Century German Legal Science”，pp. 884-889.

[2] 关于当时法国法律实证主义，见 Hommes，*Major Trends in the History of Legal Philosophy*，pp. 208-209.

[3] 1816年，德国驻罗马领事尼尔布赫（Barthold G. Niebuhr）发现了盖尤士的《法学阶梯》（*Institutes*），随后，萨维尼将其整理出来发表，并且自己也仔细研读。参见 Helmut Coing，“German Pandektistik in its Relationship to the Formaer Ius Commmune”，*American Journal of Comparative Law*，37（1989），p. 20.

[4] 见 John，*Politics and the Law in Late Nineteenth-Century*：*The Origin of the Civil Code*，pp. 22-23.

[5] Reimann，“Nineteenth Century German Legal Science”，p. 848.

[6] Reimann，“Nineteenth Century German Legal Science”，p. 868.

[7] 蒂保当时首先是和勒赫柏格（August W. Rehberg）争论“统一立法”问题的，萨维尼后来撰写了小册子《我们时代的立法与法学的使命》，加入争论，进一步激化了争论。见 Klenner，“Savigny's Research Program of the Historical School of Law and its Intellectual Impact in 19th Century Berlin”，p. 73.

[8] 比如 Reimann，“Nineteenth Century German Legal Science”，pp. 884-889.

学最为闪耀之星”[1]。后来，有如今天人们依然不断讨论的，其在德国产生了重要作用。在稍后的德国耶林理论、法国惹尼理论、德国施塔姆勒理论，甚至更后的英国哈特理论，我们也能发现类似的情形。[2]只是，美国的早期实用主义法学和中国的早期左翼革命法学，更为突出地展示了这点。其中，可以挖掘关于这点的最为明显的历史结构。

在这点上，如果再次深入推论，那么，基于“法律实践斗争和法律理论必然是相互影响甚至相互裹挟的”这一原理[3]，我们可以指出，对域外理论、本土理论和本土实践的有智慧的处理，不得不作出的某种“妥协”，自然而然地是“根据实际需要解决实际问题”这样一种思考方式的逻辑表达。倘若不能“根据实际需要解决实际问题”，作出必要的某种“妥协”，新的法学理论，总会徒劳无功、半途而废。[4]而“根据实际需要解决实际问题”、作出某种“妥协”，在美国当时的历史条件下，正是美国的早期实用主义法律概念理论的逻辑精髓；在中国当时的历史条件下，也是中国的早期左翼革命法律概念理论的逻辑机制。进而言之，再以中国特定的历史条件，以及当下条件来看，或说运用“中国的视角”，

---

[1] 参见Klenner，“Savigny's Research Program of the Historical School of Law and its Intellectual Impact in 19th Century Berlin”，p. 79.

[2] 关于耶林的“折中”理论，见Hommes，*Major Trends in the History of Legal Philosophy*，pp. 211-216. 关于惹尼的折中理论，见Hommes，*Major Trends in the History of Legal Philosophy*，pp. 330-335. 关于施塔姆勒的折中理论，见Hommes，*Major Trends in the History of Legal Philosophy*，pp. 229-234. 关于哈特的折中理论，见Hommes，*Major Trends in the History of Legal Philosophy*，pp. 360-364. 作为相反的例子，我们可以看到许多瞬息即逝或者生命力比较有限的法学理论，比如，美国的法律现实主义理论。

[3] 参见刘星：《法学“科学主义”的困境——法学知识如何成为法律实践的组成部分》，第27—38页。

[4] 就此来说，美国的极端的法律现实主义可能是较为明显的例子。我们即便不能称其是瞬息即逝，也可认为它是生命力非常有限的。有的学者认为，极端的法律现实主义也是实用主义的。但是，大多数学者认为，将其归入实用主义谱系是不太合适的。笔者赞同后一看法。

在这种“根据实际需要解决实际问题”方式和“作出妥协”方式之中，埋藏着值得我们今天重视的勾连实用主义法学与中国语境下的左翼革命法学的潜在线路。换句话说，在中国的特定语境中，我们可以看到，实用主义法学，存在着走向左翼革命法学的内在动力；与之相对，左翼革命法学，存在着吸纳实用主义法学的内在需求。

（四）

第四，当时的两国法学学术话语背景，在某些方面看，也如其他近现代民族国家一样，是处于“保守”与“激进”的社会整体斗争之中的。可以指出，法律概念理论，或多或少地总是表征、卷入、影响甚至“参与”了这种社会整体斗争，同时，也是在这种社会整体斗争中演化的。在前面的背景分析中，本章已经提到了一些或者可以归入“保守”，或者可以归入“激进”的各种法学理论。在由这些法学理论构成的学术话语背景中，美国的早期实用主义法学和中国的早期左翼革命法学，显然，同属“激进”的派别谱系。[1]

这一“激进”的表征，在“个人至上”与“社会重要”成为其时社会思想观念的主要矛盾之一的时候，标志着两种法学，在法律概念上，共同倾向了“社会重要”这一话语目标。于是，我们也就可以理解，为什么两种法学经由各自的法律概念出发，都自然而然地从“社会动力学”的角度，去倡导国家权力如何运用，也即期待在法律实践的动态中，张

---

[1] 作为一个例子，我们可以注意，1920 年代有人就已明确指出卡多佐的《司法过程的性质》一书“暴露了激进的倾向”。见 Harlan Stone，“Book Review”，*Columbia Law Review*，22（1922），p. 385.

当然，针对法律实证主义而出现的理论反叛，并不必定是“激进”的。作为例子，法律实证主义本身在某种意义上也可说是“激进”的。因为，像边沁所提倡的那样，英国的法律实证主义特别主张了立法的改革作用。作为例子，相反，德国的历史主义法律概念理论，则是反叛的，其反对的正是当时已经存在而且颇为耀眼的一类法律实证主义的立法理论；然而，其却表达了非常明显的“保守”倾向。

扬国家权力的适宜运用，不太在意“社会静力学”的国家权力在法律上的姿态。需要注意，“社会动力学”的国家权力运用，实际上等于是在主张，国家权力应该在社会变动的条件中不断调整自己的时间策略，和空间策略。在美国的早期实用主义法学所强调的“司法能动主义”的观念，以及中国的早期左翼革命法学所指向的“不断推翻法律压迫”的观念中，是可以发现这一类似逻辑的。

另一方面，在激进 / 保守这一社会整体斗争的视野中，我们也就可以理解，为什么两种法学经由看似不同的“社会职业”和“社会阶层”这样两个概念，共同地触及了“社会等级”的问题[1]；为什么这样两个方面，又是相互联系的。因为，我们需要注意，强调国家权力运用的不断调整，在某种意义上，是在侧面强调逐步矫正“社会等级”造成的、不太理想的社会秩序；相反，静态的国家权力运用的强调，往往起到了保持现存秩序的作用。毕竟，我们完全可以想象，强调国家权力的再次运用，往往恰是因为，社会中呈现了特定的矛盾，而这样的矛盾，时常和社会等级的不公缘故有着某种联系。在评论美国 1830 年代至 1850 年代的法律形式主义的时候，霍维茨就提到，其“映射了，法律职业精英的利益与新兴而且强有力的商人和企业集团的利益的融合”[2]；而激进的关于国家权力运用的法律观念，实际上，是对这种利益融合所反映的社会不公的、一种矫正心态的表达[3]。我们可以理解，在一定意义上，美国的早期实用主义法学，和中国的早期左翼革命法学，就部分的反对法律形式主义而言，实际上是彼此类似地通过国家权力不断调整的主张，强调了对立地回应有产阶层中的利益集团的相互支持的思想，以及反对社会等级的思想。

当然，在近现代的其他民族国家，比如德国、法国、英国、日本甚

---

[1] 我在前面一章中详尽地分析了这点。

[2] Horwitz，*The Transformation of American Law 1780-1860*，p. 259.

[3] Horwitz，*The Transformation of American Law 1780-1860*，p. 257.

至俄罗斯中，我们也能发现同样的情形。比如，在德国，就存在祁克（Otto von Gierke）的激进的社团主义法律观念；在英国，我们可以看到罗素（Bertrand Russell）的激进的基尔特社会主义（Guild Socialism）法律观念；在法国，我们可以看到索烈尔（Georges Sorel）的激进的工团主义（Syndicalism）法律观念……在“保守”与“激进”的法学学术话语背景中，一种“社会动力学”的国家法律观念的自我表达，是十分自然的，在此，也是毋庸赘述的。[1]这里，我提到更为广泛的世界话语背景，意在强调，我在此处分析的、具有类似之处的美国和中国的法律概念理论的倾向，正如人们已经知道的，是与世界话语背景相互联系的，也是这一背景中的某些话语的历史延续和扩展。然而，依然从“中国视角”看，比较两种法律概念理论的学术话语背景，揭示其中的某些相同谱系，其重要功能在于提示：在其时世界法学的变迁中，已经孕育着将“司法能动主义”和“不断推翻法律压迫”两种看似相互有别的法律观念勾连起来的历史话语线索，而且，这一线索不断深入推进的道路方向之一，正是今天中国可能依然需要的、注重实际的社会主义法律实践观念。

五、经过社会政治背景而展开的深入比较

众所周知，在本章讨论的美国特定时期，实用主义哲学产生了十分重要的影响。与此相对，正如1931年丘汉平所提到的，马克思主义理论，“近五十年来”，在当时的“闭关自守物质落后的中国”也已发生了同样的重要影响[2]。前面，我没有将这两者视为理论的学术背景资源，加以讨论。我仅仅讨论了法学学术的话语背景。之所以这样，并非因为这两者是不属于法学学术话语的。至少，这不是主要的原因。重要的是，我们

---

[1] 比如，自由法学运动（埃利希）的反叛，法律目的论（耶林）的反叛，“自由科学研究”（惹尼）的反叛等。

[2] 丘汉平：《新法律史观》，第22页。

都能觉察，实用主义哲学和马克思主义理论，在特定的近现代的美国和中国，是和社会政治紧密相连的，甚至可以说是社会政治的一个组成部分。因此，在比较两者法律概念理论的时候，将其视为社会政治的背景因素之一，也许是更有意义的。

在上文中，我已隐约地提到了其时的美国社会政治背景，和中国社会政治背景。现在，我将结合上面几节的分析，在两种社会政治背景中，展开进一步的深入比较，从而进一步地深化本章的基本观点。

（一）

从美国看，正如人们所熟知的，从南北战争开始，到 19 世纪末 20 世纪初，美国最为清晰地凸显了从社会秩序的混乱到社会秩序的恢复，以及社会秩序需要不断调整、改革的演化状态，此外，凸显了农业化向工业化及市场化转变时期的现代性的紧张。在这段历史中，正像庞德自己所说的，“法律必须是稳定的，但是不能一成不变”[1]；也像卡多佐自己所说的，“我们生活在一个变幻不定的世界里……正因如此，在此变动不居的条件下，法律不可能经久不变”[2]。同时，法律必须解决因为工业化、市场化引发的社会动荡，以及由此而来的、个人需要与社会需要的显著冲突，还有“社会不公”的问题。霍维茨指出：

> 19 世纪最后若干年的美国经济集中化和卡特尔化，导致了经济权力的迅速集中化。这一经济权力的集中化，动摇了那些宣称自由经济的自然性和必然性的人的思想权威性。此外，城市化、移民化和工业化的混杂冲击，触发了前所未有的社会斗争。[3]

---

[1] Roscoe Pound, *Interpretations of Legal History*, New York: The Macmillan Company, 1923, p. 1.

[2] 卡多佐：《法律的成长 · 法律科学的悖论》，第 90—91 页。

[3] Horwitz, *The Transformation of American Law 1870-1960*, p. 4.

所以，在这段历史中，也像许多学者所做的那样，人们可以轻易地找到对应法律实证主义和与之相关的法律形式主义的社会政治背景[1]，找到对应反对法律实证主义和反对法律形式主义的社会政治背景[2]；此外，还能看到，对应左翼革命色彩的法律变革理论的社会政治背景[3]，看到与之背道而驰的“反社会主义”“反大众”的社会政治背景[4]。自然，在这种较为复杂的社会政治背景中，实用主义哲学，作为一种历史上已经出现过的而且现在依然具有影响力的思想观念，也如许多学者所说的那样，不断地在崇尚务实精神的美国人的思维中，发挥着独特而又重要的作用。比如，当年，卡多佐就说过，“通过强调效用的规则、以是否符合目标作为检验真理的根据与标准，实用主义正对……思想的发展产生深远影响”[5]。因为，从当时的理论与现实的关系来看，“社会本身是不断变化的，人们要求根据当下的经验去检验社会命题和知识理论”[6]。

这是理解美国的早期实用主义法律概念理论的一个宏观平台。

在这种背景中，我们可以发现，霍姆斯、庞德、卡多佐等，在讨论法律问题的时候，提到了实用主义的经典话语，比如“效果是重要的”“结果是重要的”等（详见下文）；这些话语，显然是看似自然而又

[1] 所以，霍维茨在研究这段美国历史时说，“在美国南北战争造成创伤之后，在移民浪潮、城市化、工业化造成的激烈的社会冲突中，正统的法律思想家和法官变本加厉地期待建立一个自动解决问题的法律文化作为他们‘追求秩序’的一部分”。见 Horwitz，*The Transformation of American Law 1870-1960*，p. 10.

[2] Horwitz，*The Transformation of American Law 1780-1860*，pp. 257-258.

[3] 参见 Oakley Johnson，*Marxism in the United States：History before the Russian Revolution*（*1876-1917*），New York：Published for A.I.M.S. by Humanities Press，1974，chaps. 1，2，3.

[4] 关于这点，参见 LaPiana，“Victorian from Beacon Hill：Oliver Wendell Holmes's Early Legal Scholarship”，pp. 831-832.

[5] 卡多佐：《法律的成长 · 法律科学的悖论》，第 71 页。

[6] G. Edward White，“The Rise and Fall of Justice Holmes”，*University of Chicago Law Review*，39（1971），p. 56.

“实在”的、与法律概念理论相关的思想表达。这些思想表达，实际上既反映了当时社会变迁中某些人们不得不提出的“需要注重务实”观念的诉求，也反映了实用主义哲学不断精炼，从而为人们提供的另外意义上的“必须解决具体问题”的思想激励。

当然，这种法学人物话语中的实用主义，也因为上述社会政治背景的复杂，从而不是纯粹的。作为例子，我们首先可以注意霍姆斯的思想表达。一方面，霍姆斯非常实用主义地这样说道：

你必须调动自己天性中的所有元素，在遇到现实问题的紧急情况下，毫不迟疑立即行动……我和其他人一样，相信主要的具有最终意义的主题是实践。[1]

霍姆斯认为，这是首要的。所以，像格莱所说的，在思考法律问题的时候，霍姆斯通常所运用的首先是哲学上的实用主义[2]。但是，霍姆斯也讲道：

人们倾向于肯定和平和社会关系的不断变化的价值。这使作为社会存在表象的法律，成了社会存在的全部内容。但是，似乎十分清楚的是，最后的手段是武力，而不仅仅是国王。而且，即使存在同情心和社会情感的影响，个人关系的根基，依然是利己化的，这也是合情合理的。如果在深海上，一个人拥有唯一一条可供他漂浮的木板，而另外一个更强壮的人想夺走木板，只要前者有机会将后者杀掉，他一定会那么做的。当一个国家发现自己处在同样的处境，它也会那么做的。[3]

---

[1] Holmes,“Law in Science and Science in Law”, p. 217.

[2] Grey,“Holmes and Legal Pragmatism”, p. 787.

[3] Holmes, *The Common Law*, p. 44.

显然，这又使得霍姆斯的实用主义变得并不纯粹，反而具有某些社会达尔文主义的色彩[1]（要注意当时的美国社会政治背景是多么的动荡不安）。尽管，这一叙述，可以印证他的“预测法律的坏人”[2]的隐喻。

作为另外一个例子，我们可以注意卡多佐的思想表达。一方面，与霍姆斯类似的是，他说道，社会福利毫无疑问是个非常重要的思考目标，更需指出的是，“社会福利所要求的经常仅仅是便利或审慎”[3]；另一方面，他也说道，我们的判断“标准必须是一种客观的标准。在这些问题上，真正作数的并不是那些我认为是正确的东西，而是那些我有理由认为其他有正常智力和良心的人都可能会合乎情理地认为是正确的东西”[4]；他也强调，“我们一定不能为了个别而牺牲了一般”[5]；“逻辑、历史和习惯都有它们的地位”[6]。他还讲道：

没有什么是稳定的，也没什么是绝对的，一切都是流动的和可变的。世界是一个无穷无尽的“变成”（becoming）。[7]

---

[1] 一直以来，就有学者提到过这一点。例如，Lon L. Fuller，*The Law in Quest of Itself*，Chicago：The Foundation Press，inc.，1940，pp. 62-63，92-95；Henry M. Hart，“Holmes' Positivism — An Addendum”，*Harvard Law Review*，64（1951），pp. 929 f；Yosal Rogat，“The Judge as Spectator”，*University of Chicago Law Review*，31（1964），pp. 213 ff.

[2] 霍姆斯说，“如果注意我们的朋友坏人的观点，那么，我们就会发现，这位朋友并不关心法律一般规则或者演绎推理这样两个没有多大意义的对象。相反，他特别想知道马萨诸塞州或者英格兰的法院实际上可能是怎样做的。我和他的想法没有任何区别。当使用法律一词的时候，我的意思，恰恰是指对于法院事实上将会怎样处理问题的预测”。见 Holmes，“The Path of Law”，pp. 460-461. 这是人们常说的典型的“坏人观点”。

[3] 卡多佐：《司法过程的性质》，第 43 页。

[4] 卡多佐：《司法过程的性质》，第 54 页。

[5] 卡多佐：《司法过程的性质》，第 63 页。

[6] 卡多佐：《司法过程的性质》，第 40 页。

[7] 卡多佐：《司法过程的性质》，第 14 页。

可以看出，卡多佐的实用主义观念，同时伴随着其自己的“普遍性”观点、逻辑主义、历史主义，以及颇为极端的相对主义的观点。

作为更为明显的例子，众所周知，庞德尤其博采众长地结合当时的各种话语学说，比如，本特雷（Arthur Bentley）的政府功能在于利益平衡的理论[1]，中国学人现在已经熟知的罗斯的社会控制理论，然而，又以实用主义哲学作为底色，将法学言说成熟地加以实用主义化的拓展。他说，灵活思考法律的目的，在于“满足人类的需要，保障人类的利益，使法律秩序作为手段发挥最大的作用”[2]；但是，“如果没有某种权威作为推理的出发点，法院就缺乏足够的信念，处理浩如烟海的社会纠纷”[3]。

（二）

与此对比，对于中国来说，我在前面提到的法学学术背景的学说对立，甚至“缺乏中心”，如同人们可以自然而然想到的，是和当时“缺乏政治中心”的复杂政治背景，甚至尖锐的政治斗争背景，紧密联系的。

对比相应时代的美国，由于局部战事不断（比如军阀战乱、抗日战争），面临新的“解放战争”可能爆发，以及社会阶层贫富分化日益加剧，还有广泛的“农民落后”问题[4]，当时的中国社会政治背景，在催发各种政治诉求的同时，势必需要通过法学学术机制，催促具有“激进政治”色彩的左翼观点，使之呈现与美国略有不同的地方。事实上，不断的政治动乱，还有广泛的“农民贫困”的问题，这样两点，使中国当时的社会政治背景，相对而言较为偏向了“有利左翼思潮产生发展”的状

---

[1] 参见 Aichele，*Legal Realism and Twentieth-Century American Jurisprudence*，p. 34.

[2] Pound，*Interpretations of Legal History*，pp. 141-166.

[3] Roscoe Pound，“The Theory of Judicial Decision，I & II”，*Harvard Law Review*，36（1923），pp. 645-648.

[4] 众所周知的当时较为普遍展开的乡村建设思想还有建设行动，本身就意味着这个问题的严重性。

态。在这个意义上，马克思主义理论成为社会政治的一个组成部分，并且较为凸显，是件情理之中的事情。

当然，另一方面，众所周知的是，其时中国的各种主义理论俯拾即是，不仅存在马克思主义理论，而且存在三民主义理论，比如，胡汉民的学说；民粹主义理论，比如，罗家伦的学说[1]；基尔特社会主义理论，比如，梁启超、张东荪的学说[2]；无政府主义理论，比如，刘师培、黄凌霜、区声白的学说[3]；自然还有实用主义理论，比如，胡适的学说。同时，这些主义理论在相互争论的时候，有时也有共同类似的主张见解，比如，三民主义、民粹主义、实用主义等，认为解决中国问题应该注意中国实际情况。因此，理解中国的早期左翼革命法学，也同样需要在这种复杂的背景中加以展开。

其实，我们可以看到，诸如蔡枢衡、李达、张志让、朱怡庵等，就表达过自己的与法学内容（而非法律内容）没有直接关联的左翼革命思想。李达提到，近代社会，“表面上是表现着公平的，但若深入的加以考察，所谓公平仍是立脚于不公平的基础之上的”[4]；“从今日市民国家的国会来看，那些议员们，都是由金融资本豢养着的（例如美国）。他们在国会中所表现的‘正义感情’和‘正义意识’，结果仍是金融资本家的‘正义感情’和‘正义意识’”[5]。朱怡庵说，资产阶级的学者，“总好扳起一副庄重而严厉的面子”，赋予学问“以神秘的拜物教的性质”[6]。

但是，他们也表达了其他的复杂思想。比如，1942 年，蔡枢衡曾提到：

---

[1] 民粹主义可能是个比较复杂的思潮倾向。参见顾昕：《民粹主义与五四激进思潮（1918—1921)》，载《东方》1996 年第 3 期。

[2] 参见夏良才：《孙中山与基尔特社会主义》，载《近代史研究》1991 年第 2 期。

[3] 参见李怡：《近代中国无政府主义思潮与中国传统文化》，武汉：华中师范大学出版社，2001 年。

[4] 李达：《法理学大纲》，第 107 页。

[5] 李达：《法理学大纲》，第 98 页。

[6] 朱怡庵：《法底本质》，第 39 页。

中国的司法理想，在于维护三民主义社会的正义。这是简明而又确实的答复。可是，具体的正义之确定，是把个人和个人、个人和国家，并治权间的关系之基本原则作前提的。这个前提和结论的内容，虽说至今还没有明确呈现，然而客观上早被三民主义的理论和中国社会的历史规定了，正在等候人们去正确认识或把握。[1]

另外，他略有矛盾地讲道：

专制和干涉，虽于国家对国民的行动，或对于国民福利之增加具有积极的行动性和指导性一点，大体上有其抽象的同一性。然专制政治是人治，是命令政治，独裁政治却是把法治的历史作基础，把法律作最高标准的政治。[2]

他还具有实用主义意味地说道，“特定政治政策或目的之立定，在其对于特定时空的功利作用。目的达到之后，功利作用没有了，特定政策或目的也就只有消灭的运命……所以，具体的政治目的却是相对的、常变的”[3]。

（三）

在此，比较两种社会政治背景，我认为有两点是需要注意的。

第一，分析其时美国的社会政治背景和中国的社会政治背景的复杂，并且将实用主义哲学和马克思主义理论作为这种社会政治背景的

---

[1] 蔡枢衡：《中国司法之理想》（《民国日报》专论，1942年10月19日），载蔡枢衡：《中国法理自觉的发展》，第182页。

[2] 蔡枢衡：《今日的中国法之新认识》（1940年2月），载蔡枢衡：《中国法理自觉的发展》，第46页。

[3] 蔡枢衡：《法学的新立场及其应有之法律观和方法论》（1940年2月），第43页。

一个组成部分，同时，将美国的早期实用主义法学理论，和中国的早期左翼革命法学理论，置于这样的复杂背景之中，所有这些，并不意在着重单纯地分析其间的历史影响意义上的因果关系。因果关系，本身是重要的，但是，其重要性更是在于，通过这种因果关系，人们可以深入地理解一种学说是如何成为一个背景的凸显言论表达的，以及凸显言论表达的真实意义是什么。特别需要提到的是，在其事后成为一个凸显言论表达的情况下，而且，当其持续成为一个历史不断再生的真实存在，其真实意义，就是必须挖掘的。从这个角度来说，我们看到的正是美国的实用主义法学，以及中国的左翼革命法学，在相当长的历史时期内，在各自的国家内部，展现了其独特的言论价值和影响，并且总是发挥着重要的引领作用，成为各自国家的法律思想的重要标志。而美国的早期实用主义法学，是美国发展至今的实用主义法学的一个组成部分。[1] 同样，中国的早期左翼革命法学，也是中国至今存在的左翼革命法学的一个先驱。

进而言之，我们必须注意，复杂的甚至激烈动荡的社会政治背景，将其与实用主义法学理论和左翼革命法学联系起来，可使我们发现这样一个问题：较为“激进”的法学理论，势必要在这样的社会政治背景之中彰显自我。[2] 其实，这不仅对其时的美国以及其时的中国来说是如此，而且对其时的其他民族国家来说，也是如此。只是，美国的早期实用主义法学，和中国的早期左翼革命法学，站在“中国的视角”来看，是更

---

[1] 波斯纳：《超越法律》，第 443—447、464 页。

[2] 针对美国，就像艾御尔所提示的，霍姆斯式的激进的法律实用主义，实际上已经根植于 1870 年代以前的美国法律文化中。参见 Gary Aichele，Oliver Wendell Holmes，Jr.：*Soldier*，*Scholar*，*Judge*，Boston：Twayne，1989，pp. 124-162. 拉皮亚纳（William LaPiana）也说过，就霍姆斯的思想而言，“《法律的道路》并不代表一个新的起点，甚至不是一个转折点，其不过是澄清了霍姆斯早期系列论文所表达的对法律的经验态度，以及对作为强制机器的法律的强调”（LaPiana，“Victorian from Beacon Hill：Oliver Wendell Holmes’s Early Legal Scholarship”，p. 831）。

为明显突出的。即使是在今天的社会语境中加以讨论，我们也能这样看待问题。在复杂、激烈动荡的社会政治环境中，国家以及其所运用的法律，将不得不持续地变幻自我，以“社会动力学”的方式，不断地回应社会的要求，国家权力势必经过法律的表达不断地主动干预社会，或者以“社会需要”“社会福利”为名，或者以“社会公平”“社会平等”为名。实用主义法律思想，和左翼革命法律思想，在这点上，其实是特别适宜的，因而，也是特别值得引人注目的。这里并非是说，其他类似或者有关的法律思潮，比如前面提到“自由法学运动”，其出现是偶然的，或者相对来说是较为次要的。这里是说，实用主义法律思潮，和左翼革命法律思潮，是更为跳跃的；当社会条件是“基层民众更为广泛、更为庞大”“基层民众和社会其他等级之间的矛盾更为尖锐”的时候，实用主义法学思想，以及左翼革命法学思想，是更为容易凸显的，它们之间更为容易形成彼此呼应的关系，而且，更为容易和国家权力“灵活运用”的现实欲望，以及国家权力“自我更新”（也即革命的政权交替）的现实欲望，形成共谋关系。此外，在这种社会条件下，它们要比法律实证主义、其他诸如法律历史主义等，似乎更加具有“战斗性”，从而也就更加可能具有生命力（当然不是必然的），当然，它们首先也会更为主动地和其他法律主义展开学术意义上的以及社会意义上的“生存竞争”。

因此，追溯美国的早期实用主义法律概念理论、中国的早期左翼革命法律概念理论，其和各自复杂甚至激烈动荡的社会政治背景之间的关系，等于是从历史角度，来揭示法学理论和社会之间的一种独特结构：当社会政治由平静转向动荡的时候，在各种法律思潮中，带有实用主义或左翼革命质素的理论，是特别具有自我表达诉求的；而且，两者存在着可以互相替代交换的（当然是一定限度上的）某些因素[1]。

[1] 就一般思想而言，甚至在其时的美国，我们也能发现左翼革命思想和实用主义的相互勾连。关于这个问题的有益分析，参见何萍：《美国马克思主义哲学的历史进程及其特点》，载《国外社会科学》2005 年第 5 期，第 38—40 页。

（四）

第二，尽管我将法学学术话语背景和一般社会政治背景分开加以分析，但是，在此，我们可以提到这样一个特别的思考：对于法学而言，由于法律、法学本身就是通过“立法”“司法”“执法”“守法”等方式表达出来的、政治化的制度，或者观念，此外，政治的立场和要求，总要通过“法言法语”式的制度以及学说，积极地表达自己，这样，在一定意义上，就像我所提到的实用主义哲学和马克思主义理论是社会政治背景的一个组成部分一样，法学学术话语的复杂，也是社会政治复杂的一个组成部分；反之，在特定意义上，社会政治复杂，也可视为法学学术话语复杂的一个组成部分。这对当时的美国和当时的中国，可能都是适宜的；而且，对于近现代其他民族国家的法律概念理论，可能也是适宜的，从而，具有一定的“普遍性”。因为，在近现代，我们可以看到这样一个基本事实：以现代性的立法斗争作为根本标志的法律实践，始终是民族国家的主旨要义。从这一角度分析问题，我们也可以得出十分重要的思考结论。

其一，就美国言，美国的早期实用主义法学，本身就首先需要在法律概念上部分地肯定法律实证主义以及法律形式主义的观念。之所以如此，是因为，这种法学期待人们不会站在社会现实角度激烈地指责它是“反法治”的（法治和法律形式主义总是有着部分联系），指责它在社会政治上，是反对秩序“普遍性”的。这种法学，需要在一定程度上，尊重某些现存的法律意识形态；而这些意识形态，本身是和社会政治密切不可分的。否则，这种法学自己也会觉察，其无法将理论的力量化为实践的力量。所以，霍姆斯、庞德和卡多佐等，在一般情况下，并不完全反对通常理解的“立法意义”的存在，并不认为司法是彻底的“立法行为”，而且，将这样一般观念融入了自己的法律实践。我们知道，霍姆斯、庞德、卡多佐等，都曾从事过律师职业，而且有的还担任过重要的法官职务，作出过影响广泛而又重要的司法判决。而在这些法律职业角色的担当中，他们有时已经，而且也是不得不，将人们通常可以接受的法律观念付诸实践；他们并不总是“提出异议”，总是推翻法律中的惯例，总是强烈要求法律实践必须遵循“社会需要”的道路。

另一方面，在当时的复杂社会政治背景中，在某些群体、阶层特别需要另类的法律实践的时候，他们又是必须在必要的时候提出“异议”，否定惯例，将某些群体、阶层的“特别需要”，变成自己法律实践的行动方针，变成自己的法律学说的一个来源，甚至一个因素，直至一个组成部分；同时，将自己的另一层面的法律概念理论，变成社会政治实践的一个组成部分，在局部上推动社会、改变社会。因此，在一定意义上，通过美国的早期实用主义法律概念思想，我们可以发现，法学学术话语的复杂，如何成了社会政治复杂的一个组成部分；反之亦然。

其二，就中国看，与美国的早期实用主义法学有些类似，中国的早期左翼革命法学，从学术言说的层面上，首先需要阐明一般意义上的法律定义，特别是重复法律实证主义的法律定义，从而和其他法学理论展开“描述性”[1]的学术对话。所以如此，同样因为，这种革命法学希望更多的人可以接受它所提出的“与常识观念较为符合”的法律概念，[2]以期人们在社会政治的一般层面上，不会将其视为十分怪异的学说。因此，我们也就看到了，像蔡枢衡、李达、张志让、朱怡庵等，通常来说，在一般意义上总是预先像法律实证主义一样讨论了“实际存在”（边沁、奥斯丁使用的词“positive”）的法律，尽管，他们提出的法律的性质，不仅是指法律实证主义已经说明的“国家强制”，而且是指马克思主义已经提到的统治集团的“阶级意志”。

另一方面，在这种背景中，他们不可避免地同时需要在法律概念上，郑重地表达自己的价值判断：某些法律不是法律，是需要推翻的。或者，

---

[1] 在此，“描述性”是指通常所理解的“客观地”“中立地”并且不带有价值判断地阐述一个对象的过程特征。

[2] 法律实证主义的法律概念，是比较“常识化”的。从古到今，无论中外，最易为人接受的可能就是这个概念。

可以这样指出，在这样一种特别的复杂社会政治背景中，左翼革命法学在学术上的法律概念的探讨，或多或少，总会转变成为法律实践上的革命欲望的表达。这一法学，需要将武器的批判变为批判的武器。毕竟，在激烈的政治变迁以及斗争的背景中，总会有些阶层的群体，特别需要表达针对现存制度的极端不满，总会有些阶层，基于自己的利益欲望，否定现存法律的“法律资格”，并且期待革命。何况，如果在观念上深入分析，那么，我们可以发觉，当剖析有产阶级的法律制度而且指责这些法律在总体上是种压迫工具的时候，在一定意义上，这种剖析和指责，已经从逻辑上指向了“无产阶级”的否定某些法律效力资格的价值判断。这样一种价值判断，势必成为社会政治的一个组成部分。我们可以注意，从实践角度看，作为例子，早年的张志让就曾站在左翼立场上面对当时国民政府的带有资产阶级象征的法庭，以律师身份，为沈钧儒等“七君子”辩护，认为那样的法律制度的资格是很成问题的。[1]朱怡庵，则是更为明显地不断参加革命活动，宣传革命法律思想，将自己的法律观念融入社会实践。[2]所以，和美国的早期实用主义法学一样，在此，我们可以再次看到，法学学术话语的复杂如何可以成为社会政治复杂的一个组成部分；反之亦然。

就其他民族国家来说，我们也能发现类似的情况。例如，在近现代德国、英国、法国、奥地利的法律概念理论中，无论萨维尼、耶林、梅因、梅特兰的学说，还是惹尼、埃利希、施塔姆勒的学说，我们都能看到它们是如何在成为复杂的社会政治的一个组成部分的时候，又反映了这种

[1] 见武进市政协文史资料研究委员会：《张志让传略》，第46—47页。

[2] 朱怡庵后来参加了新四军，任重要领导职务。见王慕民：《略论朱镜我在日本接受马克思主义的思想历程》，载《宁波大学学报》2003年第3期，第98页。当然，本章所提到的其法律概念学说，是其早期在非共产党统治地区撰写的。

社会政治的学术欲望。[1]

（五）

这里，我们可以得出的十分重要的思考结论是这样的：在法律这一特殊语境中，法学学术，比如法律概念理论，不是单纯学术话语的，同时，也不是通常所说的以“理论来自实践、返回实践、指导实践”的方式表现自己；相反，就法律语境言，法学学术，事实上就是社会实践的内在组成部分，其本身就是实践，其作为实践的一分子参与、推动、改变实践。在此，所谓客观的、中立的、书斋的法学理论，是不真实的。所谓的“来自实践、指导实践”的法学理论，也是偏离实际的。而在美国的早期实用主义法学和中国的早期左翼革命法学中，通过法律概念理论的比较，我们可以捕捉较为明显、典型的法学学术的上述实际情形，依然从历史角度去，揭示一种现实存在的上述这种结构。

此外，反过来说，正是在这种条件中，正是在法学学术话语的复杂和社会政治背景的复杂的关系中，我们可以更为深入地理解，为什么实用主义法学的法律概念理论，以及左翼革命法学的法律概念理论，难免各自具有本章前面提到的“前后不一”，或者“自我紧张”的话语内容。比如，在霍姆斯理论中表现出来的实用主义和达尔文主义；比如，在蔡枢衡理论中表现出来的左翼革命情绪和“三民主义”。其实，正是在这种条件以及关系中，我们才能理解这些“前后不一”和“自我紧张”的

[1] 关于这些情况，有大量的文献可以参考。比如关于萨维尼，Franz Wieacker，*A History of Private Law in Europe*，trans. Tony Weir，Oxford：Clarendon Press，1995；John，*Politics and the Law in Late Nineteenth-Century*：*The Origin of the Civil Code*. 关于耶林，Franz Wieacker，*Rudolph von Jhering*，2. Aufl.，Stuttgart: K.F. Koehler, 1968. 关于梅因，Richard Cosgrove，*Scholars of the Law*，New York：New York University Press，1996；Alan Diamond（ed.），*The Victorian Achivements of Sir Henry Maine*，Cambridge：Cambridge University Press，1991. 关于施塔姆勒，Max Weber，*Critique of Rudolf Stammler*，trans. Guy Oakes，New York：Free Press，1977. 这些文献是基本的。

不可避免，以及更为广泛地来讲，其他民族国家的法律概念理论的自身复杂与“断裂”的不可避免。就此而言，在法学问题上，我们也就可以接受布迪厄（Pierre Bourdieu）曾指出的这样一个观点：

社会科学本身正是在它所研究的社会世界中被生产出来的。[1]

[1] ［法］皮埃尔·布迪厄、［美］华康德：《实践与反思：反思社会学导引》，李猛、李康译，邓正来校，北京：中央编译出版社，1998年，第98页。

第七章

法学理论和个人主体实践的关系

——在美国早期实用主义法学和中国早期左翼革命法学的比较中分析

对于马克思主义的理论，要能够精通它、应用它，精通的目的全在于应用。[1]

没有人曾经设计出什么方法可以把学者与其生活的环境分开，把他与他（有意或无意）卷入的阶级、信仰体系和社会地位分开，因为他生来注定要成为社会的一员。[2]

[1] 毛泽东：《整顿党的作风》(1942 年 2 月 1 日)，《毛泽东选集》第 3 卷，人民出版社，1991 年，第 815 页。

[2] 萨义德：《东方学》，第 13 页。

一、问题和限定

在近现代，法学理论和个人主体实践的关系，是一个复杂的问题。显然，我们既不能在一般意义上认为两者之间存在着必然联系，也不能普遍地认为两者之间的关系，仅仅是偶然的。如果认为两者之间有时存在着必然联系，有时存在着偶然联系，这当然也是一种没有什么意义的一般性断言。

那么，究竟应当怎样看待两者的关系？

（一）

设定一些条件是个出发点。换言之，在条件是特定的情况下，可以讨论两者之间的在实证经验意义上的相互关联，甚至某些不可避免的因果关系。而且，这种讨论，反向来看，未必就缺乏某种层面的较为普遍的一般意义。在本章中，我尝试这样的分析。

在我看来，在近现代，特别是在近现代的法律与法学这一语境中，为了分析两者的关系，某些条件的发现直至设定，既是必要的，也是可能的。首先，我们可以注意，近现代是个社会政治历史激烈变迁的时期，对于许多民族国家而言，也是一个社会结构的转型时期。这点人们是没有疑问的。其次，近现代民族国家的一个基本任务，就是通过立法运动，来应对社会政治历史的激烈变迁，或者完成社会结构的重要转型。这种立法运动，或者体现为了针对社会需要的“立法改革”，比如，法国、德国的法典编纂；或者体现为了针对法律传统的“立法改革”，比如，英语国家大量制定法的出现。当然，两种体现，时常是一个问题的两个方面。这里的意思是说，法典编纂有时也是针对原有的法律传统，制定法的出现，有时也是针对社会需要。再次，近现代是一个法律经验和法学知识开始“世界流通”的时期。我们可以看到，随着近现代民族国家的交往，随着人们对“国家强盛与法律建设有着内在联系”的想象，法律经验和法学知识通过介绍、阅读、翻译、借鉴，甚至人们常说的“移植”（既有他者殖民意义的移植，也有本国“主动学习”的移植），不断地在各个民族国家之间展开、深入。最后，就社会角色而言，近现代的法学家作为群体和法律家，时常是不分彼此的（反之未必）。我们可以发觉，相当一部分的法学家，在成为理论的教授、学者的时候，也是实践的立法者、法官、律师，而且，时常特别主动地将自己的学说、见解推入法律活动。比如，我们熟知的以奥斯丁、萨维尼、霍姆斯为显著标志的西方法学家群体，中国的吴经熊、黄右昌、张志让等，就是比较明显的。[1] 当然，这主要是相对于当代的法学家群体来说的。其缘故在于，法律职业内

---

[1] 作为例子，奥斯丁在担任大学法学教授之前，一直从事律师工作。见 Sarah Austin，“preface”，in Austin，*Lectures on Jurisprudence or the Philosophy of Positive Law*，vol. Ⅰ，p. 4. 即使是在大学任教之后，奥斯丁 1833 年担任过英国刑事法律委员会成员，1833 年至 1834 年，担任过英国皇家刑事法律及刑事诉讼法律委员会成员，1837 年至 1838 年和其学生刘易斯（George Lewis），共同撰写了关于马尔他法律问题的实务报告。见 Rumble，*The Thought of John Austin：Jurisprudence，Colonial Reform，and the British Constitution*，p. 46. 在萨维尼的经历上，我们也能看到类似情形。萨维尼 1817 年开始成为普鲁士邦政府成员，1819 年出任莱茵河上诉法院的法官，1842 年还担任过普鲁士的立法大臣，1856 年成为普鲁士皇家法律顾问。见 Klenner，“Savigny's Research Program of the Historical School of Law and its Intellectual Impact in 19th Century Berlin”，p. 68. 关于吴经熊，其 1927 年任上海特区法院法官，1928 年春成为南京政府立法院立法委员，同年又被任命为司法院法官，1929 年被任命为上海特区法院院长。见王健：《超越东西方：法学家吴经熊》，载《比较法研究》1998 年第 2 期，第 219 页。另外，吴经熊 1930 年开始从事律师职业，1946 年为中国宪法的起草人之一。见田默迪：《东西方之间的法律哲学——吴经熊早期法律哲学思想之比较研究》，北京：中国政法大学出版社，2004 年，第 79 页；康雅信：《培养中国的近代法律家：东吴大学法学院》，第 272 页。关于黄右昌，其 1930 年出任南京立法院委员，1930 年起，历任南京国民政府立法委员、大法官等职。见李贵连、孙家红、李启成、俞江：《百年法学——北京大学法学院院史（1904—2004）》，第 146 页；临澧网：http：//www.linli.cn/llxx/news/view.asp?NewsID=5&classID=5，2004 年 10 月 7 日访问。霍姆斯和张志让的情况，参见本章后文。

部分工细化和社会一般意义的分工细化的可能性，在近现代和当代之间，存在着差异[1]。

在上述四个条件的设定中，我们逐渐可以靠近一个焦点理解：近现代法学人物主体的私人实践，不可能摆脱激烈变迁的社会背景的影响；在担当法律人这一角色的同时，几乎不可能不卷入以立法运动为标志的法律实践斗争这一时代主题。此外，法学家兼及法律家的定位，决定了他们需要学习、知道广泛的法学文本和法律文本，并自觉将自己的法学理论，推入法律实践。于是，法学理论与个人主体实践的关系，在这些设定中，就不是偶然的了。其中一个关键，则是近现代法律语境的特殊性。

（二）

在本章中，我将继续以近现代的美国早期实用主义法学和中国早期左翼革命法学作为中心，分析作为法学理论首要问题的法律概念理论，其与两种法学主要代表人物的主体实践的关系。

我将指出，两种理论，与个人主体实践的关系，是有其必然性的；而在这种必然性中，我们可以发现一些深层的理论问题。就取材来说，之所以特别集中于这样两种法学，主要因为，其人物主体实践和其理论之间，特别突出地展现了我所研究的“关系”；换言之，不论在个人理论上，还是在个人实践上，两者人物群体都更为明显地、更为积极主动地融入了当时的历史变迁，从而，具有一般比较法学的范例意义。通过范例，我们也许可以透视，并且检验，一种普遍性的认识，挖掘一种和历史联系在一起的需要深入思考的结构模型。就方法来说，我的叙述，既是话语谱系学的，也是知识社会学的。

基于传记材料的掌握，然而主要是基于人物本身的代表性、重要性和典型性，我将针对如下一些人物展开分析：美国的霍姆斯、卡多佐、

[1] 关于这点，参见后面第八章。

庞德，中国的朱怡庵、李达、张志让、蔡枢衡。当然，与此同时，我还将适当地联系其他一些人物，以及其他略带普遍性的资料，作为辅助对照资源。我所说的个人主体实践，主要是指个人履历、思想经历、学术活动等。在我看来，我所选择的这些人物，以及其他资料，针对本章的主题而言，可以具有论证的意义。

另外需要指出的是，本章是我的针对美国早期实用主义法学和中国早期左翼革命法学而展开的系列比较研究的一个组成部分。在第五章中，我从观点和依据彼此关系的角度，比较分析了两种法学的法律概念理论。在第六章中，我从两种理论和各自的法学学术话语背景、社会政治背景的关系，同样进行了比较分析。就本章来说，对于理论与个人主体实践的关系的比较分析，其作用，可以说是勾连上述两章的研究内容，也即勾连理论的分析思路和背景的分析思路。通过本章，或说通过理论与个人主体实践的关系的洞察，可以更为深入地理解理论本身，理解理论与背景的相互关系。在某种意义上，甚至可以认为，本章对于理解背景的意义具有相当关键的推进意义。当然，本章又是上述两章研究的一个延续。概括来说，在我看来，从不同方面去渐次比较分析两者具有特别的意义。因为，我们从中可以发现一个比较法学的“中国视角”[1]的价值，并且看到对于今天中国法学、法律的借鉴价值。

（三）

为了顺利展开本章的分析，我简要地说明一下上述两章的主要内容和结论。

在第五章中，我指出了，两种法学既有不同（主要是基于“阶级”这一关键概念的有与无而产生的重视“司法能动”和重视“政治批判”

[1] 关于“中国视角”的含义，我在另外一章中有详细的论述，参见第五章。

的不同），也有类似（主要是某些方面的对法律实证主义[1]的否定，和强调“社会需要”的概念），特别重要的是，两者之间存在着理论上走向对方的潜在能力。从“中国的角度”来看，这一潜在能力，可能是很有意义的。因为，我们也许可以看到美国理论对中国理论的一个有益补充。

在第六章中，我考察了这样几个问题：其一，在近现代，甚至在普遍意义上，本土法学和域外法学的关系，究竟是怎样的，这一关系在法律实践的对应中，究竟具有怎样的谱系？其二，如果可以看到美国的早期实用主义法学和中国的早期左翼革命法学不免是“思路多向”“时有断裂”的，那么，为什么会如此？其三，在激烈的社会变迁背景中，就两种法学而言，“社会动荡”和“解决社会民众需要”之间，究竟存在着怎样的逻辑关联？我在第六章中的比较结论是：第一，相对法律实证主义而言，而且针对社会变迁而言，两者同属“激进的法学思想”，然而不失“折中调和”，甚至“矛盾断裂”；第二，两者对“社会等级”的某种共同警惕，以及由此而来的对“社会需要”的特别强调，可以在其时的法学学术话语背景，特别是社会政治背景中，得到较为有力的解释。

在联系其时的法学学术话语背景和社会政治背景的时候，我分析了，美国的早期实用主义法学具有一些复杂性和矛盾性。其“复杂”和“矛盾”，主要体现在：其一，在强调法律的工具性、有用性的时候，也在强调法律分析的历史主义，也在强调法律实证主义颇为青睐的法律本身的体系性（此外某些内容还强调了法律领域里的“适者生存”）；其二，在时常肯定法律实证主义的“立法主导”观念的同时，甚至在认为司法的“能动作用”仅仅在于填补法律漏洞的同时，又在基本层面上，运用“法

[1] 本章是在狭义的意义上使用“法律实证主义”一词的。“狭义”的法律实证主义仅指强调“立法主义”的经验的法律实证主义的理论。广义的“法律实证主义”包括了诸如法律现实主义等经验化地研究法律现象的各类学说理论。

律预测”理论，否定法律实证主义；其三，在时常强调“社会实际需要”的法官责任立场的重要的同时，在基本层面上，也强调了“法律预测”的当事人立场的意义。概括来说，其基本特征在于“因地制宜”的法律灵活态度。

同时，在联系其时的法学学术话语背景和社会政治背景的时候，我分析了，中国的早期左翼革命法学，同样具有一些复杂性和矛盾性。这些特征似乎是这样的：其一，这些理论，更多使用的是“法学职业”内部的言说陈述，来表达自己的“专业”理解，没有将自己变为纯粹革命政治话语的附属部分；其二，这些理论，时常不自觉地既肯定、又否定了法律实证主义的法律理解，换句话说，当“阶级分析”的时候，其以“一般观察”的方式，不自觉地承认了法律存在的资格（比如资产阶级的法律是法律，但不过是体现了资产阶级的意志），当“革命行动”的时候，其以“价值判断”的方式，不自觉地否定了法律存在的资格（比如剥削阶级的法律是“恶法”，从而不是真正的法律，需要推翻），从中，我们可以看到部分的自然法学的极端观点。

我在第六章中的深层结论是：与其认为，两种法学的法律概念理论，是对法律实践以及其他社会实践作出回应的一种表现，不如认为，恰是法律实践以及其他社会实践，催生了它们；而且，理论和实践，在法律语境中，是互为你我的，理论实际上作为“内在参与者”成了实践的一个组成部分。另一方面，作为深层结论，我们又需辩证地看到，在“背景复杂”影响“理论复杂”的同时，“理论复杂”，又是有效回应“背景复杂”的一个策略表现，这本身又是特别需要给予理论分析的实用主义色彩的“具体实践”。[1]

在本章中，我将首先考察美国的个人主体实践，其次考察中国的个人主体实践。然后，我将深入展开比较分析，推进思考。在结尾部分，

---

[1] 详见前面一章。

我将从复杂的理论分析角度，进一步阐述比较视野中的“实用法学”“左翼法学”的相互关系，以及与其相关的“中国视角”的问题。

二、美国的个人主体实践

（一）

在比较分析美国的早期实用主义法学和中国的早期左翼革命法学的法学学术话语背景和社会政治背景的时候，我提到了“矛盾”“战争”“动荡”等概念[1]，因为，相隔整整 80 年的 1865 年和 1945 年，对两种法学来说，都具有重要的象征意义，前者，是南北战争的结束之年，后者，是解放战争的爆发之年，它们都标志着两种法学，和社会政治的特别时期，有着紧密联系。这些概念是重要的。这是理解本章所要讨论的人物主体实践的一个基本通道。当然，另一方面，无论就美国而言，还是从中国来看，其时社会各个阶层，都需要自己的法学学术代言人；而学术本身的运作机制，通过学术市场的竞争以及斗争，还有学者自身的学术“前见”以及复杂经历，从法学学者个人欲望行动的角度来说，总会诱发某些学者希望成为这样的代言人，标新立异，提出激进的“否定”观念。这同样是需要注意的一个基本途径。

以此作为基础，我首先考察美国的个人主体实践。

（二）

很长时期以来，如同人们现在已经非常熟悉的，霍姆斯，一直是美国法律思想的一个标志人物。尽管，讨论霍姆斯生平传记的著述十分可

[1] 见前面一章。

观，而且，还有相当多的评价定位[1]，但是，我们依然需要首先从其入手，甚至有些“重复性地”入手。因为，一方面，人们对其总是有些不同的描述[2]；另一方面，对于比较性地分析下文所提到的中国人物而言，其是无法避开的，而且通过比较，我们也许可以发现“重述霍姆斯”的其他意义。

第一，从思想来源看，在早期展开法律、法学研究活动的时候，霍姆斯曾有这样一个经历：和其时实用主义的先驱代表人物之一，詹姆斯，成为朋友。韦尔斯提到：

> 霍姆斯和詹姆斯在他们年轻时是很要好的朋友。那是一个他们俩都为生活中的重大问题奋斗的时期……霍姆斯和詹姆斯共同度过许多夜晚。他们喝威士忌、抽雪茄、一起讨论哲学问题直到凌晨。[3]

韦尔斯接着提到，“那种亲密朋友之间在其成长时期的讨论常常会使

---

[1] 晚近的一些著作，比如 G. Edward White, *Oliver Wendell Holmes*, Oxford: Oxford University Press, 2006; Albert Alschuler, *Law Without Values: The Life, Work, and Legacy of Justice Holmes*, Chicago: University of Chicago Press, 2000; Morton Horwitz, *The Place of Justice Holmes in American Legal Thought*, Stanford: Stanford University Press, 1992; Liva Baker, *The Justice from Beacon Hill: The Life and Times of Oliver Wendell Holmes*, New York: Harper Collins, 1991; Sheldon Novick, *Honorable Justice: The Life of Oliver Wendell Holmes*, New York: Little, Brown and Company, 1989; Gary Aichele, *Oliver Wendell Holmes, Jr.: Soldier, Scholar, Judge*, Boston: Twayne Publishers, 1989. 早期的一些著述，比如 Mariam Small, *Oliver Wendell Holmes*. New York: Twayne Publishers, 1963; Samuel Konefsky, *The Legacy of Holmes and Brandeis: A Study in the Influence of Ideas*, New York: Macmillan, 1956; Lester Denonn, *The Wit and Wisdom of Oliver Wendell Holmes: Father and Son*, Boston: Beacon Press, 1953; Felix Frankfuter, *Sketch of the Life of Oliver Wendell Holmes*, New York: American Council of Learned Societies, 1944. 当然另外还有大批的论文。

[2] 关于这点可以参见 Grey, “Holmes and Legal Pragmatism”, p. 787.

[3] 韦尔斯：《小奥利弗·温德尔·霍姆斯和威廉·詹姆斯》，第 265—266 页。

他们终身共享一些相同的观点”[1]。根据韦尔斯的考察，我们似乎可以认为，正是在和詹姆斯的学术交流中，实用主义的哲学精髓，在两人的思考中，向不同学科——法律 / 哲学——方向得以纵深推进，得到精炼。[2]霍姆斯还曾和实用主义的另一位先驱代表人物皮尔士（Charles Sanders Peirce），成为朋友[3]，熟悉后者的学说路径，在逻辑语言理论方面，受到了后者影响[4]。

然而，复杂的是，1868 年之后，年仅 27 岁的霍姆斯和詹姆斯因为某些方面的意见分歧，开始逐渐疏远，最后分道扬镳。因此，有的学者认为，詹姆斯式的实用主义，包括皮尔士式的实用主义的意义，很可能

[1] 韦尔斯：《小奥利弗 · 温德尔 · 霍姆斯和威廉 · 詹姆斯》，第 266 页。

[2] 有的学者指出，霍姆斯一般来说还是赞赏实用主义代表人物的学说，比如，皮尔士（Charles Sanders Peirce）、杜威的学说；甚至可以认为是早期实用主义的建立者。参见 Max Fisch，*Justice Holmes*，*the Prediction Theory of Law*，*and Pragmatism*，in Kenneth. Ketner and Christian Kloesel（eds.），*Peirce Semeiotic*，*and Pragmatism*：*Essays by Max Fisch 6*. Bloomington：Indiana University Press，1986；Philip Wiener，*Evolution and the Founders of Pragmatism*，New York：Harper and Row，1965，pp. 172-189. 当然，霍姆斯了解杜威的学说，已是霍姆斯晚年的事情。见 Grey，“Holmes and Legal Pragmatism”，p. 791.

[3] 见 Posner，*Law*，*Pragmatism*，*and Democracy*，p. 57.

[4] Hart，*Essays in Jurisprudence and Philosophy*，p. 267. 韦尔斯（Catharine Wells）提到，早在 1870 年代的时候，霍姆斯就参加了美国实用主义发端的“形而上学俱乐部”（The Metaphysical Club），其中成员就有詹姆斯、皮尔士和格林。见 Catharine Wells，“Symposium：The Path of the Law 100 Years Later：Holmes’ Influence on Modern Jurisprudence：Holmes and American Jurisprudence：Old-Fashion Postmodernism and the Legal Theories of Oliver Wendell Holmes，Jr.”，*Brooklyn Law Review*，63（1997）p. 63.

对霍姆斯来说是十分有限的。[1]

为什么会出现分歧？尽管真实的原因现在看来不得而知，但是，人们知道，就在5年之前，也即1863年，霍姆斯在南北战争中参加过北方军队，而且曾经三次负伤，甚至在最后一次负伤的时候，迫不得已地希望截肢从而不再参战[2]。人们似乎可以认为，对比生活颇为安逸并且一帆风顺从而性情温文尔雅的詹姆斯[3]，战争的残酷经历，使霍姆斯更为容易出现彻底的“积极主动行动”“无情干预他人”的情绪意志。同时，战争经历，使霍姆斯在思想深处，并不排斥人与人之间的暴力，使其甚至认为这是自然而然的。在他看来，极端的政治斗争是不可避免的。因此，在这点上，艾切尔说：

> 同样重要的是，作为北方军队中三次负伤的老兵，霍姆斯清醒地意识到社会中物质力量的法则；在他看来，法律的主要作用就是对于这种物质力量予以合法的控制。[4]

---

[1] 见G. Edward White，*Justice Oliver Wendell Holmes*：*Law and the Inner Self*，New York：Oxford University Press，1993，p. 103. 这是一个有争议的问题。有的学者认为，霍姆斯对早期实用主义哲学代态度非常友好。见Robert Summers，*Instrumentalism and American Legal Theory*，Ithaca：Cornell University Press，1982，pp. 20-34. 另有学者认为，霍姆斯对实用主义哲学的态度并不友好。见Grey，“Holmes and Legal Pragmatism”，p. 788. 在我看来，通过霍姆斯的言说，可以认为他具有较为明显的实用主义立场（见第五章的概括），尽管像后文分析的，他又是复杂的。

[2] Novick，*Honorable Justice*：*The Life of Oliver Wendell Holmes*，p. 78.

[3] 詹姆斯出身豪门，家境富裕，而且读书顺利，游学许多国家，学术事业颇为稳定。参见Gerald Myers，*William James*：*His Life and Thought*，New Haven：Yale University Press，1986，pp. 1-15.

[4] Aichele，*Legal Realism and Twentieth-Century American Jurisprudence*，p. 15. 在另外一本著作中，艾彻尔有相关的讨论。参见Aichele，*Oliver Wendell Holmes*，*Jr.*：*Soldier*，*Scholar*，*Judge*，pp. 61，144.

格莱则说：

霍姆斯实际上把他自己对实践中的判决的预测比作内战战场上年轻的军官。他们的智力和道德能力时常会因为他们在进行选择时所面临的混乱和恐惧而削弱，尽管如此，他们要承担选择的责任并且对他们的选择负责。尽管他偶尔也会对法律因理性的改革而进步抱乐观态度；他也有存在主义的一面，认为人应该对自己的选择负责，哪怕是“盲目接受”的选择。[1]

而另外的学者，比如吉尔默（Grant Gilmore），又从心理性格角度指出，霍姆斯“粗鲁、尖刻、无情，是一个背负煎熬终其一生的悲观主义分子”[2]。

第二，从个人事业看，霍姆斯的与法律有关的个人学术经历，以及实践履历，并不是比较顺利的。以学术经历来说，早年，从哈佛毕业开始，而且在参加南北战争的时候，其已开始研究法律[3]，40 岁前，也即 1881 年的《普通法》出版之前，霍姆斯已经在《美国法律评论》（*American Law Review*）等杂志上发表了大量的论文和书评[4]。有的学者指出，“霍姆斯的思想，总体来说，已在这些早期著述中形成了”[5]。但是，这些论文和书评，甚至包括《普通法》这部后来享有盛誉的著作，当时，

[1] 格瑞：《霍姆斯论法律中的逻辑》，第 186 页。

[2] Grant Gilmore, *The Ages of American Law*, New Haven: Yale University Press, 1977, p. 49. 关于这个问题，还可以参见［美］戴维·卢班：《坏人和好律师》，载伯顿主编：《法律的道路及其影响》，第 47—52 页。

[3] Schwartz, *A History of the Supreme Court*, p. 191.

[4] 这些论文和书评的部分清单，参见 LaPiana, “Victorian from Beacon Hill: Oliver Wendell Holmes's Early Legal Scholarship”, pp. 833 ff, n. 20, n. 23, n. 25, n. 26, n. 31, n. 39, n. 40, n. 44, n. 59, n. 90, n. 99, n. 101, n. 102, n. 104, n. 107.

[5] LaPiana, “Victorian from Beacon Hill: Oliver Wendell Holmes's Early Legal Scholarship”, p. 809.

以及后来的若干年里，都未引起学界的广泛注意。在学术上，可以认为，直至此时的霍姆斯，基本上是默默无闻的。[1] 作为显著例子，我们可以提到，1872 年，在一篇分析英国法律实证主义的文章中，霍姆斯就明确提到了这样一个意思：对于律师而言，唯一的问题在于法官将要怎样审判[2]。同时他还提到，像宪法、法律和先例一样，习惯是值得作为一个法律渊源来考虑的。[3] 然而，一般人们通常仅仅知道 1897 年《法律的道路》[4] 论述了律师预测理论，知道格雷（John C. Gray）于 1909 年在《法律的性质与渊源》[5] 中提到了习惯像其他文字法律规则和先例一样也是法律的渊源之一，却不大知道，早在 1872 年，霍姆斯就写下了这样的文字。

此外需要注意的是，1882 年，同样大约是在 40 岁刚过的时候，霍姆斯才被聘为大学的法学教师。[6] 而当他来到哈佛任教之际，时任哈佛法学院院长的兰代尔，则是如日中天，其“法律科学”的观念，以及对“苏格拉底教学法”的关键性推广[7]，在美国大学的法学院，已经获得了

---

[1] 霍姆斯 29 岁的时候，也即 1870 年，发表了第一篇论文。见 Oliver Wendell Holmes，“Code，and Arrangement of the Law”，*American Law Review*，5（1870），p. 1. 值得注意的是，如果查看当年的《美国法律评论》（*American Law Review*），可以发现霍姆斯恰恰是这一杂志的主要编辑者之一。从这里可以推断，其早年发表了大量文章，原因和其“作者 / 编者”双重身份有着更多联系，而不是因为文章在其他编者看来特别“出色”。

[2] 见 Holmes，“Book Notice”（reviewing The Law Magazine and Review New Series No. 3 [April 1，1872]），p. 724.

[3] 见 Holmes，“Book Notice”（reviewing The Law Magazine and Review New Series No. 3 [April 1，1872]），p. 724.

[4] Holmes，“The Path of Law”，pp. 457-478.

[5] John C. Gray，*The Nature and Sources of the Law*，New York：The Columbia University Press，1909，p. 84.

[6] Schwartz，*A History of the Supreme Court*，p. 191.

[7] “尽管案例法并非兰代尔首创，但却是由于他决定性和系统性的运用才使这一方法众所周知……在学术方面，兰代尔……把法律理解为一门科学”。见斯蒂文森：《法学院 19 世纪 50 年代到 20 世纪 80 年代的美国法学教育》，第 67 页。

极大成功[1]。霍姆斯期待着在学术上有所作为、引人注目[2]，然而，当时在兰代尔面前却显得毫无建树，故而，心境颇为不平衡。[3]尽管，霍姆斯很快就离开了大学，并且来到了法院。[4]

从实践履历来说，霍姆斯曾经从事过律师职业，但是，这一职业生涯，是平淡无奇的。40 多岁，他即便担任了马萨诸塞州最高法院的一名法官，仍然是无声无息的。[5]1899 年，年近 60 岁的霍姆斯，才成了马萨诸塞州最高法院的首席法官，又过两年，也即 1901 年，成为美国最高法院的法官。[6]眨眼之间，从担任法官开始，20 年的时间已经过去了。1905 年，进入美国最高法院的第 4 年，在著名的罗克纳诉纽约（*Lochner v. New York*）案中发表引人注目的“异议”之后，霍姆斯才开始真正享受引人注目的“荣耀”。[7]1915 年，《哈佛法律评论》发表了纪念霍姆斯 75 寿辰的讨论文集，使霍姆斯的声誉，在学术界，更为耀眼夺目。从此，人们才看到了一个“公共人物”的

---

[1] 见斯蒂文森：《法学院 19 世纪 50 年代到 20 世纪 80 年代的美国法学教育》，第 66 页以下。

[2] 关于霍姆斯这方面的渴望，参见 White，*Justice Oliver Wendell Holmes：Law and the Inner Self*，p. 130.

[3] 就在受聘两年前，霍姆斯提到兰代尔是“在世的最伟大的法律空谈家”。见 Holmes，“Book Review”（reviewing C. Langdell，A Selection of Cases on the Law of Contracts，with a Summary of the Topics Covered by the Cases [2d ed. 1879]），pp. 233，234.

[4] Schwartz，*A History of the Supreme Court*，p. 192. 至于为什么离开大学来到法院，原因似乎也是复杂的，同时反映了霍姆斯在学术上自感不乐观。参见卢班：《坏人和好律师》，第 51 页。

[5] Aichele，*Legal Realism and Twentieth-Century American Jurisprudence*，p. 19.

[6] Aichele，*Legal Realism and Twentieth-Century American Jurisprudence*，p. 19.

[7] 在“异议”中，霍姆斯讲道，“宪法第 14 修正案并没有规定赫伯特 · 斯宾塞先生的社会统计学”；“一部宪法并没有打算体现一种具体的经济理论，无论它是家长制的理论，公民与国家的有机关系理论，还是自由放任的理论”。见 *Lochner v. New York*，pp. 75-76. 对此，众所周知，当时美国法学界法律界曾经较为广泛地讨论过，而且后来人们也不断地提到并且讨论其中的思想。

霍姆斯。所以，在法律实践方面，有的学者已经指出，霍姆斯的真正影响很可能是在他 70 岁生日之后出现的[1]。对于一个渴望在法律实践中“出人头地”的人来说，尤其是一个曾经说过“一个人要想做什么就必须在 40 岁之前完成”的人来说[2]，这样一个履历，也许可以说是“姗姗来迟”了。

将这样一个复杂而又“比较坎坷”的与法律相关的学术经历、实践履历，与其同样是复杂的“思想交往”（与詹姆斯，包括与皮尔士）、“战争记忆”（三年的从军经历和负伤），还有我在前面一章中分析的法学思考纷然杂陈的其时学术话语背景，以及“动荡”的其时美国社会政治背景等，联系起来[3]，我们可以觉察，一个充满怀疑情绪、夹杂“游移不定”色彩的实用主义的法律概念理论的呈现，显然不是那么难以理解的，相反，倒是顺其自然的。在以法律人的身份去信奉法律的历史主义和体系主义的同时，不去特别强调法律的工具性、有用性，不去强调法律领域里的“适者生存”；在主张法官的能动意义仅仅在于填补法律的漏洞，并且对“立法主义”作出某种妥协的同时，不去强调基本层面的司法能动主义；在以法官的社会角色去主张法官的社会责任的同时，不去在主要方面主张“法律预测”的当事人主义，所有这些，都是难以想象的。

（三）

我们再看卡多佐的个人主体实践。

第一，从思想来源来说，卡多佐的阅读，是十分广泛的，不仅阅读了本身即带有实用主义印记的“美国同胞”，比如霍姆斯、庞德等人的

---

[1] ［美］桑德福·利文森：《爱默生和霍姆斯》，载伯顿主编：《法律的道路及其影响》，第 290 页。

[2] 1930 年，霍姆斯曾在写给一个朋友的信中说过这句话。参见 Horwitz, *The Transformation of American Law 1870-1960*, pp. 294-295, n. 3.

[3] 参见第六章。

著述[1]，阅读过詹姆斯的实用主义言说[2]，而且通过大量文本阅读，来熟悉其他许多学科的学说。对卡多佐生平深有研究的考夫曼曾提到：

卡多佐的爱好之一是读书。他博览群书。他涉猎的领域有宗教，包括《圣经》；哲学、政治学（亚里斯多德、柏拉图、查尔斯·皮尔士、罗素、威尔·杜兰、怀特海、叔本华、欧文·埃德曼、约翰·杜威、莫里斯·科恩、乔治·桑塔亚纳）；文学（荷马的《奥德赛》、欧玛尔·海亚姆的四行诗集《鲁拜集》、乔叟、但丁、莎士比亚戏剧、约翰·密尔顿……）；科学（亚瑟·爱丁顿、卡修斯·凯泽……）；传记与自传（包括如下人士的生平事迹：亨利七世、亨利八世、约翰·斯图亚特·密尔……托马斯·阿奎那、海因里希·海涅）；历史……[3]

此外，考夫曼又提到，“卡多佐喜欢轶闻趣事、名言隽句、双关语，如果表述的精彩，就更为喜欢”[4]。这和霍姆斯嗜好文学化表述的秉性，如出一辙。[5]他对旁征博引的人物，非常羡慕，曾说自己崇拜的正是这种人物。[6]

与此相关的是，卡多佐的个人心理也是颇有意思，而且也是需要注意的。例如，1921年，当想到并且提到霍姆斯的时候，卡多佐曾经表达了这样一个心理感受：

钦佩、嫉妒与绝望令我心绪不宁。当此人刹那间不费吹灰之力说出

[1] 比如，卡多佐：《法律的成长·法律科学的悖论》，第4页。

[2] 参见卡多佐：《法律的成长·法律科学的悖论》，第35页。卡多佐：《司法过程的性质》，第3页。

[3] 考夫曼：《卡多佐》，第163—164页。

[4] 考夫曼：《卡多佐》，第146页。

[5] 在霍姆斯的文本中，我们时常可以看到这些。参见后文例子分析。

[6] 考夫曼：《卡多佐》，第165页。

名言隽句，将你提升到顶峰，使你沐浴在永恒之光中，想想费尽心机、绞尽脑汁、苦不堪言地抠出几句平淡无奇的老生常谈，既未提高人的境界，亦未给人启发，实在无益！[1]

而就在接受耶鲁大学法学院邀请，在耶鲁大学出版社出版《司法过程的性质》(*The Nature of the Judicial Process*)的时候，本身就有“虚荣心”[2]的卡多佐，多少有些缺乏自信地说，自己不敢将其交付出版[3]。如果联系卡多佐终身未婚[4]，还有1870年代，其父因为“收受不义之财、为政治得失所左右、结党营私”[5]等丑闻而不得不辞去法官一职，从而给卡多佐家族带来莫大的法律职业的阴影这一重要事件，那么，当时“政治是一大特色，德行并不重要”[6]的年代的影响，在卡多佐的心理性格中，多少是可以起到一些实质作用的[7]。

第二，从实践履历来看，1891年，卡多佐没有获得学位便离开了法学院，原因，可能是他自己所说的“急于走向社会谋生”[8]，或者，“可能是为了维持生活，他渴望开始从事法律实务，毕竟那时家里的全部生活仅仅依赖他哥哥一人”[9]。与霍姆斯的律师生涯大致相同的是，卡多佐的

---

[1] 转引考夫曼：《卡多佐》，第158页。

[2] 见考夫曼：《卡多佐》，第191、567页。

[3] 见考夫曼：《卡多佐》，第212页。

[4] 见考夫曼：《卡多佐》，第88—90、152、567页。作为卡多佐的朋友，勒尼德·汉德（Learned Hand）指出卡多佐几乎没有任何意义上的性生活。所以，考夫曼认为，“卡多佐似乎极有可能过的是禁欲生活”。这些描述，见考夫曼：《卡多佐》，第71页。

[5] 考夫曼：《卡多佐》，第21页。

[6] 考夫曼：《卡多佐》，第21页。

[7] 考夫曼说，“父亲的羞辱必定使卡多佐念念不忘，他从未忘记父亲的垮台及此事对家族造成的影响。即使在几十年后，他的一份司法意见书里还有它的影子”。见考夫曼：《卡多佐》，第43页。

[8] 见考夫曼：《卡多佐》，第50—51页。

[9] Richard A. Posner, *Cardozo: A Study in Reputation*, Chicago: University of Chicago Press, 1990, p. 2.

律师经历，虽然不是那么“收入一般”，但是，在名望上，依然是平淡无奇的[1]。1920年，年近50周岁、已当了6年法官的卡多佐，才受到耶鲁大学法学院的邀请，发表演讲。[2]这比霍姆斯进入大学法学院表现自我，还要推迟了10年的时间。1921年，通过讲座，他才在“法律领域成为全国知名人士”[3]。

另一方面，在政治倾向上，尽管年轻时曾对“社会主义”颇有微词，但是，卡多佐在60岁左右的时候，对“社会主义观念”表达了相当引人注目的同情。1933年，作为罗斯福（Franklin Roosevelt）总统顾问成员，他曾经表示，如果自己还是年轻的话，那么将会支持“社会主义”并且成为“社会主义者”。[4]更为有些复杂的是，1930年代初期，针对汉德（Learned Hand）法官撰写的一篇关于竭力赞扬意大利墨索里尼（Benito Mussolini）的信件，卡多佐表达了一种“心平气和”的态度，并不认为那是需要谴责的一件事情。[5]

在这样一个壮年之前并不春风得意的学术经历，和实践履历的背景中，而且，联系其阅历广泛和期待学术荣耀但又“战战兢兢”的心灵焦虑，以及复杂的政治心态和时有变化的政治倾向，并且，将其放入1870年代至1920年代学说层出不穷的法学学术话语背景，以及动荡不安的社会政治背景之中，我们同样可以理解，像霍姆斯那样，并且追随其后，提出激进的、反叛性的法律概念理论，并且有如我在前面一章所分析的充满“矛盾”地在各种理论之间作出“妥协让步”[6]，是顺理成章的。

---

[1] 考夫曼认为卡多佐的律师生涯是成功的。见考夫曼：《卡多佐》，第74—117页。但是，这只是就其律师生涯而言的，比如律师圈内的名气和较为令人满意的收入。如果以其在整体法律职业圈内的影响而言，其名望则总体上是平淡无奇的。

[2] 考夫曼：《卡多佐》，第211页。

[3] 考夫曼：《卡多佐》，第178页。

[4] 考夫曼：《卡多佐》，第487—488页。

[5] 考夫曼：《卡多佐》，第490页。

[6] 见第六章。

（四）

我们补充地观察一下庞德。

1870年，卡多佐出生，这一年也是庞德的出生之年，此时，美国独立战争刚刚结束5年。庞德是学习自然科学（植物学）出身的，在内布拉斯加（Nebraska）大学获得了植物学博士学位，曾经是位“植物学家”。[1]早年的多学科的训练，使其更为乐意将自然科学的观念和方法，用于自己的法律研究[2]。考夫曼说，“与卡多佐不同，庞德酷爱科学，大学毕业后，实际上同时在学习植物学与法律”[3]。1889年，庞德“到哈佛法学院学习一年，然后回到内布拉斯加当律师”，并且“积极参与共和党政治活动”[4]；1897年，当霍姆斯发表《法律的道路》并且开始声名显赫的时候，庞德完成了自己的植物学博士论文[5]，几乎同时，才在前一年，开始发表了后来人们早已遗忘的法学著述，比如《大陆法在美国的影响》[6]。1903年，庞德在内布拉斯加法学院担任法学教师[7]。然而，无论律师生涯，还是政治活动，还是教师经历，都未使庞德壮年之前获得怎样的功成名就。[8]就思维方式说，帕特森（Edwin Patterson）提出了这样一

[1] 斯蒂文森：《法学院：19世纪50年代到20世纪80年代的美国法学教育》，第158、180页。

[2] Aichele，*Legal Realism and Twentieth-Century American Jurisprudence*，p. 31.

[3] 考夫曼：《卡多佐》，第210页。

[4] 考夫曼：《卡多佐》，第210页。

[5] 见［美］小亚瑟·E. 萨瑟兰：《庞德及其时代》，翟志勇译，载翟志勇主编：《罗斯科·庞德：法律与社会——生平、著述及思想》，第11页。

[6] *The Influence of Civil Law in American*. 见 Franklyn Setaro，*A Bibliography of the Writings of Roscoe Pound*，Cambridge：Harvard university press，1942，p. 3.

[7] 见斯蒂文森：《法学院19世纪50年代到20世纪80年代的美国法学教育》，第158页。

[8] 有些著述认为青年时的庞德非常成功。参见翟志勇主编：《罗斯科·庞德：法律与社会——生平、著述及思想》，第3—30页。但是，这些著述（主要是文章）是纪念性的，而且常常发表在庞德曾任法学院院长的《哈佛法律评论》上，所以颇多赞誉之词。

个概括：在哈佛学习的时候，庞德形成了“依靠想象头脑开发的自由灵活的理论，凭借实用主义、美国中部人的精明思考、黑格尔主义和美国本土的理想主义，还有社会学的灵感，去观察法律的现象”[1]。非常精通美国内战历史知识的庞德[2]后来出任哈佛法学院院长一职，已是1916年。另外需要注意的是，在任法学院院长之后，庞德还曾成为希特勒（Adolf Hitler）的崇拜者，认为希特勒是一个通过发动运动、能给欧洲带来自由的人，是一个有益的批评家。[3]

从庞德的个人经历，以及政治倾向来看，与霍姆斯、卡多佐类似，在复杂而又充满矛盾的微观个人资质观念背景中，同时，同样将其和当时的法学学术话语背景和社会政治背景联系起来，我们可以发觉，庞德所谓的“博采众长”“兼容各家”而实际上不免是相互混杂的法律概念学说[4]，是可以得到较为明确的解释的。作为例子，庞德最为明显的“折中主义”，恰恰在于他的法律概念定义。他曾提到：法律的含义，不仅指向了司法过程、行政过程，不仅指向了法律理论，而且指向了人们常说的通过立法方式制定出来的“法律规则”[5]。所以，卢埃林不无讽刺地说，庞德在处理法律理论的时候，“用干净的解剖刀解析每种理论，看它是否解释了全部问题。每种理论都以失败告终。最后，一个精彩的综合应运而生”[6]。

---

[1] Edwin Patterson，*Jurisprudence*：*Men and Ideas of the Law*，Brooklyn：The Foundation Press，1953，p. 460.

[2] 见［美］A. 劳伦斯·洛厄尔：《罗斯科·庞德》，刘丹译，载翟志勇主编：《罗斯科·庞德：法律与社会——生平、著述及思想》，第29页。

[3] 参见斯蒂文森：《法学院：19世纪50年代到20世纪80年代的美国法学教育》，第180页。

[4] 如何“博采众长”“兼容各家”，参见前面一章的概括。

[5] 庞德：《通过法律的社会控制·法律的任务》，第19—27页；Pound，*The Ideal Element in Law*，p. 2.

[6] 见［美］卡尔·N. 卢埃林：《罗斯科·庞德：〈法理学〉》，翟志勇译，周林刚校，载翟志勇主编：《罗斯科·庞德：法律与社会——生平、著述及思想》，第43页。

显然，概括来说，在上面分析的个人履历、思想经历、学术活动中，如果我们不断回顾前面提到的、我在前面一章中着重分析的其时社会政治背景，进而回顾其时法学学术话语背景，那么，一个带有某些"断裂"、某些"对立"、甚至某些"冲突"色彩的人物思想谱系，也就可以逐渐更为清晰地凸显出来。对于这些个人所阐述的实用主义法律概念理论而言，从微观的个人主体实践状况，到宏观的社会政治背景，再到中观的法学学术话语背景，我们可以看到大致的对应关系。实际上，在法律概念理论上，通过微观的个人主体实践状况，我们可以更好地理解社会政治背景所具有的作用，而通过微观的个人主体状况，以及社会政治背景，我们又可以更好地理解法学学术话语背景所具有的作用，同时，我们还能更为清晰地把握实用主义哲学在实用主义法律概念理论中的内在意义（比如，如何实用主义地应对各种法律概念理论），进而，更为丰富地辨析实用主义在这种法律概念理论中的成分，以及准确坐标；更为丰富地辨析实用主义和这些微观、宏观、中观背景之间互动的复杂关系。通过所有这些，我们也就可以清晰地理解，庞德自己究竟是在什么意义上提到过这样一个结论：

实用主义必定是法律人的哲学。[1]

我们也就可以清晰地理解，为什么卡多佐"多少有些偏离实用主义"地说道：

我们时代的法律面临着双重需要：首先是需要某些重述，这些重述从先例的荒漠中找出法律的确定和有序性。这正是法律科学的任务；其次是需要一种哲学，它将调和稳定与进步这两种冲突的主张，并提供一

[1] Roscoe Pound, "A Practical Program of Procedural Reform", in *Proceedings of the Illinois State Bar Association*, Springfield: The Association, 1910, p. 375.

种法律成长的原则。我们深切地感受到并广泛认可了第一种需要。[1]

当然，我们显然不能，而且也不会，认为上述这些个人的主体实践可以完全代表美国的早期实用主义法学群体，同时，无论他们，还是他人，都会具有某些个性化的主体实践。但是，他们是具有典型性的。因为，首先，他们的理论具有广泛的旗帜意义；其次，他们的个人主体实践的"复杂断裂"，的确和当时的法学学术话语背景、社会政治背景的"复杂断裂"，可以形成相互解释的对应关系；再次，在他们的个人主体实践和他们的理论、背景之间，可以发现很难割裂的逻辑勾连；最后，也是最为重要的，各种因素相互结合作用出来的"复杂性"和"矛盾性"，无论作为理论动力、形象动力，还是背景动力，十分容易对那些本身经历就是比较复杂、"坎坷"的其他学人，产生影响作用（尽管这不是必然的）。

关于最后一点，也即"产生影响作用"这点，我们可以注意的例子就是卢埃林。

卢埃林虽然批评了庞德理论的"理论混杂"，但是，接受了霍姆斯的将视点移向法院行动的某些复杂思想。当庞德批判他的"对某些个别案件的过度迷恋"[2]的时候，卢埃林，又"复杂地"认为自己的理论应当注意法律规则一面，不能过分地强调行动中的法律[3]。在此，我们既可以将卢埃林视为法律现实主义的代表人物，也可以将其视为美国的早期实用主义法学的一个跟随分子，同时，也能发现其对"立法主义"的法律实证主义的某些让步。从个人主体实践来说，卢埃林自己

[1] 卡多佐：《法律的成长 · 法律科学的悖论》，第 4 页。

[2] 主要是针对弗兰克的观点而提出批评的，当然也包含了针对卢埃林的意思。 见 Roscoe Pound，"How Far Are We Attaining a New Measure of Values in Twentieth-Century Juristic Thought"，*West Virginia Law Review*，42（1936），p. 89. 转引 Bodenheimer，*Jurisprudence*：*The Philosophy and Method of the Law*，p. 126.

[3] Karl Llewellyn，"preface"，in Llewellyn，*The Bramble Bush*，p. 9.

曾经抱怨，在法学院读书的时候，自己蓬松的乱发，成了同学的笑柄；而且，年轻时以社会接受的方式去行动，可以被人理解，但是，当提出同样的思想时，却无法得到尊重。[1] 另外，其婚姻颇为不顺利，有过三次婚姻经历。所以，他喜好诗歌，情绪容易激动，做事时常认定直觉的重要，经常酗酒。[2]

三、中国的个人主体实践

现在，我们可以对比地考察中国的早期左翼革命法学的一些个人主体实践。

（一）

我们先从朱怡庵入手。朱怡庵原名为朱镜我，前者是其笔名。他是后来人们熟知的新四军宣传教育部部长，1941 年逝于皖南事变。[3] 我们需要特别注意其早年的经历，以及思想形成。1918 年，年仅 17 岁的朱怡庵，因父母双亡和家境贫困，跟随考取日本明治专门学校官费留学的兄长朱德和，来到日本。[4] 在日本期间，朱怡庵的经历和思想，是在一条相互有些矛盾的道路上演化发展的。

首先，随着俄国十月革命和中国五四运动的出现，他对左翼革命理论产生了兴趣。从 1920 年开始，朱怡庵比较注意俄国的革命动态，并且多有同情赞赏的心态。对于这点来说，一个例子是这样的：1920 年，当东京《朝日新闻》误传列宁去世的时候，他曾为此深感焦虑，而在事实澄清之后，大为振奋，并且说道，“我既不希望这是真的，也不相信

---

[1] 见 Horwitz，*The Transformation of American Law 1870-1960*，p. 185.

[2] 见 Horwitz，*The Transformation of American Law 1870-1960*，p. 186.

[3] 见王慕民：《略论朱镜我在日本接受马克思主义的思想历程》，第 98 页。

[4] 见王慕民：《略论朱镜我在日本接受马克思主义的思想历程》，第 98 页。

这会事实”[1]；然后买了啤酒和江闻道共饮，借以“表示祝贺”[2]。

其次，1922 年，朱德和患病。经济上的窘迫，使朱怡庵深感在日本这样的资本主义社会里，“世间多少人为此而苦”[3]。同年一天，教授汉文的日本教授坂本，讲到中国国民性低劣，“顽冥不知恩义”，朱怡庵“愤气奔心，差一点酿成冲突”[4]，晚上即在日记中写道：

我们受的侮辱，不止这些。在国外的人，大概人人都饱尝不当的侮辱罢！纵令我如何的平何，崇拜非战主义，然而这种环境的压迫，我们当然要取最后的手段。我的最后的感想：就是我们中国，非同日本一战不可！预备着，死于沙场上，当然是我们的权利！[5]

两件事情对于朱怡庵来说，是深有刺激的，使其增加了对左翼革命理论的兴趣。同时，我们可以从朱怡庵自己日记的片语中，看到当时的朱怡庵的“战斗”情绪。

再次，1924 年，朱怡庵凭借通晓日、英、德、法语言的能力，开始阅读马克思经典作家的作品，[6]初步形成了左翼革命理论的观点。这年，他曾提到：

[1] 朱镜我，1920 年 6 月 10 日英文日记（未刊手稿），转引王慕民：《略论朱镜我在日本接受马克思主义的思想历程》，第 99 页（王慕民译文）。

[2] 江闻道：《怀念朱镜我烈士》，载浙江省政协文史资料研究委员会编：《浙江革命史料选辑》（七），杭州：浙江人民出版社，1982 年，第 192—193 页，转引王慕民：《略论朱镜我在日本接受马克思主义的思想历程》，第 99 页。

[3] 朱镜我，1922 年 2 月 1 日日记（未刊手稿），转引王慕民：《略论朱镜我在日本接受马克思主义的思想历程》，第 99 页。

[4] 参见王慕民：《略论朱镜我在日本接受马克思主义的思想历程》，第 99 页。

[5] 朱镜我，1922 年 11 月 2 日日记（未刊手稿），转引王慕民：《略论朱镜我在日本接受马克思主义的思想历程》，第 99 页。

[6] 参见王慕民：《略论朱镜我在日本接受马克思主义的思想历程》，第 100 页。

现在的国家底短处，就在专门讲究外观上底强霸，国民底富强，差不多可说不置眼中——此地所说底国民，当然指大多数中产以下的——几个有产阶级者，虽得其所，但其大多数如何呀！资本主义的国家，应该打破的一理由，就在此地。[1]

也是这一年，他参加了日本共青团的外围组织——“马克思主义研究会”，旁听京都帝国大学河上肇开设的马克思主义经济学讲座[2]，在思想上，形成了“主张革命”的信念[3]。此外，1927 年 2 月，朱怡庵提出过“无产阶级革命文学”的倡议[4]。

但是，另一方面，就在逐步形成左翼革命思想倾向的过程中，他又希望学习知识，成为一名知识分子，而且，在读书道路上特别期待得到“带有资本色彩”的官费支持学习。

我们可以看到，1920 年，朱怡庵考取了日本东京第一高等学校，开始得到官费以资读书。[5]之后，他考上了名古屋第八高等学校，1924 年，则升入东京帝国大学文学部社会学科。[6]几乎就在阅读马克思经典作家作品的同时，几乎就在自己认为“李宁（即列宁——本书作者注）底精神不死，想要改造社会，非有他底精神不可”[7]的同时，也即 1924 年，他立场博爱地选择了“时常标榜自己客观性”的社会学，作为自己的

[1] 朱镜我，1924 年 2 月 2 日日记（未刊手稿），转引王慕民：《略论朱镜我在日本接受马克思主义的思想历程》，第 99 页。

[2] 参见王慕民：《略论朱镜我在日本接受马克思主义的思想历程》，第 100 页。

[3] 见江闻道：《怀念朱镜我烈士》，第 192—193 页，转引王慕民：《略论朱镜我在日本接受马克思主义的思想历程》，第 101 页。

[4] 见王慕民：《略论朱镜我在日本接受马克思主义的思想历程》，第 101 页。

[5] 见王慕民：《略论朱镜我在日本接受马克思主义的思想历程》，第 98 页。

[6] 见王慕民：《略论朱镜我在日本接受马克思主义的思想历程》，第 99 页。

[7] 朱镜我，1924 年 4 月 28 日日记（未刊手稿），转引王慕民：《略论朱镜我在日本接受马克思主义的思想历程》，第 100 页。

读书专业[1]。在这年里，他写下了这样的文字："社会学固当研究社会底本质及其发展过程道上底法则，进而树立社会的理想，指导社会的去趋"[2]。后来，26岁时，也即1927年，他获得了，更为准确地来说，接受了日本学士学位。[3]

此外，1927年10月回到上海后[4]，朱怡庵在上海政法学院等大学任教，从事知识分子教学研究的职业工作，尽管，同时又在传播左翼革命理论，而且，和左联等左翼团体有着密切联系。[5]

（二）

我们再看李达的个人主体实践。

和朱怡庵类似的是，第一，李达出生时，以及年轻时，家境十分贫困，共有两兄一姐两弟，均为农民，因为贫困他们都没有读书机会。不仅如此，李达的整个家庭，还承担着沉重的地租负担。这对青年时期的李达是有很大影响的。[6]

第二，1900年，年仅10岁的李达，从长辈那里不断听说了八国联军对中国的侵略。1905年，他又听说了许多关于国外列强对中国的掠夺、国

---

[1] 见王慕民：《略论朱镜我在日本接受马克思主义的思想历程》，第100页。

[2] 朱镜我，1924年1月29日日记（未刊手稿），转引王慕民：《略论朱镜我在日本接受马克思主义的思想历程》，第100页。

[3] 见王慕民：《略论朱镜我在日本接受马克思主义的思想历程》，第98页。另见新华社北京2005年11月29日电：《永远的丰碑：为党的宣传事业奉献一生——朱镜我》（2005年11月29日中央电视台）。

[4] 新华社北京2005年11月29日电：《永远的丰碑：为党的宣传事业奉献一生——朱镜我》。

[5] 见东方党建网：http：//www.dfdj.gov.cn/info_show.asp?sysid=14582&newstype_id=336，2006年4月3日访问。朱怡庵研究法律理论的时间，大体上是1929年以前。之后，其基本上转向了左翼社会革命理论的研究、传播和实践，并参加了新四军，本章对此不做研究。

[6] 见宋镜明：《李达传记》，第9页。

内政治黑暗、清朝政府腐败的故事。这些，使其逐渐产生激愤报国的思想情绪。[1] 另有一件事情可能是特别重要的。就在这一时期，李达读过一封关于徐特立的感人爱国举动的信件。信中提到，湖南辰州发生一起教案，清朝政府为了平息外国人的“愤怒”，下令辰州科考停止五年，并让一名中国人来“抵命”，当地知县因在收尸时痛哭而被革职；徐特立得知后，给修业学校学生讲课时痛陈国耻，十分悲愤、激昂，斩断自己一个手指。李达看了信后深为震动。[2] 他说，“反帝爱国运动在那时是年年都要举行的”[3]。

第三，1909 年，经过上海北上求学时，身材矮小的李达，在外国租界遭遇了外国人的歧视，印度巡捕要他注意一个“华人与犬，不得入内”的挂牌，李达后来记忆深刻地说道，那时，“真是令人气愤！在中国的土地上把中国人和狗同等看待，岂有此理”[4]。1914 年，已经成为日本留学生的李达，身患肺病，并且经济拮据，不得不弃学回国。[5] 1917 年，病愈之后，李达再次通过考试成为日本留学生，开始接触马克思主义理论，不仅知道了“十月革命”，而且知道了“所谓‘过激派’和‘过激主义’就是布尔什维克和布尔什维主义，而布尔什维主义就是列宁主义，列宁主义又是马克思主义”[6]。

第四，1918 年回国后，李达积极参加爱国救国运动，认为“只有由人民起来推翻反动政府，象俄国那样走革命的道路。而要走这条道路，就要加紧学习马充思列宁主义的理论”[7]。1918 年，再次去到日本后，李达开始认真阅读《共产党宣言》《国家与革命》等马克思主义著

---

[1] 见宋镜明：《李达传记》，第 12 页。

[2] 见宋镜明：《李达传记》，第 12 页。

[3] 李达：《沿着革命的道路前进》，载《中国青年》1961 年第 13—14 期合刊，转引宋镜明：《李达传记》，第 13 页。

[4] 李达：《沿着革命的道路前进》，第 14 页。

[5] 见宋镜明：《李达传记》，第 15 页。

[6] 李达：《十月革命与中国知识分子》，载《学习》1957 年第 21 期，转引宋镜明：《李达传记》，第 18 页。

[7] 李达：《沿着革命的道路前进》，第 21 页。

述。[1]1919年，在《民国日报》副刊《觉悟》上，他公开发表了《什么叫社会主义？》和《社会主义的目的》两篇文章，宣传马克思主义。[2]以后，众所周知，李达参加了中国共产党最早时期的一些活动。1939年至1944年，因为时局动荡，李达大学教授生活中断，处于失业状态，其间，夫人离去，生活坎坷。[3]这些也使李达对社会的不平心怀批判。

但是，同样和朱怡庵类似的是，在形成左翼革命思想的同时，李达自始至终都期待着成为一名知识分子，而且，相对而言，似乎是有过之而无不及。首先，虽然家境困难，然而，其从少年起便勤奋读书，喜欢数学，熟阅经典，勇于争论[4]；在几次考试中，均因没有成为第一名而深感遗憾[5]。1913年，李达考取了湖南留学日本官费生，1917年考入日本第一高等学校。李达十分用功，留学期间每日读书十二小时左右，其身患肺病，也是因为勤奋读书所引起的。[6]

其次，1917年留学回国之后，尽管参加了中国共产党的早期活动，但是，李达知识分子的“身份情结”，依然根深蒂固，渴望成为大学教授。正是部分因为这一原因，其后来离开了中国共产党的组织。[7]1923年年底，李达来到“湖南法政专门学校任学监兼教授。后来，该校改为湖南大学法科，李达继续任教授”[8]。之后，虽然在大学里继续讲授左翼革命学说，但他主要还是从事知识性质的大学教育工作，以及研究工作。[9]

---

[1] 见宋镜明：《李达传记》，第21页。

[2] 见宋镜明：《李达传记》，第21页。

[3] 见宋镜明：《李达传记》，第115页。

[4] 见宋镜明：《李达传记》，第9—10页。

[5] 见宋镜明：《李达传记》，第11、15页。

[6] 见宋镜明：《李达传记》，第15、16页。

[7] 李达后来也承认，当时自己“小资产阶级意识过于浓厚……这是当年离开组织的总原因”。见《李达自传（节录）》，《党史研究资料》第2集，成都：四川人民出版社，1981年，转引宋镜明：《李达传记》，第71页。

[8] 宋镜明：《李达传记》，第71页。

[9] 见宋镜明：《李达传记》，第75—120页。

（三）

如果将视线转向张志让，我们也能发现，其和朱怡庵、李达有着类似的地方。张志让不仅早年留学美国和德国学习法律，早期生活经历复杂，接受了远房堂弟张太雷以及中共地下工作者张庆孚等著名共产党人的影响[1]，时常具有左翼革命的思想情绪，而且，同时一直担任大学法学教授、民国政府法官，从事律师职业，希望成为事业稳定并且受人尊敬的法律职业人士。[2]另外，尽管和共产党组织有过一些联系，然而，张志让始终都未参加过中国共产党。[3]

就蔡枢衡来说，众所周知，其早年留学日本，毕业于东京帝国大学法学部研究院；回国后，先后任北京大学、西南联合大学、南昌大学教授等。即使是担任了大学法学教授，蔡枢衡所获得的学术声望，也并不是令其满意的。[4]

（四）

那么，在中国的这些典型人物的个人主体实践中，我们可以读出怎样的信息？

首先，在朱怡庵、李达、张志让、蔡枢衡的早期个人主体实践

---

[1] 见武进市政协文史资料研究委员会：《张志让传略》，第41—43、46页。

[2] 张志让1915年留学美国，先在加利福尼亚大学文科学院插班学习，一年后入哥伦比亚大学法律系。1920年转赴德国柏林大学法律系学习。虽然毕业，但是可能没有获得法学学位。见武进市政协文史资料研究委员会：《张志让传略》，第39—41页。

[3] 见任建新：《新中国第一代大法官》，载武进市政协文史资料研究委员会编：《新中国第一代大法官张志让》，第1—9页。

[4] 在其著述中，我们可以发现对于当时法学界的普遍“藐视”。1947年，他曾说过，其时法学不过是带有“次殖民地”色彩的追随主义，几乎没有什么可以值得称道的学术意义；“质低量微是中国法学的病象。量微的情形怎样？微到法学每一部门不能找到一二册书，或一二册较好的书。低到什么程度？低到这国那国的条文都晓得，问起中国相当的规定竟茫然”。见蔡枢衡：《中国法学的病和药》（1947年），载蔡枢衡：《中国法理自觉的发展》，第87、92—93页。

中，我们可以明显地发觉，中国的早期左翼革命法学理论的倡导者，时常并不是那么“纯粹革命”的；其思想观念中，时常包含着一些个人化的动机，或者动因。换言之，在留学读书这一具有象征性的“知识资本左右生存”的影响下，个人的较为狭隘的职业追求，和个人的较为宏大的社会理想，时常是相互纠缠的、互为裹挟的。因此，在法律理论思考的时候，这种个人意识形态内部的精神紧张，总会具有一些潜在作用的实质意义。于是，在“法学职业”话语运用和激进思想相互融合的背后，以及不自觉地既肯定、又否定法律实证主义观念的背后，实际上可能隐藏着个人生存期待和社会革命愿望的深层矛盾。

其次，深入地加以讨论，我们需要注意，法律、法学是种职业的表达，是种职业的生存方式，其和资本支持也是无法摆脱关系的，如此，法律、法学或多或少、直接或者间接地总和有产阶层存在着物质上的联系。如果的确可以这样理解，那么，我们可以发觉，这就深刻解释了在他们的早期左翼革命法学理论中，为什么在可以发现“批判情绪”“革命精神”的显著标志的同时，我们可以发现一定程度上的“循规蹈矩”“渐次说理”的专业话语痕迹，或者一类革命的“不彻底性”。经过这些，我们可以从根基层面上去理解，为什么在这些革命法学理论中，法律实证主义和自然法学的法律概念理论，总是有些“悖论”式地被沿用的，也即在肯定前者的时候，肯定后者，在肯定后者的时候，肯定前者——当经验分析时承认法律实证主义的一般概念，当价值断定时表达自然法学的一般概念。

四、个人主体实践的深入比较：差异

在美国的早期实用主义法学的一些典型人物，和中国的相应人物的个人主体实践之间，我们可以提到一些什么不同？

（一）

第一，美国的典型人物，一般没有出国留学经历，无论霍姆斯、卡多佐，还是庞德，早年都没有作为留学生在国外大学读书。中国的典型人物，一般都有这种经历。这点差异，在一定程度上，可以从侧面解释，这些美国的典型人物身上的“法学实用主义”，为什么在主要方面是本土自生自发的，以及中国的典型人物身上的“法学左翼革命情结”，为什么在主要方面不是本土自生自发的。

从美国看，虽然美国典型人物的早期经历是不太顺利的，但是，这更多是种个人遭遇的问题，其与家境特别不尽人意，是没有太大关系的。比如，霍姆斯出身文人家庭，其父是个具有一定影响力的作家，[1]家庭生活条件，还是比较理想的。卡多佐虽然早年遭遇了父亲的“丑闻困境”，然而，家里经济上依然没有受到很大的影响，依然保持了至少是“小资”水平的生活条件。[2]而庞德的家庭，则基本上属于类似中产阶级的生活环境。[3]他们，基本上可以通过国内的学习研究法律。当然，这点是和如下另外三个因素相互结合、从而共同发挥作用的：

其一，当时的美国法律教育，已经有所发展，国外——当然首先是欧洲——的大学法学教育和理论水平，虽然具有一定的吸引力，使人认为是个“楷模”，然而，其并不那么令当时的美国人“自惭形秽”。[4]在此，留学的刺激动力，是不强烈的。

其二，美国当时的法律实践环境本身，尤其是美国式普通法的自我的规模成形这一背景，在一定程度上，使美国人相信，在本土实践

---

[1] 见 David Seipp，“Holmes's Path”，*Boston University Law Review*，77（1997），p. 518。

[2] 见考夫曼：《卡多佐》，第 22 页。

[3] 其父亲为法官，母亲为教师，家庭较为富裕。见萨瑟兰：《庞德及其时代》，第 4 页。

[4] 因为美国的法律以及随之而来的法律教育具有自己的地方性。见斯蒂文森：《法学院 19 世纪 50 年代到 20 世纪 80 年代的美国法学教育》，第 24—65 页。

中，就可以得到法律方面的训练。而且，法律职业就业的要求本身，并不看重而且也不强调国外的学习经历；相反，重要的是，熟悉本国法律甚至本州法律，以及普通法的内容，以备将来就业。这同样减弱了留学的激励。

其三，与第二点密切联系的是，其时美国法院影响社会的功能，已经较为显著，诸如马歇尔（John Marshall）大法官时代的"辉煌"象征，在美国有志于学习法律的青年人心目中，已经产生了极大的诱惑力。[1]在欧洲等国家，法官的作用，相对来说，并不如此"卓越"。在法官是经由律师中选拔而出的制度中，对那些期待成为法官是主角的法律职业阶层中的一员，以及期待成为"显赫的法律职业人"的美国青年来说，与其出国留学研习法律，不如尽早投入律师职业逐步磨炼。因此，我们也就看到了，在当时的美国，法律学科方面的留学，远远不能和其他学科方面的留学相提并论。

从中国看，情况是有所区别的，有些方面也许还是恰恰相反的。中国典型人物的个人经历的坎坷，时常和家庭的困苦，有着密切联系。例如，在朱怡庵的家庭、李达的家庭，我们都可以看到这些状况。家庭状况的不尽如人意，使其时中国的作为典型人物的青年人，更易寻求通过考试取得"官费"，外出留学。而在当时，中国学习西方、学习日本以图富强的观念，包括了解、参考域外法律、法学的欲望，促使政府提供"官费"机会鼓励外出留学，[2]有如容闳在《西学东渐记》中所提到的，"选

---

[1] 霍姆斯就特别欣赏、"嫉妒"马歇尔，见 Oliver Wendell Holmes，"John Marshall"（1901），in Holmes，*Collected Legal Papers*，pp. 266-271.

[2] 孙晓楼曾提到，那个时期，"逊清以还，朝野人士，侈谈变法，于是而有法律修订馆的设立，法律学校的创办，留学生的派遣"。见孙晓楼：《法律教育 · 自序》（1934 年 6 月 1 日），载孙晓楼等：《法律教育》，第 6 页。关于这一情况，另见王健：《中国近代的法律教育》，北京：中国政法大学出版社，2001 年，第 52—128 页。

派颖秀青年，送之出洋留学，以为国家储蓄人材”[1]。当然，这点，同样是和另外三个因素相互结合共同发挥作用的。

其一，在当时的中国，国内种种政治、经济环境使得青年人，包括青年人的家庭，深感就业并不是那么容易的（特别是稍微体面的工作就业）。于是，通过考试，获取奖学金额，从而出国留学然后回国就业，也就具有了极强的个人激励作用。

其二，当时中国的法律教育虽然不是空白的，反之，可能有如李晋1913年提到的，“法校之设置，时有所闻”[2]，从而有如孙晓楼1934年形容的，“好像春笋怒发一般的增添起来”[3]，但是，和欧洲包括美国甚至包括日本相比，教育方式和教育水平，依然是颇为落后的[4]，甚至时隔多年，直至1940年代，都能见到杨兆龙1948年提到的“法律图书设备之简陋”，“法律教学方法之缺乏改进”[5]。经由留学掌握法律技艺，在人们心目中，远比在国内接受同样教育、掌握同样技艺，显然更具有吸引之处；换言之，这种留学，在普通人们具有的“西方法律、法学权威远远胜过中国”的心理意识中，像曾几何时当然还有现时的今天中国一样，具有“镀金”的显著功能。同样是在1934年，孙晓楼对此有过这样的回顾描述：

自从前清末年一直到民国初年……大部分的留学生都是研究法政的。这班留学生回国以后，无论他在国外做些什么，只要他等满了这规定的年限，都是飞黄腾达：不是做议员，便是做法官，不是做行政官吏，便是做

---

[1] 〔清〕容闳：《西学东渐记》，沈潜、杨增麒评注，郑州：中州古籍出版社，1998年，第148页。

[2] 李晋：《法律与道德》，第90页。

[3] 孙晓楼：《法律教育》，载孙晓楼等：《法律教育》，第15页。关于这一情形，另见王健：《中国近代的法律教育》，第206页。

[4] 1923年，东吴大学法律学院教务长刘伯穆曾撰文详细提到这点。参见康雅信：《培养中国的近代法律家：东吴大学法学院》，第261—262页。

[5] 杨兆龙：《〈新法学〉诞生的前夕——法学界的贫困》（《新法学》第1期，1948年），载杨兆龙：《杨兆龙法学文集》，第576页。

大学教授，青萍结绿，到处争聘，研究法律者的红运，可以说最高没有了。[1]

其三，在当时中国的法律职业制度的背景下，希望通过尽早参加律师职业，或者学徒式的法律学习，从而进入稳定的法律职业，比如像在美国那样成为一名受人尊敬的法官，或者大律师，几乎是不太可能的。

正是在这种留学差异之中，我们可以从另外角度去部分地理解，为什么尽管美国的早期实用主义法学受到了其时欧洲各类法学学说的影响，然而，在当时特定的“战争”“动荡”的社会政治背景下，其中实用主义的内涵，依然是非常美国本土化的；因而，可以说是自生自发的。其实，当域外的“各种吸引”不是“主要方面”的时候，本土的影响因素和个人履历的相互作用，是较为容易推动个人思考朝向本国化的方向发展的，也是较为容易促使个人将思想焦点集中于本国思潮生产的。相反，中国的早期左翼革命法学，则是受到了西方经典左翼革命法律观念的影响，从而不是本土自生自发的，至少在主要方面不是本土自生自发的，其中既有来自西方的马克思主义，也有来自俄国的列宁主义。这一方面，我们依然可以注意，对于求学的个人而言，当时域外的“各种吸引”，不仅是“主要方面”的，而且几乎是决定性的，于是，在中国的“人口众多、民众广泛”以及“普遍贫穷落后”的这一宏观实际状况的刺激下，在出外求学中接受西方左翼革命观念，是自然而然的。

（二）

第二，与第一点相连的是，留学所透露出来的另外一个值得解读的“信息”是：在国内学习和国外留学这一对比中，当“国外权威”的象征，在一国之内具有集体认同的时候，对于求学青年而言，留学就会产生“应有较高、较多回报”的利益预期。这种利益预期的后果是这样的：如果个人经历都有某些坎坷的情形，那么，当在国外并不顺利，或者回国之后并不如愿，那么，激进反叛的思想是更易出现的，而且，更为容易朝

[1] 孙晓楼：《法律教育》，第 15 页。

着极端的方向演化。显然，在美国的上述典型人物和中国的上述典型人物之间，我们可以看到的恰恰就是这样一个后果。

对于美国的早期实用主义法学的典型人物而言，因为几乎并不存在留学的问题，因此，这种利益预期，可以说是不见踪迹的。进而言之，如前所述，美国的这些人物虽然个人早期经历时常是坎坷的，然而，他们没有留学的利益预期，因而，也不存在“国外逆境”“回国失意”的问题。与之相别，对于中国的早期左翼革命法学的典型人物而言，这种利益预期，自然是呈现在面前的，他们当然需要面对“国外逆境”“回国失意”的问题。换言之，中国的这些人物，个人早期经历通常是令其失望的，同时，他们抱有极强的留学利益预期，而在国外一般而言并不顺利，比如，没有获得理想的学位（博士、硕士学位），没有谋得职位，或者“更高一层地说”没有进入主流社会，回国之后，也未在社会地位上平稳上升，因此，他们也就需要，而且必须，面对另外一项负面激励。如果认为美国的早期实用主义法律概念理论是“比较激进”的，而中国的早期左翼革命法律概念理论是“更为激进”的[1]，那么，在我所分析的上述问题中，也许是可以找到部分答案的。[2]

其实，针对中国的这一问题来说，我们可以通过中国同时期的一些

[1] 作为例子，可以注意朱怡庵的更为激进的批评话语：“一切的资本家的法学者不得不矫揉造作，不得不把真正的事实歪曲虚构起来”，资产阶级的法学理论是一种“欺骗手段”。见朱怡庵：《法底本质》，第42页。也可以注意李达的更为激进的批评话语：“各派法理学者……妄谈其法律的本质论”，是种“流弊”。见李达：《法理学大纲》，第93页。李达另说：有的学者“滥用法律的概念……暴露了自己对于人类社会历史的无知”。见李达：《法理学大纲》，第95页。

[2] 关于中国的留学个人经历与左翼革命思想的关系的例子及其分析，可以参见程光炜：《左翼文学思潮与现代性》，载《海南师范学院学报》2002年第5期，第4—6页。其中提到了统计资料，可以部分地说明这里的问题。另外，其中一个例子就是李初梨。与朱怡庵一起在日本留学的李初梨，曾在东京帝国大学文学部哲学科攻读，1927年回国后没有固定职业，1930年便参加了左联。参见该文该页。朱怡庵则直接参与了左联的组织建立。关于朱怡庵与左联的关系，见新华社北京2005年11月29日电：《永远的丰碑：为党的宣传事业奉献一生——朱镜我》。

相反对应的其他例子情形，进一步地证明这一观察。一些同样留学国外的中国法学学人，比如吴经熊、王世杰、燕树棠、黄右昌等，在他们早年出国留学时，个人最初也不是完全一帆风顺的，他们也都抱有极大的利益预期。但是，留学期间，他们或者比较顺利，比如没有经济困扰；或者比较“春风得意”，比如获得了令人羡慕的博士学位；或者更有甚者，“平步青云”，在一定意义上进入了国外学术主流社会，像吴经熊这样的留学生，就和其时已是名满天下的霍姆斯和德国的施塔姆勒成为学术挚友[1]。回国之后，这些学人，更是如鱼得水，或在大学成为著名教授，或在政府之内担任要职，在社会上获得了极大的荣誉和尊敬。[2] 因此，在他们身上，尽管我们可以想象某些激进的法律观念，比如，吴经熊的带有社会法学理论色彩的并对法律实证主义颇有几分批判的“新分析主

---

[1] 见吴经熊：《超越东西方》，第 109 页。

[2] 例如，吴经熊回国后成为东吴大学法律学院教授、院长，并且担任上海特区法院法官，成为南京政府立法院立法委员，又被任命为司法院法官，后被任命为上海特区法院院长。见王健：《超越东西方：法学家吴经熊》，第 219 页。王世杰 1920 年回国后，先后担任北京大学法律系教授、系主任，而且担任过校教务长，1940 年代担任武汉大学校长多年，曾任中央研究院首届院士，成为南京国民政府外交部长并曾担任其他要职。见傅国涌：《头等战犯、大法学家王世杰》，载《炎黄春秋》2002 年第 6 期，第 68—69 页。另见徐友春主编：《民国人物大辞典》，石家庄：河北人民出版社，1991 年，第 45 页。燕树棠回国后历任北京大学法律系教授、系主任，曾任南京国民政府法制局编审，后任武汉大学、西南联大法学教授，并任国民参政会参政员和南京国民政府大法官。见全国文化信息资源共享工程网：http：//210.72.4.42：8088/datalib/2003/NewItem/DL/DL-460948/view?searchterm=None，2006 年 4 月 4 日访问。黄右昌回国后，任湖南法政学校教授、校长及省议会议长，后任北京大学法律系教授兼系主任，并兼清华大学、法政大学、朝阳大学、中国大学、民国大学和天津法商学院教授，1930 年起历任南京国民政府立法委员、大法官等职。见临澧网：http：//www.linli.cn/llxx/news/view.asp?NewsID=5&classID=5，2006 年 4 月 4 日访问。他们在国外一般都获得了博士学位。

义”[1]，比如，黄右昌的较为另类的“法律分类”理论[2]……但是，我们的确难以想象极为激进的左翼革命法学理论。

（三）

当然，个人的经历坎坷，留学预期的失败，就像复杂的法学学术话语背景，以及复杂动荡的社会政治背景一样，并不必然导致个人的左翼革命思想的出现。我们总是可以发现相反的例证。但是，在将个人经历和学术背景、社会背景联系在一起的时候，发现一种大致的趋势，也不是不能成立的。毕竟，在中国的当时年代，的确可以看到较大数量的同类情形。

关于这点，我们可以注意一个可以从侧面说明一些问题的统计数字：1921 年，中国共产党全部党员共 53 人，除 2 人是工人外，其余都是知识分子，在这批思想激进的早期党员中，具有大学以上文化程度的 41 人，占 80%，其中留学过日本、欧洲和俄国的就有 22 人。[3]

五、个人主体实践的深入比较：类似

那么，在美国早期实用主义法学典型人物和中国早期左翼革命法学人物之间，我们可以发现什么类似的地方？如果两者之间存在着类似，这种类似又意味着什么？我从两个方面加以分析。在下文中，两个方面

---

[1] “新分析”法学一词，是端木恺 1930 年对吴经熊法学理论的一个描述。关于吴经熊理论这方面的概括，参见端木恺：《中国新分析派法学简述》，第 231—245 页。

[2] 黄右昌提出了母法与子法、团体法与社会法等分类。这些分类，意在批评公法与私法之分、国际法与国内法之分、一般法与特别法之分等各种学说。见黄右昌：《现代法律的分类之我见》（《中华法学杂志》第 2 卷第 8 期，1931 年），载何勤华、李秀清主编：《民国法学论文精萃》（基础法律篇），第 397—417 页。

[3] 见倪兴祥：《五四时期具有初步共产主义思想的知识分子》，载《上海党史与党建》2004 年 9 月号，第 29 页。

分别是指“第一”“第二”。

（一）

第一，无论对美国的典型人物，还是对中国的典型人物而言，在他们的早期思想形成发展的过程中，学术活动和实践活动是交织在一起的，而且，更有倾向实践活动的一面。

以霍姆斯为例，1881 年撰写出版《普通法》之前，尽管他发表了许多论文和书评，但是，他同时不断地积极参与法律实践活动，以及其他社会实践活动，并且十分活跃。这点就其战争经历而言，可能是更为明显的。就卡多佐和庞德来说，他们不仅阅读撰写学术作品，而且较长时间地从事了律师职业，同时，不断地参与各种政治活动。从中国看，朱怡庵在日本留学期间，以及回国后的初期，一方面从未间断学术上的研究；另一方面，积极参加了社会政治性的左翼组织活动，对相关政治活动兴趣极高。张志让也是非常类似的。留学回国之后，在大学任教的时候，其一方面不断撰写学术著述，另一方面一直从事律师职业，而且时常在张太雷这样的共产党人的影响下参与左翼政治活动，并且，极为关注当时的社会重大事件，比如，“七七事变后……组织大规模的爱国游行”[1]，“1946 年，在上海发起组成‘上海各大学教授联谊会’……开展了一系列反蒋、反美爱国民主斗争”[2]。

这一共同之处意味着，他们的个人经历，使其学术思想具有较为强烈的“实践色彩”，或者“行动色彩”。换言之，相对其他法学理论的个人经历而言，他们的学术思考和实践行动是更为明显地“彼此嵌入”的。“彼此嵌入”的一个结果，就是个人实践行动之中的“复杂”“断裂”“矛盾”等，总会不知不觉地转化成为学术之中的“复杂”“断裂”和“矛

---

[1] 任建新：《新中国第一代大法官张志让》，第 3 页。另见武进市政协文史资料研究委员会：《张志让传略》，第 57—58 页。

[2] 任建新：《新中国第一代大法官张志让》，第 4 页。

盾”。更为重要的是，“彼此嵌入”的一个结果，就是实践活动的行动纲领，总会不知不觉地转化成为学术写作的操作纲领。当然，学术中的思考，也会反向渗入实践之中，调整实践。

我们可以注意，不论美国的早期实用主义法学的理论，还是中国的早期左翼革命法学的理论，其中一个共同特点，在于它们的论证分析尽管是努力学术化的，然而，相对而言，终究不是特别严密的，缺乏细致的系统论述；它们的叙述，相对来说，有时是“断言式”的、“口号化”的，有时还是具有“鼓动性”的。它们的理论的着眼点之一，时常恰恰在于通过“学术的武装”去敏锐、机智、富有灵气地挑起某些阶层人们迅速联想现实的思考反应，在当时社会政治的条件下，恰恰在于通过“学术的武装”，去促使某些阶层的读者发觉他们的理论“富有激情”“关怀现实”“令人兴奋”。从这里深入挖掘，我们可以发现，就理论的社会功能来说，它们的叙述有时都存在着“文学化”“战斗性”的特征，有时都颇为明显地具有直接推动社会某些阶层迅速行动的潜在“号召力”，尽管，它们依然是以“学说话语”作为学术出发点的。

比如，在霍姆斯的《法律的道路》这一作品中，我们就可以发现这样一个典型的表述：

法律的理性研究，在很大程度上是历史的研究。历史必须是研究的一部分，因为，没有历史，我们无法知道规则的精确范围，而知道规则的精确范围是我们的任务。这是理性研究的一部分，因为，这是走向启蒙的怀疑论的第一步，换言之，这是走向谨慎重估那些规则的价值的第一步。如果你将龙从洞中引到平地上，并且使其处在光天化日之下，那么，你就可以数清它的牙齿和手爪，准确地看清它的力量。但是，将其引出，仅仅是第一步。下一步是要么杀死它，要么驯服它并且使之成为有用之物。对于法律的理性研究而言，研究白纸黑字的人是现在的人，未来属于研究统计学和掌握经济学的人。令人感到头痛的是，对于一个法律规则，今天制定起来比起亨利四世时代没有更好的理由。如果规则制定的依据已经早已消失了，而规则仍然盲目模仿过去而简单地持续适用，那么这就更加令人头痛了。我正在思考人们所说的有关初始侵害的技术规则，在最近马萨诸塞州的一个案件中，我试图对其加以解释。[1]

显然，这些表述，不是特别逻辑连贯的；断言、口号式的表述，是较为明显的，而且具有“文学化”“战斗性”的特征。因为，开始部分提到了历史的重要，后来运用一个比喻增加人们的印象，而在其后，很快似乎又在强调现在的重要，以及其他社会科学的重要，最后，则是若有所思地想到一个案件例子。所以，正如有的学者已经指出的，人们在霍姆斯的学术作品中，可以发现许多并不连贯、缺乏推理、闪烁其词的地方[2]；就《法律的道路》的全文而言，这是一篇缺乏“一丝不苟”的精神而且并不“讲究体系”的文章[3]；在《法律的道路》中，具有“分析哲学背景的读者很自然就会发现其中的混乱”[4]。

在《法律的道路》的结尾部分，霍姆斯提到了：

在法律中，更为深远和更为普遍的内容，是那些赋予法律永恒意义的内容。正是通过它们，你们不仅成为你们职业中的大师，而且将你们的志向和天地万物联系起来，同时倾听无限，发现无限之中的深远过程，洞悉永恒规律。[5]

---

[1] Holmes，“The Path of Law”，p. 469.

[2] 见 Hart，*Essays in Jurisprudence and Philosophy*，p. 281.

[3] ［美］斯科特·布鲁尔：《从霍姆斯的道路通往逻辑形式的法理学》，载伯顿主编：《法律的道路及其影响》，第 124—125 页。

[4] 格莱：《霍姆斯论法律中的逻辑》，第 170 页。

关于霍姆斯另外一部著名的著述《普通法》，也有学者认为其中论述“是令人费解的”。见 Sheldon Novick，“Introduction”，in Sheldon Novick（ed.），*The Collected Works of Justice Holmes*，Chicago：The University of Chicago Press，1995，vol. 1，p. 86.

[5] Holmes，“The Path of Law”，p. 478.

我们可以发现，其中的“激情”和“鼓动”，跃然纸上，而且给予读者（包括当时听者[1]）以文学化的丰富想象。因此，戈登说道，这一结尾，是颇具鼓舞人心的演说风格的[2]。

又如，在朱怡庵的《法底本质》[3]一文中，我们也能发现类似的修辞表达。在从历史角度去批评资产阶级的理性主义法律观的时候，他这样描述：

在这样的智的氛围之中，法这一现象当然也不是什么神的产物了。它当然要被从天上的玉座拖落到这地上来了。但是，它决不曾被人丢弃在垃圾桶临内，反而换上了一套炫耀的衣服而坐在光辉灿烂的理性之前了……

这样，特定从天上罚下来的法，由这一理性的加工反而获得如钢如铁的坚固不拔的基础了。[4]

在文章的结尾，他说：

被压迫的劳苦民众只有团结自己的力量，自己动手的来颠覆既成的国家制度，创建自己的国家权力，设置自己的法的关系然后才能真正的确保自己的利益，然后才能扬弃一切的阶级对立，完成解放全人类的使命！[5]

---

[1] 这篇论文是由一篇演讲而来的。1897年1月8日，霍姆斯在波士顿大学法学院新楼落成典礼仪式上发表了题为“法律的道路”的演讲。见Holmes，“The Path of Law”，p. 457，n. 1.

[2] 戈登：《法律作为职业：霍姆斯和法律人的道路》，第11页。

[3] 《新兴文化》创刊号，1929年。

[4] 朱怡庵：《法底本质》，第40页。

[5] 朱怡庵：《法底本质》，第49页。

其中，我们依然可以明显地发现“文学化”和“战斗性”。[1]

（二）

我们当然可以认为，在其时各种理论不断张扬自我的时候，一种理论如果希望吸引他者，希望在学术市场，甚至社会受众中占有可观的阅读份额，那就必须具有一定的“表达”策略，包括有时需要一定的“文学化”“战斗性”。这的确是真实的。但是，这又仅仅是部分方面的问题，甚至是表面上的问题。

从实质看，如果将其和个人经历的微观活动联系起来，那么，其间的内在关联，则是比较清晰的；那样的“表达”策略的背后，以及“文学化”“战斗性”的背后，实际上隐藏着个人实践活动的、时常无法避免的某种实质影响，或者，这样来说，越是参加或者被卷入复杂坎坷的社会经历，越是容易在学术叙述中展现“松散”“跳跃”“激动”“抒情”“宣传”的特点。我们难以想象，个人实践中的经由坎坷引发的不满、积怨、悲愤，还有焦虑、憧憬、想象，可以在个人学术言说中销声匿迹、“甘于寂寞”，没有任何的“文学化”“战斗性”的表达。

这就在一定意义上解释了，为什么在研习法学的时候，霍姆斯早年写诗，而且一直喜欢诗化的语言，为什么卡多佐、张志让、朱怡庵等都是喜欢文学的。[2] 因此，个人的那种经历，在那样的社会政治背景中，势必会使他们的学说呈现前面提到的各种特点。

---

[1] 作为另外一个例子，我们可以注意考夫曼对卡多佐的一个描述：“卡多佐立志成为博学饱识之士，但其目的在于实用……卡多佐的生活阅历及其学识使他怀疑空对空的概念。他希望学有所用。”见考夫曼：《卡多佐》，第 165 页。而对其理论的确有人这样评论：“几乎没有什么深入的思考内容”。见 Gilmore，*The Ages of American Law*，p. 151.

[2] 关于卡多佐对文学的热衷，见考夫曼：《卡多佐》，第 447—451 页。张志让早年曾参加过柳亚子、陈巢南、高天梅等发起的文学组织——南社，喜好“诗文写作”。见柳亚子：《我和南社的关系》，载柳无忌编：《柳亚子文集 · 南社纪略》，上海：上海人民出版社，1983 年，第 11 页。朱怡庵如前所述，本身就积极参加了文学活动。

此外，我们对这种内在关联以及影响的认识，也是符合人们自然可以理解的、关于学术分析论证的时间经济原理的。这一原理是这样的：其一，当实践活动越来越多的时候，学术操作的时间，也就相对减少，反之亦然；其二，与前一点相连，一般而言，在智力、能力和兴趣大致相等的条件下，理论学术工作上的所用时间越多，学术分析以及论证，也就越为细致，反之亦然。当然，更为关键的是，根据这一原理，在积极期待表达自己思想的时候，如果没有时间仔细思考学术分析论证的问题，那么，运用“鼓动”“宣传”，或说“文学化”“战斗性”的修辞叙述，从而使其具有标语式的“号召力”，甚至“亲和力”，也就是个人积极追求、跃跃欲试的一个重要选择了。[1]

作为相反例子说明，我们可以注意其时中国的赵之远。1917 年，赵之远考入国立北京大学法律系，4 年之后毕业，同时即获得了法学学士学位；1922 年，以优异成绩通过浙江省欧美留学考试，随即赴美开始法律学习。在美期间，赵之远先后在哥伦比亚大学法学院、哈佛大学法学院、芝加哥西北大学法学院学习，1929 年，获得美国法学博士学位。1929 年回国当年，其即被聘为国立北京大学法律系教授，1931 年，应聘担任国立中央大学法学院法律系主任、教授。1945 年，赵之远婉拒出任

---

[1] 庞德也许是例外的。他的理论著述相对来说较为系统，也有“较为全面论述”的意思。比如，后来出版的五卷本的《法理学》(Roscoe Pound，*Jurisprudence*，St. Paul：West Publishing Co.，1959)。但是，这也是仅仅相对其他典型人物的理论而言是如此的。实际上，他的理论著述在“较为全面”的同时，也包含了上面提到的“内容断裂”“学说杂糅”的特点。一些学者已经指出了这一点（例子参见 Herbert Morris，“Dean Pound's Jurisprudence”，*Stanford Law Review*，13（1960），pp. 185-210；卢埃林：《罗斯科 · 庞德：〈法理学〉》，第 34—45 页）。另一方面，他的理论作为例子，同样可以掉转过来证明复杂坎坷的个人经历和多样断裂的学术表达之间的某种关联。庞德后来主要是在大学从事学术研究、讲学授课。因此，相对来说，越到后期，他的理论著述越是“较为全面”的。

政府司法部要职，一直乐于在法学院教学研究。[1]其个人主体实践，可以认为是较为顺利平坦的，同时也是较为安逸的。

我们可以注意其1934年撰写的一篇重要论文——《法律观念之演进及其诠释》[2]。这篇论文，长达近四万字，专门讨论法律概念理论的各种学说。以今天的学术模式来看，这篇论文，都是至为详尽或说细致入微的。赵之远，不仅分析了我们现在通常了解的学说，而且分析了许多我们现在也都未必知道的一些学说。其中，我们不仅无法看到“鼓动”“宣传”的修辞叙述，而且无法看到“文学”“战斗”的话语表达。相反，我们看到的恰恰是文献视野开阔的平稳分析，和逐步深入的理论概括。上面提到的“不满”“积怨”“悲愤”，以及“焦虑”“憧憬”“想象”，还有由此而来的“松散”“跳跃”“激动”“抒情”“宣传”等，是不见踪迹的。[3]

（三）

我在这里深入讨论这个问题，目的，并不仅仅在于说明两种法学本身的历史上的影响因素的问题。我另外尝试说明并且论证的是，在这样的历史因素分析中，我们可以发现一种与较为普遍而言的实用主义法学理论和左翼革命法学理论相关的现实逻辑。我们可以注意，如果将个人经历和社会政治背景，以及法学学术话语背景联系起来，那么，即使是今天的实用主义法律学说，以及今天的左翼革命法律学说，包括西方的另类左翼革命法学，比如，批判法学，或者，西方马克思主义法学，我们同样能在其中发现类似的“历史结构”。

相对其他法学理论而言，实用主义法学和左翼革命法学，其和社会政治背景、个人复杂经历的关系，是更为微妙的，也是更为值得关注

---

[1] 赵之远的生平资料，见赵龠平、赵嘉鼎：《赵之远》，东南大学校友总会网：http：//seuaa.seu.edu.cn/book/detail.asp?id=76，2006年3月9日访问。

[2] 《社会科学论丛》第1卷第1期，1934年。

[3] 见赵之远：《法律观念之演进及其诠释》，第265—313页。

的。[1] 毕竟，从近现代开始，比起其他法律学说，其和社会政治之间的联系，是更为紧密的，其更易成为社会实践的行动纲领的一个组成部分；反之，社会实践的行动纲领，也更易成为这些法学之中的"指导方针"的一个组成部分。而这种"更为紧密"，时常正是通过"个人复杂的经历"这一中介来实现的。在这些法学的构筑中，个人的复杂经历，较为容易诱发个人激进情绪的生发；同时，个人激进情绪，较为容易牵引他们的激进学术思路。进而言之，个人的激进情绪一旦形成，也就较为容易将现实社会政治背景中的积极改变现实的某些阶层的欲望，转变成为学术中的富有"鼓动性""战斗性"的话语言说。其实，"实用"，以及"革命"，这样两个语词符号，在此已经传递了这一重要信息。

这是本章在此分析两种法学具有类似性的意义之一。

（四）

第二，从学术自我评判的标准来看，我不认为，因为我在上面提到的两种法学有时表现出了"不是特别的严密""缺乏细致的系统"等表象，表现出了"断言""口号"甚至"鼓动"等特点，所以，两种法学，是"缺乏标准学术"的。有人可能认为，因为这些表象和特点，它们的确是有时缺乏"标准学术"的，特别是今天学院式的标准学术要素。

在我看来，其一，我们需要注意，法律学术的定义，就像一般学术的定义一样，不仅是时间性的，而且也是空间化的。从时间看，我们显然不能运用今天的学术操作方式的评价标准，去衡量历史某些阶段的学

---

[1] 比如，关于今天的实用主义法学，有人说波斯纳就非常类似霍姆斯。见利文森：《爱默生和霍姆斯》，第 298 页；其童年是以左翼方式度过的，见理查德·莱西格：《多产的偶像破坏者》，苏力译，转引苏力：《〈波斯纳文丛〉总译序》，波斯纳：《超越法律》，第 XⅢ—XⅣ页。关于批判法学，1960 年代，其代表人物均是西方左翼思潮和运动的主要参与者，而且在开始学术活动的时候相对而言并不那么顺利。见 Robert Gordon，"New Developments in Legal Theory"，in David Kairys（ed.），*The Politics of Law*，New York：Pantheon Books，1990，pp. 414-415.

术意义。我们显然不能因为柏拉图对话体的著述是文学化的，甚至是口语化的，而且“不甚系统”，从而认定他的著述不是标准学术性的。过去的人，包括将来的人，都有可能反而认为今天我们的学术操作是“怪异”的，并不符合他们的“正统的学术标准”。从空间看，我们也能类似地看问题。我们显然不能因为今天的英美背景的某些学术比较细致推理，就去认为欧洲大陆背景的、某些较为宏大的理论阐述不是学术性的。不同的学术地域，可以具有不同的学术标准。因此，学术性的标准问题，自然是库恩（Thomas Kuhn）式的学术共同体意义上的“范式”问题，其是历史化的，同时也是地方化的。

其二，在此，更为重要的是，我们需要注意法律学术本身的学术标准定义的问题。在法律的语境中，因为法律直接地与人们的利益交织在一起，而且，法律的存在本身，意味着纠纷的存在，而纠纷的存在，本身又意味着人们的争论、评判等时常是无法统一的，因此，通过法律过程体现出来的法学思考（法学思考总是反映着人们的一些愿望、要求），也就更为突出地意味着“唯一学术标准”的缺席。或者这样来说，各种法学思考，更为容易固守自己的“学术标准”。我们自然可以发现其他领域中的各种学说之间的关于学术标准的相互“嘲笑”，然而，我们更易发现法学中的各种理论在这一标准上的相互“否定”。这是法律学术相对其他学术而言的在学术标准问题上的一个特殊地方。当然，这里的意思并非是说，“讲述道理”和“口号鼓动”，是完全同一的；而是在说，“所谓的道理讲述”，“所谓的口号鼓动”，因为法律学术问题本身的特殊性，其判断标准，更为体现了历史化和地方性，同时，其中还隐藏着立场。何况，就美国的早期实用主义法学和中国的早期左翼革命法学来说，它们并不是完全口号鼓动性的，它们也在讲述法学道理，只是就某种标准而言，不是那么特别“严密”“系统”。

其三，在考虑社会群体可以分类的情况下，我们可以发觉，许多人并不需要仔细考虑法学学术的演绎推论、旁征博引。社会分工、职业兴趣，决定了系统的法学学术化的详尽论理，仅仅对于特定的社会职业，比如法学院中的学者，才是有意义的（有时对那些法律职业内部的一些人，比如律师、大多数法官，意义可能都是有限的）。这里并非是说，学术化的详尽论理，是意义不大的；而是在说，不同的社会群体，对于法学学术的论理是有不同要求的。在某些群体看来不甚严密、缺乏系统的法学理论，在另外一些群体看来，可能已是足够的了，十分充分的了，足以使其确信其中的“正确性”。[1]

（五）

我在这里讨论这些问题，意在深入挖掘这样一个意义：一旦澄清了上述三个方面，那么，所谓“是否学术”的问题，也就可以转化为这样一些追问：法律学说，是在哪段历史中产生的？是在什么地方中出现的？更为深入的追问也会随之而来：为什么一类学说有时会有“鼓动性”“号召力”？对谁而言，一类说理是“更有学术性”的？对谁而言，一类说理已经是足够的了？

在法学的领域里，我们显然不能假定，鼓动者或者号召者是没有理性的。同时，我们显然更加不能假定，接受鼓动、接受号召的人，是没有理性的。因此，在鼓动者、号召者与被鼓动、被号召的人之间，一种特殊的共谋关系，就是需要揭示出来的。在美国的早期实用主义法学、中国的早期左翼革命法学和各自受众之间的关系中，这种“共谋”，显然是特别需要注意的。因为，两种法学和实际的社会法律问题，有着紧密联系，具有极其强烈地参与、干预法律现实的学术欲望，并且是“实践化”“行动化”的，所以，它们分别和各自社会中的特定广大阶层，更易有着紧密的相互沟通。

我们可以注意，无论法律实证主义、自然法学、历史法学，还是其

[1] 关于法律法学中说理的地方性、不同群体性的问题，我在一篇文章中有深入的讨论。参见刘星：《司法中法律论证资源辨析——在“充分”上追问》，载《法制与社会发展》2004 年第 1 期，第 110—113 页。

他种类的法律学说，尽管广大阶层的人们也许知道它们的某些言说，知道它们的某些观点，或者，它们也许有时在学术领域内具有更大的影响，但是，在近现代的社会政治历史背景中，它们，显然不能像实用主义法学的言说、观点对美国的特定广大阶层那样，像左翼革命法学的言说、观点对中国的底层广大阶层那样，更加具有“亲和力”。社会广大阶层，自然更易理解，而且更易相信，“当下需要”“实际利益”“有效方法”等语词的意义，更易理解而且更易相信，“阶级压迫”“社会平等”“国家公正”等语词的意义，以及其中的观点含义，但是，他们不是那么容易理解“实然/应然”“民族精神”等语词的意义，还有其中的观念含义。

在这个意义上，尽管美国的早期实用主义法学和中国的早期左翼革命法学，有时呈现了“不是特别的严密”“缺乏细致的系统”的表象，是看似不太学术的，然而，它们的“不是完全学术说理”的理论，对于广大阶层，已是足够可以确信的了；它们的道理叙述，对于广大阶层，已是足够充分的了。所以，我们也就可以看到，在近现代，美国的早期实用主义法学，在美国“南北战争”之后，以及持续动荡的年月里，是那样地具有“号召力”；与此对应，中国的早期左翼革命法学，在中国“解放战争”之前，甚至这一战争结束之际，以及之后，当然包括持续动荡的其他社会时期，是那样地具有“战斗力”，特别是和左翼革命其他思想一起，极为具有广泛推动力地完成了中国政权的一次重要更替。

从这里出发，通过两种法学和社会特定广大阶层的共谋关系，我们可以更为准确地理解这样一点：在它们各自典型人物个人经历和同处社会政治动荡背景中的广大阶层人们的一般“类似”状况（也即个人经历的类似状况）之间，存在着一种呼应关系；或者，换句话说，那些典型人物，作为一种符号象征，实际上既是特定广大“坎坷阶层”的代言人，也是其中的一个组成部分，其间，具有必然的历史结合的含义。在这样一种类似之中，我们实际上可以从另外角度，更为深刻地洞察两种法律概念理论的历史逻辑，以及现实逻辑，从而经过历史化的，并且在此特别是微观化的知识社会学的方法，还有人们常说的知识考古学的方法，在“个人经历”的层面上，推进对法律概念理论和社会政治实践——当然包括法律实践——之间实质性的“你中有我”“我中有你”的辩证关系的深入理解。

六、补充性的总体结论

作为一个补充，我将结合我在开始部分提到的前面两章和本章的分析，来阐述一下总体性的深入结论。

（一）

在这三章中，集中于法律概念理论的反叛，我从理论观念叙述、法学学术背景、社会政治背景、个人主体实践等方面，逐步探讨了美国的早期实用主义法学和中国的早期左翼革命法学的异同。这些篇章的比较、分析、推论，已经尝试论证这样一个基本观点：两者之间的异同，不是单纯历史的，更不是偶然的，而是存在内在逻辑的，这一逻辑既是历史的也是现实的；而且，更为重要的是，从理论谱系来看，以及从“当时中国实际情况”来看，美国的早期实用主义法学可以成为中国的早期左翼革命法学的一个有益补充；所以，以“中国视角”来说，这种异同，也就具有了特别重要的意义。

为了理解这里的总体性的深入结论，再次回顾一下两种法学在法律概念理论上的基本内容，是必要的。

就美国的早期实用主义法学而言，其基本上强调了这样三个观念：首先，“预测”，也即法律是通过预测而获得认识的，但是，“预测”是一种科学的、有一定确定性的预测；其次，法律是存在部分确定性的（因而，法律实证主义并非是完全错误的），司法能动的意义，在于从某些方面弥补法律的缺陷；最后，当司法能动主义是必要的时候，“社会需要”，以及与其密切联系的“社会福利”的概念，是应当给予考虑的。就中国的早期左翼革命法学来说，其基本主张了这样三个思想：其一，法律是政治性的，特别主要是阶级性的；其二，法律的阶级性质意味着社会等级的存在，而社会等级，意味着立场的存在，进而意味着“法律革命”的欲望的存在；其三，社会底层通常来说是以“大多数人”作为表现形式的。[1]

那么，如何在总体结论上深入理解？

（二）

从理论话语本身来说，两种理论，如同我在前面不断提示的，在某些地方具有共同的含义目标。这一目标，特别集中在了“社会需要”这一概念上。可以指出，“社会需要”在理解两种法律概念理论对法律实证主义的另类反叛，以及我在系列研究中强调的“中国视角”上，是一个关键性的概念。通过这一概念，我们可以提纲挈领，逐一地将各种问题串联起来。比如，为什么部分地强调法律的确定性？为什么部分地反对法律实证主义？为什么在基本方面，需要重视“社会福利”？为什么需要注意“社会阶层”的问题？以及为什么要看到法律的阶级性质……

之所以可以提纲挈领，并且可以将各种问题逐一串联起来，是因为，这一“社会需要”的概念具有双重内涵。其一，它指示着“变动”；其二，它指示着“大多数人”。“变动”是说社会总是变化的。“大多数人”是说，在变动中容易遭遇边缘化或被遗忘的人群，往往是社会中的底层多数民众，他们是特别需要关注的。这在中国可能是尤为明显的。

我们现在具体看看如何可以串联起来。

第一，因为“变动”，所以，法律实证主义的法律概念显得有些僵化，缺乏灵活，从而需要在部分方面加以反对。为什么是部分地反对？因为，“大多数人”时常需要的还是法律的确定性，他们，并不希望处于“根

[1] 参见第五章。

本无法预测”的处境；[1]如果是完全地反对，法律也就没有“可预测”的问题了。而且，“大多数人”需要一个正常理解的法律概念，否则，另一方面，他们无法认识法律对象，无法在必要的时候清晰地将批判矛头甚至“革命”的矛头，瞄向一个目标。因而即使是“预测”，也需要是科学化的、概率性的“预测”，不能是完全偶然的。

第二，在“变动”这一内涵中，“社会福利”就变成了重要的一个社会问题，面对“变动”，“大多数人”首先需要的是法律方面的“社会福利”的帮助，所以，“社会福利”，首先就是法律层面上的政策指导需要考虑的对象。当通过立法方式不能及时体现“变动”中的“社会福利”所要求的问题的时候，灵活性的法律运用，就是必要的工具手段。因此，法律的确定性，只能又是部分的需要。另一方面，在“变动”中，“大多数人”因为较为容易成为弱势的，所以，更易反对现存的社会法律秩序。需要清楚意识到的是，反对只是问题的一个方面，甚至是问题表层的方面，其问题深层的方面，可能在于原有的社会法律秩序对某些阶级利益的维护所引发的不满。在这个意义上，当“反对”出现的时候，与其认为反对的是现存的社会法律秩序，不如认为反对的是某些阶级的既得利益。这样，法律内部存在的阶级利益冲突，以及由此透露出来的阶级意志，就是需要予以分辨，甚至深入反思的问题。分辨、反思的目的，既可以是协调各种利益，作出适当的平衡，也可以是批判揭露法律原有的阶级倾向的弊端，从而提出法律革命的概念，用新的法律秩序替代旧的法律秩序。在此，法律阶级性质的问题，慢慢浮现出来。

第三，与此同时，在“变动”和“大多数人”的相互联系中，“社会阶层”的概念，是不能忽视的。“大多数人”，既是社会阶层的一个组成部分，通常也是社会阶层的基础部分。如果认为社会更为依赖作为基

---

[1] 在法律上可以预测，至少可使自己处于相对而言不是更为糟糕的处境。关于这个问题的较好阐述，见［美］约翰·罗尔斯：《正义论》（修订版），何怀宏、何包钢、廖申白译，北京：中国社会科学出版社，2009年，第45—46页。

础部分的“大多数人”，那么，当“大多数人”在“变动”中不能得到保护的时候，社会的基本稳固，也就是无法保持的。于是，仔细分析“社会阶层”的结构，认识其中的阶级利益的等级冲突，并且清晰考察“大多数人”所构成的阶级利益在其中的等级位置，就是必要的。在此，“社会福利”的概念，作为一种调整策略的行动方针，“阶级性质”的概念，作为一种带有革命欲望的行动纲领，和“社会阶层”概念的预先把握，紧密地联系在一起了。回转过来，联系法律确定性的问题，对于“变动”中的“大多数人”，无论期待调整方针，还是表达革命纲领，都既需要“能够大致预测”的法律概念，也需要以此为基础的“动力学”的，或者灵活应变或者彻底革命的法律概念……

（三）

显然，通过这些可以逐步推进的相互串联，表达“变动”与“大多数人”的内涵的“社会需要”这一概念，展示了在上述各种问题中融会贯通、游刃有余的功能。更为重要的是，这种融会贯通、游刃有余，表达了这样一个关键信息：实用主义法律概念理论和左翼革命法律概念理论，它们本身就存在着彼此互通的逻辑内容。

如果结合我在上面分析的个人经历的问题，那么，这就解释了我在前面一章所分析的、为什么两种法学存在着“走向对方”的叙述内容[1]。此外，在中国的语境中，引入“中国视角”，我们也就可以发现，中国的早期左翼革命法学，甚至中国的今天左翼革命法学，实际上可以认为是实用主义法学继续深入推进的一个逻辑方向（当然是方向之一）。或者，我们也能这样认为，在中国的语境中，实用主义法学，可以成为左翼革命法学的一个有益补充。也在这个意义上，我们可以理解，为什么我们在法律、法学中常常可以想到，当然还有说到，“马克思主义的普遍原理应当和中国具体实践相结合”这样的经典表述。

[1] 见第六章。

第八章

“法学权威”在近现代法学话语和法律实践中

——由考察民国时期而展开

权威既不神秘也非自然形成。它被人为构成，被辐射，被传播；它有工具性，有说服力；它有地位……与它所形成、传递和再生的传统、感知和判断无法区分。[1]

我们这个世纪的主要知识活动之一就是质疑权威……[2]

[1] 萨义德：《东方学》，第26页。

[2] ［美］爱德华·W. 萨义德：《知识分子论》，单德兴译，陆建德校，北京：三联书店，2002年，第78页。

在本章中，我将讨论民国时期的“法学权威”现象。在前面第四、五、六、七几章中，我的比较研究，涉及了中西一些法学人物，其中，就包含着法学权威的问题；而且，我的比较研究，也在暗示法律概念理论的变迁和法学权威之间，存在着某种关联。

一、问题和必要的说明

（一）

1934年，吴经熊在一篇文章中提出这样一个问题：1930年代左右的法学理论的时代精神，究竟是怎样的？在他看来，一句话就可以概括地加以表明，也即，“我们可以说是怀疑和中心思想的缺乏”[1]。在这句话的注释中，吴经熊引用梅汝璈几乎同时所说的一句话，加以补充。梅汝璈曾提到：现在的中国，是缺乏中心思想的[2]。吴经熊另外指出，梅汝璈的表述，对于当时的中国法学是否合适，不属于自己文章所要讨论的范围，但是，读者阅读自己文章之后，“当知现代的外国倒是有这般彷徨的现象”[3]。那么，为什么“现代的外国倒是有这般彷徨的现象”？吴经熊讲，因为时任“哈佛大学法科教务长的庞德先生已经先我说过了，是说得最痛快淋漓的”[4]。对于外国法学的大致情形，吴经熊概括地说：

一切正在酝酿震荡扰攘——这便是现在法学的状态。换而言之，对

[1] 吴经熊：《关于现今法学的几个观察》，第87—88页。

[2] 见吴经熊：《关于现今法学的几个观察》，第88页，注释［2］。

[3] 吴经熊：《关于现今法学的几个观察》，第88页。

[4] 吴经熊：《关于现今法学的几个观察》，第88页。

于过去法学的批评，即是现今法学大部分内容之所在。[1]

吴经熊的这篇文章，给人的印象似乎是，就外国范围来说，“法学权威”是不存在的。然而，就中国情况而言，吴经熊好像是有所保留的。他也许没有否认中国是存在“中心”的，也即某种“法学权威”的存在。否则，梅汝璈的表述，应当是在自己文章的讨论范围之内。另一方面，可以注意，在提到“哈佛大学法科教务长的庞德先生”的时候，一个“权威”，正在静悄悄地在吴经熊的意识中凸显表达。众所周知，庞德在当时便已经是“比较重要”的，尽管，可能不像1940年代至1950年代那样，属于不可置疑的法学权威。

（二）

在近现代中国，“法学权威”是个复杂问题，我们很难用统一的模式加以概括、说明。首先，如果从某种意义上讲，中国当时存在着“法学权威”，那么，这种权威的展示方式，有时可能是“特别”的，可能主要不是以直接“崇拜”作为表现形式的。其次，如果在某种可以认定为中国的法学权威中，“西方印记”是存在的，那么，也许我们可以发现西方的法学权威也有“中国印记”。这意味着，我们可能不仅可以看到，吴经熊提到“哈佛大学法科教务长的庞德先生”，而且可能看到，西方学者提到中国的某位学者。再次，从法学学术主体来说，西方法学学术主体和中国法学学术主体，有时有着密切交流，这样一种交流，有时甚至达到了可以消融“国籍身份”标志的程度。这里的意思是说，其时中国学者，不仅“来自国外”（比如留学归来）、精通外语，而且时常走出国门（比如外出讲学），似乎本身就是外国学术成员的一个主体存在。于是，一个重要现象得以出现：在外国法学中存在的学术状况，可以并发地在中国同样存在。

[1] 吴经熊：《关于现今法学的几个观察》，第108页。

可以发觉，如果所有这些关于“法学权威”的复杂，的确是存在的，那么，其会为我们提供一个值得注意的思考路径：在近现代“中西法学”的相对关系中，通过法学权威这一现象加以考察，西方法学，可能不纯粹是“进入”的、“领导”的；中西法学的相对关系，也许是“斗争”的、“彼此竞争”的，至少就部分情况来说是如此。因为，我们看到的不仅仅是西方的法学权威。而如果有时是彼此竞争的，我们也许就需要在某种程度上，重新理解近现代中国法学的特征，包括近现代中国法律概念理论的特征，以及重新理解法学里的“西学东渐说”[1]。

（三）

长期以来，在中国法学界，“近现代法学权威”可能不是一个重要问题，我们几乎难以发现相关的学术著述。然而，在西方法学界，有人已经通过学者个案探讨过类似的问题。比如，威艾克尔（Franz Wieacker）在分析 19 世纪德国民法典的历史形成过程之际，梳理、解释了萨维尼的法学权威的意义[2]。霍维茨，直接梳理、分析了近代美国大法官霍姆斯在美国法学中的权威问题[3]。坎特罗维茨，也曾从微观的学术活动关系和社会背景的角度，同样分析了萨维尼的法学权威的特征[4]。这些梳理、解释、分析，是有启发性的。

只是，在我看来，这些探讨可能更多是从“国内法学背景意义上的内部竞争”来看近现代法学权威的问题，较少，当然不是没有，注意了这种权威所依赖的“世界法学背景意义上的外部竞争”，进而，未更多地深入思考“内部竞争与外部竞争的相互关系”；而且，缘此，未能挖掘

---

[1] 在中国法学界，“西学东渐”几乎是普遍接受的描述近现代中国法学基本状况的关键词。请看后文讨论。

[2] 参见 Wieacker，*A History of Private Law in Europe*，pp. 279-370.

[3] 参见 Horwitz，“The Place of Justice Holmes in American Legal Thought”，in Gordon（ed.），*The Legacy of Oliver Wendell Holmes*，*Jr.*，pp. 31-71.

[4] 参见 Kantorowicz，“Savigny and the Historical School of Law”，pp. 326-343.

其中包含的更深层的"法律意义"。而一旦可以更多地揭示法学权威与世界背景中外部竞争的相互关联，也许，法学权威所包含的更多意义，也就可以呈现出来；也许，我们可以更好地理解相对法学权威而言的、近现代时期的"一国国内法学背景"和"他国国内法学背景"的相互交流，以及可以在更深层次上，通过法学权威这一焦点，从"全球法学互动"的背景中，去理解近现代历史时期"一国法学的特征"，尤其是"中国法学的特征"，并且，从更有意义的角度，去理解近现代历史时期"民族国家问题"与"日常法律问题"的复杂关系。

（四）

从今天的法学知识谱系来说，法学是个展示比较宽泛的涵盖能力的概念，包含了各个法学"支系"。本章在文献资料上，大致采用理论法学的内容。采用这些文献资料的主要理由，第一，在于民国时期的法学学者，一般而言，对理论法学和今天所说的部门法学，都是颇为精通的[1]；而理论法学的内容，在他们自己的整体法学中，或多或少有着"指导"作用。注意理论法学，在一定程度上，的确可以"代表"对他们在其他法学内容上所作所为的关注。当然，为了形成对应，就西方法学而言，本章也大体上仅仅涉及理论法学（除了极为个别情况）。第二，如此选材，就本书主题来说，是因为理论法学的内容，更为直接联系着"法律概念理论"；而"法律概念理论"，又特别容易凸显法学权威的人物表征。换言之，人们特别容易首先在理论法学，特别是法律概念理论中，去搜寻、欣赏、讨论作为法学权威的人物言说。因为，法律概念理论，在法学、法律中，终究是提纲挈领的。

---

[1] 关于这一点，可以参见何勤华、李秀清主编《民国法学论文精萃》（基础法律篇、宪政法律篇、民商法律篇、刑事法律篇、诉讼法律篇、国际法律篇，北京：法律出版社，2002年—2004年）的《论文篇名索引》附录，以及北京图书馆编《民国时期总书目·法律卷》（北京：书目文献出版社，1990年）。其中我们可以看到民国法律学者是如何在法学各个领域里写作的。

此外，法学权威主要是通过学术运作中的“重要法学人物和理论”的“选定”来实现的。因此，本章将特别通过民国法学运作中的“选定”过程和机制的微观视角，来阐述法学权威在民国法学中的呈现和意义，并通过这一视角，展开知识社会学的深入分析，其根本目的，在于从一个重要侧面，去推进前面若干章所展开的中西法律概念的比较研究。

二、以批判法学权威的方式确立法学权威

(一)

1910年代至1940年代，中国法学的大致情形，的确有如梅汝璈所说，是缺乏中心思想的。美国哲学学者杜威，1921年，曾经针对中国的青年、中年学者提到这样一个印象：

> (青年人)都渴望新思想，对于学理只是虚心的公开的去研究，毫无根据守旧的态度……就是年长的人，也很肯容纳新的思想，与青年有一样的态度。[1]

杜威甚至宣称，这是“新时代的精神，科学的精神，并不只是西方的精神”[2]。1910年代以后，大批中国法学留学生，开始陆续回国，他们随即展开了比较自由的法学研究，而且，时常表现出了初生牛犊不怕虎的精神。这似乎印证了杜威的印象。

所谓初生牛犊不怕虎，是指其时一批法学作者，并不特别在意西方法学的“权威”意义。今天有学者称：

---

[1] 胡适日记，1921年6月30日，《胡适的日记》(上册)，北京：中华书局，1985年，第118页，转引罗志田：《传教士与近代中西文化竞争》，载《历史研究》1996年第6期，第77页。

[2] 胡适日记，1921年6月30日。

中国近代的法学著作较之过去不可谓不多，但……大都是西方法学理论的翻版。[1]

这一判断，针对民国时期的相当一些法学而言，可能不是十分恰当的。实际上，如果将“西方法学理论的翻版”定义为“对西方各种较为重要理论的模仿、追随”，那么，我们看到的，则是对西方法学理论的更多批判。19世纪以来的西方近现代法学理论，为今天学者所耳熟能详的“所谓重要”的，可能包括了英国实证法学，如边沁、奥斯丁的理论；英国历史法学，如梅因的理论；德国历史法学，如萨维尼、普赫塔（Georg Friedrich Puchta）的理论；德国的新康德主义法学，如施塔姆勒的理论；法国的连带主义法学，如狄骥的理论；美国的社会法学，如霍姆斯、庞德的理论。针对这些西方的重要理论，我们都能发现许多民国青年法学学者的不客气的批判。1934年，燕树棠就法律与自由的关系问题，批评了边沁、梅因、普赫塔、庞德等人的学说，执意认为，自由与法律的关系十分复杂，并非像这些重要学者所说的，要么是限制自由的，要么是保护自由的：

法学上的第一个基本问题——法律究竟是为扩充个人的自由而存在呢？还是为限制个人的自由而存在呢？——这个问题直到现在，思想上并没有得到一个定论，也恐怕永远不能得到一个定论。[2]

1930年，郑保华认为，18世纪的自然法学、19世纪的分析法学和历史法学，只重视“惟一本源，而忽略其他部分，遂致法律不合于社会

[1] 郝铁川：《中国近代法学留学生与法制近代化》，载《法学研究》1997年第6期，第23页。

[2] 燕树棠：《自由与法律》（《清华学报》第9卷第2期，1934年），载何勤华、李秀清主编：《民国法学论文精萃》（基础法律篇），第86—87页。

化，不公平之规定，层见叠出……”[1]。在1920年代至1930年代的张志让、朱显祯、萧邦承，当然还有其他学者的著述中，我们都能发现类似的批评，而且，还能发现更为具体层面上的学理批评。[2]

所有这些，在似乎印证了杜威自己的印象的同时，也在侧面说明，梅汝璈所说的“缺乏中心”，实际上更多是指对西方重要法学理论的不客气的批判。

（二）

但是，在这里重要的问题是，对西方诸多重要法学理论的批判，以及并不特别在意西方法学的“权威”意义，并不等于“西方法学权威在中国”的问题是不存在的。虽然，我们不能认为，近现代的中国法学著述，大多是西方法学理论的翻版，而且，所谓翻版的问题，也有可能是太直接的“对崇洋的贬义认定”的问题，但是，这不意味着西方法学话语的“中心”，或者某种隐蔽的“权威控制”，是不见踪迹的。实际上，从某种意义看，批判有时既是针对目标的颠覆活动，也是树立“中心”的协助活动。当批判时常得以集中的时候，权威也就可以在另外一种意义上确立，并且逐步巩固。毕竟，更多的批判，有时更为容易导致后来更多的拥护及捍卫；而权威的最终标志，就是更多的拥护及捍卫。因此，在一定意义上，以批判的心态并不在意西方法学的“权威”意义，同时，又以不断重复的方式去确立被批判的对象，是以“推倒权威”的方式，不自觉地确立及巩固权威。在后来的民国法学中，我们的确可以发现随之而来的、对某些西方法学权威的更多拥护及捍卫，比如，对美国的社

---

[1] 郑保华：《法律社会化论》，第323页。

[2] 参见张志让《借英国法中许多希奇有趣之点来阐明法律的性质》、朱显祯《德国历史法学派之学说及其批评》（《社会科学论丛》第1卷第10期，1929年）、萧邦承《社会法律学派之形成及其发展》（《法轨》第2卷第1期，1935年）。像张志让就在具体的侵权法理问题上逐步细致地批评了美国霍姆斯和英国塞尔芒德的观点（详见下文），包括其他西方学者。

会法学及其代表人物——庞德。

其实，从广义的近现代世界法学来看，不仅中国存在这样的情形，而且西方内部也存在这样的情形。我们可以从更为广泛的世界法学语境加以考察。我们提到的上述近现代西方法学权威理论学派，即使是在它们初步成为所谓“法学重心”的时候，在西方法学学术中，也是备受批评的，而且，也恰是部分因为备受批评，而成为较长时期的一种法学权威。

我们首先可以注意近代德国法学的演化。众所周知，1810年代中期，萨维尼发表了著名的《我们时代立法与法学的使命》的“小册子”，开始激烈批判当时德国著名民法学者蒂保的统一法典观点。正如有学者观察的，从这一时期至1840年代，萨维尼历史法学的“权威”意义，是颇为有限的。托乌斯（John Toews）指出：

> 1820年代，萨维尼辞去了所有大学教职，这一时期，客观条件限制了萨维尼的学术影响，他处于低谷。[1]

相反，蒂保在被批评的时候，恰是德国至少是德国南部地区大学的重要法学权威之一。然而，随着1820年代转入1840年代，大批学者、学派，将批判的对象，从蒂保的自然法学身上，逐渐移向了萨维尼的历史法学。这一时期，出现了竭力倡导德国本土习惯的日耳曼学派，以及积极鼓吹当时德国各邦法典中罗马法因素的罗马法学派；这些学派，对萨维尼的理论，提出了不同看法。此外，主张法律规则体系完整性的潘德克顿学派的先驱者，也逐渐从另一角度，开始不遗余力地瓦解萨

---

[1] John Toews, “The Immanent Genesis and Transcendent Goal of Law: Savigny, Stahl, and the Ideology of the Christian German State”, *American Journal of Comparative Law*, 37 (1989), p. 155.

维尼的历史观念。[1]加上黑格尔、费尔巴哈（Ludwig Feuerbaeh）、海涅（Heinrich Heine）在柏林大学这一当时德国学术中心不断指责萨维尼的反理性和神秘主义[2]，以及原来倡导自然法学的蒂保追随者不断反击萨维尼的理论，历史法学，在稍后，才得到更多人的支持拥护，其“权威”，在 1840 年代至 1860 年代，才得以最终巩固，有人才在 1854 年普鲁士国王弗里德里希·威廉四世（Friedrich-Wilhelm Ⅳ）的生日庆典上宣称，萨维尼对德国，有着巨大贡献[3]。当然，萨维尼的历史法学，在初期阶段，就有着拥护者。拥护者的存在，恰是萨维尼遭遇批判的一个基本前提。但是，以萨维尼为标志的德国历史法学后来如日中天，却是部分因为批判者的大量直接批判。

其次，我们可以注意近代英国分析法学的境遇。作为法学学者的奥斯丁，其分析法学在其在世时，是默默无闻的；奥斯丁本人，也是在寂寞的孤独中度过余生的。研究者们看到，奥斯丁，及其自身的各种实证学说，在 1840 年代至 1860 年代，几乎为人所遗忘。但是，随着当时英国重要法律学者布莱斯（James Bryce）和著名法律历史学者梅因的批评，以及后来其他学者，比如戴雪（Albert Dicey）、格雷的不断“纠正”讨论，当然，还有诸如密尔（John S. Mill）一类学者不断的重视探讨，分析法学的理论，时至 20 世纪初期，得到了越来越多的学术拥护，开始成为一种“重要法学权威”的象征。梅因认为，奥斯丁的法律命令学说，无法解释古代历史的法律现象；这种学说的意义，是十分有限的。还有学者，不是在主要方面试图改变奥斯丁的

---

[1] 以上历史情况，另参见 John，*Politics and the Law in Late Nineteenth-Century*：*The Origin of the Civil Code*，pp. 23-27.

[2] 萨维尼也进行了反批判，参见 Klenner，“Savigny's Research Program of the Historical School of Law and its Intellectual Impact in 19th Century Berlin”，pp. 76-79.

[3] 见 Stefan Riesenfeld，“The Influence of German Legal Theory on American Law：The Heritage of Savigny and His Disciples”，*American Journal of Comparative Law*，37（1989），p. 3.

学说，指出其主权者理论如果想要表现更为广泛的解释力就必须加上“立法权也是受限制”的限定（比如布莱斯），就是纠正奥斯丁的学说，指出奥斯丁的学说没有完全正视法官立法的现实性，法官立法必须应予承认（比如格雷）。[1]种种这样的批判，当然还有纠正以及改变，对奥斯丁的分析法学的“法学权威”确立及巩固，起到了颇为重要的作用。

中国近现代时期的法学状况，在巩固甚至确立法学权威的方式上，就其批判“重要法学理论”而言，有时与上述德国和英国的法学状况是类似的，更为准确来说，可能是西方这种法学运作的一个历史延续。

（三）

另外，作为一个补充[2]，我们应该注意，有时，针对一个目标的批判，恰是因为假定了或者不得不假定这一目标本身的重要性，或者“权威性”。毕竟，我们可以追问，为什么要将批判瞄向此一目标而非彼一目标？一般来说，学术化地批判一个目标，总是因为其是重要的，或者被认为是重要的。韦斯特（Cornel West）指出，将学术视线瞄向一个对象，时常首先是以默认其是“经典”、权威，作为条件的。[3]在当时的民国法学中，我们可以看到，一些学者针对批判对象的确是有选择的，而且是无法回避“有选择”的，并不是随意发现后便随意批判；同时，我们可以看到，一些学者的确对某些对象产生了信奉和支持。就此而言，在某种意义上，从当时的历史条件来看，有时正是因为某些民国学者认定了

---

[1] 参见 Rumble, “Introduction”, in Austin, *The Province of Jurisprudence Determined*, pp. vii, xx-xxii, xxxiii.

[2] 我这里将要讨论的观点，得益于和苏力的一次交流。他首先指出了这里有关问题的重要，进而展开了一些深入分析，提出了观点的基本内容。当然，这里可能出现的问题，责任自然在于本书作者。

[3] ［美］科内尔·韦斯特：《少数人话语和经典构成中的陷阱》，马海良、赵万鹏译，载罗纲、刘象愚主编：《文化研究读本》，第 199 页。

"西方某些法学的重要"，追随西方，所以才会引发另外的民国学者的批判；而批判的目的，又在于否定这一目标本身可能具有的"重要"，进而否定追随。从现实看，当时的"西方一些法学"的确存在着这样一种隐蔽的话语优势，从而具有吸引批判的条件。在广义的近现代世界法学中，我们同样可以发现类似的问题。

三、通过"选定"机制而产生的法学权威

那么，这里存在一个问题：在具有近现代历史标记的民国时期法学中，被批评的所谓"西方重要法学理论"，是怎样被"选定"的？作为"重要法学理论"标志的法学权威，是依赖"选定"的。而在任何时候，作为可以被批评的对象的，总是浩如烟海。"选定"本身是个重要现象，其中，包含了值得注意的、近现代西方法学权威得以生产的双重机制，也即推崇过程中的权威确立，和批判过程中的权威巩固，在本章语境中，更为重要的是"批判中的权威巩固"。

（一）

容易想到，对西方重要法学的"选定"，首先是通过翻译"西方学说中的'选定'"，来实现的。

1932 年，凌其翰翻译了一位法国学者撰写的、有关狄骥著作及其学说的论文。在被翻译过来的这篇论文中，我们可以读到这样的文字：1928 年，狄骥的去世，是"法律科学之一大损失"，狄骥"必为现代法律思想之重要关键……盖氏所贡献者，为特殊清晰，准确而又结构完备之学说，任何均难忽视者也"[1]。在凌其翰提到的这位法国学者看来，狄骥的法学理论，是颇为重要的，不论他者是想批判，还是完全推

[1] ［法］鲍那尔：《狄骥的著作及其学说》（凌其翰译，《法学杂志》第 6 卷第 1 期，1932 年），载吴经熊、华懋生编：《法学文选》，第 113 页。

崇。[1]1937 年，张季忻翻译了德国法律学者施塔姆勒的《现代法学之根本趋势》（*Grundsätzliche Richtungen in der neureren Jurisprudenz*）。在这部著述中，施塔姆勒，提到了相当一些西方重要的法学理论，并且逐一对其提出了居高临下的批评。比如，在提到耶林的“法律目的”学说的时候，施塔姆勒直接指出，其法律哲学是彻底失败的。因为，在施塔姆勒看来，耶林对于“目的”的概念所下的定义，是十分混乱的，“耶氏所选择的格言道，目的是法律的创造者，简直全无意义了，法律非目的所创造，却是宣布目的的东西呢”[2]。

在民国时期，作为“西方法律思想介绍”的翻译作品，上述一类著述，是时常可见的；而这类著述，对中国学者理解作为被推崇或被批判的“西方重要法学理论”，是有重要影响的。不难理解，通过西方学者来了解西方学者的“重要”，是学术上简便快捷的方法，而又被许多中国学人认为是行之有效的“准确操作”。因为，人们容易假定，西方学者，更为了解西方自己的学术状态。

除了对“西方学说中的‘选定’”的直接翻译，我们还能看到另外一种对“选定”具有影响的学术方式：中国评介者的导引叙述。

（二）

1921 年和 1923 年，方孝岳，分别整理翻译了《大陆近代法律思想小史》一书。这本译著，源自 1918 年的英文版著述——《19 世纪欧陆法律的发展》[3]。在这部译著的中文序言中，作为中国学者，方孝岳自己提到了一些“重要法学理论”的代表人物，比如，英国的梅因、德国的萨维尼和祁克，而且对相关的重要法学理论的代表人物，作出了说明。

---

[1] 鲍那尔：《狄骥的著作及其学说》，第 113 页。

[2] ［德］施塔姆勒：《现代法学之根本趋势》，张季忻译，陈灵海勘校，北京：中国政法大学出版社，2003 年，第 88—89 页。原由商务印书馆（长沙）1937 年出版。

[3] *The Progress of Continental Law in the Nineteenth Century*，by various authors，Boston：Little，Brown and Company.

方孝岳指出，德国历史法学方法对英国法律学者梅因、梅特兰和德国法律学者祁克，是有很大影响的。方孝岳另外指出，中文译本所依据的原著，表达了一个重要观点，也即法律是明确颁布出来的“一件社会上的物事”，“法律是与人类生活中别种成分居同等地位”，所有这些，“是从德国萨维尼（Savigny）传到英国梅因以来法学者所公认而风行的。所以这个书的内容极不枯燥”[1]。

这里提到的另外一种方式的学术影响，在民国时期的中国“关于西方法学”的著述中，同样是时常可以看到的。例如，在介绍施塔姆勒法律思想的一篇文章中，丘汉平提到，施塔姆勒，“在今日的德意志是推为法界第一巨子了”[2]。而张季忻，在上述译著《译者序》中，也曾提到，施塔姆勒“为近代德国数一数二的法律哲学家，也是世界的有名法律哲学家。世人都公认他为新康德派的领袖”[3]。我们知道，评介中包含了一种隐蔽的话语指示，这就是，评介者对被评介的内容是熟悉的，因而其中“对所谓‘重要’的选定”，也就是可以参考的。这之中，当然包含了支撑西方主要权威的“中国辅助权威”。

自然，民国学者的一些评介，如同翻译一样，其背后另外展现着西方学术的广泛语境。

首先，我们可以注意，在方孝岳译著所依据的英文原著中，存在着三个英语国家学者撰写的序言和导论。一个学者，是威格摩尔；一个学者，是鲍查德（Edwin Borchard）；另外一个学者，是波洛克（Frederick Pollock）。三位英语学者，叙述了自己对当时的法律思想的看法，不断地指出了19世纪诸如边沁和萨维尼，还有另外一些西方学者理论的重

[1] 方孝岳：《序》，方孝岳编译、陶孟和校：《大陆近代法律思想小史》（上编、下编），曾尔恕、陈敬刚勘校，北京：中国政法大学出版社，2004年，第4、80页。

[2] 丘汉平：《舒丹木拉法律哲学述要》（《法学季刊》第3卷第2期，1926年），载丘汉平：《丘汉平法学文集》，洪佳期译，北京：中国政法大学出版社，2004年，第170页。

[3] 张季忻：《译者序》，施塔姆勒：《现代法学之根本趋势》，第3页。

要价值[1]。这些看法，对方孝岳来说，很难认为没有影响。威格摩尔和波洛克两位学者，在当时的法学语境中，还是比较活跃的。无论中国学者，还是西方学者，均是认为他们在世界法律历史和英国法律历史方面颇有建树。于是，他们的法律评述观点，当然可以发挥一定的潜在引导作用。其实，在威格摩尔和波洛克的序言、导论与方孝岳的评介中，是可以发现一定类似性的。从历史资料看，民国时期法学学者参阅西方诸如威格摩尔和波洛克等人的原文著述，从而确定“西方重要法学理论”的学术运作，并非是少见的。1929 年，何世祯提到，梅因去过印度，在印度观察了乡村法律，发现这些法律不是经由人来制定的，但是人们事实上都在服从这些法律，因此，梅因十分怀疑分析法学的“国家强制力量是法律的必要元素”的理论。何世祯认为，梅因的观察，是正确的，于是我们也“就可以看出分析法学派根子上有错误了”[2]。实际上，何世祯接受了梅因关于分析法学派的理论存在问题的观点。1930 年代初期，梅汝璈在讨论《拿破仑法典》制定的社会历史背景，以及对世界影响时，也参考了，并且沿用了，威格摩尔的观点[3]。

其次，我们可以注意，方孝岳在译著《序》中摆列着西文参考书目。参考书目，至少包括了诸如《世界伟大法学家》(*Great Jurists of the World*)这样的“导引”著述。而《世界伟大法学家》一书，就专门提到了近代以来的诸如格劳修斯(Hugo Grotius)、霍布斯、普芬道夫(Samuele Pufendorf)、贝卡利亚(Cesare Beccaria)、边沁、萨维尼、耶

[1] 参见 John Wigmore, Edwin Borchard, and Frederick Pollock, “‘Preface’ and ‘Introduction’”, in *The Progress of Continental Law in the Nineteenth Century*.

[2] 何世祯:《近代法律哲学之派别和趋势》(《东方杂志》第 26 卷第 1 期，1929 年)，载吴经熊、华懋生编:《法学文选》，第 46 页。

[3] 参见梅汝傲:《〈拿破仑法典〉及其影响》，载吴经熊、华懋生编:《法学文选》，第 145 页。后文提到的丘汉平也提到威格摩尔，见后文。

林等“重要人物”，以及他们的理论。[1]参考书目的“导引”影响，比较类似前面提到的被译原著；其所表现的，就是作为背景的西方学术语境的某种隐蔽控制。在此，我们依然可以发现方孝岳的叙述和参考书目的“导引”内容的类似性。列出参考书目，在民国法学中，也是较为常见的。举凡具有西学背景的学者著述，总会列出相关西文文献。这里需要提到的是，另一方面，参考书目对于阅读方孝岳中文《序》的读者来说，又存在着同样的西方潜在的某种话语控制。

四、中国法学学术在“法学权威”上的自我选择

然而，我们是否可以认为，民国学者对“重要法学理论”的“选定”，仅仅是西方法学中“选定”的一个简单延续？

（一）

我们当然可以认为，无论作为直接表达形式的西方译著，还是作为间接表达的中国学者的导引叙述，以及诸如开列参考书目的方式，其中所包含的，总是西方学者的“选定”；而这种西方学者的“选定”操作，不仅对一般的中国读者的左右，而且对作为翻译评介主体的中国译者和评论者的左右，都是不可避免的。此外，我们当然可以认为，理解西方法学的途径之一，势必是由“西方选定式的著述”开辟的；在这个意义上，中国学者对西方重要法学理论的“选定”，也就包含了西方学者已经作出的“选定”，或者可以说是西方学者“选定”的一个组成部分，或者延续。而且，从西方世界的法学发展来看，我们也能看到类似的一国对他国的“选定模仿”的情形。的确，我们有时容易发觉，“西方重

---

[1] 见方孝岳《序》，方孝岳编译、陶孟和校：《大陆近代法律思想小史》（上编、下编），第 9、80 页。《世界伟大法学家》原文信息为：*Great Jurists of the World*, eds., John Macdonell and Edward Manson, Boston: Little, Brown and Company, 1914.

要法学选定在中国”的问题，是个“西方如何影响中国”的问题。

但是，从另一方面看，问题可能并非那么简单。

（二）

1931 年，丘汉平撰写了一篇关于西方法学著述——《法律之故事》（*The Story of Law*）——的书评。这一书评提到，该书是十分有意思的，因为，这一著述的作者，希望描述人类古代野蛮的法律是如何逐渐地演变成为“时代合理化的……由人治的渐至法治的；由君主立法至君主守法及人民立法；由人民立法至人民守法”，这在法律历史的描述中，“可以说是有相当的成功”。[1] 在文章的结尾部分，丘汉平专门这样说道：不仅仅是我个人将这本书介绍给读者的，“就是当代的比较法大儒韦克摩（即本书提到的威格摩尔）教授也介绍这书是梅因（Maine）《古代法》以后的唯一巨著”[2]。

然而，丘汉平提到的《法律之故事》的作者，及其法学理论，在民国时期，大体来说没有被认为是重要的西方法学作者和理论，其明显地不能和分析法学、历史法学、社会法学、新康德法学、新黑格尔法学和后来的纯粹法学等学派的人物，以及理论，相提并论。这样的例子，在民国时期的法学中，时而可见。在此，我们可以发现“在民国法学语境中西方影响”的某种变异，也即民国时期的学者，似乎有时没有完全依照西方学术路向，去“选定”所谓重要的西方法学理论。就丘汉平的书评例子说，也即读过书评的后来的民国学者，没有遵循经由丘汉平所引述的威格摩尔之类的、西方学者所介绍的学术路向，进而“选定”。这意味着，民国法律学者，有时是有自己对“选定”的判断的。其实，在前面提到的方孝岳译著的中文序言中，我们就能读到包含某些“中国学者

---

[1] 见丘汉平：《书评：〈法律之故事〉（*The Story of Law*）》（《法学杂志》第 6 卷第 1 期，1931 年），载丘汉平：《丘汉平法学文集》，第 283—284 页。《法律之故事》原文信息：by John M. Zane，New York：Jves Washburn，Inc.，1928.

[2] 见丘汉平：《书评：〈法律之故事〉（*The Story of Law*）》，第 283—284 页。

自我选定意识”的文字：狄骥

叙述从《拿破仑法典》直到最近的（最时髦的）《瑞士民法典》中间一切详细的背景上的迁流，这种“体大思精”的记录，足证明作者确是现代法律思想界的大人物……

而法国学者查蒙（Joseph Charmont）“那篇具有国际性的文章，更是将光彩直射到现在的人类上……其价值更不待言”[1]。在方孝岳翻译的著述中，三篇原文作者，除了狄骥和阿尔瓦列兹（Alexander Alvarez），就是查蒙。方孝岳设想，查蒙也许要比狄骥更加重要，至少是彼此相当的。即便是丘汉平本人，针对施塔姆勒的《现代法学之根本趋势》，也曾表现出了“初生牛犊不怕虎”的精神，批评这本西方著述，“出于勉强的也有几处”，并未准确表明西方法学理论的“重要”内容[2]。

在诸如丘汉平、方孝岳等已受西方潜在语境影响的学者中，我们已能发现“需要变异”的自觉意识。事实上，从总体看，在民国时期法学学者的著述中，我们既能发现大量的“今天已成定论”的西方重要法学人物，及其理论，也能发现大量的“后来还有争论”的西方“重要或不重要”法学人物，及其理论[3]。这种状况表明，民国时期学者的学术视野，本身就是十分宽广的，他们，时常是在自由地通过自己的判断，来断定西方法学何种理论是重要的。因此，中国学者对西方重要法学理论的“选定”，也就自然可能是种并非完全西方化的“选定”。

---

[1] 方孝岳：《序》，方孝岳编译、陶孟和校：《大陆近代法律思想小史》（下编），第 79 页。

[2] 见丘汉平：《书评：〈法律之故事〉（*The Story of Law*）》，第 283 页。

[3] 关于后者，作为例子，可以参阅陈任生：《从个人法到社会法 —— 法律哲学的新动向》（《东方杂志》第 30 卷第 5 号，1933 年）、丁元普《法学思潮之展望》（《法轨》第 1 卷第 2 期，1934 年）、黄右昌《现代法律的分类之我见》（《中华法学杂志》第 2 卷第 8 期，1931 年）等论文提到的西方法学人物及其理论。

另一方面，这种“选定”的变异，是十分正常的。即便是在西方法学中，比如，德国近代法学针对法国近代法学，英国近代法学针对德国近代法学等，也都存在这种“选定”的变异，人们都能发现，在一国中重要的，在他国未必重要；反之亦然[1]。可以理解，不同学者根据不同学术旨趣，自然可能提出不同的“重要法学”；不同民族国家的法学群体，根据不同的学术需求，自然可能将目标瞄向不同的“重要法学”。

于是，就变异而言，我们并不能够发现普遍单一的“中国朝向西方”的学术依附关系。就“批判地树立权威”而言，我们并不能够想当然地认为，中国学术运作，是西方学术运作的纯粹模仿性的一个组成部分。

五、影响西方法学权威在中国定位的因素

如果这是真实的，那么，我们可以提出一个深入的问题：什么因素，另外左右着作为批判对象的“西方重要法学”，或说西方法学权威在中国的实际定位？

（一）

在自己《译者序》中，张季忻曾经说过，一位中国学者也即吴经熊的学术见解，虽然与德国大家施塔姆勒“颇有出入之处”，但是，两人的治学态度，是“如出一辙”的；施塔姆勒对吴经熊，“还是称颂倍至”[2]。而施塔姆勒的确说过，吴经熊所讨论的一些法律思想，把“问题论述得非常精妙……把问题根本把握住了，而且独具只眼，精到绝伦”，吴经熊所主张的必须要用心理方法来研究法律的实际部分和经验部分的观

[1] 例如，德国近代法学对法国近代卢梭、孟德斯鸠等人的理论似乎兴趣不大，却对围绕《拿破仑法典》而出现的法学家、法律家及其理论非常重视。英国近代法学几乎不重视德国近代康德、黑格尔等法学理论，只是非常重视历史法学、潘德克顿法学等。参见 Hommes，*Major Trends in the History of Legal Philosophy*，pp. 185-208.

[2] 张季忻：《译者序》，施塔姆勒：《现代法学之根本趋势》，第 3 页。

点，是“完全正确”的[1]。1928年，吴经熊自己曾经雄心勃勃地说：

> 作为一名法律哲学家，我更为希望别人依据两个论文对我作出判断，其一是《霍姆斯法官的法律哲学》，其二是《施塔姆勒及其批评者》，

因为，

> 我的全部哲学可以视为努力协调霍姆斯和施塔姆勒的法律思考。[2]

在张季忻的提示、施塔姆勒的评价，和吴经熊自己颇具雄心的表达的背后，是可以发现一个具体“历史经历”的，而这一“历史经历”，可以为理解前面提到的影响“变异”的因素，提供一个思考路向；同时，也使我们能够从侧面理解本章开始提到的、当梅汝璈论及“中国缺乏中心思想”时，为什么吴经熊认为“这不一定”。

（二）

1920年代初期，在留学美国、法国和德国期间，吴经熊和西方一些学者建立了密切的私人关系。1921年开始，基于听说“当时美国学者更多是在讨论霍姆斯”[3]，吴经熊开始和美国著名法官霍姆斯联络，后来，实现了密切通信交往。随后不久，吴氏来到德国柏林大学，和施塔姆勒讨论法学学术，通过某些学术著述的意见交换，建立了良好的学术关系。1923年秋，吴经熊在美国哈佛法学院期间和庞德建立了友好关

---

[1] 施塔姆勒：《现代法学之根本趋势》，第138、150—151页。

[2] John C.H. Wu，“Preface”，in John C.H. Wu（ed.），*Juridical Essays and Studies*，Shanghai：Commercial Press，Limited，1928，p. xi.

[3] 见吴经熊：《超越东西方》，第92页。

系。[1]这一时期，以及稍后，吴经熊撰写了《霍姆斯法官的法律哲学》(*The Juristic Philosophy of Justice Holmes*)、《罗斯科 · 庞德的法律哲学》(*The Juristic Philosophy of Roscoe Pound*)、《卡多佐法官的法律哲学》(*The Juristic Philosophy of Judge Cardozo*)、《施塔姆勒及其批评者》(*Stammler and his Critics*) 等论文，对这些西方学者在赞誉之时，也颇多批判。然而，在此重要的是，无论霍姆斯、庞德、卡多佐，还是施塔姆勒，都对吴经熊的论文，或者其他著述，作出了回应，他们对吴氏的思想或赞同，或批评，或争执[2]。众所周知，当时霍姆斯早已是“从 1881 年《普通法》出版以来，在美国便已声名大振”[3]。施塔姆勒，是在新黑格尔主义法学重要人物柯勒（Joseph Kohler）去世后，接替其成为柏林大学法学教授的；这一职位，是唯一的，在德国甚至西方，颇具法学权威的象征意义。而庞德，已是哈佛法学院院长、法理学卡特讲座教授。卡多佐，也是非常知名的大法官，兼法律学者。

这些西方学者对吴经熊学术的回应，既有可能是缘于吴经熊在自己的论文中批评了他们的观点，也有可能是缘于他们之间使用的语言是“西方语言”[4]，另有可能，是缘于他们之间已经存在了一种“密切的私人关系”。但是，不论原因是什么，所有这些原因本身，对于我们理解何种另外因素影响中国学者对西方重要法学理论的“选定”，是十分重要的。

[1] 见吴经熊：《超越东西方》，第 109 页。

[2] 霍姆斯对吴的回应，参见 Oliver Wendell Holmes，*Justice Holmes to Doctor Wu：An Intimate Correspondence*，*1921-1932*，New York：Central Book Co.，1947. 庞德对吴的回应，参见吴经熊：《超越东西方》，第 139 页以下。卡多佐曾表达了对吴经熊观念的赞赏，见卡多佐：《法律的成长 · 法律科学的悖论》，第 26—27 页。施塔姆勒的回应参见下文以及 Rudolf Stammler，“On the Question and Method of Juristic Philosophy”，in Wu（ed.），*Juridical Essays and Studies*，pp. 245-259.

[3] Walker，*The Oxford Companion to the Law*，p. 577.

[4] 吴经熊写的上述文章，要么是英文的，要么是德文的。

（三）

首先，我们可以看到，在“声名显赫的西方学者地位”“西方语言”和“密切的私人关系”这些“原因”的基础上，吴经熊和西方学者，的确形成了某种“彼此竞争”的关系。因为，正如前面已经提到的，吴经熊想要努力协调作为西方象征意义的“霍姆斯与施塔姆勒”之间的法律思考；与此相对，被协调的“西方”对象，也在反协调，试图征服、推翻作为中国象征意义的吴氏思考。针对吴氏的某些想法，施塔姆勒曾经委婉地表达过：吴氏是否正确，也许是个另外问题，但是“应当予以同情的理解”[1]。在这个意义上，从主要方面来看，我们在此所看到的，是一种“中国希望批判西方、同时西方希望批判中国”的双向运动，不是一种“中国仅仅希望批判西方”的单向运动；而单向的运动，有时的确隐藏着文化上的被殖民，的确隐藏着，“试图批判对方等于是在完全树立对方权威”的问题，从而，的确没有特别值得多提一句的意义。于是，在此，我们也就看到了一种独特的中西学术对立关系，进而，看到另外一种可能出现的影响“西方重要法学选定”变异的因素。

其次，“批评西方观点”“使用西方语言”和“密切的私人关系”这些现象事件的相互结合，使吴经熊原有的“民族国家”的学者身份角色，发生了重要转换。在此，吴经熊几乎是作为世界法学学术成员，出现在当时中国法学学术运作中的。提到这点，也许存在所谓民族自豪感的问题，但是，这里更为重要的是，吴经熊通过自己私人化的学术行动，在民国法学语境中，刺激了民国学者发觉自己在身份上，是可以和西方学者起坐平等的。当吴经熊和这些重要西方学者往来密切的时候，吴氏本人，正值青年，即使是正值青年也能和西方的重要法学人物展开对话，而且有来有往，那么，在后来众多民国学者的观察中，西方法学的权威神话，也就并非是“有来无往”的。毕竟，世界学术成员的身份，本身

---

[1] 见施塔姆勒：《现代法学之根本趋势》，第152页。

就意味着“中国学者”和“西方学者”的界限，几乎是没有实质意义的。

（四）

进而言之，不难理解，当一种“双向运动”可以在一些重要学者之间出现的时候，作为双向运动的“对话”本身，是可以出现吸引效应的，也即吸引后来的民国学者，不仅将视线移向“西方”，而且还要移向“中国”，同时在“中国”发现重要的法学，以及法学人物。这是最为重要的。另一方面，当世界学术成员意识可以伴随学者个体思考的时候，这种意识，可以淡化“中国”与“西方”的身份思想的束缚。这在提醒：在作为西方重要法学对立面的吴氏法学运作中，以及在世界学术成员“身份”上的学术交流中，可以发现针对“西方重要法学”的重新定位，在特定的类似吴经熊的中国学者学术中，可以确定不同于西方法学所指向的“重要法学”；此外，在此基础上，后来的民国学者，就有可能针对西方法学以及法学人物，去体现“中国自我意识”的分辨与“选定”。在这个意义上，我们也就不难理解，为什么端木恺 1930 年说，自从吴经熊的《法学论丛》（*Juridical Essays and Studies*）出版之后，已经

> 引起全球法学界的注意，这不特是沉寂已久的中国法律思想上的一大转机，并且是世界法律思想上的一大革命。[1]

我们也就不难理解，为什么本章第一部分提到的许多民国学者，事实上并不在意所谓的西方法学权威。我们也就不难理解，为什么在西方所谓重要法学问题上，民国学者，有时总会显现自己的识别和断定。

当然，就吴经熊本人而言，其更多是个具有特殊符号意义的个体存在。在更为广阔的民国学者留学背景下，以及其他民国学者在和西方学

---

[1] 端木恺：《中国新分析派法学简述》，第 232 页。

者不论在中国还是在西方的时常“亲历”交流（比如杨兆龙和庞德的交流）的背景下，吴经熊本人，才具有较为广泛的影响意义。当许多人曾经留学西方，曾经与西方学者亲身交流，然后发现吴氏以及其他类似的中国学者的“对话西方”，那么，唤起起坐平等的意识，也就不是不可能的事情了。

概而言之，在近现代中国的法学中，类似吴经熊这样的与西方“亲历”接触，以及由此而来的西方回应，甚至不断的中西对话，可能是我们理解其时“西方重要法学在中国的情形究竟如何”——包括“如何选定”——的一个重要路径。

六、中国学者的“学理研究”

如果认为吴经熊等与西方学者的学术交往，是种独特的“中西学术对立”，其“亲历”性的中西对话，具有值得注意的吸引意义，以及示范意义，那么，我们还应注意其时民国学者的“学理研究”意识。毕竟，对学理的注重，是吴经熊之类的“亲历”因素得以发挥作用的另一重要话语背景。没有学理意识，以及由此而来的论理实力，难以想象“亲历”因素何以具有实际的吸引效果。

（一）

早在1900年，《译书汇编》杂志在第1、2期上，就刊载了法国卢梭的《民约论》（*Du Contrat social*）、德国伊耶陵（即耶林）的《权利竞争论》（*Der Kampf ums Recht*）和英国斯宾塞尔（即斯宾塞，Herbert Spencer）的《政法哲学》（*The Study of Sociology*）等译著。《译书汇编》当时已经提到：

> 各国之制度，非可徒求诸形迹，要当进探乎“学理”，否则仅知其当然，仍不知其所以然。盖各种经营之结构，莫不本乎“学理”之推定。

而所谓学理者，盖几经彼国之巨儒硕学朝考夕稽，以得之真谛也。[1]

这里，虽然明显地指示了“西方重要法学理论”可以在“巨儒硕学”中加以确定，但是，另一方面，同样重要的是，如果对学理进行探讨，那么，探讨的过程，也就不仅仅是学习——“面朝西方跟随西方”的学习，其中另外还要包括辩驳，包括“和西方巨儒硕学的理论相互对话”，否则，是无法获得“真谛”的。换言之，中国需要“取他人之思想，而以吾之思想融会贯通之”[2]。实际上，在此之后，对于学理研究的重视，是民国时期法学学者的重要表现。他们曾说，“法律本于法理，故法学初不以条文比较为限”[3]，“时代愈进，则学术之性质愈复且备”[4]，我们“希望多几篇料实讨论的文章，多引起一番供求的磨炼，多有一种更丰富的享受”[5]。

其实，在另一种意义上，民国学者探求学理，又是理解民国时期的“西方重要法学”的“选定”变异的另外一个路径。

（二）

1930年，美国驻华法院法官罗炳吉（Charles S. Lobingier）提到，对于中国的法律改革来说，中国应当重视已有四千年历史的法律制度这一现实，从而适应四亿人口的国家需要，

[1] 《译书汇编》编者：《译书汇编发行之趣意》，载《译书汇编》第2年第1期，1902年。

[2] 《译书汇编》编者：《改正体例告白》，《译书汇编》第2年第9期，1902年。

[3] 张君劢：《〈法律的基本概念〉之序言》（《改造》第4卷第6期，1922年），载吴经熊：《法律哲学研究》，第4页。

[4] 陈启修：《护法及弄法之法理学的意义》（《北京大学月刊》第1卷第2号，1919年），载何勤华、李秀清主编：《民国法学论文精萃》（基础法律篇），第231页。

[5] 吴经熊、华懋生：《法学文选序》，载吴经熊、华懋生编：《法学文选》，第Ⅱ页。

危险伏于急而非慎重之中。萨维尼（Savigny）以来的法学家已经指出一国的法律全部依赖他国是荒谬的。若当两国的法律代表了完全不同的文明类型时，则这种荒谬就达到了极致。[1]

罗炳吉的观点，可以视为部分西方法律人士，包括法学人士，依然信奉萨维尼历史法学观念的一个例子。[2] 然而，几乎是在同时，甚至早些，民国学者已在学理上细致分析了萨维尼一些观点所存在的问题。在一篇论文中，朱显祯指出，历史法学派相信法律来自民族精神，同时民族意识又存在于法的“确信”，“萨维尼……等以法信为法规存在之确信”，但是，这种基本观念是不能成立的。因为，如果谈到法规存在之确信，那么，确信的对象也即法规是不可能不先于确信而存在的。人的“智识和信念”，不过是针对对象物而言的心理状态。当存在一物、出现一事的时候，人才可以对之加以“经验而知之”。有了观念之后，人才能够超越“经验而信念之”。这就如同先有善恶之观念，然后才能出现“信善信恶”。所以，“信其为法之前，则法之观念不可不先此而存在”。萨维尼认为“法存于法的确信，而对于确信之对象物之法规为何一问题，则除民族之一般的必要感（Opinio Necessitatis）即法信之外，别无解说。此实类于鸡卵因果论”。[3]

在此，我们可以清晰地看到，民国学者是如何在学理细节上分析问题的。

---

[1] 罗炳吉，“An Introduction to Chinese Law”，*The China Law Review*，vol. 4，no. 5 (1930)，转引王健：《代序》，王健编《西法东渐——外国人与中国法的近代变革》，北京：中国政法大学出版社，2001 年，第 11—12 页。

[2] 当时中国学者也有依然信奉德国历史法学的。有人说，我们可以接受历史法学的观点，认为法律是民族精神的表现，而宪法“是时代精神的表现”。见梁鋆立：《宪草初稿中的国际趋势和外交权》(《时事月报》9 月第 9 卷第 3 期，1933 年)，转引吴经熊、华懋生编：《法学文选》，第 87 页。

[3] 朱显祯：《德国历史法学派之学说及其批判》(《社会科学论丛》第 1 卷第 10 期，1929 年)，载何勤华、李秀清主编：《民国法学论文精萃》(基础法律篇)，第 585 页。

1920 年代至 1930 年代，无论英语国家的一些学者，还是中国的一些学者，对霍姆斯的理论都推崇备至。然而，除了上述吴经熊表达了对霍姆斯一般理论的不同意见之外（当然，吴氏本人有时也表达了对霍姆斯理论的极度赞扬），1934 年，在一篇论文中，张志让指出，霍姆斯在《普通法》里对侵权问题的相关法理讨论是有问题的。在英国 17 世纪的贝斯利诉克拉克森案中，被告在自己地上割草，因自己地界与原告地界模糊，被告越界割去原告一些地草，法院认为侵权成立，但是在英国 19 世纪斯坦利诉鲍威尔案中，被告合法使用枪支猎射山鸡，枪支一发子弹碰到树枝后方向改变，误中原告，法院认为并不存在侵权问题。对于法院的不同判决，霍姆斯试图运用“不可免的事故”和“不可免的错误”的区分方法，作出解释。这意味着，在斯坦利诉鲍威尔案中，被告在开枪时，没有预见结果，同时这种没有预见不是由于自己的疏忽，所以此时出现的原告受伤，是“不可免的事故”。反之，在贝斯利诉克拉克森案中，被告割草造成的结果是被告知道的，只是由于误认原告的地草是自己的，才出现了误割。被告出现的误认，不是缘于被告的疏忽。这样，被告的错误，是“不可免的错误”。张志让认为，霍姆斯的观点虽有道理，而且，两种侵权的区别的确是存在的，但是，其未说明为什么在两个案件中当被告都是“无咎”的时候，一个被告承担责任，另一被告却不承担责任。[1] 张志让 1910 年代末期，曾经留学美国，然而，并不因为霍姆斯《普通法》一书的巨大影响，就对其中相关学理不加深究。除了吴经熊和张志让的例子，在其他一些民国学者的著述中，我们同样可以看到对西方重要法学理论的剖析批判[2]。

（三）

对于学理的当下注重，其功能是多方面的：

---

[1] 张志让：《借英国法中许多希奇有趣之点来阐明法律的性质》，第 186—188 页。

[2] 比如，在本章注释中提到的其他一些论文，就是如此。

第一，在面对西方法学理论何者重要的问题上，判断的标准，将不再是现存的西方自己的学术宣扬，而是辩驳推理操作的有效结果。

第二，即使被以往人们衬托起来的所谓“重要法学理论”，比如，萨维尼的理论，可能还有霍姆斯的理论，依然需要在新的学术视野中，加以论证、检验。

第三，即便在学术上是“初来乍到”，只要能够言之成理，持之有据，而且相形之下具有更多的道理成分，以及论理实力，那么，其本身就拥有了“予以‘重要’认定”的资格。

正是在这些意义上，我们可以从深入的层面去理解，为什么吴经熊一类的中国学者，可以得到西方显赫学者的积极回应（比如，吴经熊在“亲历”的过程中，至少展示了思考实力从而得到了西方学者的回应），我们可以理解，经由这样一种“对话西方”，为什么后来的民国法律学者，可以像本章第一节所提到的那样，不断加强对西方重要法学理论的批判与挑战。

除此之外，还是在这些意义上，我们又能，而且需要，深入理解前面一节分析提到的、以吴经熊等为显著标志的“中西学术对立”在法学权威筑造上的另层含义，以及本章第一节所提到的、民国学者在广泛批判西方法学理论之际，其本身所包含的有关法学权威的复杂内容。前面已经提示，重要法学理论的“选定”，不论推崇意向的，还是批判意向的，其中导向的实质问题，正是“法学权威”。

七、一个中国法学学术的焦点

在 1928 年吴经熊出版的《法学论丛》中，我们应当注意，其在内容顺序编排上，是颇具用意的。这部书的第一部分，基本上是吴经熊自己的观点阐述，其中，包括了《法律的三度论》（*The Three Dimensions of Law*）、《重新思考法理学的范围》（*The Province of Jurisprudence Redetermined*）、《司法过程中的科学方法》（*Scientific Method in Judicial*

Process）等。第二部分，基本上是对西方学者理论的讨论批评，其中包括了《霍姆斯法官的法律哲学》《罗斯科·庞德的法律哲学》《卡多佐法官的法律哲学》《施塔姆勒及其批评者》等。第三部分，是有关自己展开的中国法律研究。第四部分，则是西方重要学者，对吴经熊的讨论评价，其中，只有施塔姆勒和卡多佐两位西方法学人物对吴经熊思想讨论的文章部分段落。

我们可以发觉，这一编排顺序，包含了这样的隐蔽“告白”：第一，我的开创观点是什么；第二，我对西方权威法学的评价是什么；第三，我对中国法律的评价是什么；而第四，西方又是怎样评论我的观点的。另外需要提到的是，在该书序言中，吴经熊讲到一位德国学者尤肯（Ihr Rudolf Eucken），并且将其写给自己的一封书信，全文附上。之所以讲这位德国学者，并且，将其书信全文附上，是因为这位德国学者读到吴经熊评论霍姆斯法律哲学的德文文本，对吴经熊表现出了高度赞许。[1]此外，1935 年，吴经熊将霍姆斯写给自己的书信，刊载在自己编辑的《天下月刊》[2]。这一刊物，“重点是将中国文化介绍给西方”[3]。

（一）

吴经熊曾说，留学西方，“只是梦想着学术上的荣誉和别的低级虚荣”[4]。我们可以将上述出版程式，视为吴氏学术荣誉梦想的进一步表现。但是，在此这并非是重要的。重要的是，在上述出版之后的民国法学中，我们可以看到吴经熊及其理论，作为一个典型例子，事实上是如何被视

[1] 见 Wu，“Preface”，pp. ix-x.

[2] 见 *T'ien Hsia Monthly*，vol. 1，1935，pp. 251-302.

[3] 马军：《“西文汉学旧籍”简介（二）》，《史林》2001 年第 3 期，第 110 页。此外，1947 年，吴经熊将上述霍姆斯的书信编辑出版。见 *Justice Holmes to Doctor Wu*，*An Intimate Correspondence*，*1921-1932*.

[4] 这是 1924 年写给霍姆斯的一封信里的话。见吴经熊：《超越东西方》，第 115 页。

为“重要”的，是如何被视为可以和西方法学权威并驾齐驱，甚至超越西方法学权威的。1930 年，孙渠在一篇论文中指出，吴经熊的主要法学理论之一——“法律的三度论”——是对社会法学、分析法学、历史法学的超越[1]。端木恺提到，相对西方法学，《法学论丛》中的“立场、方法和主张，实有不可不研究的价值”[2]。几乎同时，在自己的论文中，何世祯首先介绍了吴经熊的“三度论”，然后，将其部分地运用于法律思想的研究，尤其是西方法律思想的研究[3]……端木恺在自己的著述中，甚至颇有将批判的矛头指向具有特殊符号意义的中国学者吴经熊的意味[4]，就像本章第一部分所述，民国学者对西方法学权威的批判一样。此外，1929 年和 1930 年，吴经熊应邀到美国西北大学法学院和哈佛法学院讲学[5]，其著述，受到了“美国法界的推崇”[6]，时任美国西北大学法学院院长的威格摩尔，针对吴经熊的《法学论丛》，发表过“作为一名法律哲学家，该作者现在站在前列”的评论[7]，这也表明西方如何认为吴氏思想是“重要”的。所有这些，似乎印证了张君劢 1922 年的一个预言：“今吴君已在欧陆，将上溯黑格尔之法律哲学，下及近世思潮之变迁，其必有大贡献于世界与吾国。”[8]

---

[1] 见孙渠：《续中国新分析派法学简述》（《法学季刊》第 4 卷第 6 期，1930 年），载吴经熊、华懋生编：《法学文选》，第 252 页。

[2] 端木恺：《中国新分析派法学简述》，第 232 页。

[3] 见何世祯：《近代法律哲学之派别和趋势》，第 41 页以下。

[4] 见端木恺：《中国新分析派法学简述》，第 231—245 页。

[5] 1930 年，美国西北大学法学院印刷了一份关于吴氏 1 月 27、28 日下午 4 点在该院林肯礼堂举办学术讲座的广告，里面较为详细地提到了吴氏如何应邀到美国讲学以及履历介绍，该广告见美国俄亥俄州立大学法学院吴氏《法学论丛》（英文）藏书附页。关于应邀讲学，另见吴经熊：《超越东西方》，第 136 页以下。

[6] 见丘汉平：《舒丹木拉法律哲学述要》，第 170 页。

[7] 见吴经熊：《超越东西方》，第 138 页。

[8] 张君劢：《〈法律的基本概念〉之序言》，第 4 页。

（二）

在《法律的三度论》这篇论文中，吴经熊首先定义了确定法律特征的三个因素：时间特性、效力范围、事实争点。所谓“时间特性”，是指法律总会遇到时间上的限定；“效力范围”，是指法律总会涉及具体的地域范围；而“事实争点”，则指法律总是关于具体事实的规则。他的一个定论是，任何法律如果是存在的，那么，都不能没有这三个方面的因素。然后，吴经熊细致分析了，当引入“法律的三度”理论的时候，在法律理解中，将会出现怎样的后果。在他看来，特别重要的是，寻找法律的方式，自然而然地要从形式逻辑转向经验归纳。因为，上述“三度”，是理解实际存在的法律现象的关键。从时间这一角度来看，面对“与此时此地某类案件相关的法律是什么”的问题，法律家，将不再通过演绎推理的方式加以解决，也即通过制定的规则是大前提、事实是小前提，所得结论是法律这样的三段论。毕竟，“情况并非如此简单”。当事件发生的时候，制定出来的规则，可能因为时间而出现了效力上的改变，从而因为时间，而不再是法律了。另一方面，从事实争点的角度来说，“没有两个案件是彼此完全一样的，所以，从一个案件的判决不能推断另外一个案件的判决”。经验告诉我们，只能通过一个案件的判决，去推测另一案件的判决，于是，有效的方法，不是期待绝对的（absolute）结论，而是归纳合理的（reasonable）结论。吴经熊坦承，自己的推论，是在走向霍姆斯的法律预测说。[1]

就今天的法学理论而言，吴氏的理论，似乎不是如何精湛的，甚至不是多么新颖的。但是，在1920年代，当霍姆斯的预测理论颇为盛行的时候，吴氏所要解决的问题，则是为什么预测理论可以成立。这是一种学理上的努力。霍姆斯明确地提出，法律就是对法院将要做什么的预测。然而，为什么可以这样认为，霍姆斯提出了一些诸如“职业”的需要、

---

[1] 见 John C.H. Wu，“The Three Dimensions of Law”，in Wu（ed.），*Juridical Essays and Studies*，pp. 4-5.

“躲避国家权力”的需要等理由，没有进一步的逻辑阐述。[1] 吴经熊，试图从进一步的逻辑推论的层面上，给予一种学理回答，因此，从现实经验中首先分析了法律可能遇到的时间、地域、事实的问题，然后，将结论逐步地引向预测理论。

（三）

吴经熊在此所做的努力，事实上具有双重隐义。首先，其解决的是如何推进学术思考向前移动的问题。在当时的法学语境中，各种观点，已是纷纷出场，各种理论，已是各有论说，为了凸显自己理论的重要，则必须要在理论分析上施展自己的突破。而从某种角度来说，吴经熊的确实现了一定的突破，讲出了某些特定的自己内容。突破的实现，则是自己“重要”的实质表达。其次，吴经熊推动的理论对象，是具有相当象征意义的西方一种法学理论——霍姆斯的理论。如果能在学理上将这样一种理论予以推动，或者，与其彼此相当、“各有千秋”，那么，这意味着自己的理论，可以在西方对象的衬托下成为“同等重要”，甚至是“更为重要”的，于是，“西方重要”的意义，相对中国法学而言，将变为双向互动中的对话示意，而非单方指引的领导提示。在这里，中国法学，也有自己的“重要”，而且是与“西方重要”至少是差距不大的“重要”，有时还有可能是显现超越的“重要”。

当然，这一双重隐义，作为典型例子，是在吴经熊等“亲历”西方的中西学术对立，以及民国学者颇为注重学理这些背景下得以产生的。“亲历”西方，其本身在当时就有可能塑造被注意的中国学术形象。同时，注重学理的话语背景，又能从更为广泛的意义上，以辅助形式，去巩固“亲历”中的较为真实、确有学理实力的中国学术形象。

从这个角度考察，在近现代影响西方重要法学理论的“选定”变异的因素中，我们看到的实质上是中国重要法学理论的某些崛起。换

[1] 参见第五章。

言之，我们看到的是，中国法学权威与西方法学权威在某些方面的相互竞争，以及彼此并存。民国时期，法学权威，不是单纯由西方所独霸的。这一时期，不是一个中国全面地不断追随西方，或者不断批判西方（如本章第一部分所述），从而单方面树立西方法学权威的时期，而是一个在某些方面使得西方不得不回应的、进而使中国法学权威可以并发地同样在中国被追随被批判从而树立自己的复杂时期。而且，在西方法学权威中，人们又能发现中国法学权威的印记。于是，本章开始提到的、吴经熊所说“怀疑和中心思想的缺乏”，可以认为是对这一时期“多重法学权威”的复杂状态的一个脚注。

当然，吴经熊范例的功能，依然主要在于我在前面分析的“吸引效应”，也即吸引后来的民国学者，不仅将视线移向“西方”，而且还要移向“中国”，同时在“中国”发现重要的法学，以及法学人物。这是最为根本的。

八、中国法学是世界法学的一个组成部分

（一）

1947年，蔡枢衡曾说：

> 今日中国法学之总体，直为一幅次殖民地风景图：在法哲学方面，留美学成回国者，例有一套Pound学说之转播；出身法国者，必对Dugiut之学说服膺拳拳；德国回来者，则于新康德派之Stammler法哲学五体投地。[1]

这样一个判断，对1950年代以后的中国学者对近代中国法学的判

[1] 蔡枢衡：《法治与法学》（1947年），载蔡枢衡：《中国法理自觉的发展》，第98—99页。

断，产生过一定影响。现在，也有学者认为，近现代的中国法学状况，总体上是个“西方进入中国”的过程，“一百多年间，汉语文明一直处于被迫接受西方法律文明的境地，迄今而未止”[1]。总而言之，当时状况，便是法学上的“西学东渐”。但是，通过上述对民国时期法学权威的历史考察，我们可以清晰地看到，中西法学的关系是复杂的，当中国法学在批判西方法学的时候，这种批判，不是单向的批判，而是至少出现部分回应的批判，从而是种包含“相互竞争”的批判。即使是就中国法学“学习”西方法学而言，我们同样可以觉察，中国法学内部，也是存在相互学习的，甚至发觉西方法学也在学习中国法学[2]，至少是在关注中国法学。而且，在“亲历”西学的背景中，特别是在注重学理这一背景中，学习西方法学不是单纯的模仿、“拿来”、唯西学理论是尊，学习中国法学，也不是无根无据的。相反，有如民国法律学者所说的，一切学习是在“世界各国法律思想之趋势与时俱进”中展开的，是在“一切学术之性质与时俱进”的精神中展开的[3]。因此，近现代的中西法学关系，是复杂的、相互裹挟的，并不那么“总体上是‘西方进入中国’的”。随之，我们也就需要重新判断蔡枢衡的判断，重新判断与之相近的观点。

同时，在这个意义上，我们可能需要从某种角度，将民国时期的中国法学，看作世界法学的一个内在组成部分。

（二）

1820 年，英格兰的一位学者厄文（David Irving）来到德国研究

---

[1] 许章润：《法学家的智慧——关于法律的知识品格与人文类型》，北京：清华大学出版社，2004 年，第 270 页。类似观点，见何勤华：《西方法学观在近代中国的传播》，载《法学》2004 年第 12 期，第 16 页。

[2] 例如，卡多佐曾表达了希望自己的观点和吴经熊的观点是一致的，并且以此为荣。见卡多佐：《法律的成长 · 法律科学的悖论》，第 26 页。

[3] 见丁元普《法学思潮之展望》（《法轨》第 1 卷第 2 期，1934 年）、陈启修《护法及弄法之法理学的意义》（《北京大学月刊》第 1 卷第 2 号，1919 年）。

法律资料，1823年，他提到，萨维尼的著作是当时最为值得注意的学术著述之一；1826年，一名曾经留学德国的苏格兰学者，瑞迪（John Reddie），出版介绍了萨维尼及历史法学派的理论的著述；1829年，英格兰学者凯瑟卡特（Cathcart），翻译了萨维尼的颇能表达历史法学基本观念的《中世纪罗马法史》；1830年，古诺（Ch. Guenoux），将萨维尼的《中世纪罗马法史》翻译成法文；1831年，英格兰学者海沃德（Abraham Hayward），将萨维尼的著名“小册子”翻译成英文；1841年，美国学者施密特（Gustav Schmit），创办《路易斯安那法律杂志》（*Louisiana Law Journal*），并在该杂志第一期的一篇评论中，专门介绍了萨维尼和德国历史法学派，其中，充满了十分倾慕的赞扬之词。[1]而1849—1850年结识过萨维尼的美国法律学者斯托里（William W. Story）提到，萨维尼拥有人们可以看到的“所有最值得注意的优点，其人宛如仙者，彬彬有礼、和蔼谦逊，但是生活在书的世界中，这书的世界是法律书的世界”[2]……

在世界范围内，萨维尼本人及其历史法学观念，通过各种话语流通方式，赢得了巨大声誉。

然而，施密特在表达充满赞誉之词的时候，并没有对外来的萨维尼学说不予批判。在他看来，萨维尼没有澄清历史法学理论的哲学基础，而且，萨维尼的学说，过于理论化，对于后来的法律学者，其意义是颇为有限的[3]。曾于1820年代末期在德国研究法律的英国学者奥斯丁，对萨维尼的历史法学理论，几乎没有任何兴趣，同时大加贬抑；他所欣赏的是法律的体系化。因而，他说，萨维尼的小册子——《我们时代立法

[1] 以上资料参见 Hoeflich，“Savigny and his Anglo-American Disciples”，pp. 19-28.

[2] Henry James，*William Wetmore Story and His Friends：From Letters，Diaries，and Recollections*，London：W. Blackwood and Sons，1903. pp. 215-216.

[3] 参见 Hoeflich，“Savigny and his Anglo-American Disciples”，p. 24.

和法学的使命》——“外表华丽然而内容空洞”[1]。而在美国，菲尔德在和卡特争论是否应当制定纽约民法典的时候，激烈批评了萨维尼的历史法学观念。他甚至颇有英雄感地宣称：

50 多年前，萨维尼反对法典化，激起争论，而且萨维尼取胜了。但是，萨维尼及其追随者最终还是被战胜了。[2]

更为重要的是，我们另外看到了萨维尼对域外法学的回应与关注。1841 年，法国学者佛立克斯（Johann J.C. Foelix）来到德国学习，1843 年，出版了自己的法文法学著述，并时而评论，甚至批评萨维尼的理论；当时已经成为重要法学权威的萨维尼，阅读了这部著述的第二版内容，并且有所回应。[3]1841 年，美国学者斯托里，出版了自己英文法学著述的第二版；萨维尼阅读了这版英文原著，并且给予了分析讨论。[4]萨维尼在撰写《当代罗马法体系》的时候，另外参考了当时意大利学者洛可（Niccola Rocco）和英国学者伯芝（William Burge）的学术著述……[5]

其时的世界某些法学状况，有如当时成为世界法学关注焦点之一的萨维尼本人所说的，所有德国人、法国人、英国人、美国人，都表明了同样的兴趣解决问题，努力交流、接近，毕竟，人们可以发现，法律中存在了人们共同从事的法学研究[6]。在 100 年来的世界近现代法学变迁

---

[1] Austin，*Lectures on Jurisprudence or the Philosophy of Positive Law*，vol. Ⅱ，pp. 666-667.

[2] David Field，“Codification”，*American Law Review*，24（1890），p. 265. 转引 Reimann，“The Historical School Against Codification：Savigny，Carter and the Defeat of the New York Civil Code”，p. 103.

[3] 见 Kegel，“Story and Savigny”，pp. 40-43.

[4] 见 Kegel，“Story and Savigny”，pp. 40-43.

[5] 见 Kegel，“Story and Savigny”，pp. 40-43.

[6] 转见 Kegel，“Story and Savigny”，p. 46.

中，我们可以发现许多类似的域内、域外法学的复杂交融，比如，在边沁、耶林等人的理论上，比如，在狄骥、施塔姆勒的理论上[1]。这在广义的西方，可能是更为明显的。这里最为重要的是，随着民族国家的交往，语言有时是共享的，学术交往有时是“亲历”的，思想也是“有来有往”的，从而，法学理论中并不是单纯的“一国对他国的进入或‘侵入’”，法学学者，有时在争论着，争论的时候，仿佛自己是世界法学的学术成员。毕竟，当语言不是障碍的时候，当“亲历”得以成为现实的时候，学术思想，是自然要经过学理考验的，人们势必要证明自己的学术能力和论理作为。因此，我们可以将民国时期的中国法学，部分地看成世界法学的一个内在的历史延续。

（三）

换种角度来说，我们面对民国时期的法学之际，不仅要从其时中国自身的角度去看望西方法学，而且要从西方法学内部，来考察西方法学，并在其中考察西方各国法学之间的某些关联，以及从西方各国法学去看望中国法学。在此，重要的是，要挖掘一个新颖的视角，也即不断地从一国到他国地巡回观察的视角，而不是仅仅固守一个传统的视角，也即只是持续地从中国到西方地直线观察的视角（并且，将这一巡回观察视角，和我前面提到的“中国视角”，有机地结合起来）。由此，我们也许可以在另外的意义上，更为深入地考察近现代中国法学与西方法学的关系，甚至发觉，在当时的中西法学关系上，恐怕未必就是总体上的“西学东渐”。而法学权威的问题，对于这种考察和发觉，可以说是提供了适宜的切入方向。

---

[1] 关于边沁的情况，可见 Dawson，*The Oracles of the Law*，p. 450. 关于耶林的情况，可参见 Reimann，“Nineteenth Century German Legal Science”，pp. 894-897；Hommes，*Major Trends in the History of Legal Philosophy*，pp. 210-212. 关于狄骥、施塔姆勒，作为例子，可以参见卡多佐：《法律的成长 · 法律科学的悖论》，第 28—30、103—104 页。卡多佐对前者进行了批评，对后者多有赞扬。

九、法律实践与法学权威

（一）

1908年，英国法律学者戴雪指出，在法律实践中，无论什么时候，不论是制定法文献，还是判例法文献，都不意味着一个唯一的权威，一名法律知识探索者，还要反复研究“诸如斯托里和萨维尼这样的权威学者。这两位学者的意见，事实上已经筑造了英国法官的判决”[1]。1927年，吴经熊担任上海特区法院法官，收到聘书当日，他即写信给霍姆斯提到：

> 我会有很多的机会在法院表现创造力，我将设法使中国的法律霍姆斯化。[2]

1928年，吴经熊成为南京政府立法院立法委员，同年，又被任命为司法院法官。1929年，吴经熊被任命为上海特区法院院长。在较长时间里，吴经熊同时担任过东吴大学法律学院教授。[3]稍后的丘汉平，1930年代开始，从事律师职业，1940年代，担任过行政官员和立法委员。当然，丘汉平首先是以大学法学教授身份出现的。[4]即便是我们屡次提到的萨维尼，如本书时常提到的，在19世纪，也担任过普鲁士立法大臣，而且根据某些学者的考察，萨维尼及其重要的法学教授朋友，不仅希望法律科学推动当时德国的法律实践，而且，曾经多次亲自参与当时德国法院法令的起草工作[5]。更为有意思的是，众所周知，以萨维尼作为重要

---

[1] Albert Dicey, *A Digest of the Law of England with Reference to the Conflict of Laws*, 2nd ed., London: Stevens and Sons, Ltd., 1908, p. 21.

[2] 吴经熊：《超越东西方》，第127页。

[3] 关于吴经熊的经历，参见王健：《超越东西方：法学家吴经熊》，第219页。

[4] 关于丘汉平的经历，参见第四章。

[5] Dawson, *The Oracles of the Law*, p. 456.

标志的德国历史法学的呈现，和当时德国民法典应否制定的争论，是交织在一起的，人们现在都承认，至少部分因为萨维尼的历史法学的缘故，至少部分因为萨维尼在法学上的旗帜作用，德国民法典，在将近一个世纪之后，才得以制定颁布。

所有这些意味着什么？

（二）

近现代时期，无论中国，还是西方，社会专业分工意义上的法律职业阶层逐步出现。这一职业阶层出现的特点之一，就是法学家与法律家的“作用搭配”，甚至“角色混同”。一方面，当我们看到法学家提出法学学术并且关注法律实践的同时，我们也能看到法律家操持法律实践，并且关注法学学术。换言之，他们之间，有着相互交往、相互交流的机缘和谱系。正如道森（John Dawson）所提醒的，在近现代，法律实践和法学学术之间的关系，是值得注意的，“许多法院的意见，反映了学者的看法。而法院意见本身，又对学者的进一步研究有着影响”[1]。其实，在1894年的德国民法典制定前的近一百年内，德国立法阶层和法学阶层的互动关系，也是清晰可见的。[2]

另一方面，在具体的法律人身上，法学家和法律家的“名分”，是可以兼而有之的。一名法学教授，可以既是法学家，又是法律家；一名法官同样可以既是法律家，又是法学家。而当法学家成为法律家的时候，他可以将法学学术的主旨精神推入法律实践之中。当然，在今天我们依然可以看到这样的情形。然而，今天这种情形，比起近现代，可能是有所不同的。因为，今天的法律职业内部分工更为清晰、更为明确，我们

[1] Dawson，*The Oracles of the Law*，p. 467.

[2] 至少维诺格拉多夫（Paul Vinogradoff）就曾指出，那个时期的德国法院，“为了获得一些建议并且作出准确的判决，总是将案件材料交给大学法律系的著名教授，例如哈勒大学、哥利夫斯瓦尔德大学和耶拿大学”。见 Paul Vinogradoff，*Common Sense in Law*，New York：Henry Holt and Co.，1914，p. 203.

还是可以发现更多以及更为明显的“法律职业内部角色”，比如，较为纯粹的法官、法学教员、律师等。近现代之所以如此，有如第四章分析的，在宏观背景来说，正是因为近现代才是“现代法律制度”真正开始起步、发展、深入的时期。“现代法律制度”的逐步确立、纵深扩展，特别需要法学和法律的彼此协作。法律期待法学为其提供智识的源泉，同样，法学期待法律为其提供现实的契机[1]。这意味着，不仅法学可以“从法律中来”，而且法律可以“从法学中来”，它们是相互支持、彼此合谋的。从西方还有中国的法律现代化开始，法学家和法律家，大都总是表现了“互为你我”的纽带关系。

这样一种纽带关系，表明了近现代时期的法律运作，是特别存在“生产法学权威”的需求的。因为，法学权威，可以在法律和法学的双重意义上，带动“现代法律制度”的自我发展，可以凭借独特的社会角色方式，去证明法律、法学自身的重要意义。

（三）

近现代以来，随着民族国家之间的相互交往，特别是激烈的政治、经济还有文化上的竞争交往，以及有时民族国家之间出现的尖锐斗争对立，如何促使本国迅速步入现代化，进而富国强兵，成了首要的“现代性”问题。这对其时的近现代中国是如此，对较早时期的西方国家来说，也是如此。这样一种“现代性”，时常容易使“民族国家问题”遮蔽甚至去除“日常法律问题”的自身存在，同时，也使“现代法律制度”的确立发展，处于一种悖论性质的境地：一方面，它要附和民族国家的迅速崛起，服从民族国家的政治需要、急剧变革，从而在现实中，变得不能拥有过多的作为法律原有特征的稳定性、保守性；另一方面，它要寻求自身的存在，必须张扬自己的稳定性和保守性，从

[1] 关于这个问题，参见［德］马克斯 · 韦伯：《经济与社会》（下卷），林荣远译，北京：商务印书馆，1997 年，第 126—138 页。

而时常不得不努力避开对民族国家的迫切要求的附和与服从。此外，当政治经济文化的“现代性”，成为民族国家首要问题的时候，随着日常法律问题容易被视为依附“大政治”而存在，法学家和法律家，同样容易成为“大政治”势力的明显附庸，人们容易对法律职业的“社会独立性”，提出疑问。

在这种情况下，“现代法律制度”，就需要自己的代言人来论证“现代法律制度”如何可以，而且应当，在民族国家政治经济文化问题的边旁，甚至内部具有自己的独立意义；法律职业阶层，就需要自己的代言人来证明，法律职业人员，仍然具有自己的重要价值，只是这种“重要”，与直接促进民族国家富国强兵的政治、经济、文化人士的“重要”，有着不同侧重而已。经过多重法学竞争，以及法律实践产生出来的法学权威，则是可以充任这种代言人的。

（四）

“民族国家问题”和“日常法律问题”的关系，是复杂的。尽管某些法律问题，比如，近代中国出现的“治外法权”，以及本章提到的近代德国出现的“是否制定民法典”，明显地成了“民族国家问题”的一个伴随部分，或者，本身就是一个“民族国家问题”，然而，某些法律问题是“日常”的，比如一般民众的契约活动、婚姻方式、税赋种类、遗嘱表达等，它们和民族国家问题的关系是微妙的。在通常情况下，“日常”法律问题，并不受制于民族国家的问题。不论民族国家是否试图富国强兵，是否试图在政治、经济、文化上战胜他者，或者已经战胜他者，不论民族国家本身是否已经在政治、经济、文化上失败、被殖民了，日常的契约、婚姻、税赋、遗嘱等，总是各个民族国家内部自己必须面对并且需要解决的问题。于是，在民族国家问题和日常法律问题之间，我们也就可以发现一个复杂的“距离”。这一复杂距离，当然不意味着，日常法律问题可以彻底摆脱民族国家问题的影响；当然不意味着，法学家或法律家可以置身于民族国家问题之外。作为一类社会角色，法学家和法律家，当然需要关心民族国家的生死存亡，“国家兴亡，匹夫有责”。

但是，社会角色的定位，使他们在一般情况下，总是更为需要关心日常法律问题，即使是在民族国家危机的时候，他们同样需要关注日常法律问题。不仅如此，他们还会在民族国家问题中，抽离法律问题予以职业的特定处理。就“抽离”而言，在萨维尼和蒂保争论民法典是否应该制定的时候，背后，固然存在面对法国以及其他欧洲国家之际，德国如何统一强大的问题，然而，他们都要论证自己关于民法典制定究竟涉及哪些法律原理的主张，他们不能简单地宣称，“因为民族国家需要或者不需要统一”，所以需要，或者不需要，制定民法典。当近代中国和西方列强争论治外法权的时候，背后，固然存在着政治主权问题，还有民族自主问题，但是，各方的法律人士，都要说明，并且分析，在具体案件中的具体法律问题，从而主张案件应当如何管辖，不能简单地因为政治主权问题或者民族自主问题而主张管辖[1]。

而面对日常法律问题，法律职业阶层，是要从理论和实践两个方面，来提出解决方案的，是要提出自己推理论说的；进而言之，也是需要法学家和法律家的相互合作的，而且需要表征法学家和法律家相互合作带来的、合而为一性质的法学权威的生产，从而促使“法言法语”深入展开。在这个意义上，就历史进程来说，我们也就可以解释，与法律实践关系密切的近代西方以来的“法律科学”，以及近代中国以来的各种法学“繁荣”，何以能够在“民族国家大政治大问题”的边旁，以及内部，迅速发展呈现，并且何以能够不被“民族国家大政治大问题”所遮蔽、所“吞噬”[2]。在这个意义上，我们又能反向理解，“现代法律制度”，并

[1] 关于这个问题的复杂，参见苏亦工：《鸦片战争与近代中西法律文化冲突之由来》，载张生主编：《中国法律近代化论集》，北京：中国政法大学出版社，2002 年，第 50—120 页。

[2] 关于西方近代法律科学的发展，参见 Reimann，“Nineteenth Century German Legal Science”，pp. 837-839.

不全然是作为现代性的民族国家政治、经济、文化的伴随物，而出现的，其有部分的自己呈现的发展道路。

从这个角度来看，注重法律学理的探讨，展开各个民族国家法律学术的“亲历”交流，进而从中诞生“法学权威”，也就是自然而然的了。反过来说，民国时期凸显出来的西方法学权威和中国法学权威，其背后昭示着“民族国家问题”和“日常法律问题”的某种复杂距离。我们越是研究这一时期的法学权威，我们越能看到“日常法律问题”是如何可以保持自己独特存在的。1990 年代末期以来，中国法学界逐渐提升了对诸如沈家本、吴经熊这样的法学人士的关注。过去不是特别关注，固然有着其他种种缘故，然而，一个重要原因，则是学界看待近现代中国法学的时候，特别一直强调了在“宏大民族国家政治经济文化问题”的背景中看待法律、法学问题。于是，诸如沈家本、吴经熊这样的法学人士，自然不如林则徐、张之洞、梁启超，当然还有孙中山，那样引人注目。近现代法学权威的问题，可能提示了“民族国家问题”和“日常法律问题”的适度分离，可能提示了“日常法律问题”在另外一层意义上同样是重要的，从而也可能进一步提示了，诸如沈家本、吴经熊这样的法学人物，是有别于林则徐、张之洞、梁启超、孙中山等“民族国家标识”人物的（尽管林、张、梁、孙也不断讨论了法律、法学问题），进一步提示了前类人物，在另外一层意义上，尤其是法学意义上，又是同样重要的，甚至是更重要的。

因此，对法学权威的深入理解，可以使我们深入理解近现代时期的“民族国家问题”和“日常法律问题”的复杂关系，当然，还有其时的法学家法律家的“特定角色彼此融合”的表征意义。近现代的“法学权威”，是有多重隐义揭发功能的。

（五）

对于本书研究的主题而言，或者，对于中西近现代法律概念理论的相互关系而言，近现代的“法学权威”，是可以提供一个侧面但是诱人的辅助论证路径的。进一步说，我的意思是指，通过“法学权威”的研究学术，或者，经此范例，我们可以发觉，也许具有类似功能的、在其他方面的思考路线预示着近现代法律概念理论研究的可能拓展空间，预示着新的研究开始。

参考文献

中　文

《阿奎那政治著作选》，马清槐译，北京：商务印书馆，1963 年。

［德］**爱汉者：**

《法兰西国志略》，载《东西洋考每月统记传》（道光丁酉年十一月号），黄时鉴整理，中华书局，1997 年。

《葡萄牙国志》，载《东西洋考每月统记传》（道光丁酉年八月号），黄时鉴整理，中华书局，1997 年。

《释奴》，载《东西洋考每月统记传》（道光丁酉年十二月号），黄时鉴整理，中华书局，1997 年。

《自主之理》，载《东西洋考每月统记传》（道光戊戌年三月号），黄时鉴整理，中华书局，1997 年。

［意］**艾儒略：**

《西学凡》，载李之藻编：《天学初函》，台北：台湾学生书局影印，1965 年。

《职方外纪（校释）》，谢方校释，北京：中华书局，1996 年。

艾思娅：

《评介：作家与作品》，载［葡］费尔南·门德斯·平托：《葡萄牙人在华见闻录》，王锁英译，澳门：澳门文化司署、东方普通牙学会，海口：

海南出版社、三环出版社，1998 年。

安田朴、谢和耐等（编）:
《明清间入华耶稣会士和中西文化交流》，耿升译，成都：巴蜀书社，1993 年。

［法］**白晋:**
《康熙帝传——外国人笔下的清宫秘闻》，马绪祥译，珠海：珠海出版社，1995 年。

白新良:
《康熙朝奏折和来华西方传教士》，载《南开学报（哲学社会科学版）》2003 年第 1 期。

［法］**鲍那尔:**
《狄骥的著作及其学说》（凌其翰译，《法学杂志》第 6 卷第 1 期，1932 年），载吴经熊、华懋生编:《法学文选》，北京：中国政法大学出版社，2003 年。

北京图书馆（编）:
《民国时期总书目 · 法律卷》，北京：书目文献出版社，1990 年。

［英］**边沁:**
《道德与立法原理导论》，时殷弘译，北京：商务印书馆，2002 年。

［美］**伯顿，斯蒂文 · J.:**
《导论》，斯蒂文 · J. 伯顿主编:《法律的道路及其影响》，张芝梅、陈绪纲译，北京：北京大学出版社，2005 年。

［比］柏应理：

《一位中国奉教太太》，台北：台湾光启出版社，1965 年。

［美］波斯纳，理查德·A.：

《超越法律》，苏力译，北京：中国政法大学出版社，2001 年。

［法］布迪厄，皮埃尔、华康德：

《实践与反思》，李猛、李康译，邓正来校，北京：中央编译出版社，1998 年。

［法］布尔迪厄，P.：

《国家精英》，杨亚平译，北京：商务印书馆，2004 年。

［美］布鲁尔，斯科特：

《从霍姆斯的道路通往逻辑形式的法理学》，载斯蒂文·J. 伯顿主编：《法律的道路及其影响——小奥利弗·温德尔·霍姆斯的遗产》，张芝梅、陈绪纲译，北京：北京大学出版社，2005 年。

蔡枢衡：

《法律万能与法律无能》(《大国民报·周末专论》，1943 年 3 月 31 日)，载蔡枢衡：《中国法理自觉的发展》，北京：清华大学出版社，2005 年。

《法学的新立场及其应有之法律观和方法论》(1940 年 2 月)，载蔡枢衡：《中国法理自觉的发展》，北京：清华大学出版社，2005 年。

《法治与法学》(1947 年)，载蔡枢衡：《中国法理自觉的发展》，北京：清华大学出版社，2005 年。

《今日的中国法之新认识》(1940 年 2 月)，载蔡枢衡：《中国法理自觉的发展》，北京：清华大学出版社，2005 年。

《抗战建国与法的现实》(《云南日报·星期论文》,1938年12月11日),载蔡枢衡:《中国法理自觉的发展》,北京:清华大学出版社,2005年。

《沈家本派及其反对派》(1940年2月),载蔡枢衡:《中国法理自觉的发展》,北京:清华大学出版社,2005年。

《中国法学的病和药》(1947年),载蔡枢衡:《中国法理自觉的发展》,北京:清华大学出版社,2005年。

《中国法学之贫困与出路》(1947年),载蔡枢衡:《中国法理自觉的发展》,北京:清华大学出版社,2005年。

《中国法治的根本问题》(《当代评论》第1卷第6期,1941年),载蔡枢衡:《中国法理自觉的发展》,北京:清华大学出版社,2005年。

《中国司法之理想》(《民国日报》专论,1942年10月19日),载蔡枢衡:《中国法理自觉的发展》,北京:清华大学出版社,2005年。

曹仁虎、蔡廷衡等(纂修):

《清朝文献通考》(卷19,《户口1》),杭州:浙江古籍出版社,1988年。

常建华:

《〈圣谕广训〉与清代孝治》,载《南开史学》1988年第1期。

陈福康:

《中国译学理论史稿》(修订本),上海:上海外语教育出版社,2000年。

陈进文:

《法律的新生命》(《法轨期刊》第2卷第1期,1935年),载何勤华、李秀清主编:《民国法学论文精萃》(基础法律篇),北京:法律出版社,2003年。

陈启修：

《护法及弄法之法理学的意义》(《北京大学月刊》第1卷第2号，1919年)，载何勤华、李秀清主编:《民国法学论文精萃》(基础法律篇)，北京：法律出版社，2003年。

陈任生：

《从个人法到社会法——法律哲学的新动向》(《东方杂志》第30卷第5号，1933年)，载何勤华、李秀清主编:《民国法学论文精萃》(法律基础篇)，北京：法律出版社，2003年。

陈新宇：

《近代中国刑法语词的塑造——以外国刑法典的翻译为研究对象》，载《环球法律评论》2003年冬季号。

程光炜：

《左翼文学思潮与现代性》，载《海南师范学院学报》2002年第5期。

《大清律例》，田涛、郑秦点校，北京：法律出版社，1999年。

[法] **达维德，勒内：**

《当代主要法律体系》，漆竹生译，上海：上海译文出版社，1984年。

[英] **德庇时：**

《政府与法制》(孙睿超译)，载周宁著/编注:《历史的沉船》，北京：学苑出版社，2004年。

邓云乡：

《圣谕广训》，载《中国文化》1997年第Z1期。

丁守和（主编）：

《辛亥革命时期期刊介绍》（第二集），北京：人民出版社，1982 年。

《辛亥革命时期期刊介绍》（第三集），北京：人民出版社，1983 年。

丁元普：

《法学思潮之展望》（《法轨》第 1 卷第 2 期，1934 年），载何勤华、李秀清主编：《民国法学论文精萃》（基础法律篇），北京：法律出版社，2003 年。

董必武：

《董必武法学文集》，北京：法律出版社，2001 年。

［美］**杜赞奇：**

《从民族国家拯救历史：民族主义话语与中国现代史研究》，王宪明译，北京：社会科学文献出版社，2003 年。

端木恺：

《中国新分析派法学简述》（《法学季刊》第 4 卷第 5 期，1930 年），载吴经熊、华懋生编：《法学文选》，北京：中国政法大学出版社，2003 年。

方孝岳：

《序》，方孝岳编译、陶孟和校：《大陆近代法律思想小史》（上编、下编），曾尔恕、陈敬刚勘校，北京：中国政法大学出版社，2004 年。

费青：

《法律不容不知之原则》（《法学季刊》第 4 卷第 2 期，1929 年），载何勤华、李秀清主编：《民国法学论文精萃》（基础法律篇），北京：法律出版社，2003 年。

冯象：

《木腿正义》(增订版)，北京：北京大学出版社，2007 年。

［法］**伏尔泰：**

《风俗论》(上)，梁守锵译，北京：商务印书馆，1995 年。

《路易十四时代》，吴模信、沈怀洁、梁守锵译，吴模信校，北京：商务印书馆，1982 年。

傅国涌：

《头等战犯、大法学家王世杰》，载《炎黄春秋》2002 年第 6 期。

付子堂、胡仁智：

《新中国建立前中国共产党的法律探索》，载《学习与探索》2001 年第 4 期。

高铭凯、刘正埮：

《现代汉语外来词研究》，北京：文字改革出版社，1958 年。

高维廉：

《中国法学思想之国际地位》(《法学季刊》第 4 卷第 3 期，1930 年)，载何勤华、李秀清主编：《民国法学论文精萃》(基础法律篇)，北京：法律出版社，2003 年。

高广瑞：

《毛泽东法律思想述略》，载《政治与法律》1996 年第 6 期。

［美］**戈登，罗伯特 · W.：**

《法律作为职业：霍姆斯和法律人的道路》，载斯蒂文 · J. 伯顿主编：

《法律的道路及其影响》，张芝梅、陈绪纲译，北京：北京大学出版社，2005年。

［美］**格瑞，托马斯·C.：**

《霍姆斯论法律中的逻辑》，载斯蒂文·J.伯顿主编：《法律的道路及其影响》，张芝梅、陈绪纲译，北京：北京大学出版社，2005年。

葛剑雄：

《序》，郝晓光、吕健、徐汉卿编著：《苹果里的五角星——〈系列世界地图〉诞生纪实》，北京：光明日报出版社，2003年。

顾长声：

《从马礼逊到司徒雷登》，上海：上海书店出版社，2005年。

《传教士与近代中国》，上海：上海人民出版社，1991年。

顾宁：

《艾儒略和他的〈西学凡〉》，载《世界历史》1994年第5期。

顾昕：

《民粹主义与五四激进思潮（1918—1921）》，载《东方》1996年第3期。

〔**清**〕**官修（著）：**

《清实录（第4册）·圣祖实录（1）》（卷27），北京：中华书局，1985年。

《管子》，房玄龄注，刘续增注，上海：上海古籍出版社，1989年。

郭沫若、闻一多、许维遹：

《管子集注》，北京：科学出版社，1956年。

［英］哈特：

《导言》，边沁：《道德与立法原理导论》，时殷弘译，北京：商务印书馆，2002 年。

韩德培：

《序言》，李达：《法理学大纲》（1940 年代），北京：法律出版社，1983 年。

〔战国〕韩非：

《韩非子》，上海：上海古籍出版社，1989 年。

韩秀桃：

《民国时期法律家群体的历史影响》，载《榆林学院学报》2004 年第 6 期。

郝铁川：

《中国近代法学留学生与法制近代化》，载《法学研究》1997 年第 6 期。

郝先中：

《晚清中国对西洋医学的社会认同》，载《学术月刊》2005 年第 5 期。

《五四时期皖籍先进知识分子群体的产生及其典型特征》，载《民国档案》2003 年第 3 期。

何炳然：

《新民丛报》，载丁守和主编：《辛亥革命时期期刊介绍》，北京：人民出版社，1982 年。

何高济、王遵仲、李申：

《中译者序言》，［意］利玛窦、［比］金尼阁：《利玛窦中国札记》，何高济、王遵仲、李申译，桂林：广西师范大学出版社，2001 年。

和磊：

《梁启超感叹美国政治》，载《环球时报》，2003 年 5 月 19 日。

何萍：

《美国马克思主义哲学的历史进程及其特点》，载《国外社会科学》2005 年第 5 期。

何勤华：

《传教士与中国近代法学》，载《法制与社会发展》2004 年第 5 期。

《〈万国公法〉与清末国际法》，载《法学研究》2001 年第 5 期。

《西方法学观在近代中国的传播》，载《法学》2004 年第 12 期。

《中国古代法学的死亡与再生——关于中国法学近代化的一点思考》，载《法学研究》1998 年第 2 期。

何世祯：

《近代法律哲学之派别和趋势》（《东方杂志》第 26 卷第 1 期，1929 年），载吴经熊、华懋生编：《法学文选》，北京：中国政法大学出版社，2003 年。

［德］**赫特纳，阿尔夫雷德：**

《地理学——它的历史、性质与方法》，王兰生译、张翼翼校，北京：商务印书馆，1983 年。

胡开宝：

《论英汉词典历史文本对汉语现代化进程的影响》，载《外语与外语教学》2005年第3期。

《英汉词典历史文本与双语心理词库》，载《外语研究》2005年第3期。

胡太春：

《汉学家郭实腊与近代中国最早的新闻传媒》，载《中国传媒报告》（香港）2003年第2期。

黄时鉴：

《导言》，《东西洋考每月统记传》，黄时鉴整理，北京：中华书局，1997年。

黄右昌：

《现代法律的分类之我见》(《中华法学杂志》第2卷第8期，1931年)，载何勤华、李秀清主编：《民国法学论文精萃》(基础法律篇)，北京：法律出版社，2003年。

［美］**黄宗智：**

《清代的法律、社会与文化：民法的表达与实践》，上海：上海书店出版社，2001年。

《法典、习俗与司法实践：清代与民国的比较》，上海：上海书店出版社，2003年。

［英］**霍尔，斯图亚特：**

《编码、解码》，王广州译，罗钢校，载罗钢、刘象愚主编：《文化研究读本》，北京：中国社会科学出版社，2000年。

吉罗，亨利、季维，戴维、史密斯，保罗、索斯诺斯基，詹姆斯：
《文化研究的必要性：抵抗的知识分子和对立的公众领域》，黄巧乐译，载罗钢、刘象愚主编：《文化研究读本》，北京：中国社会科学出版社，2000年。

〔清〕**嵇曾筠（监修）**、〔清〕**沈翼机等（编纂）：**
《浙江通志》，载《景印文渊阁四库全书》，台北：台湾商务印书馆，1984年。

贾孔会：
《毛泽东早期法律思想述略》，载《毛泽东思想研究》2003年第1期。

贾振勇：
《中国左翼文学思潮意识形态的内在矛盾》，载《文学评论》2005年第6期。

姜平：
《救国运动与“七君子”苏州审判案》，载《民国档案》1995年第4期。

江镇三：
《法律与正义》(《法轨》创刊号，1933年)，载何勤华、李秀清主编：《民国法学论文精萃》(基础法律篇)，北京：法律出版社，2003年。

〔清〕**蒋良骐：**
《东华录》，林树惠、傅贵九点校，北京：中华书局，1980年。

［美］**卡多佐，本杰明：**
《司法过程的性质》，苏力译，北京：商务印书馆，2000年。

［美］**卡多佐，本杰明·N.：**

《法律的成长·法律科学的悖论》，董炯、彭冰译，北京：中国法制出版社，2002 年。

《讲演录·法律与文学》，董炯、彭冰译，北京：中国法制出版社，2005 年。

［奥］**凯尔森：**

《国家与法律的一般理论》，沈宗灵译，北京：中国大百科全书出版社，1996 年。

［美］**坎南：**

《亚当·斯密关于法律、警察、岁入及军备的演讲》，陈福生、陈振骅译，北京：商务印书馆，1982 年。

［德］**康德：**

《法的形而上学原理》，沈叔平译，林荣远校，北京：商务印书馆，1997 年。

［美］**康雅信：**

《培养中国的近代法律家：东吴大学法学院》，王健译，贺卫方校，载贺卫方编：《中国法律教育之路》，北京：中国政法大学出版社，1997 年。

康有为：

《实理公法全书》，载《康有为全集》第 1 集，上海：上海古籍出版社，1987 年。

［美］**考夫曼，A. L.：**

《卡多佐》，张守东译，北京：法律出版社，2001 年。

［美］**克拉克，汤姆·C.：**

《罗斯科·庞德之歌》，翟志勇译，载翟志勇主编：《罗斯科·庞德：法律与社会——生平、著述及思想》，桂林：广西师范大学出版社，2004 年。

［法］**魁奈：**

《中华帝国的专制制度》，谈敏译，北京：商务印书馆，1992 年。

［英］**拉波西尔，D. D.：**

《亚当·斯密》，李燕晴、汪希宁译，北京：中国社会科学出版社，1990 年。

［德］**莱布尼兹：**

《中国近事》，安文涛译，载周宁著/编注：《孔教乌托邦》，北京：学苑出版社，2004 年。

［美］**兰多：**

《词典编纂的艺术与技巧》，章宜华、夏立新译，北京：商务印书馆，2005 年。

李达：

《法理学大纲》（1940 年代），北京：法律出版社，1983 年。

李贵连：

《二十世纪初期的中国法学（续）》，载《中外法学》1997 年第 5 期。

李贵连、孙家红、李启成、俞江（编）：

《百年法学——北京大学法学院院史（1904—2004）》，北京：北京大学出版社，2004年。

李晋：

《法律与道德》(《言治》第1期，1913年)，载何勤华、李秀清主编：《民国法学论文精萃》(基础法律篇)，北京：法律出版社，2003年。

李明发：

《周枏访谈录》，载《环球法律评论》2003年春季号。

李启成：

《晚清各级审判厅研究》，北京：北京大学出版社，2004年。

李世隆：

《重温德国历史上的文化斗争》，载《德国研究》2005年第1期。

李天纲：

《早期天主教与明清多元社会文化》，载《史林》1999年第4期。

《"中国礼仪之争"：历史、文献和意义》，上海：上海古籍出版社，1998年。

李怡：

《近代中国无政府主义思潮与中国传统文化》，武汉：华中师范大学出版社，2001年。

李正文：

《党的亲密战友》，载武进市政协文史资料研究委员会编：《新中国第一代大法官张志让》，武进：苏常武出准字（95）第040号，1995年。

〔明〕李之藻：

《刻职方外纪序》，艾儒略：《职方外纪（校释）》，谢方校释，北京：中华书局，1996年。

［意］利玛窦、［比］金尼阁：

《利玛窦中国札记》，何高济、王遵仲、李申译，桂林：广西师范大学出版社，2001年。

［美］利文森，桑德福：

《爱默生和霍姆斯》，载斯蒂文·J.伯顿主编：《法律的道路及其影响——小奥利弗·温德尔·霍姆斯的遗产》，张芝梅、陈绪纲译，北京：北京大学出版社，2005年。

梁启超：

《论中国成文法编制之沿革得失》（1904年），载范忠信选编：《梁启超法学文集》，北京：中国政法大学出版社，2000年。

《饮冰室合集·文集之一·论中国宜讲求法律之学》，北京：中华书局，1989年。

《饮冰室合集·专集之二十八·管子传》，北京：中华书局，1989年版。

《中国法理学发达史论》（1904年），载范忠信选编：《梁启超法学文集》，北京：中国政法大学出版社，2000年。

林文琴：

《法学精义》，上海：泰东图书局，1920年。

林庆元：

《林则徐评传》，南京：南京大学出版社，2000 年。

刘放桐：

《实用主义与中国现代的政治和文化的冲突》，载《学习与探索》2004 年第 2 期。

刘禾：

《普遍性的历史建构——〈万国公法〉与十九世纪国际法的流通》，陈燕谷译，载李陀、陈燕谷主编：《视界》（第 1 辑），石家庄：河北教育出版社，2000 年。

刘文瑞：

《论明代的州县吏治》，载《西北大学学报》2001 年第 2 期。

刘星：

《重新理解法律移植——从“历史”到“当下”》，载《中国社会科学》2004 年第 5 期。

《法学“科学主义”的困境——法学知识如何成为法律实践的组成部分》，载《法学研究》2004 年第 3 期。

《司法中法律论证资源辨析——在“充分”上追问》，载《法制与社会发展》2004 年第 1 期。

《民国时期法学的“全球意义”——从三种法理生产方式看》，载《法学》2006 年第 1 期。

《西方法学中的“解构”运动》，载《中外法学》2001 年第 5 期。

《西方理论的“中国表达”——从 1980 年代以后的“西方评介”看》，载《政法论坛》2005 年第 1 期。

《现代性观念与现代法治》，载《法制与社会发展》2002 年第 3 期。

柳亚子：

《我和南社的关系》，载柳无忌编：《柳亚子文集・南社纪略》，上海：上海人民出版社，1983 年。

［美］**卢班，戴维：**

《坏人和好律师》，载斯蒂文・J. 伯顿主编：《法律的道路及其影响——小奥利弗・温德尔・霍姆斯的遗产》，张芝梅、陈绪纲译，北京：北京大学出版社，2005 年。

［美］**卢埃林，卡尔・N.：**

《罗斯科・庞德：〈法理学〉》，翟志勇译，载翟志勇主编：《罗斯科・庞德：法律与社会——生平、著述及思想》，桂林：广西师范大学出版社，2004 年。

〔**战国**〕**吕不韦：**

《吕氏春秋》，高诱注，上海：上海古籍出版社，1989 年。

《吕氏春秋新校释》，陈奇猷校释，上海：上海古籍出版社，2002 年。

〔**明**〕**吕坤：**

《实政录》，载刘俊文编、北京爱如生文化交流有限公司制作：《中国基本古籍库》全文版，合肥：黄山书社，2002 年。

［英］**罗伯茨，约：**

《十九世纪西方人眼中的中国》，蒋重跃、刘林海译，北京：时事出版社，1999 年。

［美］**罗尔斯，约翰：**

《正义论》（修订版），何怀宏、何包钢、廖申白译，北京：中国社会科学出版社，2009 年。

罗志田：

《传教士与近代中西文化竞争》，载《历史研究》1996 年第 6 期。

《清季围绕万国新语的思想论争》，载《近代史研究》2001 年第 4 期。

《外来主义与中国国情："问题与主义"之争再认识之三》，载《南京大学学报》2005 年第 2 期。

《西潮与近代中国思想演变再思》，载《近代史研究》1995 年第 3 期。

［美］**洛厄尔，A. 劳伦斯：**

《罗斯科 · 庞德》，刘丹译，载翟志勇主编：《罗斯科 · 庞德：法律与社会——生平、著述及思想》，桂林：广西师范大学出版社，2004 年。

［英］**马戛尔尼：**

《马戛尔尼中国见闻》，方晓辉译，载周宁著 / 编注：《鸦片帝国》，北京：学苑出版社，2004 年。

马军：

《"西文汉学旧籍"简介（二）》，载《史林》2001 年第 3 期。

［德］**马克思：**

《资本论》第 1 卷（1867 年 7 月 25 日），载《马克思恩格斯全集》第 23 卷，北京：人民出版社，1972 年。

［德］**马克思**、［德］**恩格斯：**

《德意志意识形态》（1845—1846 年），载《马克思恩格斯全集》第 3 卷，北京：人民出版社，1972 年。

《共产党宣言》，中共中央马恩列斯著作编译局译，北京：人民出版社，1997 年。

［英］**马礼逊夫人：**
《马礼逊回忆录》，顾长声译，桂林：广西师范大学出版社，2004 年。

马胜利：
《“欧洲的中国”，“亚洲的法国”？》，载《世界知识》2004 年第 5 期。

［意］**马西尼：**
《现代汉语词汇的形成》，黄河清译，北京：汉语大词典出版社，1997 年。

马绪祥：
《说明》，［法］白晋：《康熙帝传——外国人笔下的清宫秘闻》，马绪祥译，珠海：珠海出版社，1995 年。

马祖毅：
《中国翻译简史——“五四运动”以前部分》，北京：中国对外翻译出版公司，1998 年。

梅汝璈：
《现代法学之趋势》（《法律评论》第 435、436 期合刊，1932 年），载何勤华、李秀清主编：《民国法学论文精萃》（基础法律篇），北京：法律出版社，2003 年
《〈拿破仑法典〉及其影响》（《（武汉大学）社会科学季刊》第 3 卷第 3 期，1933 年），载吴经熊、华懋生编：《法学文选》，北京：中国政法大学出版社，2003 年。

［法］孟德斯鸠：

《论法的精神》（上），张雁深译，北京：商务印书馆，1961 年。

《论法的精神》（下），张雁深译，北京：商务印书馆，1961 年。

［英］密尔松，S. F. C.：

《普通法的历史基础》，李显冬、高翔、刘智慧、马呈祥译，北京：中国大百科全书出版社，1999 年。

［印］尼南贾纳，特贾斯维莉：

《为翻译定位》，袁伟译，载许宝强、袁伟选编：《语言与翻译的政治》，北京：中央编译出版社，2001 年。

倪兴祥：

《五四时期具有初步共产主义思想的知识分子》，载《上海党史与党建》2004 年 9 月号。

潘凤娟：

《西来孔子艾儒略：更新变化的宗教会遇》，台北：台湾基督橄榄文化，2002 年。

［美］庞德：

《近代司法的问题》，杨兆龙译，载王健编：《东法西渐——外国人与中国法的近代变革》，北京：中国政法大学出版社，2001 年。

《通过法律的社会控制·法律的任务》，沈宗灵、董世忠译，北京：商务印书馆，1984 年。

［法］佩雷菲特，阿兰·：

《停滞的帝国——两个世界的撞击》，王国卿等译，北京：三联书店，1993年。

秦前红：

《董必武法治思想初探》，载《武汉大学学报》2002年第4期。

丘汉平：

《从西半球的法学说到三民主义的法理学》(《东方杂志》第32卷第1号，1935年)，载丘汉平：《丘汉平法学文集》，洪佳期译，北京：中国政法大学出版社，2004年。

《法律教育与现代》(《法学杂志》第7卷第2期，1934年)，载丘汉平：《丘汉平法学文集》，洪佳期译，北京：中国政法大学出版社，2004年。

《法律思想的性质》(《法学季刊》第3卷第4期，1927年)，洪佳期译，北京：中国政法大学出版社，2004年。

《法律之语源》(《法学杂志》第5卷第2期，1931年)，载丘汉平：《丘汉平法学文集》，洪佳期译，北京：中国政法大学出版社，2004年。

《法学通论》(1935年)，北京：中国方正出版社，2004年。

《法治进化论》(《东方杂志》第34卷第9号，1937年)，载丘汉平：《丘汉平法学文集》，洪佳期译，北京：中国政法大学出版社，2004年。

《〈历代刑法志〉自序》(1938年)，载丘汉平：《丘汉平法学文集》，洪佳期译，北京：中国政法大学出版社，2004年。

《罗马法序》(1937年)，载丘汉平：《罗马法》，朱俊勘校，北京：中国方正出版社，2004年。

《商君底法治主义论》(《法学季刊》第2卷第7期，1926年)，载丘汉平：《丘汉平法学文集》，洪佳期译，北京：中国政法大学出版社，2004年。

《慎子底法律思想》(《法学季刊》第3卷第3期，1926年)，载丘汉平：《丘汉平法学文集》，洪佳期译，北京：中国政法大学出版社，2004年。

《舒丹木拉法律哲学述要》(《法学季刊》第3卷第2期，1926年)，载丘汉平:《丘汉平法学文集》，洪佳期译，北京:中国政法大学出版社，2004年。

《书评:〈法律之故事〉(*The Story of Law*)》(《法学杂志》第6卷第5期，1933年)，载丘汉平:《丘汉平法学文集》，洪佳期译，北京:中国政法大学出版社，2004年。

《徒法不能以自行论》(《法学杂志》第5卷第4、5期，1932年)，载丘汉平:《丘汉平法学文集》，洪佳期译，北京:中国政法大学出版社，2004年。

《现代法律哲学之三大派别》(《法学季刊》第2卷第8期,1926年)，载丘汉平:《丘汉平法学文集》，洪佳期译，北京:中国政法大学出版社，2004年。

《新法律史观》(《法学杂志》第5卷第1期,1931年)，载丘汉平:《丘汉平法学文选》，洪佳期译，北京:中国政法大学出版社，2004年。

邱远猷:

《张之洞与清末法律近代化》,载《首都师范大学学报》(社会科学版)2003年第4期。

任建新:

《新中国第一代大法官张志让》，载武进市政协文史资料研究委员会编:《新中国第一代大法官张志让》,武进:苏常武出准字(95)第040号,1995年。

〔**清**〕**容闳:**

《西学东渐记》,沈潜、杨增麒评注,郑州:中州古籍出版社,1998年。

阮毅成:

《从“法”说到“宪法”》(《时代公论》第87、89号，1933年)，载何勤华、李秀清主编:《民国法学论文精萃》(宪法法律篇),北京:法律出版社,2002 年。

[美] **萨义德,爱德华·W.:**
《东方学》,王宇根译,北京:三联书店,1999 年。
《知识分子论》,单德兴译,陆建德校,北京:三联书店,2002 年。

〔明〕**桑瑜:**
《(弘治)常熟县治》,载刘俊文编、北京爱如生文化交流有限公司制作:《中国基本古籍库》全文版,合肥:黄山书社,2002 年。

[德] **司丹木拉:**
《现代法学之根本趋势》,张季忻译,陈灵海勘校,北京:中国政法大学出版社,2003 年。

[美] **斯蒂文森,罗伯特:**
《法学院:19 世纪 50 年代到 20 世纪 80 年代的美国法学教育》,阎亚林、李新成、付欣译,贺卫方校,北京:中国政法大学出版社,2003 年。

[英] **斯密,亚当:**
《国民财富的性质和原因的研究》(上),郭大力、王亚南译,北京:商务印书馆,1972 年。
《国民财富的性质和原因的研究》(下),郭大力、王亚南译,北京:商务印书馆,1974 年。

[澳] **斯通,朱利斯:**
《罗斯科·庞德的黄金时代》,张纪泰译,载翟志勇主编:《罗斯科·庞德:法律与社会——生平、著述及思想》,桂林:广西师范大学出

版社，2004 年。

宋镜明：

《李达传记》，武汉：湖北人民出版社，1986 年。

〔明〕宋濂：

《元史》，载刘俊文编、北京爱如生文化交流有限公司制作：《中国基本古籍库》全文版，合肥：黄山书社，2002 年。

苏芙：

《传教士：早期中德文化交流的媒介》，载《德国研究》2005 年第 1 期。

苏力：

《导论：研究中国基层司法》，载苏力：《送法下乡——中国基层司法制度研究》，北京：中国政法大学出版社，2000 年。

《法律与文学：以中国古典文学为材料》，北京：三联书店，2006 年。

《世纪末的交代（自序）》，载苏力：《送法下乡——中国基层司法制度研究》，北京：中国政法大学出版社，2000 年。

苏亦工：

《另一重视角——近代以来英美对中国法律文化传统的研究》，载《环球法律评论》2003 年春季号。

《鸦片战争与近代中西法律文化冲突之由来》，载张生主编：《中国法律近代化论集》，北京：中国政法大学出版社，2002 年。

［日］穗积重远：

《法理学大纲》，李鹤鸣译，魏琼勘校，北京：中国政法大学出版社，2005 年。

孙渠：

《续中国新分析派法学简述》(《法学季刊》第 4 卷第 6 期，1930 年)，载吴经熊、华懋生编：《法学文选》，北京：中国政法大学出版社，2003 年。

孙琬仲、吴家友、杨瑞广（主编）：

《董必武法学思想研究文集》（第二辑），北京：人民法院出版社，2003 年。

孙晓楼：

《法律教育》（1935 年），北京：中国政法大学出版社，1997 年。

孙之梅：

《南社与近代新闻报刊业》，载《文史哲》2002 年第 3 期。

沈钦韩：

《汉书疏证》，载刘俊文编、北京爱如生文化交流有限公司制作：《中国基本古籍库》全文版，合肥：黄山书社，2002 年。

沈卫威：

《论胡适关于人权与约法的论争》，载《民国档案》1994 年第 1 期。

沈约：

《宋书》，载刘俊文编、北京爱如生文化交流有限公司制作：《中国基本古籍库》全文版，合肥：黄山书社，2002 年。

施国祁：

《金史详校》，载刘俊文编、北京爱如生文化交流有限公司制作：《中国基本古籍库》全文版，合肥：黄山书社，2002 年。

［德］施塔姆勒：

《现代法学之根本趋势》，张季忻译，陈灵海勘校，北京：中国政法大学出版社，2003 年。

［日］实腾惠秀：

《中国人留学日本史》，谭汝谦、林启彦译，北京：三联书店，1983 年。

〔清〕圣祖（颁谕）、〔清〕世宗（绎释）：

《圣谕广训》，载《景印文渊阁四库全书》，台北：台湾商务印书馆，1985 年。

《圣谕十六条》，载《景印文渊阁四库全书》，台北：台湾商务印书馆，1985 年。

［奥］田默迪：

《东西方之间的法律哲学——吴经熊早期法律哲学思想之比较研究》，北京：中国政法大学出版社，2004 年。

唐宝林：

《马克思主义在中国 100 年》，合肥：安徽人民出版社，1997 年。

万启盈：

《近现代的中国印刷》，载上海新四军历史研究会印刷印钞分会编：《装订源流和补遗》（《中国印刷史料选辑》之四），北京：中国书籍出版社，1993 年。

〔明〕汪佃：

《（嘉靖）建宁府志》，载刘俊文编、北京爱如生文化交流有限公司制作：《中国基本古籍库》全文版，合肥：黄山书社，2002 年。

王凤瀛：

《说研究法律之方法》(《法学季刊》第 1 卷第 8 期，1924 年)，载吴经熊、华懋生编：《法学文选》，北京：中国政法大学出版社，2003 年。

王健：

《超越东西方：法学家吴经熊》，载《比较法研究》1998 年第 2 期。

《代序》，王健编：《西法东渐——外国人与中国法的近代变革》，北京：中国政法大学出版社，2001 年。

(编)《法学翻译与中国法的现代化——〈美国法律文库暨法学翻译于法律变迁〉研讨会记实》，北京：中国政法大学出版社，2005 年。

《沟通两个世界的法律意义——晚清西方法的输入与法律新词初探》，北京：中国政法大学出版社，2001 年。

《输出与回归：法学名词在中日之间》，载《法学》2002 年第 4 期。

(编)《西法东渐——外国人与中国法的近代变革》，北京：中国政法大学出版社，2001 年。

《中国近代的法律教育》，北京：中国政法大学出版社，2001 年。

王克非 (编著)：

《翻译文化史论》，上海：上海外语教育出版社，1997。

王立达：

《现代汉语中从日本借来的词汇》，载《中国语文》1958 年 2 月号。

王慕民：

《略论朱镜我在日本接受马克思主义的思想历程》，载《宁波大学学报》2003 年第 3 期。

王世杰：

《法律与命令》(《武大社会科学季刊》第1卷第2期，1930)，载吴经熊、华懋生编:《法学文选》，北京:中国政法大学出版社，2003年。

汪习根：

《论法治理念在当代中国的奠基——董必武法治思想探讨》，载《中南民族大学学报》2002年第3期。

王志强：

《民国时期的司法与民间习惯》，载《比较法研究》2000年第4期。

[**德**] **韦伯，马克斯：**

《经济与社会》(下卷)，林荣远译，北京:商务印书馆，1997年。

[**美**] **韦尔斯，凯瑟琳·皮尔士：**

《小奥利弗·温德尔·霍姆斯和威廉·詹姆斯》，载斯蒂文·J.伯顿主编:《法律的道路及其影响——小奥利弗·温德尔·霍姆斯的遗产》，张芝梅、陈绪纲译，北京:北京大学出版社，2005年。

吴伯娅：

《礼仪之争爆发后康熙对传教士的态度》，载《历史档案》2002年第3期。

吴经熊：

《超越东西方》，周伟驰译，北京:社会科学文献出版社，2002年。

《法律的基本概念》(《改造》第4卷第6期，1922年)，载《法律哲学研究》，北京:清华大学出版社，2005年。

《关于现今法学的几个观察》(《东方杂志》第31卷第1期，1934年)，载吴经熊、华懋生编:《法学文选》, 北京: 中国政法大学出版社,2003 年。

吴经熊、华懋生:

《法学文选序》(1935 年), 载吴经熊、华懋生编:《法学文选》, 北京: 中国政法大学出版社, 2003 年。

[美] **伍达德, 卡尔文:**

《威廉·布莱克斯通爵士与英美法理学》, 载肯尼斯·W. 汤普森编:《宪法的政治理论》, 张志铭译, 北京: 三联书店, 1997 年。

武进市政协文史资料研究委员会:

《张志让传略》, 载武进市政协文史资料研究委员会编:《新中国第一代大法官张志让》, 武进: 苏常武出准字(95)第 040 号, 1995 年。

武树臣:

《寻找最初的"法"》, 载《学习与探索》1997 年第 1 期。

吴廷嘉、沈大德:

《梁启超评传》, 南昌: 百花洲文艺出版社, 1996 年。

维华:

《法理学与近代法律变迁之趋向》(《南开大学周刊》第 100 期, 1931 年), 载何勤华、李秀清主编:《民国法学论文精萃》(基础法律篇), 北京: 法律出版社, 2003 年。

[奥] **维特根斯坦:**

《哲学研究》, 李步楼译、陈维杭校, 北京: 商务印书馆, 1996 年, 第 31 页。

［美］**韦斯特，科内尔：**

《少数人话语和经典构成中的陷阱》（马海良、赵万鹏译），载罗纲、刘象愚主编：《文化研究读本》，北京：中国社会科学出版社，2000年。

［德］**魏特：**

《汤若望传》，杨丙辰译，北京：商务印书馆，1949年。

〔清〕**魏源：**

《海国图志》（上），陈华等点校、注释，长沙：岳麓书社，1998年。

文永林：

《毛泽东关于党在抗日民主政权中执政能力建设思想》，载《毛泽东思想研究》2005年第1期。

［美］**沃尔夫，克里斯托弗：**

《司法能动主义——自由的保障还是安全的威胁？》，黄金荣译，北京：中国政法大学出版社，2004年。

［俄］**沃洛希洛夫：**

《马克思主义与语言哲学》，曾宪冠、顾海燕、胡龙彪译，曾宪冠校，载许宝强、袁伟选编：《语言与翻译的政治》，北京：中央编译出版社，2001年。

夏良才：

《孙中山与基尔特社会主义》，载《近代史研究》1991年第2期。

［美］**夏皮罗，斯科特：**

《坏人和内在视角》，载斯蒂文·J.伯顿主编：《法律的道路及其影响——小奥利弗·温德尔·霍姆斯的遗产》，张芝梅、陈绪纲译，北京：北京大学出版社，2005 年。

夏晓虹（编）：

《追忆梁启超》，北京：中国广播电视出版社，1997 年。

夏勇：

《民本与民权——中国权利话语的历史基础》，载《中国社会科学》2004 年第 5 期。

萧邦承：

《社会法律学派之形成及其发展》(《法轨》第 2 卷第 1 期，1935 年)，载何勤华、李秀清主编：《民国法学论文精萃》(基础法律篇)，北京：法律出版社，2003 年。

谢方：

《前言》，载艾儒略：《职方外纪（校释）》，谢方校释，北京：中华书局，1996 年。

谢景芳：

《杨光先与清初“历案”的再评价》，载《史学月刊》2002 年第 6 期。

［加］**西蒙，谢莉：**

《翻译理论中的性别》，吴晓黎译、陈顺馨校，载许宝强、袁伟选编：《语言与翻译的政治》，北京：中央编译出版社，2001 年。

谢振民：

《中华民国立法史》，北京：中国政法大学出版社，2000 年。

熊月之：

《晚清几个政治词汇的翻译与使用》，载《史林》1999 年第 1 期。

《西学东渐与晚清社会》，上海：上海人民出版社，1994 年。

徐彪：

《论清末新式法学教育对中国近代法学的影响》，载《环球法律评论》2005 年第 3 期。

徐友春（主编）：

《民国人物大辞典》，石家庄：河北人民出版社，1991 年。

徐宗泽（编著）：

《明清间耶稣会士译著提要》，北京：中华书局，1989 年。

许明龙：

《黄嘉略与孟德斯鸠——中法文化交流史上的一段佳话》，载《法国研究》2002 年第 2 期。

《孟德斯鸠与中国》，北京：国际文化出版公司，1989 年。

《18 世纪法国思想家论中国的德治》，载《世界历史》2002 年第 5 期。

〔**汉**〕**许慎：**

《说文解字》，北京：中华书局，1963 年。

许章润：

《法学家的智慧——关于法律的知识品格与人文类型》，北京：清华大学出版社，2004 年。

《以法律为业——关于近代中国语境下的法律公民与法律理性的思考》，载《金陵法律评论》2003 年第 1 期。

〔明〕**薛瑄：**

《薛文清公从政录》，载刘俊文编、北京爱如生文化交流有限公司制作:《中国基本古籍库》全文版，合肥：黄山书社，2002 年。

晏可佳：

《中国天主教简史》，北京：宗教文化出版社，2001 年。

燕树棠：

《自由与法律》(《清华学报》第 9 卷第 2 期，1934 年)，载何勤华、李秀清主编:《民国法学论文精萃》(基础法律篇)，北京：法律出版社，2003 年。

杨鸿烈：

《中国法律思想史》，范忠信、何鹏勘校，北京：中国政法大学出版社，2004 年。

〔明〕**杨廷筠：**

《职方外纪序》，艾儒略:《职方外纪（校释）》，谢方校释，北京：中华书局，1996 年。

杨兆龙：

《杨兆龙法学文选》，艾永明、陆锦壁编，北京：法律出版社，2005 年。

姚琦：

《民初创办报刊热潮评析》，载《社会科学研究》1996 年第 6 期。

《译书汇编》编者：

《改正体例告白》，载《译书汇编》第 2 年第 9 期，1902 年。

《译书汇编发行之趣意》，载《译书汇编》第 2 年第 1 期，1902 年。

〔清〕**永瑢等：**
《四库全书总目》（上册），北京：中华书局，1965 年。

余延：
《“法律”词源商斠》，载《汉字文化》2003 年第 2 期。

岳峰、林本椿：
《黄加略——曾获法国皇家文库中文翻译家称号的近代中国译坛先驱》，载《中国翻译》2004 年第 1 期。

张大庆：
《〈英咭利国新出种痘奇书〉考》，载《中国科技史料》2002 年第 3 期。

张鼎昌：
《比较法之研究》（《中华法学杂志》新编第 1 卷第 9 号，1937 年），载何勤华、李秀清主编：《民国法学论文精萃》（法律基础篇），2003 年。

张洪波、葛善泽：
《五四前后马克思主义为什么能在中国迅速传播？》，载《当代世界与社会主义》2004 年第 4 期。

张季忻：
《译者序》，［德］施塔姆勒：《现代法学之根本趋势》，张季忻译，陈灵海勘校，北京：中国政法大学出版社，2003 年。

张君劢：
《〈法律的基本概念〉之序言》（《改造》第 4 卷第 6 期，1922 年），载吴经熊：《法律哲学研究》，北京：清华大学出版社，2005 年。

《政法上的唯心主义》(《法学季刊》第 1 卷第 5 期，1923 年)，载吴经熊、华懋生编:《法学文选》，北京：中国政法大学出版社，2003 年。

〔清〕张廷玉等：

《明史》(卷 97，志第 73，《艺文志 2》)，北京：中华书局，1974 年。

张雁深：

《孟德斯鸠论著举要》，孟德斯鸠:《论法的精神》(上)，张雁深译，北京：商务印书馆，1961。

〔清〕张玉书等（编纂）：

《康熙字典》，王引之等校订，上海：上海古籍出版社，1996 年。

张之沧：

《中国的马克思主义应当重新审视实用主义》，载《河北学刊》2005 年第 5 期。

张之洞：

《劝学篇》，郑州：中洲古籍出版社，1998 年。

张志让：

《借英国法中许多希奇有趣之点来阐明法律的性质》(《法轨》第 1 卷第 2 期，1934 年)，载吴经熊、华懋生编:《法学文选》，北京：中国政法大学出版社，2003 年。

《新旧各派法律学说之一览》(《法律周刊》第 26 期，1923 年)，载武进市政协文史资料研究委员会编:《新中国第一代大法官张志让》，武进：苏常武出准字（95）第 040 号，1995 年。

〔唐〕**长孙无忌:**

《唐律疏议》,载刘俊文编、北京爱如生文化交流有限公司制作:《中国基本古籍库》全文版,合肥:黄山书社,2002 年。

赵平之:

《论青年毛泽东思维方式的形成和特征》,载《毛泽东思想研究》2005 年第 1 期。

赵之远:

《法律观念之演进及其诠释》(《社会科学丛刊》第 1 卷第 1 期,1934 年),载吴经熊、华懋生编:《法学文选》,北京:中国政法大学出版社,2003 年。

郑保华:

《法律社会化论》(《法学季刊》第 4 卷第 7 期,1930 年),载吴经熊、华懋生编:《法学文选》,北京:中国政法大学出版社,2003 年。

郑奠:

《关于现代中国语中的“日本词汇”》,载《中国语文》1958 年 2 月号。

钟明旦:

《杨廷筠——明末天主教儒者》,圣神研究中心译,北京:社会科学文献出版社,2002 年。

周枏:

《我与罗马法》,http://law-thinker.com/show.asp?id=2117,2005 年 6 月 10 日访问。

〔清〕周在浚:

《南唐书注》，载刘俊文编、北京爱如生文化交流有限公司制作:《中国基本古籍库》全文版，合肥:黄山书社，2001年。

祝铭山、孙琬钟(主编):

《董必武法学思想研究文集》，北京:人民法院出版社，2001年。

朱顺龙、何立民(编著):

《中国古文字学基础》，上海:上海社会科学出版社，2004年。

朱显祯:

《德国历史法学派之学说及其批评》(《社会科学论丛》第1卷第10期，1929年)，载何勤华、李秀清主编:《民国法学论文精萃》(基础法律篇)，北京:法律出版社，2003年。

《法律解释论》(《社会科学论丛》第2卷第8、9期合刊(法律专号)，1930年)，载吴经熊、华懋生编:《法学文选》，北京:中国政法大学出版社，2003年。

朱怡庵:

《法底本质》(《新兴文化》创刊号，1929年)，载何勤华、李秀清主编:《民国法学论文精萃》(基础法律篇)，北京:法律出版社，2003年。

外　文

Aichele, Gary

Legal Realism and Twentieth-Century American Jurisprudence, New York: Garland Publishing, Inc., 1990.

Oliver Wendell Holmes, Jr.: Soldier, Scholar, Judge, Boston: Twayne, 1989.

Amos, Sheldon

A Systematic View of Science of Jurisprudence, London: Longmans, Green, 1872.

The Science of Jurisprudence, New York: D. Appleton, 1874.

Austin, John

Lectures on Jurisprudence or the Philosophy of Positive Law, 5th edition, revised and edited by Robert Campbell, London: John Murray, 1885.

Austin, Sarah

"Preface", in John Austin, *Lectures on Jurisprudence or the Philosophy of Positive Law*, 5th edition, revised and edited by Robert Campbell, London: John Murray, 1885.

Baker, Liva

The Justice from Beacon Hill: The Life and Times of Oliver Wendell Holmes, New York: Harper Collins, 1991.

Bentham, Jeremy

An Introduction to the Principles of Morals and Legislation, edited by J. H. Burns and H.L.A. Hart, Oxford: Oxford University Press, 1996.

Of Laws in General, editied by H.L.A. Hart, London: Athlone Press, 1970.

The Limits of Jurisprudence defined, edited by Charles Everett, New York: Columbia University Press, 1945.

Benton, Lauren

Law and Colonial Cultures: Legal Regimes in World History, 1400-

1900, New York: Cambridge University Press, 2002.

Biddle, Francis

Mr. Justice Holmes, New York: C. Scribner's Sons, 1942.

Blackstone, William

Commentaries on the Laws of England, Chicago: The University of Chicago Press, 1979.

Bodenheimer, Edgar

Jurisprudence: The Philosophy and Method of the Law, Cambridge: Harvard University Press, 1974.

"Modern Analytical Jurisprudence and the Limits of its Usefulness" , *University of Pennsylvania Law Review*, 1956, vol. 104.

Boorstin, Daniel J.

"The Elusiveness of Mr. Justice Holmes", *New England Quarterly*, 1941, vol. 14.

Brandes, Evan B.

"Legal Theory and Property Jurisprudence of Oliver Wendell Holmes, Jr., and Louis D. Brandeis: An Analysis of Pennsylvania Coal Company v. Mahon", *Creighton Law Review*, 2005, vol. 38.

Burrill, Alexander

A Dictionary and Glossary, New York: Baker, Voorhis & Co., 1871.

Cahill, Fred

Judicial Legislation: A Study in American Legal Theory, New York: The Ronald Press Company, 1952.

Cardozo, Benjamin

"Introductory Note", in Benjamin Cardozo, *The Growth of the Law*, New Haven: Yale University Press, 1924.

Carter, James C.

"The Ideal and the Actual in the Law", *American Law Review*, 1890, vol. 24.

"The Province of the Written and Unwritten Law", *American Law Review*, 1890, vol. 24.

Clark, Edwin

Practical Jurisprudence: A Comment on Austin, Cambridge: Cambridge University Press, 1883.

Coetzee, John M.

Stranger Shores: Literary Essays, 1986-1999, New York: Viking, 2001.

Cohen, Felix

"The Problems of a Functional Jurisprudence", *Moden Law Review*, 1937, vol. 5.

Cohler, Anne, Miller, Basia, and Stone, Harold

"Principal events in Montesquieu's life", in *The Spirit of the Law*, translated by Anne Cohler, Basia Miller and Harold Stone, Cambridge:

Cambridge University Press, 1989.

Coing, Helmut

"German "Pandektistik" in its Relationship to the Former "Ius Commune", *American Journal of Comparative Law*, 1989, vol. 37.

Coleman, Jules J. and Leiter, Brian

"Legal Positivism", in *A Companion to Philosophy o Law and Legal Theory*, edited by Dennis Patterson, Malden: Blackwell Publishers Inc., 1969, 1999.

Corbin, Arthur

"The Law and the Judges", *Yale Review*, 1914, vol. 3.

Cosgrove, Richard

Scholars of the Law: English Jurisprudence from Blackstone to Hart, New York: New York University Press, 1996.

Cotterrell, Roger

The Politics of Jurisprudence: A Critical Introduction to Legal Philosophy, London: Butterworths, 1989.

Dawson, John

The Oracles of the Law, Ann Arbor: The University of Michigan Law School, 1968.

Denonn, Lester

The Wit and Wisdom of Oliver Wendell Holmes: Father and Son,

Boston: Beacon Press, 1953.

Dewey, John

"Logical Method and Law", *The Connell Law Quarterly*, 1924, vol. 10.

Diamond, Alan (ed.)

The Victorian Achivements of Sir Henry Maine, Cambridge: Cambridge University Press, 1991.

Dicey, Albert

A Digest of the Law of England with Reference to the Conflict of Laws, 2nd edition, London: Stevens and Sons Limited, 1908.

"Teaching of English Law at Harvard", *Harvard Law Review*, 1899, vol. 13.

Dworkin, Ronald

Law's Empire, Cambridge: Harvard University Press, 1986.

Fifoot, C.H.S.

Judge and Jurist in the Reign of Victoria, London : Stevens and Sons Limited, 1959.

Fisch, Max

Justice Holmes, the Prediction Theory of Law, and Pragmatism, in *Peirce Semeiotic, and Pragmatism: Essays by Max Fisch 6*, edited by Kenneth Ketner and Christian Kloesel, Bloomington: Indiana University Press, 1986.

Frank, Jerome

Law and Modern Mind, Garden City: Doubleday & Co., 1963.

Frankfurter, Felix

Mr. Justice Holmes and the Supreme Court, Cambridge: Harvard University Press, 1938.

Fried, Charles

"The Oliver Wendell Holmes Dvise Lecture: Perfect Freedom, Perfect Justice", *Boston University Law Review*, 1998, vol. 78.

Friedmann, Wolfgang

Legal Theory, 5th edition, New York: Columbia University Press, 1967.

Fuller, Lon L.

The Law in Quest of Itself, Chicago: The Foundation Press, Inc., 1940.

Gall, Morris

Judicial Decision and Practical Judgment, New York: King's Crown Press, 1946.

Gavison, Ruth

"Comment", in *Issues in Contemporary Legal Philosophy: The Influence of H.L.A. Hart*, edited by Ruth Gavison, Oxford: Clarendon Press, 1987.

Gény, François

Méthode d'interprétation et soureces en droit privé positif: critical essay (An English Translation by the Louisana State Law Institute), translated by Jaro Mayda, St. Paul: West Publishing Co., 1963.

Gilmore, Grant

The Ages of American Law, New Haven: Yale University Press, 1977.

Gordon, Robert

"New Developments in Legal Theory", in *The Politics of Law*, edited by David Kairys, New York: Pantheon Books, 1990.

Gordley, James

"When Paths Diverge: A Response to Albert Alschuler on Oliver Wendell Holmes", *Florida Law Review*, 1997, vol. 49.

Gower, L.C.B.

"English Legal Training: A Critical Survey", *Modern Law Review*, 1930, vol. 13.

Granfield, Robert

Making Elite Lawyers, New York: Routledge, 1992.

Gray, John C.

The Nature and Sources of the Law, New York: The Columbia University Press, 1909.

Grey, Thomas

"Holmes and Legal Pragmatism", *Stanford Law Review*, 1989, vol. 41.

"Langdell's Orthodoxy", *University of Pittshurgh Law Review*, 1983, vol. 45.

"What Good is Legal Pragmatism?", in *Pragmatism in Law and Society*, edited by Michael Brint and William Weaver, Boulder: Westview Press, Inc., 1991.

Hamburger, Lotte, and Hamburger, Joseph

Troubled Lives: John and Sarah Austin, Toronto: University of Toronto Press, 1985.

Contemplating Adultery: The Secret Life of a Victorian Woman, London: Macmillan, 1992.

Hart, H.L.A.

"Bentham's 'Of Laws in General'", *Rechtstheorie*, 1971, vol. 2.

"Definition and Theory in Jurisprudence", *Law Quarterly Review*, 1954, vol. 70.

Essays in Jurisprudence and Philosophy, Oxford: Clarendon University Press, 1983.

Essays on Bentham: Studies in Jurisprudence and Political Theory, Oxford: Clarendon Press, 1982.

"Positivism and the Separation of Law and Morals", *Harvard Law Review*, 1958, vol. 71.

The Concept of Law, 2nd edition, Oxford: Clarendon Press, 1994.

The Concept of Law, Oxford: Clarendon Press, 1961.

Hart, Henry M.

"Holmes' Positivism - An Addendum", *Harvard Law Review*, 1951, vol. 64.

Herget, James, and Wallace, Stephen

"The German Free Law Movement as the Source of Amercan Legal Realism", *Virginia Law Review*, 1987, vol. 73.

Hoeflich, Michael

"Savigny and his Anglo-American Disciples", *American Journal of Comparative Law*, 1989, vol. 37.

Holdsworth, William

A History of English Law, vol. Ⅻ, London: Methuen, 1938.

Holland, Thomas

The Elements of Jurisprudence, Oxford: Oxford University Press, 1910.

Holmes, Oliver Wendell

"Book Notice (reviewing C. Langdell, A Selection of Cases on the Law of Contracts)", *American Law Review*, 1871, vol. 5.

"Book Notice (reviewing James Ram's The Science of Legal Judgment)", *American Law Review*, 1871, vol. 6.

"Book Notice",reviewing The Law Magazine and Review New Series No. 3 (April 1, 1872),*American Law Review*, 6 (1872)

"Book Review", *American Law Review*, 1880, vol.14.

"John Marshall" (1901), in Oliver Wendell Holmes, *Collected Legal Papers*, New York: Harcourt, Brace and Howe, 1920.

Justice Holmes to Doctor Wu: an intimate correspondence, 1921-1932, New York: Central Book Co., 1947.

"Law in Science and Science in Law" (1899), in Oliver Wendell

Holmes, *Collected Legal Papers*, New York: Harcourt, Brace and Howe, 1920.

"Learning and Science" (1895), in Oliver Wendell Holmes, *Collected Legal Papers*, New York: Harcourt, Brace and Howe, 1920.

"Montesqueieu" (1900), in Oliver Wendell Holmes, *Collected Legal Papers*, New York: Harcourt, Brace and Howe, 1920.

"Privilege, Malice, and Intent" (1894), in Oliver Wendell Holmes, *Collected Legal Papers*, New York: Harcourt, Brace and Howe, 1920.

The Common Law, Boston: Little, Brown and Company, 1963.

"The Path of Law", *Harvard Law Review*, 1897, vol. 10.

Twenty Years in Retrospect (1902), in *The Occasional Speeches of Justice Oliver Wendell Holmes*, edited by Mark Howe, Cambridge: Belknap Press of Harvard University Press, 1962.

Holthouse, Henry J.

A New Law Dictionary, London: William Crofts, 1839.

New Law Dictionary, 2nd edition, London: William Crofts, 1846.

Hommes, Hendrik

Major Trends in the History of Legal Philosophy, Oxford: North-Holland Publishing Company, 1979.

Horwitz, Morton

"The Place of Justice Holmes in American Legal Thought", in *The Legacy of Oliver Wendell Holmes, Jr.*, edited by Robert Gordon, Stanford: Stanford University Press, 1992.

The Transformation of American Law 1780-1860, Cambridge: Harvard University Press, 1977.

The Transformation of American Law 1870-1960, Cambridge: Harvard University Press, 1992.

Hunt, Alan

"Marxist Theory of Law", in *A Companion to Philosophy of Law and Legal Theory*, edited by Dennis Patterson , 1969, 1999.

The Sociological Movement in Law, Philadelphia: Temple University Press, 1978.

Jacobes, Clybde

Law Writers and the Courts: The Influence of Thomas M. Cooley, Christopher G. Tiedman, and John F. Dillon Upon American Constitutional Law, Berkeley: University of California Press, 1954.

James, Henry

*William Wetmore Story and His Friends: from Letters, Diaries, and Recollection*s, London: W. Blackwood and Sons, 1903.

James, William

Pragmatism, and Other Essays, New York: Washington Square Press, 1963.

Jhering, Rudolf von

Law as a Mean to an End, translated by Issac Husik, New York: The Macmillan Co., 1914.

John, Michael

Politics and the Law in Late Nineteenth-Century: The Origin of the

Civil Code, Oxford: Clarendon Press, 1989.

Johnson, Oakley

Marxism in the United States: History before the Russian Revolution (1876-1917), New York: Published for A.I.M.S. by Humanities Press, 1974.

Kairys, David (ed.)

Politics of Law: A Progressive Critique, New York: Basic Books, 1998.

Kang-hsi, Emperor of China

The Sacred Edict: containing sixteen maxims of the Emperor Kang-hsi, amplified by his son, the Emperor Yoong-ching; together with a paraphrase on the whole, by a mandarin, London: Black, Kingsbury, Parbury, and Allen, 1817.

Kantorowicz, Hermann

"Savigny and the Historical School of Law", *The Law Quarterly Review*, 1937, vol. 53.

The Definition of Law, edited by A.H. Campbell, Cambridge: Cambridge University Press, 1958.

Keeton, George, and Schwarzenberger, Georg (eds.)

Jeremy Bentham and the Law: A Symposium, London: Stevens & Sons Limited, 1948.

Kegel, Gerhard

"Story and Savigny", *American Journal of Comparative Law*, 1989, vol. 37.

Kennedy, Duncan

"Toward an Historical Understanding Legal Thought in America, 1850-1940", in *Research in Law and Sociology*, edited by Steven Spitzer, Greenwich: Jai Press Inc., 1980.

Kidwell, Erin

"The Paths of The Law: Historical Consciousness, Creative Democracy, and Judicial Review", *Albany Law Review*, 1998, vol. 62.

Klenner, Herman

"Savigny's Research Program of the Historical School of Law and its Intellectual Impact in 19th Century Berlin", *American Journal of Comparative Law*, 1989, vol. 37.

Konefsky, Samuel

The Legacy of Holmes and Brandeis: A Study in the Influence of Ideas, New York: Macmillan, 1956.

LaPiana, William

"Victorian from Beacon Hill: Oliver Wendell Holmes's Early Legal Scholarship", *Columbia Law Review*, 1990, vol. 90.

Leiter, Brian

"Legal Realism", in *A Companion to Philosophy of Law and Legal Theory*, edited by Dennis Patterson, Oxford: Blackwell Publishers Ltd., 1969, 1999.

Levine, Martin

Legal Education, New York: New York University Press, 1993.

Lerner, Max

The Mind and Faith of Justice Holmes, Boston: Little Brown and Company, 1943.

Llewellyn, Karl

The Bramble Bush, New York: Oceana Publication, 1930.

Jurisprudence: Realism in Theory and Practice, Chicago: University of Chicago Press, 1962.

Lobban, Michael

The Common Law and English Jurisprudence, Oxford: Clarendon Press, 1991.

Luban, David

"What's Pragmatism about Legal Pragmatism", *Cardozo Law Review*, 1996, vol. 18.

Macdonell, John, and Manson, Edward (eds.)

Great Jurists of the World, Boston: Little, Brown and Company, 1914.

Maine, Henry

Lectures on the Early History of Institutions, New York: Henry Holt and Company, 1989.

Maitland, Frederic

Equity, also the Forms of Action at Common Law, edited by Alfred Chaytor and William Wittaker, Cambridge: Cambridge University Press, 1929.

Marriot, William

A New Law Dictionary, London: Printed for W. and J. Stratford, 1797-1798.

Mill, John Stuart

"Austin on Jurisprudence", *Edinburgh Review*, 1863, vol. 118.

Miller, Perry

The Life of the Mind of American: From the Revolution to the Civil War, New York: Harcourt, Brace & World, 1965.

Miller, William

The Data of Jurisprudence, Edinburgh: W. Green, 1903.

Moles, Robert N.

Definition and Rule in Legal Theory: A Reassessment of H.L.A. Hart and the Positivist Tradition, Oxford: Basil Blackwell, 1987.

Mollnau, Karl

"The Contributions of Savigny to the Theory of Legislation", *American Journal Comparative Law*, 1989, vol. 37.

Montesquieu, Charles de Secondat, Baron de

The Spirit of Laws, translated from *De l'esprit des loix*, translated by

Thomas Nugent, London: Printed for J. Nourse and P. Vaillant, 1750.

Morison, W. L.

John Austin, Stanford: Stanford University Press, 1982.

Morris, Herbert

"Dean Pound's Jurisprudence", *Stanford Law Review*, 1960, vol. 13.

Myers, Gerald

William James: His Life and Thought, New Haven: Yale University Press, 1986.

Novick, Sheldon

"Introduction", in *The Collected Works of Justice Holmes*, edited by Sheldon Novick, Chicago: The University of Chicago Press, 1995, vol. 1.

Paul, Arnald

Conservative Crisis and the Rule of Law: Attitudes of Bar and Bench, 1887-1895, Ithaca: Cornell University Press, 1960.

Pollack, Frederick

"Law and Command", *Law Magazine and Review*, 1872, vol. 1.

Pollard, David E. (ed.)

Translation & Creation: Readings of Western Literature in Early Modern China 1840-1916, Amsterdam & Philadelphia: John Benjamins, 1998.

Posner, Richard A.

Cardozo: A Study in Reputation, Chicago: University of Chicago Press, 1990.

Law, Pragmatism, and Democracy, Cambridge: Harvard University Press, 2003.

" Pragmatic Adjudication", *Cardozo Law Review*, 1996, vol. 18.

The Essential Holmes: Selections from The Letters, Speeches, Judicial Opinions, and Other Writings of Oliver Wendell Holmes, Jr. (Edited and with an Introduction by Richard A. Posner), Chicago: The University of Chicago Press. 1992.

Pound, Roscoe

"A Practical Program of Procedural Reform", in *Proceedings of the Illinois State Bar Association*, Springfield: The Association, 1910.

"How Far Are We Attaining a New Measure of Values in Twentieth-Century Juristic Thought", *West Virginia Law Review*, 1936, vol. 42.

Interpretations of Legal History, New York: The Macmillan company, 1923.

Introduction to the Philosophy of Law, New Haven: Yale University Press, 1954.

"Law in Books and Law in Action", *American Law Review*, 1910, vol. 44.

"Liberty of Contract", *Yale Law Journal*, 1909, vol. 18.

"Mechanical Jurisprudence", *Columbia Law Review*, 1908, vol. 8.

The Ideal Element in Law, Calcutta: University of Caldutta, 1958.

"The Law and the People", *University of Chicago Magazine*, 1910, vol. 3.

The Rejection of Liberalism. n. p., 1929.

"The Scope and Purpose of Sociological Jurisprudence", *Harvard Law Review*, 1911, vol. 24.

"The Scope of Purpose of Sociological Jurisprudence", *Harvard Law Review*, 1912, vol. 25.

"The Theory of Judicial Decision, I&II", *Harvard Law Review*, 1923, vol. 36.

Presser, Stephen

"Some Thoughts on Our Present Discontents and Duties: The Cardinal, Oliver Wendell Holmes, Jr., The Unborn, The Senate, and Us", *Ave Maria Law Review*, 2003, vol. 1.

Purcell, Edward

"American Jurisprudence Between the Wars: Legal Realism and the Crises of Democratic Theory", *American Historical Review*, 1969, vol. 75.

The Crisis of Democratic Theory: Scientific Naturalism and the Problem of Value, Lexington: The University Press of Kentucky, 1973.

Reimann, Mathias

"The Historical School Against Codification: Savigny, Carter, and the Defeat of the New York Civil Code", *American Journal of Comparative Law*, 1989. vol. 37.

"Nineteenth Century German Legal Science", *Boston College Law Review*, 1990, vol. 31.

Riesenfeld, Stefan

"The Influence of German Legal Theory on American Law: The Heritage of Savigny and His Disciples", *American Journal of Comparative*

Law, 1989, vol. 37.

Rogat, Yosal

"The Judge as Spectator", *University of Chicago Law Review*, 1964, vol. 31.

Ross, Janet

Three Generations of Englishwomen: Memoirs and Correspondence of Mrs. John Taylor, Mrs. Sarah Austin and Lady Duff Gordon, London: J. Murray, 1888.

Ruben, Eira

"John Austin' Political Pamphlets, 1824-1859", in *Perspectives in Jurisprudence*. edited by Elspeth Attwooll, Glasgow: University of Glasgow Press, 1977.

Rubin, G.R., and Sugarman, David (eds.)

Law, Economy and Society, 1750-1914: Essays in the History of English Law, Abingdon, Oxon.: Professional Books Limited, 1984.

Rumble, Wilfrid

American Legal Realism: Skepticism, Reform and the Judicial Process, Ithaca: Cornell University Press, 1968.

"Introduction", in John Austin, *The Province of Jurisprudence Determined* (Wilfrid Rumble ed.), New York: Cambridge University Press, 1995.

The Thought of John Austin: Jurisprudence, Colonial Reform, and the British Constitution, London: Athlone Press, 1985.

Schwarz, Andreas

"John Austin and the German Jurisprudence of his Time", *Politica*, 1934, vol. I.

Schwartz, Bernard

A History of the Supreme Court, New York: Oxford University Press, 1993.

Seipp, David

"Holmes's Path", *Boston University Law Review*, 1997, vol. 77.

Semonche, John

Charting the Future: The Supreme Court Responds to a Changing Society, Westport: Greenwood Press, 1978.

Setaro, Franklyn

A Bibliography of the Writings of Roscoe Pound, Cambridge: Harvard University Press, 1942.

Small, Mariam

Oliver Wendell Holmes, New York: Twayne Publishers, 1963.

Springer, James W.

"Natural Selection or Natural Law: A Reconsideration of the Jurisprudence of Oliver Wendell Holmes", *The Georgetown Journal of Law & Public Policy*, 2005, vol. 3.

Stammler, Rudolf

"On the Question and Method of Juristic Philosophy", in *Juridical Essays and Studies*, edited by John C.H. Wu, Shanghai: Commercial Press, Limited, 1928.

Staunton, George Thomas

(translation) *Ta Tsing Leu Lee; Being the Fundamental Laws and a Selection from the Supplementary Statutes of the Penal Code of China*, London: Cadell and Davies, 1810.

Stevens, Robert

"Two Cheers for 1870: The American Law School", in *Law in American History*, edited by Donald Fleming and Bernard Bailyn, Boston: Little, Brown and Company, 1971.

Stone, Harlan

"Book Review", *Columbia Law Review*, 1922, vol. 22.

Summers, Robert

Essays in Legal Theory, Boston: Kluwer Academic Publishers, 2000.

Instrumentalism and American Legal Theory, Ithaca: Cornell University Press, 1982.

Tamanaha, Brian

"Pragmatism in U.S. Legal Theory: Its Application to Normative Jurisprudence, Sociolegal Studies, and the Fact-value Distinction", *The American Journal of Jurisprudence*, 1996, vol. 41.

Taylor, Richard

"Law and Morality", *New York University Law Review*, 1968, vol. 43.

Toews, John

"The Immanent Genesis and Transcendent Goal of Law: Savigny, Stahl, and the Ideology of the Christian German State", *American Journal of Comparative Law*, 1989, vol. 37.

Tufts, James

"The Legal and Social Philosophy of Mr. Justice Holmes", *American Bar Association Journal*, 1921, vol. 7.

Twining, William

Karl Llewellyn and the Realist Movement, London: Weidenfeld and Nicholson, 1973.

Vinogradoff, Paul

Common Sense in Law, New York: Henry Holt and Co., 1914.

Walker, David

The Oxford Companion to Law, Oxford: Clarendon Press, 1980.

Ward, Ian

Introduction to Critical Legal Theory, London: Cavendish Publishing, 2004.

Watson, John H.

"A Case of Deduction, or, Upon the First Meeting of Sherlock Holmes and Oliver Wendell Holmes, Jr.", *University of Arkansas at Little Rock Law Review*, 2002, vol. 24.

Weber, Max

Critique of Rudolf Stammler, translated by Guy Oakes, New York: Free Press, 1977.

Wells, Catharine

"The Path of the Law 100 Years Later: Holmes's Influence on Modern Jurisprudence : Holmes and American Jurisprudence: Old-Fashioned Postmodernism and the Legal Theories of Oliver Wendell Holmes, Jr.", *Brooklyn Law Review*, 1997, vol. 63.

Werner, Philip

Evolution and the Founders of Pragmatism, Cambridge: Harvard University Press, 1949.

West, Cornel

The American Evasion of Philosophy: A Genealogy of Pragmatism, Madison: University of Wisconsin Press, 1989.

"The Limits of Neopragmatism", in *Pragmatism in Law and Society*, edited by Michael Brint and William Weaver, Boulder: Westview Press, Inc., 1991.

Whishaw, James

A New Law Dictionary, London: J. & W.T. Clarke, 1829.

White, G. Edward

Justice Oliver Wendell Holmes: Law and the Inner Self, New York: Oxford University Press, 1993.

"The Rise and Fall of Justice Holmes", *University of Chicago Law Review*, 1971, vol. 39.

Whitman, James

Legacy of Roman Law in the German Romantic Era: Historical Vision and Legal Change, Princeton: Princeton University Press, 1990.

Wieacker, Franz

A History of Private Law in Europe, translated by Tony Weir, Oxford: Clarendon Press, 1995.

Wiener, Philip

"The Pragmatic Legal Philosophy of Nicholas St. John Green", in *Evolution and the Founders of Pragmatism*, edited by Philip Wiener, Cambridge: Harvard University Press, 1949.

Wigdor, David

Roscoe Pound: Philosopher of Law, Westport: Greenwood Press, 1974.

Wigmore, John, Borchard, Edwin, and Pollock, Frederick

"Preface" and "Introduction", in Various Authors, *The Progress of Continental Law in the Nineteenth Century*, Boston: Little, Brown and Company, 1918.

Woodard, Calvin

"The Limits of Legal Realism: An Historical Perspective", *Virginia Law Review*, 1968, vol. 54.

Wright, Danaya C.

"The Logic and Experience of Law: Lawrence v. Texas and the Politics of Privacy", *Florida Journal of Law and Public Policy*, 2004, vol. 15.

Wu, John C.H.

"Preface", in *Juridical Essays and Studies*, edited by John C.H. Wu, Shanghai: Commercial Press, Limited, 1928.

"The Three Dimensions of Law", in *Juridical Essays and Studies*, edited by John C.H. Wu, Shanghai: Commercial Press, Limited, 1928.

一般索引

G

H

J

K

L

M

N

T

W

Z

人名索引

中　文

A

B

C

D

E

F

G

H

J

K

L

M

N

P

Q

R

S

T

W

X

Y

Z

英　文

A

B

C

D

E

F

G

H

I

J

K

L

M

N

P

Q

R

S

T

V

图书在版编目（CIP）数据

法的历史实践：从康熙到路易十四 / 刘星著 . —
北京：中国法制出版社，2018.9
ISBN 978-7-5093-9665-0

Ⅰ. ①法… Ⅱ. ①刘… Ⅲ. ①法制史—对比研究—中国、西方国家 Ⅳ. ① D909.9

中国版本图书馆 CIP 数据核字（2018）第 178287 号

策划 / 责任编辑　靳晓婷（tinajxt@126.com）　封面设计　李　宁

法的历史实践：从康熙到路易十四
FA DE LISHI SHIJIAN: CONG KANGXI DAO LUYISHISI

著 者 / 刘　星
经 销 / 新华书店
印 刷 / 三河市紫恒印装有限公司
开 本 / 880 毫米 ×1230 毫米　32 开
印 张 / 17.25
字 数 / 400 千

版 次：2018 年 9 月第 1 版 / 2018 年 9 月第 1 次印刷
书 号：ISBN 978-7-5093-9665-0　定 价：69.00 元

北京西单横二条 2 号
邮政编码：100031　传真：010-66031119
网址：http://www. zgfzs. com　编辑部电话：010-66034242
市场营销部电话：010-66033393　邮购部电话：010-66033288

（如有印装质量问题，请与本社印务部联系调换。电话：010-66032926）

ISBN 978-7-5093-9665-0

9 787509 396650 >